河南省政区地名沿革

河南省地名档案室　编著

河南人民出版社

图书在版编目(CIP)数据

河南省政区地名沿革 / 河南省地名档案室编著 . —
郑州 ：河南人民出版社,2015. 12
ISBN 978 - 7 - 215 - 09851 - 0

Ⅰ. ①河… Ⅱ. ①河… Ⅲ. ①地名 – 政区沿革 –
河南省 Ⅳ. ①K926.1

中国版本图书馆 CIP 数据核字(2016)第 006433 号

河南人民出版社出版发行

（地址:郑州市经五路 66 号　邮政编码:450002　电话:65788068）
新华书店经销　　河南天虹印刷有限公司印刷
开本 710 毫米 × 1000 毫米　　1 / 16　　印张 17. 75
字数 319 千字
2015 年 12 月第 1 版　　　　2015 年 12 月第 1 次印刷

定价 ：48. 00 元

《河南省政区地名沿革》顾问、编辑名单

总顾问 张克强

顾　问 司新鲜　郭新堂　张宏广　李大光

　　　　　陈旭阳　杜　娟　胡爱萍　李　云

　　　　　周广海　韩建霞

主　编 王晓旭

副主编 周　峰

编　辑（按任务分组顺序排列）

　　　　　李　晶　张晓嬿　王　亮　陈彦彦

　　　　　刘　颖　吕　欣　任如玉

前　言

　　地名文化是一个民族传统文化的重要组成部分,是宝贵的民族文化遗产。《说文解字》曰:"名,自命也。从口从夕,夕者冥也:冥不相见以口自名。"宁夏中卫大麦地的早期岩画中图画表示的地名,是我国目前已知最早的地名形态,距今有两万到三万年左右。殷墟出土的商代甲骨文中有地名上千个,是我国最古老的文字地名。政区地名则源自历代王朝的区域划分。河南位于中国中东部、黄河中下游,因大部分地区位于黄河以南,故称河南,古称中原,简称"豫",是中华民族和华夏文明的重要发祥地。河南的政区地名,不仅数量众多、来历古老,而且演变繁杂、文化内涵十分丰富,是中国地名文化的重要组成部分。

　　为挖掘地名文化宝库,充分开发利用地名文化资源,使地名更好服务于地方经济、社会发展,满足社会各方面的需要,河南省民政厅地名档案室组织编纂了《河南省政区地名沿革》一书。全书共收录河南境内省、省辖市、县(市、区)三级政区地名 176 个、政区图 29 幅,主要介绍各级政区的政区名称沿革、行政区域划分等信息。由于篇幅所限,乡(镇)和村一级的相关信息没有收录。书中的政区地名沿革部分,以各级政区所辖的地域有记载的历史时点起,至 2015 年 10 月止,简要阐述了该政区的地名来历及演变,区划的变动及大势,及其所辖下级政区沿袭变革情况,所载信息尽可能做到系统、详实、准确。

　　本书由河南省地名档案室王晓旭任主编、周峰任副主编。省地名档案室部分工作人员参与了本书的编写工作,具体分工如下:李晶负责河南省、安阳市、鹤壁市、新乡市、濮阳市和后期整理;张晓嫄负责郑州市、开封市、许昌市、漯河市和出版事宜协调;王亮负责信阳市、驻马店市;陈彦彦负责洛阳市、焦作市、三门峡市、济源市;刘颖负责商丘市、周口市;吕欣负责平顶山市、南阳市;李晶、任如玉负责相关政区图。周峰做了政区地名的审校,王晓旭进行了策划、统稿、校审。河南省各级民政机构的区划地名部门对本书的编写给予了大力支持和帮助,在此一并表示感谢。由于参编人员较多,行文习惯、文风会有差异,加上受所掌握资料、知识经验限制,书中难免出现各种错误,敬请读者批评、指正。

目 录

河南省(Henan Sheng)

地处中国中东部、黄河中下游地区,东南接安徽省,南邻湖北省,西连陕西省,北界山西省、河北省,东北接山东省。位于东经110°21′~116°39′,北纬31°23′~36°22′。辖区东西最大距离580千米,南北最大距离550千米,总面积16.7万平方千米。其中,陆地16.1万平方千米,占96.4%;水域0.6万平方千米,占3.6%。人口密度为每平方千米636人。

政区地名沿革　因境内大部分地区位于黄河以南,故称河南。辖内古为豫州地,简称豫。又因地居古九州之中,还称"中州"或"中原"。

夏商为畿内地,夏曾建都阳翟(今禹州);商曾建都亳(今商丘),至盘庚迁都于殷(今安阳)。西周为东都之地,并有卫、管、蔡、宋、陈、杞、许、应等30多诸侯国。东周为京畿地,主要有郑、卫、宋、蔡、陈等诸侯国,都洛邑(今洛阳)。春秋为京畿地,战国时有魏、韩、卫等诸侯国。秦统一后,置三川郡(治洛阳)、南阳郡(治宛县,今南阳)、砀郡(治砀,今安徽省砀山县南)、颍川郡(治阳翟,今禹州)、东郡(治濮阳)、河内郡(治怀县,今武陟西南)。

西汉初属司隶校尉和豫、兖、荆、扬、冀等刺史。汉平帝元始二年(公元2年)地属司隶校尉部的弘农郡(治弘农,今灵宝北)、河南郡(治洛阳)、河内郡(治怀县,今武陟西南);豫州刺史部的颍川郡(治阳翟,今禹州)、汝南郡(治平舆)、沛郡(辖今夏邑、永城)、梁国(治睢阳,今商丘);兖州刺史部的东郡(治濮阳)、陈留郡(治陈留,今祥符区)、淮阳国(治陈县,今淮阳);荆州刺史部的南阳郡(治宛县,今南阳)、江夏郡(辖今罗山、光山、信阳);扬州刺史部的庐江郡(辖今商城)、六安国(辖今固始);冀州刺史部的魏郡(辖今内黄、南乐、浚县)。东汉改河南郡为河南尹,改淮阳国为陈国。

三国魏,地属司州的河南尹(州、尹同治洛阳)和河内、弘农2郡;豫州的颍川、汝南、陈郡、弋阳、安丰、谯郡6郡和梁国;兖州的东郡、陈留国;荆州的南阳、江夏、南乡3郡;冀州的魏郡、阳平2郡。

西晋,地属司州的河南(州、郡同治洛阳)、荥阳、弘农、上洛、汲郡、河内、魏郡、顿丘 8 郡；豫州的颍川、汝南、襄城、弋阳、汝阳、安丰 6 郡和梁国；兖州的陈留国、濮阳国；荆州的南阳国、义阳国、南乡郡。

东晋与十六国时期，境域南部的信阳、潢川等地属东晋，其余先后属前赵、后赵、前燕、后燕、前秦、后秦、北魏。东晋咸和二年（327 年），地属东晋的南阳、义阳 2 郡；前赵的弘农郡；后赵的河南、荥阳、襄城、河内、颍川、陈留、东燕、汲郡、顿丘、梁郡、陈郡、新蔡、汝南 13 郡。太和元年（366 年），地属东晋的义阳郡；前秦洛州的弘农郡；前燕洛州的河南、荥阳 2 郡，荆州的南阳郡，豫州的颍川、陈郡、新蔡、汝南、梁郡、陈留、河内、汲郡、黎阳、濮阳、东燕 11 郡。太元七年（382 年），地属东晋的义阳郡；前秦豫州的河南、弘农、荥阳、南阳、新野、顺阳 6 郡，东豫州的颍川、陈留、梁郡、陈郡、襄城、新蔡、汝南、河内、汲郡、东燕、濮阳、黎阳、顿丘 13 郡。二十年（395 年），地属东晋的南阳、新野、弘农、颍川、陈郡、汝南、义阳 7 郡；后燕豫州的河南、荥阳、陈留、梁郡、河内、汲郡、东燕、濮阳、黎阳、顿丘 10 郡。义熙五年（409 年），地属东晋的南阳、东燕、濮阳 3 郡；后秦豫州的河南、弘农、荥阳、襄城、颍川 5 郡，徐州的陈郡、新蔡、汝南、梁郡 4 郡，兖州的陈留郡，北魏置河内、汲郡、顿丘 3 郡。

南北朝时期，464 年，南朝宋与北朝北魏对峙，今商丘、漯河、信阳、潢川、南阳、新野等地属宋，地属豫州的颍川、陈郡、南顿、汝南、新蔡 5 郡；南豫州的义阳、弋阳 2 郡；雍州的南阳、新野、顺阳 3 郡；其余地区属北魏。497 年，齐与北魏对峙，今潢川、光山、信阳、南阳、新野等地属齐，分属豫州的北新蔡、边城、弋阳、光城 4 郡，司州的北义阳、南淮安、北淮安 3 郡，雍州的南阳、北襄城、西汝南、北义阳、河南、新野、析阳、顺阳 8 郡；其余地区属北魏，分属司州的河南尹（州、尹同治洛阳）和恒农、渑池、荥阳、颍川、襄城、河内、汲郡、东郡 8 郡，豫州的汝南、南颍川、汝阳、襄城、陈郡、初安、新蔡 7 郡，东豫州的汝南、新蔡、修阳 3 郡，荆州的北淯郡，东荆州的沘阳，相州的魏郡、顿丘 2 郡，济州的东平郡，兖州的济阳郡，徐州的梁郡、谯郡。546 年，梁与东、西魏对峙，梁仅辖有豫南的信阳、光山、固始、新县等地，分属司州的北义阳郡、华州的上川郡、淮州的淮川郡、西豫州的汝南郡、光州的南光城郡、义州的义城郡、沙州的白沙关；东魏辖洛阳以东地区，分属洛州的洛阳、河南、新安、河阴、中川 5 郡，阳州的宜阳、金门、伊阳 3 郡，广州的汝南、汝北、汉广 3 郡，北豫州的成皋、阳城 2 郡，颍州的颍川、南颍川、定陵、襄城 4 郡，梁州的陈留、开封、阳夏、梁郡 4 郡，南兖州的马头郡，北扬州的陈郡、汝阳 2 郡，豫州的汝南、义阳 2 郡，东荆州的江夏郡，怀州的河内、武德、汲郡 3 郡，司州的林虑、顿丘、东郡 3 郡；西魏辖洛阳以西地区，地属义州的恒农郡，东义州的义川郡，淅州的南乡、淅阳 2 郡，荆州的南阳郡，西郢州的襄邑郡和南襄郡。572 年，北朝北齐辖境同东魏，分属洛州的洛阳、河南、河阴、中川 4 郡，和州

的伊阳、汝北 2 郡,北豫州的阳城郡,梁州的陈留、开封、阳夏、梁郡 4 郡,郑州的
颍川、临颍 2 郡,广州的襄城郡,襄州的定陵、文城 2 郡,信州的陈郡、丹阳 2 郡,
豫州的汝南、初安、广宁 3 郡,永州的城阳、淮安 2 郡,郢州的义阳郡,东豫州的
汝南郡,南郢州的弋阳郡,光州的光城、东光城 2 郡,怀州的河内、武德 2 郡,司
州的黎阳、东郡、汲郡 3 郡;北朝北周辖洛阳以西及南阳等地,分属熊州的宜阳
郡,义州的义川郡,淯州的鲁阳郡,淅州的南乡、淅阳 2 郡,荆州的南阳郡,淮州
的江夏郡,中州,湖州。

　　隋大业三年(607 年)改州为郡,河南地属河南郡(治河南,今洛阳)、荥阳郡
(治管城,今郑州)、梁郡(治宋城,今商丘南)、颍川郡(治颍川,今许昌)、襄城郡
(治承休,今汝州)、汝南郡(治汝阳,今汝南)、淮阳郡(治宛丘,今淮阳)、弘农郡
(治弘农,今灵宝)、淅阳郡(治南乡,今淅川南)、南阳郡(治穰县,今邓州)、淯阳
郡(治武川,今南召东南)、淮安郡(治比阳,今泌阳)、东郡(治白马,今滑县东)、
魏郡(治安阳)、汲郡(治卫县,今淇县东)、河内郡(治河内,今沁阳)、弋阳郡(治
光山)、义阳郡(治义阳,今信阳)、武阳郡、谯郡。

　　唐代,今洛阳、郑州、三门峡、焦作等地属都畿道,南阳属山南东道,信阳大
部分地区属淮南道,黄河以北部分地区属河北道,其他地区属河南道。开元二
十九年(741 年),地属都畿道的河南府(治河南,今洛阳)、汝州(治梁县,今汝
州)、陕州(治陕县,今三门峡西)、郑州(治管城,今郑州)、怀州(治河内,今沁
阳);河南道的汴州(道、州同治浚仪,今开封)、虢州(治弘农,今灵宝)、滑州(治
白马,今滑县东)、许州(治长社,今许昌)、陈州(治宛丘,今淮阳)、豫州(治汝
阳,今汝南)、宋州(治宋城,今商丘)、亳州、濮州、曹州;山南东道的邓州(治穰
县,今邓州)、唐州(治比阳,今泌阳);淮南道的光州(治定城,今潢川)、申州(治
义阳,今信阳);河北道的相州(治安阳)、卫州(治汲县,今卫辉)、魏州。

　　五代十国时期,除豫南的潢川等县归十国中的吴国或南唐管辖外,河南大
部分地区均属五代。五代后梁乾化元年(911 年),地属开封府、河南府、相州、
澶州、滑州、卫州、怀州、孟州、郑州、陕州、虢州、汝州、许州、宋州、陈州、蔡州、泌
州、邓州、申州。五代后唐清泰元年(934 年),地属河南府、相州、澶州、滑州、卫
州、怀州、孟州、陕州、虢州、郑州、汴州、宋州、许州、汝州、陈州、蔡州、唐州、邓
州、申州。五代后晋天福八年(943 年),地属开封府、河南府、相州、澶州、滑州、
卫州、怀州、孟州、郑州、陕州、虢州、汝州、许州、宋州、陈州、蔡州、泌州、邓州、申
州。五代后汉乾祐二年(949 年),地属开封府、河南府、相州、澶州、滑州、卫州、
怀州、孟州、郑州、陕州、虢州、汝州、宋州、许州、陈州、蔡州、唐州、邓州、申州。
五代后周显德六年(959 年),地属开封府、河南府、相州、澶州、滑州、卫州、怀
州、孟州、郑州、陕州、虢州、汝州、宋州、许州、陈州、蔡州、唐州、邓州、申州、

光州。

北宋,开封属京畿路,郑州、洛阳、许昌、周口、信阳等地属京西北路,南阳属京西南路,商丘属京东西路,三门峡属永兴军路,濮阳属河北东路,安阳、新乡属河北西路。政和元年(1111 年),地属京畿路的开封府(治祥符,今开封);京西北路的河南府(路、府同治河南,今洛阳东)、颍昌府(治长社,今许昌)、郑州(治管城,今郑州)、滑州(治白马,今滑县东)、孟州(治河阳,今孟州市南)、蔡州(治汝阳,今汝南)、陈州(治宛丘,今淮阳)、汝州(治梁县,今汝州)和信阳军(治信阳,今信阳西北);京西南路的邓州(治穰县,今邓州)、唐州(治泌阳,今唐河);京东西路的应天府(治宋城,今商丘);永兴军路的陕州(治陕县,今三门峡市西)、虢州(治虢略,今灵宝);河北东路的开德府(治濮阳)、大名府(辖今内黄);河北西路的相州(治安阳)、怀州(治河内,今沁阳)、卫州(治汲县,今卫辉)、安利军(治黎阳,今浚县);淮南东路的亳州(辖今鹿邑、永城);淮南西路的光州(治定城,今潢川)。

金代,大部分地区属南京路,黄河以北分属大名府路、河北西路和河东南路,豫西小部分地区属京兆府路。大定二十九年(1189 年),地属南京路的开封府(路、府同治开封)、睢州(治襄邑,今睢县)、归德府(治宋城,今商丘)、陕州(治陕县,今三门峡市西)、邓州(治穰城,今邓州)、唐州(治泌阳,今唐河)、河南府(治洛阳)、嵩州(治伊阳,今嵩县)、汝州(治梁县,今汝州)、许州(治长社,今许昌)、均州(治阳翟,今禹州)、陈州(治宛丘,今淮阳)、蔡州(治汝阳,今汝南)、郑州(治管城,今郑州);河东南路的孟州(治河阳,今孟州)、怀州(治河内,今沁阳);河北西路的相州(治安阳)、卫州(治汲县,今卫辉)、浚州(治黎阳,今浚县);大名府路的滑州(治白马,今滑县东)、开州(治濮阳)、大名府(辖南乐)。

南宋,今信阳属荆湖北路,潢川、光山等地属淮南西路。嘉定元年(1208 年),地属荆湖北路的信阳军(军、县治信阳),淮南西路的光州(州、县治定城,今潢川)。

元至元五年(1268 年),立河南行省;二十八年(1291 年)立河南江北行省(治汴梁,今开封),辖境包括今河南黄河以南地区及湖北、安徽、江苏 3 省的长江以北地区,今郑州、开封、许昌、周口、漯河等市属汴梁路,洛阳、三门峡等市属河南府路,商丘市属归德府,平顶山、南阳等市属南阳府,信阳、驻马店等市属汝宁府;黄河以北地区划归腹里(元对中书省直辖地区的通称),由中书省直辖,今安阳、鹤壁等市属彰德路,新乡市属卫辉路,焦作市属怀庆路,濮阳市属大名路。至顺元年(1330 年),境内置河南行省和中书省。河南行省辖汴梁路(治开封),管 5 州、38 县;河南府路(治洛阳),管 1 州、12 县;南阳府(治南阳),管 5 州、14 县;汝宁府(治汝阳,今汝南),管 3 州、13 县;归德府(治睢阳,今睢阳区),管 5

县。中书省辖新德路(治安阳),管 1 州、3 县;卫辉路(治汲县,今卫辉),管 2 州、6 县;怀庆路(治河内,今沁阳),管 1 州、6 县;大名路,管 3 州、7 县;济宁路,管 1 县;濮州,管 1 县。境域共设有 2 省、7 路、3 府、1 直隶州、21 散州、103 县。

明代,境内大部分地区属河南承宣布政使司,今郑州、开封、许昌、漯河、周口等市属开封府,洛阳、三门峡等市属河南府,商丘市属归德府,平顶山市属汝州,南阳市属南阳府,驻马店、信阳等市属汝宁府,安阳、鹤壁等市属彰德府,新乡市属卫辉府,焦作市属怀庆府,濮阳市及部分县直隶大名府,范县、台前等县属山东东昌府。万历十年(1582 年),地属河南布政使司的开封府(治祥符,今祥符区),辖 4 州、34 县,河南府(治洛阳),辖 1 州、14 县,归德府(治商丘,今睢阳区),辖 1 州、9 县,汝宁府(治汝阳,今汝南),辖 2 州、14 县,南阳府(治南阳),辖 3 州、13 县,怀庆府(治河内,今沁阳),辖 6 县,卫辉府(治汲县,今卫辉),辖 6 县;彰德府(治安阳),辖 3 县,汝州(治汝州,今临汝),辖 5 县;北直隶的大名府,辖今濮阳、南乐、清丰、内黄、浚县、滑县、长垣等地,1 州、7 县;山东布政使司的东昌府,辖范县,1 州。境内共设有 10 府、1 直隶州、13 散州、99 县。

清顺治年间,置河南省(治祥符,今祥符区),辖今境内大部分地区,郑州、开封等市属开封府,洛阳市属河南府,三门峡市属陕州,许昌、漯河等市属许州,商丘市属归德府,周口市属陈州府,平顶山市属汝州,南阳市属南阳府,驻马店、信阳等市属汝宁府,安阳、鹤壁等市属彰德府,新乡市属卫辉府,焦作市属怀庆府,濮阳市及部分县属直隶大名府,范县、台前等县属山东曹州府。嘉庆二十五年(1820 年),地属河南省的开封府(省、府同治祥符,今祥符区),辖 2 州、15 县;归德府(治商丘,今睢阳区),辖 1 州、7 县;陈州府(治淮宁,今淮阳),辖 7 县;河南府(治今洛阳),辖 10 县;汝宁府(治汝阳,今汝南),辖 1 州、8 县;南阳府(治今南阳),辖 2 州、11 县;彰德府(治安阳),辖 4 县;卫辉府(治汲县,今卫辉),辖 9 县;怀庆府(治河内,今沁阳),辖 8 县;许州(治许州,今许昌),辖 1 州、4 县;陕州(治陕州,今陕州区),辖 1 州、3 县;汝州(治汝州),辖 1 州、4 县;光州(治光州,今潢川),辖 1 州、4 县。今河南濮阳、南乐、清丰、长垣属直隶省大名府,1 州 3 县;今河南范县属山东省曹州府。境内共有 11 府、4 直隶州、12 散州、97 县。

民国初年,置河南省,省会设开封县,下设豫东、豫西、豫北、豫南 4 道。1914 年 6 月,改豫东道为开封道(治今开封),辖 38 县;豫西道为河洛道(治今洛阳),辖 19 县;豫北道为河北道(治汲县,今卫辉),辖 24 县;豫南道为汝阳道(治信阳),辖 26 县。全境共设 4 道 107 县。南京国民政府成立后,实行省、县两级制。1932 年 8 月,在省县之间分区设立行政督察专员公署,全省划分为 11 个行政督察区,分辖 111 个县。抗日战争爆发后,省政府于 1938 年 5 月迁至洛阳,1944 年又移至鲁山县。抗日战争结束后,又迁回开封县。1948 年 4 月,河南省划分为 12 个行政督察区,下辖 112 个县。

1949 年 5 月,撤销中原临时人民政府,成立河南省人民政府,省会开封。全省共设 10 个专区,2 个地级市,8 个专辖市,86 个县,12 个市辖区。郑州专区下设荥阳、郑县、新郑、登封、巩县、成皋、密县 7 县,行政公署驻荥阳。洛阳专区下设洛阳市、洛阳、偃师、孟津、新安、宜阳、伊阳、伊川、嵩县等 1 市 8 县,行政公署驻洛阳;陕州专区下设陕县、渑池、洛宁、灵宝、卢氏、栾川、阌乡 7 县,行署驻陕县;陈留专区下设陈留、开封、中牟、洧川、尉氏、通许、杞县、兰封、考城 9 县,行署驻陈留县(今开封市祥符区陈留镇);商丘专区下设朱集市和商丘、宁陵、睢县、民权、柘城、虞城、夏邑 7 县,行政公署驻商丘(今睢阳区);许昌专区下设许昌市、漯河市、许昌、郏县、禹县、临汝、宝丰、鲁山、长葛、襄城、叶县、舞阳、郾城、临颍、鄢陵等 2 市 13 县,行政公署驻许昌;淮阳专区下设周口市和淮阳、鹿邑、太康、扶沟、西华、商水、项城、沈丘 8 县,行政公署驻淮阳县;南阳专区下设南阳市和南阳、方城、南召、镇平、内乡、西峡、淅川、唐河、邓县、新野、泌阳、桐柏 12 县,行政公署驻南阳市;信阳专区下设信阳市、驻马店市、信阳、确山、遂平、西平、上蔡、汝南、新蔡、正阳等 2 市 8 县,行政公署驻信阳市;潢川专区下设潢川、光山、罗山、固始、息县、商城、新县等 7 县,行政公署驻潢川县。郑州市(下设第一区至第五区)、开封市(下设第一区至第七区)为地级市。1949 年 8 月,平原省人民政府成立,省会新乡市,平原省在河南境内共设 3 个专区,下辖 32 个县、1 个矿区和新乡、安阳两个地级市,新乡专区下设新乡、辉县、修武、博爱、沁阳、温县、汲县、孟县、济源、获嘉、武陟、原武、阳武、延津、封丘、焦作矿区等 15 县 1 矿区,行政公署驻新乡县;安阳专区下设安阳、林县、汤阴、淇县、浚县、邺县(今属河北省)、漳南(今属河北省)等 7 县,行政公署驻安阳县;濮阳专区下设濮阳、内黄、南乐、长垣、滑县、清丰、濮县、范县、朝城(今属山东省)、观城(今属山东省)等 10 县,行政公署驻濮阳县。

1950 年 3 月,开封市下设 5 区,郑州市下设 3 区。5 月,改汝南县为汝南市,由信阳专员公署辖;商丘县城关镇改为商丘市,原商丘市改为朱集市,商丘专员公署迁朱集市(今梁园区)。

1951 年 4 月,撤销汝南市,并入汝南县;由汝南县析置平舆县,县政府驻平舆镇。7 月,设谷熟(县级)办事处、郸城(县级)办事处、淮滨(县级)办事处。8 月,朱集市并入商丘市。

1952 年 1 月,将永城县从安徽省皖北专区划归商丘专区。4 月,陕州专区并入洛阳专区,驻洛阳市。6 月,撤销周口市,改周口镇,并入商水县;撤销南阳市,改南阳镇,并入南阳县;撤销信阳市,改信阳镇,并入信阳县;撤销驻马店市,改驻马店镇,并入确山县。6 月,陈留专区并入郑州专区,驻荥阳县。8 月,撤谷熟办事处,设谷熟县;撤郸城办事处,设郸城县;撤淮滨办事处,设淮滨县。10月,撤郑县,并入郑州市及新郑、中牟2县。平原省濮阳专区的范县、濮县、观城、朝城4县划归聊城专员公署辖。11月撤销平原省,将原属山东省的高唐等29个县全部划归山东省,原属河南省的新乡(辖3区)、安阳(辖4区)2市和林县等22个县以及焦作矿区划归河南省,原属河北省的清丰、南乐、濮阳、长垣、东明5县,划归河南省。11月,潢川专区并入信阳专区,驻信阳镇。上述调整,基本确定了河南省域规模及省属市地县建置。年底全省共设10个专区、4个地级市、1个矿区、4市、117县和15个市辖区。

1953年1月,设郑州市回族区、郊区;撤销淮阳专区,其辖县划归许昌、商丘2专区。5月,设开封市郊区。10月,驻马店镇改为驻马店市。11月,周口镇改为周口市,南阳镇改为南阳市,信阳镇改为信阳市。

1954年1月,撤销成皋县,并入荥阳县;考城、兰封2县合并,名兰考县。4月洛阳市(辖3区)由省政府直接辖。6月,撤销濮阳专员公署,其辖县划归新乡、安阳专区;撤销淇县,其行政区域划归汤阴县;撤销阌乡县,其行政区域划归灵宝县;撤销洧川县,其行政区域划归长葛县;撤销谷熟县,其行政区域划归商丘、虞城2县。8月,合并安阳市第三区、第四区,设郊区。10月,河南省人民委员会由开封市迁至郑州市。年底全省共设8个专区,5个地级市、1个矿区、7市、110县和20个市辖区。

1955年1月,郑州专员公署由荥阳县迁驻开封市,改名为开封专员公署。9月,郑州市第一、二、三区分别更名为陇海区、二七区、建设区。11月,撤销洛阳县,并入洛阳市及孟津、宜阳、偃师3县;开封市第二、四区合并为南关区,第一、三区分别更名为鼓楼区、龙亭区。12月,撤销安阳市第一、二区,新乡市一、二、三区分别更名为新华区、红旗区、郊区,洛阳第一、二区合并为老城区。年底全省共设8个专区、5个地级市、7市、109县和16个市辖区。

1956年3月,设洛阳市涧西区、西工区。5月撤销开封市郊区。7月撤销焦作矿区为焦作市,由省政府直接辖,下设焦作、李封、马村3区。10月,郑州市回族区更名为金水回族区。12月设焦作市文峰区、车站区。

1957年3月,由陕县析置三门峡市;由叶县、宝丰县析置平顶山市;由汤阴县、安阳县析置鹤壁市。4月,三门峡市、平顶山市由省政府直接辖。5月,撤销陈留县,并入开封县。6月,鹤壁市由省政府直接辖。

1958年1月,撤销焦作市焦作、李封、马村3区,设城区、郊区。4月,撤销驻马店市,改驻马店镇,划归确山县;撤销周口市,改周口镇,划归商水县;撤销安阳专区,其行政区域划归新乡专区。8月,合并郑州市金水回族区和陇海区为管城回族区。12月,新乡、安阳、焦作、鹤壁4市划归新乡专区,开封市划归开封专区,洛阳、三门峡2市划归洛阳专区,平顶山市划归许昌专区;撤销商丘专区,其行政区域划归开封专区。12月,全省共有6个专区、1个地级市、13市、108县和4个市辖区。1959年8月,伊阳县改名为汝阳县。

1960年1月,撤销通许、宝丰、新乡、陕县4县。8月撤销开封、安阳、获嘉、修武、博爱、许昌、郾城、信阳、南阳、商丘、宁陵、淮滨、温县、栾川14县。设郑州市金水区。年底全省共设6个专区、1个地级市、13市、90县和5个市辖区。

1961年10月,恢复开封、商丘、宁陵、获嘉、新乡、安阳、修武、博爱、温县、栾川、南阳、信阳、许昌、偃师、宝丰15县。12月恢复安阳专员公署,由新乡专员公署辖的安阳、鹤壁2市和安阳、濮阳、林县、滑县、清丰、南乐、汤阴、内黄、浚县、长垣10县交由安阳专员公署辖;恢复商丘专员公署,由开封专员公署辖的商丘市和淮阳、太康、永城、睢县、虞城、郸城、项城、柘城、鹿邑、商丘、沈丘、民权、宁陵、夏邑14县交由商丘专员公署辖。年底全省共设8个专区、1个地级市、13市、105县和5个市辖区。

1962年1月,开封市由河南省政府、开封专员公署双重辖。3月,恢复陕县。10月,恢复通许、淮滨、淇县3县。1963年3月,将东明县划归山东省。1964年2月,将山东省范县、寿张2县部分地区划归河南省,设范县。3月,改平顶山市为"政企合一"的平顶山特区,由省政府直接辖。4月,洛阳市由省政府直接辖。

1965年5月,增设驻马店、周口2专区。驻马店专区下设确山、汝南、平舆、新蔡、上蔡、西平、遂平、正阳、泌阳9县,专员公署驻确山县驻马店镇;周口专区下设商水、淮阳、鹿邑、郸城、沈丘、项城、西华、扶沟、太康9县,专员公署驻商水县周口镇;11月,以南阳、唐河、方城、泌阳4县各一部分合并,设社旗县。年底全省共设10个专区、3个地级市、1个特区、10市、110县和15个市辖区。

1969年3月,平顶山特区改为平顶山市。1970年1月,设立义马矿区,由洛阳地区革命委员会辖。1973年12月,设立范县台前办事处,后改称河南省台前办事处。1974年1月,新乡、安阳、焦作、鹤壁4市实行省、地双重辖。

1978年1月,新乡、安阳2市分别划归新乡、安阳两地委辖。12月,划出范县东部9个公社,成立台前县。全省共设10个地区、6个省辖区、1个矿区、8市、111县和35个市辖区。

1981年4月设立义马市。1982年3月,安阳、新乡2市由省直辖。1983年9月,撤销开封地区行政公署,将巩县、新郑、密县、登封4县划归郑州市,通许、杞县、开封3县划归开封市;撤销安阳地区行政公署,将安阳、浚县、淇县、林县、汤阴5县划归安阳市;撤销濮阳县,设立濮阳市,由省直辖,将内黄、滑县、清丰、南乐、长垣、范县、台前7县划归濮阳市。年底全省共设8个地区、9个地级市、9

市、110县和38个市辖区。

1986年1月,撤销新乡地区,将辉县、获嘉、原阳、延津、封丘5县划归新乡市,将武陟、沁阳、温县、孟县、济源5县划归焦作市;撤销许昌地区,许昌、漯河2市升格为地级市,将禹县、长葛、许昌、鄢陵4县划归许昌市,将舞阳、临颍、郾城3县划归漯河市,将郏县、襄城2县划归平顶山市;撤销洛阳地区,三门峡市升格为地级市,将渑池、陕县、灵宝、卢氏4县划归三门峡市,义马市(县级)由三门峡市代管,将栾川、嵩县、汝阳、宜阳、洛宁、伊川6县划归洛阳市,将临汝县划归平顶山市;将浚县、淇县划归鹤壁市;将滑县、内黄2县划归安阳市;将长垣县划归新乡市。1987年4月,撤销濮阳市郊区,设濮阳县。

1988年6月,撤销临汝县,设立汝州市(县级);撤销济源县,设立济源市(县级);撤销禹县,设立禹州市(县级)。10月,撤销汲县,设立卫辉市(县级);撤销辉县,设立辉县市(县级)。11月,撤销邓县,设立邓州市(县级)。1988年末,河南省辖5地区、12地级市、12市、105县、40市辖区。

1989年9月,撤销沁阳县,设立沁阳市(县级)。1990年9月,撤销平顶山市舞钢区,设立舞钢市(县级)。12月,焦作市郊区更名为山阳区。1991年6月,撤销巩县,设立巩义市(县级)。1993年5月,撤销灵宝县,设立灵宝市(县级);撤销长葛县,设立长葛市(县级);撤销偃师县,设立偃师市(县级);撤销项城县,设立项城市(县级)。

1994年1月,撤销林县,设立林州市(县级)。4月,撤销密县,设立新密市(县级);撤销荥阳县,设立荥阳市(县级)。5月,撤销新郑县,设立新郑市(县级);撤销登封县,设立登封市(县级)。7月,撤销南阳地区、县级南阳市、南阳县,设立地级南阳市,驻卧龙区中州路,辖原南阳地区的桐柏县、方城县、淅川县、镇平县、唐河县、南召县、内乡县、新野县、社旗县、西峡县和新设的宛城区、卧龙区。原南阳地区的邓州市由省直辖。8月,平顶山市郊区更名为湛河区。

1995年末,辖4地区、13地级市,23县级市、93县、41市辖区。

1996年4月,撤销孟县,设立孟州市(县级)。10月,撤销永城县,设立永城市(县级)。1997年6月,撤销商丘地区和县级商丘市、商丘县,设立地级商丘市,驻梁园区凯旋中路,辖原商丘地区的永城市、夏邑县、宁陵县、虞城县、柘城县、民权县、睢县和新设立的梁园区、睢阳区。7月,平顶山市的襄城县划归许昌市。12月,设立平顶山市石龙区。同年,济源市改为省直管县级市。1998年6月,撤销信阳地区和县级信阳市、信阳县,设立地级信阳市,驻浉河区,辖原信阳地区的罗山县、光山县、新县、商城县、固始县、潢川县、淮滨县、息县和新设立的浉河区、平桥区。

2000年5月,洛阳市撤郊区,成立洛龙区。6月,撤周口地区和县级周口市,设立地级周口市,驻川汇区,辖原周口地区的商水县、淮阳县、太康县、鹿邑县、西华县、扶沟县、沈丘县、郸城县和新设立的川汇区、县级项城市。撤驻马店地区和县级驻马店市,设立地级驻马店市,驻驿城区,辖原驻马店地区的确山县、新蔡县、上蔡县、西平县、泌阳县、平舆县、汝南县、遂平县、正阳县和新设立的驿城区。2000 年末,辖 17 地级市,21 县级市、89 县、48 市辖区。

　　2001 年 12 月,确山县的古城乡、朱古洞乡、胡庙乡,遂平县的关王庙乡、诸市乡和汝南县的水屯乡划归驻马店市驿城区;鹤壁市郊区更名为淇滨区,政府驻地由山城区红旗街迁至淇滨区九州路。2002 年 12 月,濮阳市市区更名为华龙区;撤销安阳市铁西区、郊区,设立殷都区、龙安区。2003 年 12 月,新乡市新华区更名为卫滨区,北站区更名为凤泉区,郊区更名为牧野区;郑州市邙山区更名为惠济区。2004 年 9 月撤销郾城县,设立漯河市郾城区、召陵区。2005 年 5 月,开封市南关区更名为禹王台区,郊区更名为金明区。2014 年 9 月撤销开封县设立祥符区,撤销金明区,划入龙亭区。2015 年 2 月撤销陕县,设立陕州区。

　　行政区域划分　2015 年末,辖郑州、开封、洛阳、平顶山、安阳、鹤壁、新乡、焦作、濮阳、许昌、漯河、三门峡、南阳、商丘、信阳、周口、驻马店 17 个地级市,86 个县、21 个县级市、51 个市辖区,共 158 个县级政区;下设 599 个街道,1103 个镇,718 个乡,共 2420 个乡级政区;有 5207 个居民委员会、46420 个村民委员会。

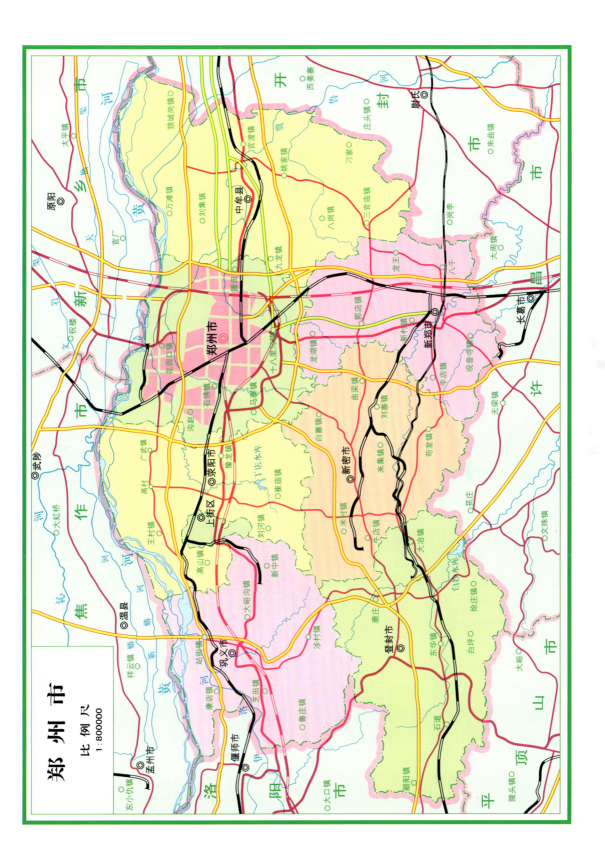

郑州市（Zhengzhou Shi）

地处河南省中北部,黄河中下游分界处。东与开封市毗邻,南与许昌市和平顶山市相邻,西依中岳嵩山与洛阳市接壤,北临黄河与新乡市、焦作市隔河相望。位于东经 112°42′~114°13′,北纬 34°16′~34°59′。辖区东西最大距离 166千米,南北最大距离 75 千米,总面积 7495.97 平方千米。人口密度为每平方千米 1218 人。

政区地名沿革　因春秋地属郑国而得名。

前 2697 年黄帝在有熊(今新郑)建都。禹都阳城(今登封市告成镇)。商汤建亳都(今郑州市区)。西周建管国。东周时期,郑国、韩国在新郑建都长达 500 多年。秦置三川郡,治今古荥镇。汉入中牟县,属河南郡。魏晋南北朝建荥阳郡,治今古荥镇,辖中牟县。

隋开皇三年(583 年)改荥州为郑州,辖荥阳、成皋、密县、内牟(即中牟)、苑陵等县,治成皋(今荥阳市汜水镇),郑州之名始于此;十六年(596 年)析内牟县置管城县(治今郑州市区东部),改郑州为管州,州治移管城县,辖管城、成皋、荥阳、新郑、苑陵、广武、中牟等 12 县。隋大业二年(606 年)管州复称郑州,辖管城、汜水、荥泽、原武、阳武、圃田、浚仪、酸枣、新郑、荥阳、开封 11 县。唐乾元元年(758 年),辖管城、汜水、荥阳、新郑、荥泽、密县、阳武、中牟 8 县。五代辖管城、新郑、荥阳、荥泽、中牟、原武、阳武 7 县。宋属京畿路。

北宋熙宁五年(1072 年)撤郑州,元丰八年(1085 年)复置,辖管城、新郑、荥阳、荥泽、原武 5 县;崇宁四年(1105 年)郑州为西辅郡,为京畿路 4 辅郡之一。金郑州(府级)属南京路,辖管城、荥阳、荥泽、密县、河阴、汜水 6 县,金贞祐四年(1216 年)管城县更名故市县。元初复名管城县,郑州(府级)辖管城、荥阳、河阴、汜水 4 县,属汴梁路。明废管城县入郑州(县级),属河南布政使司开封府。清代属河南省开封府,雍正二年(1724 年)至十二年(1734 年)升郑州为直隶州,属河南省,辖荥阳、荥泽、河阴、汜水 4 县。

1913 年改郑州为郑县,属豫东道(1914 年改称开封道)。1927 年 4 月郑县直属河南省。1928 年 3 月 18 日,在郑县城区设置郑州市,直属河南省。1931 年 1 月撤郑州市,其辖区复归郑县。1933 年 ~ 1948 年,郑县属河南省第一行政督察区。

1948 年 10 月 22 日郑县解放,在郑县城区置郑州市,下设第一区、第二区、第三区,市外区域仍属郑县,均属豫西行政公署。1949 年 1 月豫西行政公署第四专署改为郑州专区,专员公署驻荥阳县,辖郑县、荥阳、新郑、成皋、密县、巩县、登封 7 县。1949 年 5 月后,郑州市及郑州专区属河南省人民政府。1953 年 1 月设立郑州市回族自治区;2 月撤郑县(其辖区分别划入郑州市、新郑县和中牟县)建郊区。1954 年 6 月撤成皋县入荥阳县;10 月河南省省会由开封市迁至郑州市。1955 年 1 月郑州专区改称开封专区,专署迁驻开封市,所辖荥阳、新郑、密县、巩县、登封 5 县属开封专区。1955 年 10 月第一区更名陇海区、第二区更名二七区、第三区更名建设区。1956 年 11 月回族自治区更名为金水回族区;12 月郑州市辖 23 个乡。1958 年 8 月金水回族区与陇海区合并为管城区,增置上街区,23 个乡合并为东郊(祭城)、西郊(须水)、南郊(十八里河)、北郊(老鸦陈)、古荥 5 个人民公社;二七区改为七一人民公社。1959 年七一人民公社改为二七人民公社,12 月原属开封专区的荥阳、巩县、登封、密县、新郑 5 县划归郑州市管辖。1960 年 5 月建设区更名中原人民公社;6 月增置金水区。1961 年 8 月中原人民公社更名中原区,二七公社复为二七区;12 月荥阳县、巩县、登封县、密县、新郑县复归开封专区。1962 年增设上街区。1966 年 5 月管城区改名向阳区。1971 年 11 月荥阳县划归郑州市。1976 年 2 月郑州市辖 17 个人民公社。1981 年 11 月向阳区更名为向阳回族区。1982 年 2 月增设金海区;12 月增设新密区。

1983 年向阳回族区更名管城回族区,8 月巩县、登封县、密县、新郑县、中牟县划归郑州市。郑州市共辖中原、二七、金水、管城回族、郊区、上街、金海、新密 8 区和荥阳、巩县、登封、密、新郑、中牟 6 县,117 个乡(镇)。1987 年 2 月撤郊区、金海区、新密区,增置邙山区。1991 年 6 月巩县改巩义市(县级)。1994 年 4 月荥阳县改名荥阳市(县级),密县改名新密市(县级);5 月新郑县、登封县分别改名新郑市(县级)、登封市(县级)。2000 年末,郑州市辖中原、二七、金水、管城回族、邙山、上街 6 区,共 39 个街道、11 个乡、11 个镇;荥阳、巩义、登封、新密、新郑 5 市及中牟县,共 28 个乡、67 个镇、3 个街道。2004 年 5 月邙山区更名惠济区。2011 年 6 月巩义市被河南省政府确定为省直管试点县(市)。

行政区域划分　2014 年末,辖中原、金水、二七、管城回族、惠济、上街 6 个市辖区,巩义、新密、登封、新郑、荥阳 5 个县级市和中牟县,共 12 个县级政区。

中原区(Zhongyuan Qu)

地处郑州市区西部,东起嵩山路(含路东碧沙岗公园)与二七区为邻,南和二七区搭界,西与荥阳市接壤,北与金水区、惠济区相连。位于东经113°27′30″～113°37′30″,北纬34°42′30″～34°51′30″。辖区东西最大距离16千米,南北最大距离17千米,总面积190.41平方千米。人口密度为每平方千米4373人。

政区地名沿革　因中原路贯穿辖区东西,故名。

1948年解放后为郑州市第三区,下辖15个街公所,管辖范围东至南关,西至小赵寨,南起予丰纱厂(今郑棉二厂),北至大同路。1952年12月组建乔家门、小赵寨、二马路、铭功路、蜜蜂张5个街政府。1954年8月增设岗杜街政府。1955年2月将街政府改为街道;10月第三区改为建设区,将铭功路、二马路、乔家门3个街道分别划入二七区和管城区,同时成立建设路街道。1956年4月增设三官庙街道。1958年8月将岗杜街道划归七一人民公社(今二七区);9月将牛寨、冉屯、后牛庄、路寨、于寨5个自然村划归建设路街道。1959年3月成立建设区人民公社联社,将小赵寨、蜜蜂张2个街道划入二七公社(今二七区);建设路街道更名为纺织人民公社,三官庙街道更名为三官庙人民公社;增设大学路、碧沙岗、中原西路、桐柏北路、绿东村5个人民公社。1960年4月,将大学路、碧沙岗人民公社划归二七公社;5月建设区更名为中原人民公社,中原西路人民公社更名为林山寨分社,桐柏北路人民公社更名为桐柏路分社,纺织人民公社分置建设路和纺织2个分社,三官庙、绿东村2个人民公社更名为分社;6月成立常庄分社。至此,中原区辖建设路、三官庙、林山寨、桐柏路、绿东村、纺织、常庄7个分社。1961年8月中原人民公社更名为中原区;10月撤销分社改建街道,同时将纺织分社更名为棉纺路街道,将常庄分社划归郑州市郊区,将原6个分社管辖的农村部分组建中原区农业公社。至此,下辖建设路、三官庙、棉纺路、桐柏路、林山寨、绿东村6个街道和一个农业公社。1962年5月增设秦岭路街道。

1984年6月中原区农业公社更名为中原乡。1985年11月增设汝河路街道。1987年3月须水、沟赵、石佛、大岗刘4个乡划入中原区。至此,下辖建设路、三官庙、棉纺路、桐柏路、林山寨、绿东村、秦岭路、汝河路8个街道及中原、须水、沟赵、石佛、大岗刘5个乡。1994年3月须水乡撤乡建镇。1997年石佛乡撤乡建镇。2005年11月中原乡和大岗刘乡分别更名为中原西路街道和航海西路街道。2011年3月撤销须水镇分设须水和西流湖2个街道。

行政区域划分　2014 年末,辖须水、西流湖、航海西路、中原西路、三官庙、建设路、棉纺路、桐柏路、绿东村、林山寨、秦岭路、汝河路 12 个街道及石佛镇和沟赵乡,共 14 个乡级政区;下设 117 个居民委员会,85 个村民委员会。

二七区(Erqi Qu)

地处郑州市中心偏西南,东和管城回族区接壤,南、西南接新郑市、新密市,西、西北与荥阳市、中原区毗邻,北连金水区。位于东经 113°30′~113°41′,北纬 34°36′~34°46′。辖区东西最大距离 19.8 千米,南北最大距离 14.1 千米,总面积 156.24 平方千米。人口密度为每平方千米 4465 人。

政区地名沿革　为纪念 1923 年 2 月 7 日京汉铁路工人"二七"大罢工而得名。

上古时代辖区有熊氏部落。夏代属豫州。商代属"亳"。西周属管国。春秋属郑国。战国时期属韩国。秦代分属管县、密县。西汉属河南郡。魏晋时期属中牟县。南北朝时代先后属北魏的东恒农郡、东魏的广武郡、后周的荥州(后改为郑州)。隋唐属管州、郑州、荥阳郡的管城县。宋代属西辅郡。金贞佑三年(1215 年)改管城县为故市县,今辖区大部属故市县,南部侯寨乡分属新郑县、密县。元至元十七年(1280 年)故市县复为管城县,今辖区复属管城县。明清时期,辖区分属郑州、荥阳;清宣统二年(1910 年),现辖区大部分属永康区(今黄岗寺)。1913 年郑州改称郑县,下设城厢、人和、永康、仁亲、宣平、长乐、定安 7 个区,现辖区分属城厢区、永康区、人和区和仁亲区。1934 年,郑县将 7 个区合并为 4 个区,现辖区分属第一区和第二区。1941 年郑县改设 4 镇 10 乡。1948 年 9 月,郑县设 4 镇、5 乡,今辖区分属长春镇、德化镇、豫丰镇和永康乡,共 19 个街公所。

1948 年 10 月 22 日郑县解放,析部分地区置郑州市,为郑州市第二区。1952 年辖杜岭街、西太康路、益民街、德化街、大同路 5 个街政府。1955 年 10 月更名二七区。1958 年改称七一人民公社。1959 年改称二七人民公社。1961 年 8 月恢复二七区,下设德化街、一马路、解放路、铭功路、五里堡、蜜蜂张、大学路、建中街、福华街 9 个街道和陇海乡。1968 年 1 月成立二七区革命委员会。

1980 年恢复二七区政府,下辖 9 个街道和 1 个乡。1987 年 3 月郑州市撤销金海区和郊区,将金海区齐礼阎乡和郊区刘胡垌乡、侯寨乡划归二七区。1997 年 7 月成立淮河路街道。1998 年 12 月刘胡垌乡更名为马寨镇。2001 年 3 月撤销陇海乡,原陇海乡的小赵砦划归福华街街道,西陈庄划归铭功路街道,王立寨划归五里堡街道,蜜蜂张、马砦划归蜜蜂张街道,焦家门村、兑周村和菜王村二组划归大学路街道管辖。2005 年 10 月,撤销齐礼阎乡,成立嵩山路街道。2006年 7 月,增设长江路、京广路 2 个街道。

行政区域划分　2014 年末,辖大学路、五里堡、德化街、解放路、铭功路、一马路、蜜蜂张、福华街、建中街、淮河路、长江路、嵩山路、京广路 13 个街道及马寨镇、侯寨乡,共 15 个乡级政区;下设 141 个居民委员会,14 个村民委员会。

管城回族区(Guancheng Huizu Qu)

地处郑州市区东南部,京广、陇海两大铁路干线交叉点东侧。东与中牟县相邻,南与新郑市接壤,西与二七区相连,北与金水区毗邻。位于东经 112°42′~114°14′,北纬 34°16′~34°58′。辖区东西最大距离 17.4 千米,南北最大距离16.4 千米,总面积 208.55 平方千米。人口密度为每平方千米 5399 人。

政区地名沿革　因历史上是管国都城,且今为回族聚居地得名。

古属京畿豫州。西周初,姬鲜被封于此,称管国。西汉初,属故市侯国,隶河南郡(原三川郡)。前 112 年故市侯国废,辖区并入中牟县。隋开皇十六年(596 年)析中牟县部分置管城县,隶属于管州;大业二年(606 年)管州改称郑州;三年(607 年),改郑州为荥阳郡,治管城县。唐贞观七年(633 年)为郑州治。明洪武元年(1368 年)管城县并入郑州,1913 年为郑县治。

1948 年郑县解放,置郑州市,为郑州市第一区。1953 年 1 月,郑州市回族自治区成立,现辖区分属郑州市第一区和郑州市回族自治区。1955 年 10 月,郑州市第一区更名为郑州市陇海区。1956 年 11 月,郑州市回族自治区更名郑州市金水回族区。1958 年 8 月两区合并,建立郑州市管城区。1960 年为红旗公社。1966 年 5 月,更名为郑州市向阳区。1981 年 11 月改称郑州市向阳回族区。

1983 年 7 月,更名为郑州市管城回族区。1987 年 3 月,郑州市郊区撤销,原郊区所辖十八里河、南曹、圃田 3 乡划入管城回族区,区辖东大街、西大街、南关街、北下街、菜市街、东三马路、城东路、陇海马路、二里岗、布厂街 10 个街道和东城、十八里河、南曹、圃田 4 个乡。1988 年 10 月,东大街街道并入城东路街道,西大街街道与菜市街街道并入北下街街道,东三马路街道与布厂街街道并入南关街道,区辖北下街、南关街、城东路、陇海马路、二里岗 5 个街道和东城、十八里河、南曹、圃田 4 个乡。十八里河乡 1996 年 4 月撤乡建镇。2000 年 4月,北下街街道分出西大街街道,城东路街道分出东大街街道,新成立紫荆山南路街道,此时区辖北下街、南关街、城东路、陇海马路、二里岗、西大街、东大街、紫荆山南路 8 个街道，十八里河 1 个镇，圃田、南曹、东城 3 个乡。2002 年 9 月撤销东城乡设立航海东路街道。2006 年 9 月撤销东周村民委员会，成立五洲汇富居民委员会。

行政区域划分　2014 年末，辖西大街、南关、城东路、东大街、二里岗、陇海马路、紫荆山南路、航海东路、北下街 9 个街道，十八里河镇及南曹、圃田 2 个乡，共 12 个乡级政区；下设 81 个居民委员会，47 个村民委员会。

金水区（Jinshui Qu）

地处郑州市城区东北隅。东邻中牟县，东南邻管城回族区，南邻二七区，西南与二七区、中原区接壤，西邻中原区，西北、北与惠济区接壤，东北滨临黄河。位于东经 113°39′16″~113°43′27″，北纬 34°38′07″~34°43′37″。辖区东西最大距离 22.9 千米，南北最大距离 17.2 千米，总面积 242 平方千米。人口密度为每平方千米 6142 人。

政区地名沿革　因境内金水河而得名。

解放前属郑县管辖。1948 年 10 月 22 日郑县解放，郑县分为郑州市与郑县，现辖区的城区、农村两部分分属郑州市和郑县。1953 年撤销郑县，成立郑州市郊区，现辖区城区部分属陇海、二七、建设 3 个区，农村部分属郊区。1960 年 4 月成立金水人民公社，下辖七一、紫荆山、人民路、杜岭、黄河路、文化路、郑纺机、岗杜、南阳新村 9 个街道分社和 1 个农业分社。1961 年 8 月金水人民公社改称金水区；9 个街道分社改建为杜岭、人民路、花园路、经八路、文化路、南阳路、南阳新村 7 个街道；农业分社改建为金水农业公社。1972 年 6 月设立大石桥街道。1980 年 9 月增设刘寨街道。

1984 年 8 月金水农业公社改为海滩寺乡。1987 年 3 月郑州市撤销金海区、郊区和新密区，设立邙山区（今惠济区），金水区刘寨街道划归邙山区；原郊区柳林乡、祭城乡、姚桥乡，原金海区庙李乡划归金水区。至此，金水区辖杜岭、人民路、花园路、经八路、文化路、大石桥、南阳路、南阳新村 8 个街道和海滩寺、庙李、柳林、姚桥、祭城 5 个乡。1995 年 2 月柳林乡改为柳林镇。1996 年 6 月祭城乡改为祭城镇。1997 年 3 月庙李乡改为庙李镇。2000 年 5 月撤销海滩寺乡，设立丰产路街道。2000 年 9 月区人民政府由文化路 106 号迁至东风路 16 号。2002 年 6 月增设未来路、北林路、东风路 3 个街道。2005 年 10 月撤销姚桥乡，成立龙子湖街道。2006 年 4 月撤销祭城镇，分设祭城路、凤凰台 2 个街道。2010 年 10 月，析祭城路、龙子湖 2 街道部分区域设立兴达路街道。2011 年 4

月,撤销柳林镇,分设国基路、杨金路2个街道;撤销庙李镇,设立丰庆路街道。

行政区域划分 2014年末,辖经八路、花园路、人民路、杜岭、大石桥、南阳路、南阳新村、文化路、丰产路、东风路、北林路、未来路、凤凰台、兴达路、国基路、杨金路、丰庆路、祭城、龙子湖19个街道;下设168个居民委员会,72个村民委员会。

上街区(Shangjie Qu)

地处郑州市西部,东、南与荥阳市毗邻,西南与巩义市相邻,西、北部与荥阳市接壤。位于东经113°14′~113°19′,北纬34°35′~34°40′。辖区东西最大距离7.5千米,南北最大距离14.4千米,总面积66.06平方千米。人口密度为每平方千米2337人。

政区地名沿革 因境内有陇海铁路上街站,故名。

古属汜水县。1948年秋,与广武县合并为成皋县。1954年成皋县并入荥阳县,属荥阳县第五区。1958年8月,析荥阳县周村乡郎中沟、任庄、左照沟、西郊段、聂寨、东马固村,史村乡夏侯、白马寺、左照村,白杨乡廿里铺、大园村,共11个自然村成立郑州市上街区;同月,11个自然村的10个农业合作社合并建立上街人民公社;12月,荥阳县的西马固村划归上街区。1959年1月,荥阳县的上街、东柏社、西柏社、武庄、肖洼、朱寨、沙固、南峡窝、北峡窝、西涧沟、石嘴、胡寨、四所楼、方顶、冯沟、观沟、何寨、魏岗、大坡顶、东郊段、南郊段等自然村,共30.5平方千米土地划归上街区,与上街人民公社合并称马固人民公社;巩县的新中、小关、米河等公社的320个自然村,共71平方千米土地划归上街区,建立新中人民公社。1961年6月马固人民公社分为马固、峡窝2个人民公社;新中公社分为新中、小关、米河、茶店、小里河5个人民公社。1962年1月,荥阳县刘河公社的东沟、河东、柴寨沟、官顶、冯庄、岗寨、徐沟、庵上、后窑、孟沟、申庄、桑树坡、泉沟、任湾、张青岗、东反坡、西反坡、龙潭、煤窑沟、李庄、徐庄、毛沟、南毛沟、申家岭、黄永岭等26个自然村,共11.8平方千米土地划归上街区,建立肖寨人民公社;2月巩县大峪沟公社的雪庄、黑龙潭村和磨岭大队的阎庄生产队划入,建立大峪沟人民公社。至此,下辖9个人民公社;3月设立上街区中心路街道、矿山街道。1963年6月撤销马固公社并入峡窝公社;撤销茶店公社并入新中公社,至此,下辖7个人民公社、2个街道。1964年6月,将大峪沟、小关、新中、米河、小里河5个公社的59个大队、571个生产队、680个自然村划归巩县管辖;将肖寨公社、峡窝公社共23个大队、95个自然村划归荥阳县管辖;同时,将余下的7个大队、12个自然村组成上街区农业公社。1971年2月,中心路街道分为济源路街道和反修路街道。1980 年 9 月返修路街道更名为新安西路街道。

1984 年 1 月,上街区农业公社改名聂寨乡。2001 年 4 月撤销聂寨乡设立工业路街道和中心路街道;新安西路街道更名新安路街道。2004 年 7 月,峡窝镇整建制划归上街区。

行政区域划分　2014 年末,辖济源路、中心路、新安路、工业路、矿山 5 个街道和峡窝镇,共 6 个乡级政区;下设 29 个居民委员会,28 个村民委员会。

惠济区（Huiji Qu）

地处郑州市北部,黄河南岸。东、东南、南部邻金水区,西南与中原区相邻,西、西北部与荥阳市接壤,北、东北部隔黄河分别与焦作市武陟县、新乡市原阳县相望。位于东经 113°27′～113°51′,北纬 34°36′～34°57′。辖区东西最大距离 27 千米,南北最大距离 17 千米,总面积 232.75 平方千米,人口密度为每平方千米 1201 人。

政区地名沿革　因惠济桥村和惠济长桥遗址得名。

古惠济镇旧属荥泽县。1931 年属广武县,1953 年划归郑州市郊区。

1987 年 3 月郊区、金海区、新密区撤销,同时设立邙山区,原郊区古荥乡、花园口乡,原金海区老鸦陈乡、毛庄乡和金水区刘寨街道归邙山区管辖。区人民政府驻金水区南阳路 322 号,下辖花园口、古荥、老鸦陈、毛庄 4 个乡及刘寨街道。1992 年 7 月,金水区同乐小区划入。1995 年 9 月古荥乡撤乡建镇。1996 年 9 月老鸦陈乡撤乡建镇。1998 年 3 月花园口乡撤乡建镇。1999 年 12 月毛庄乡撤乡建镇。2003 年 5 月撤销老鸦陈镇划入邙山区城区;将花园口镇金洼、弓庄、西黄刘、马庄 4 个村民委员会,毛庄镇杨庄、木马、青寨、东赵 4 个村民委员会和古荥镇的师家河村民委员会划入邙山区城区;古荥镇新庄、前刘、岗李 3 个村民委员会划归毛庄镇管辖;设立长兴路、老鸦陈、迎宾路、新城 4 个街道,将原老鸦陈镇的兴隆铺、刘寨、张寨、小杜庄 4 个村民委员会划归刘寨街道管辖。2003 年 12 月 25 日邙山区更名为惠济区,下辖老鸦陈、长兴路、迎宾路、新城、刘寨 5 个街道和花园口、毛庄、古荥 3 个镇。2005 年 7 月 27 日区政府驻地由南阳路迁至开元路 8 号;10 月,撤毛庄镇设大河路街道。2008 年 3 月将古荥镇铁炉寨、牛庄、保合寨、惠济桥 4 个村民委员会划归大河路街道;花园口镇常庄、李西河 2 个村划归新城街道。2009 年 5 月大河路街道毛庄、固城、贾河、胖庄、弓寨、宋庄 6 个村民委员会划归新城街道;新城街道马庄、木马、杨庄、青寨 4 个村民委员会划归迎宾路街道。

行政区域划分　2014 年末,辖刘寨、老鸦陈、迎宾路、长兴路、新城、大河路 6 个街道和古荥、花园口 2 个镇,共 8 个乡级政区;下设 9 个居民委员会,54 个村民委员会。

中牟县(Zhongmu Xian)

地处郑州市东部,东接开封市祥符区、尉氏县,南连新郑市,西临金水区和管城回族区,北隔黄河与新乡市原阳县相望。位于东经 113°46′～114°12′,北纬 34°26′～34°56′。辖区东西最大距离 39 千米,南北最大距离 55 千米,总面积 1416.3 平方千米。人口密度为每平方千米 618 人。

政区地名沿革　为春秋初期郑大夫祭仲的封地,"中"、"仲"音近,且城北五华里有牟山,故名。

夏商属豫州。西周称圃田,属管国。春秋称清邑,属郑国;战国称中牟邑,属魏。秦称管县,属三川郡。西汉置中牟县,属河南郡。三国属魏国司州。晋属司州荥阳郡。北魏太平真君八年(447 年)省入阳武县,属北豫州荥阳郡;景明元年(500 年)复置。东魏属北豫州广武郡。北齐属北豫州荥阳郡。北周属荥州,保定五年(565 年)移县治于圃田城。隋开皇初改县名为内牟,属郑州荥阳郡;十六年(596 年)在内牟县西部置管城,东部置郏城;十八年(598 年)改称圃田县,属郑州荥阳郡。唐武德三年(620 年)复名中牟,并置牟州,属郑州荥阳郡;四年(621 年)废牟州,县属管州;贞观元年(627 年)属汴州;龙朔二年(662 年)属郑州荥阳郡。五代梁属东京开封府。元属河南行省汴梁路。明、清属河南省开封府。1913 年属豫东道。1914 年改称开封道。1927 年直属河南省。1932 年属河南省第一行政督察区。

1948 年 10 月 22 日中牟县城解放,设丁庄、岗王、冉庄、大孟、董岗、八岗 6 个区。1949 年属陈留专区,设城关、大孟、董岗、冉庄、八岗、丁庄、岗王 7 个区,下设 92 乡。1951 年 12 月全县改设城关、东漳、茶庵、白沙、宋庄、丁庄、黄店、土山店 8 个区。1952 年属郑州专区。1953 年 3 月全县改设邵岗、大孟、董岗、冉庄、丁庄、宋庄、黄店、姚家 8 个区和城关镇,下设 88 个乡。1955 年属开封专区,9 月改设东漳、白沙、三官庙、姚家 4 个区和城关镇,下设 88 个乡。1956 年 3 月改设孟庄、邵岗、郑庄、仓寨、大孟、官渡桥、杨伯胜、东漳、万庄、董岗、茶庵、万滩、刘集、杨桥、朱庄、白沙、大有庄、冉庄、郑庵、占杨、刘庄、谢庄、芦医庙、大关庄、八岗、张堂、张庄、三官庙、岗李、冯堂、侯村寺、前段、黄店、丁庄、鸭李、水沱寨、孙家、半截楼、姚家、绪张、土山店共 41 个乡和城关镇。1957 年 2 月合并为孟庄、邵岗、仓寨、大孟、东漳、万滩、刘集、茶庵、白沙、郑庵、东贾、谢庄、张庄、八岗、三官庙、冯堂、武张、黄店、水沱寨、绪张、姚家21个乡和城关镇。1958年8月改设孟庄、邵岗、万滩、茶庵、白沙、郑庵、八岗、三官庙、黄店、姚家10个公社，下辖65个大队。1961年8月改设为孟庄、董岗、郑庵、三官庙、黄店5个区和城关镇，下设23个公社287个大队。1962年8月改设邵岗、孟庄、大孟、刘集、白沙、郑庵、八岗、三官庙、黄店、姚家10个区和城关镇，下辖114个小乡。1963年2月，10区1镇改设为11个人民公社，下设114个生产大队。1965年4月开封县狼城岗公社划入，增设东漳公社。1969年中牟县划归开封地区。1971年12月开封县杏花营公社划入。1973年2月复归开封市郊区。1974年9月增设仓寨、万滩、芦医庙、谢庄、冯堂、刁家6个公社。1980年9月，孟庄公社更名韩寺公社。

1983年7月划归郑州市管辖；11月撤销19个人民公社改为邵岗、韩寺、大孟、刘集、白沙、郑庵、八岗、三官庙、黄店、姚家、狼城岗、东漳、仓寨、万滩、芦医庙、谢庄、冯堂、刁家18个乡和城关镇，下辖388个村民委员会。1989年4月析八岗乡部分地域置张庄乡。1994年12月张庄乡撤乡建镇。1995年11月白沙乡撤乡建镇。1997年2月撤邵岗乡建官渡镇、郑庵乡撤乡设镇，3月狼城岗乡撤乡建镇，12月韩寺乡撤乡建镇。1998年9月，官渡镇增设许村、下坂峪2个村民委员会；12月万滩乡、谢庄乡撤乡建镇。2000年10月黄店乡撤乡建镇。2001年7月大孟乡撤乡建镇。2002年2月撤仓寨乡入官渡镇。至此全县设11镇8乡，下设428个村民委员会。2004年7月东漳乡更名雁鸣湖乡。2005年11月撤冯堂乡入三官庙乡、芦医庙乡和谢庄镇合并为九龙镇。2007年11月刘集乡撤乡建镇。2009年1月八岗乡撤乡建镇。2010年1月雁鸣湖乡撤乡建镇；2月刘集镇增设姚湾村民委员会；3月撤销城关镇设立青年路、东风路街道，成立广惠街街道。至此，全县设13个镇3个乡3个街道。下辖413个村民委员会。2011年4月姚家乡撤乡建镇，狼城岗镇增设全店村民委员会，官渡镇增设北沟、石井2个村民委员会，万滩镇增设杨家、杜湾2个村民委员会；6月三官庙乡撤乡建镇；12月大孟镇增设张湾、王万岭2个村民委员会，刘集镇增设后湾、后洼2个村民委员会，雁鸣湖镇增设穆山、魏岗2个村民委员会，官渡镇增设中吴、下吴2个村民委员会和金源社区。(其中许村和下坂峪为安置小浪底水利工程移民村，姚湾、全店、北沟、石井、杨家、杜湾、张湾、王万岭、后湾、后洼、穆山、魏岗、中吴、下吴和金源社区为安置南水北调水利工程移民村)。

行政区域划分　2014年末，辖广惠街、青年路、东风路3个街道，姚家、黄店、三官庙、张庄、八岗、郑庵、九龙、白沙、刘集、万滩、大孟、雁鸣湖、狼城岗、官渡、韩寺15个镇及刁家乡，共19个乡级政区；下设9个居民委员会，426个村民委员会。

荥阳市(Xingyang Shi)

　　地处郑州市西侧、黄河南岸,东邻郑州市惠济区、中原区、二七区,南毗新密市,西接巩义市,西北、北分别与焦作市武陟县和温县隔黄河相望。位于东经113°09′36″～113°28′48″,北纬34°36′05″～34°58′01″。辖区东西最大距离37.6千米,南北最大距离45.5千米,总面积907.81平方千米。人口密度为每平方千米678人。

　　政区地名沿革　春秋战国时韩筑城,以城(在今古荥镇南)在荥泽之北而得名。

　　夏属豫州。商为嚣地。西周属东虢。前十世纪,周穆王置虎牢,后称成皋邑。东周属郑、韩。秦属三川郡。汉属河南郡。晋属荥阳郡。南北朝属北豫州荥阳郡。隋属荥阳郡。唐属荥阳郡,后属郑州。宋属郑州。元属郑州。明、清属河南布政使司开封府郑州,县下辖高阳、孝义乡,辖在城、城北、安仁、北王、南蒲、薛村、须水和王塔、槐东、槐中、槐西、东郭、曹固、城南14个保。清末合并为第一至第八区。1912年初属豫东道。1928年后属河南省第一行政督察区。

　　1949年初属河南省郑州专区,下辖须水、苏寨、乔楼、二十里铺、贾峪、崔庙6个区和城关镇。1952年元月增设刘河区。1953年须水区划归郑州市郊区。1954年2月归属开封专区;6月撤销成皋县并入荥阳县,辖一区(苏寨)、二区(乔楼)、三区(崔庙)、四区(贾峪)、五区(刘河)、六区(二十里铺)、七区(广武)、八区(高村)、九区(白杨)、十区(汜水)、十一区(高山)、十二区(峡窝),另有城关镇、汜水镇。1956年划为城关、史村、周村、二十里铺、赵村、广武、后王、油坊、司马、白杨、上街、汜水、竹川、石洞沟、峡窝、刘河、崔庙、马寨、罗圈寨、贾峪、槐林21个中心乡;6月增曹李、余顶、庙子中心乡;9月撤曹李中心乡,设晏曲中心乡。1957年2月增白寨、中任、樊河、刘河、穆寨、楚庄、王宗店7个中心乡。1958年荥阳县属郑州市;8月合并31个中心乡为13个乡,不久又改为城关、乔楼、二十里铺、广武、苏寨、高村、白杨、高山、刘河、崔庙、贾峪11个公社;11月刘河公社合入崔庙公社。1959年1月白杨公社并入汜水公社,周村公社并入城关公社。1960年3月苏寨公社并入广武公社,乔楼公社并入城关公社,恢复刘河公社。1961年5月9个公社改制为区;12月荥阳县划归开封专区。1963年2月区改公社,恢复王村(原白杨)、乔楼公社。1964年6月峡窝公社自上街区复归荥阳县。1971年荥阳县归属郑州。1976年2月增设庙子、邙山、北邙3个公社,10月撤销邙山公社。1981年3月增设城关镇。

1983 年 6 月公社改制为乡。1986 年 2 月增设金寨回族乡。1993 年 5 月崔庙乡撤乡设镇。1994 年 4 月 5 日撤县设县级荥阳市,广武乡撤乡设镇;7 月汜水、贾峪乡撤乡设镇;10 月撤二十里铺乡设豫龙镇。1995 年撤高山乡设高阳镇。1996 年 11 月王村、刘河乡撤乡设镇。1998 年 11 月乔楼乡撤乡设镇。2001 年 11 月撤城关镇,划城关乡、乔楼镇、豫龙镇各 3 个村民委员会入城区,设立索河、京城路街道。2004 年高阳镇更名高山镇;7 月 13 日峡窝镇划归郑州市上街区。

行政区域划分　2014 年末,辖索河、京城路 2 个街道,乔楼、豫龙、广武、王村、汜水、高山、刘河、崔庙、贾峪 9 个镇,城关、高村、金寨回族 3 个乡,共 14 个乡级政区;下设 16 个居民委员会,288 个村民委员会。

新密市(Xinmi Shi)

地处郑州市西南部,东与新郑市为邻,南与许昌禹州市相连,西与登封市毗连,西北与巩义市接壤,北与荥阳市为界,东北与郑州市二七区相通。位于东经 113°09′~113°40′,北纬 34°20′~34°30′。辖区东西最大距离 46.2 千米,南北最大距离 32.4 千米,总面积 1007.56 平方千米,人口密度为每平方千米 862 人。

政区地名沿革　传因古密国得名。据《尔雅》记述:"山如堂者密",置县时以此为名。1994 年 4 月 5 日撤密县,更名为新密市(县级)。

西周为密、郐国地。春秋为郑国新密邑。战国属韩。秦属三川郡。汉刘邦二年(前 205 年)始置密县,属河南郡,治今大隗镇。三国魏属司州河南郡。西晋泰始二年(266 年)属荥阳郡。东晋十六国,先后属赵、燕、秦。南朝刘宋属荥阳郡。北魏初属荥阳郡;孝昌年间分置武陵、曲梁 2 城,属广武郡。北齐复置密县,属荥阳郡。北周建德六年(577 年)属荥州。隋大业初密县并入新郑;十二年(616 年)复置密县,属郑州,县治迁至法桥堡(今新密市老城区)。唐武德三年(620 年)升为密州;四年(621 年)州废,复置密县,属郑州;龙朔二年(662 年)属洛州;开元元年(713 年),属河南府。五代至北宋,属河南府。宋属京西北路河南府;崇宁四年(1105 年)割属郑州。金属南京路。元初属郑州;至正二年(1342 年)改为密云县,属郑州,后改属钧州。明洪武元年(1368 年)改密云县为密县,属开封府钧州;万历三年(1575 年)钧州改为禹州,密县属之;崇祯十四年(1641 年),李自成农民起义军攻破密县城,派冷英为县令,兼管登封,建立了密县历史上第一个农民政权。清初属禹州;雍正十三年(1735 年)改属许州府;乾隆七年(1742 年)改属开封府。1913 年废府属豫东道。1914 年属开封道。1927

年道废直属河南省。1932 年属河南第一、四行政督察区。1933 年属郑州行政督察区。

1948 年 10 月密县解放,属郑州专区,下设城关、牛店、超化、北召、光林、观音堂、曲梁、大隗 8 个区。1950 年 9 月增设第九区(双楼)。1951 年 10 月,增设第十区(来集)、十一区(平陌)。1953 年城关、大隗 2 区改镇。1955 年 1 月属开封专区,全县分为五里店、青河、米村、北召、打虎亭、柿树湾、马圈、平陌、超化、楚岭、樊寨、来集、王堂、大隗、陈庄、老寨、柿园、观音堂、白寨、山白、曲梁、牛集共 22 个中心乡,下辖 69 个小乡。1956 年,设米村区、柿园区、白寨区,辖 27 个乡。1957 年,撤米村区、柿园区、白寨区,下辖城关、五里店、超化、米村、苏寨、河西、玉皇庙、苟堂、来集、王庄、曲梁、王堂、五虎庙、大隗、袁庄、打虎亭、牛集、杨台、新寨、平陌、樊寨、双楼、老寨、刘寨、五虎沟、马寨、尖山、黄帝岭、白寨、李槐沟、龙泉庙、岳村、观音堂、楚岭 34 个乡。1958 年 6 月撤乡成立光辉(米村)、红光(姚山)、胜利(打虎亭)、红星(五里店)、东风(白寨)、东方红(曲梁)、五星(观音堂)、前进(山岔口)、跃进(超化)、金星(苟堂)、红旗(樊寨)、卫星(大隗)12 个公社;12 月密县改属郑州市。1961 年 1 月,12 个公社合并为五里店、米村、超化、大隗、观音堂、曲梁、白寨 7 个公社;2 月密县复属开封专区;设城关镇;6 月五里店公社改为城关公社。1963 年 6 月撤区,改建五里店(原城关镇)、米村、超化、大隗、观音堂、曲梁、白寨、来集、苟堂、平陌、北召 11 个公社。1964 年 3 月撤五里店、观音堂、米村、北召 4 个公社,建袁庄、刘寨、牛店、岳村、尖山 5 个公社。1965 年恢复米村公社。1982 年 12 月原城关公社的惠沟、五里店、楚沟、杨寨、高沟、甘寨 6 个大队划归郑州市新密区(即新密矿务局),成立七里岗公社;来集公社同时划入新密区。

1983 年 9 月复属郑州市。1984 年将城关公社改为城关镇,其余 12 个公社改乡。1987 年 3 月撤销新密区,来集乡和七里岗乡(1984 年由公社改乡)复属密县,至此,密县共辖 1 个镇 14 个乡。1991 年 3 月,超化乡、大隗乡撤乡设镇。1994 年 4 月 5 日,撤密县建立县级新密市,下辖 12 个乡 3 个镇。1995 年 5 月,平陌乡、白寨乡撤乡设镇。1996 年 1 月,岳村乡撤乡设镇;12 月七里岗乡撤乡设镇。1997 年 12 月,苟堂乡撤乡设镇。1999 年 9 月牛店乡撤乡设镇。2001 年 5 月撤七里岗镇,设新华路街道;调整苟堂镇 5 个村,设关口镇;调整米村镇 2 个村,城关镇 8 个村,牛店镇 1 个村,设青屏街街道和西大街街道。2005 年 10 月撤关口镇划入苟堂镇,撤尖山乡划入米村镇。至此,新密市辖 3 个街道、11 个镇(城关、来集、岳村、白寨、刘寨、苟堂、大隗、超化、平陌、牛店、米村)、2 个乡(袁庄、曲梁)。

行政区域划分　2014 年末,辖西大街、青屏、新华路 3 个街道,平陌、牛店、米村、苟堂、大隗、城关、岳村、刘寨、超化、来集、曲梁、白寨 12 个镇及袁庄乡,共 16 个乡级政区;下设 28 个居民委员会,303 个村民委员会。

新郑市(Xinzheng Shi)

地处郑州市东南部,东邻中牟县,东南与开封市尉氏县毗邻,南连许昌长葛市,西南与许昌禹州市相邻,西与新密市接壤,西北紧邻二七区,北与管城回族区相连。位于东经 113°30′~113°54′,北纬 34°16′~34°39′。辖区东西最大距离 35.9 千米,南北最大距离 41.7 千米,总面积 808.29 平方千米。人口密度为每平方千米 812 人。

政区地名沿革　周平王元年(前 770 年),郑国国君武公掘突随周平王由咸林(今陕西华县一带)迁此定都,仍称郑国。前 375 年被韩国所灭称郑县。前 221 年秦统一六国后,为别于陕西郑县,改名新郑县。1994 年 5 月撤县建市,称新郑市。

上古黄帝都于有熊(今新郑)。夏属豫州。商属京畿(今郑州)。西周属鄶。春秋时为郑国。战国时为韩国。秦于今县境设新郑、苑陵 2 县,属颍川郡。西汉属河南郡。东汉建安十七年(212 年)属司校尉部河南尹。晋泰始二年(266 年)新郑并入苑陵县,属司州荥阳郡。东晋属广武郡,南北朝时期属荥州。隋开皇十六年(596 年)恢复新郑县;大业初(605 年)废苑陵县入新郑县,移县治新郑城,属荥阳郡。唐武德四年(621 年),划分新郑县为新郑、清池 2 县,属管州;贞观元年(627 年)废清池县入新郑县,属河南道郑州荥阳郡。五代属郑州。宋熙宁五年(1072 年)废郑州,新郑县属开封府;元丰八年(1085 年)恢复郑州,新郑改属郑州。金属南京路钧州。元属河南省汴梁路。明初属钧州;隆庆五年(1571 年)属开封府。清初属钧州;雍正二年(1724 年)改属直隶禹州;十三年(1735 年)改属许州府;乾隆六年(1741 年)改属开封府,下设 1 城、4 路、19 保、12 集镇、604 村。

1913 年属豫东道。1914 年豫东道改名为开封道。1927 年废道设行政区,河南省划分 7 个行政督察区,新郑县属第一行政督察区,县署改为县政府。1928 年全县划为东(高夏)、西(辛店)、南(观音寺)、北(嶂山)、中(城关)5 个区。区下设乡(镇),乡下辖村。1931 年划分为第一区(县城)、第二区(辛店)、第三区(嶂山)、第四区(高夏)、第五区(观音寺)。共 21 个联保,179 保,2000 多甲(也称闾)。1932 年属河南省第四督察区。1935 年合并为第一区(县城)、第二区(太清)、第三区(薛店)3 个区,原 21 个联保合并为辛店、太清、梨河、高夏、梨园、郭店、薛店、花园、人和寨 9 个乡和城厢镇。1947 年元月下设辛店、高夏、郭店、太清 4 个乡和城厢镇,8 月恢复原 9 个乡 1 个镇。

1948 年 10 月新郑解放,属郑州专区,下设城关、大杨庄、辛店、溴水寨、高夏 5 区。1950 年下设城关、吴陈、辛店、溴水、高夏和薛店 6 区;后改为一、二、三、四、五、六区。1953 年小乔划入,为第七区。1955 年归属开封专区,9 月 7 个区并为辛店、车站、郭店、薛店 4 个区;12 月撤区设核桃园(李垌)、大吴楼、观音寺、东郭寺、辛店、岳庄(侯楼)、山陈(郭寨沟)、三十里铺、郭店、小乔、山西乔、龙王、薛店、孟庄、八千共 15 个中心乡。1956 年 12 月 1 日划为郭店、水泉、林锦店、古城、荆王、三十里铺、人和、歹庄、孟庄、龙王、薛店、东郭寺、太清、梨河、观音寺、溴水、城关、岳庄、千户寨、油坊沟、郭寨沟、辛店、李垌、高夏、薛店街、二郎店、车站共 27 个乡。

1958 年 5 月 15 日下设薛店、龙王、孟庄、梨园、官刘庄、二郎店、车站、梨河、太清、郭店、千户寨、辛店、林锦店、山西乔共 14 个乡和城关镇;8 月改建为梨园、郭店、小乔、薛店、高夏、观音寺、辛店和城关镇 8 个人民公社;12 月新郑改属郑州市。1959 年 4 月城关镇和梨园公社合并为城关公社。1961 年 7 月 14 日改设城关、辛店、观音寺、高夏、薛店、郭店 6 个区;12 月新郑属开封地区行政公署。1963 年 4 月下设城关镇和城关、辛店、观音寺、车站、八千、薛店、郭店、孟庄、小乔 9 个人民公社。1973 年城关镇划归城关公社,同时增设新村、千户寨公社。1975 年春增设龙王、梨河公社。1980 年析城关公社部分地置城关镇。

1983 年 9 月改属郑州市。1983 年 4 月 29 日改公社为乡,全县设城关、辛店、新村、千户寨、观音寺、梨河、车站、八千、薛店、龙王、孟庄、郭店、小乔 13 个乡和城关镇,辖 323 个村民委员会,1205 个自然村。1990 年 9 月撤车站乡设和庄镇。1994 年 3 月,孟庄乡、薛店乡、辛店乡撤乡设镇,撤销小乔乡改设龙湖镇;5 月 16 日,撤新郑县设县级新郑市。1996 年 3 月 28 日新村、梨河、观音寺乡撤乡建镇;12 月 13 日郭店乡撤乡建镇。至此,新郑市共有城关、辛店、观音寺、梨河、和庄、孟庄、郭店、龙湖、新村、薛店 10 个镇和千户寨、八千、龙王、城关 4 个乡,下设 7 个居民委员会,331 个村民委员会,1111 个自然村。

2001 年 4 月 26 日,撤城关镇,设新建路、新华路、新烟 3 个街道。2005 年 11 月撤千户寨乡并入辛店镇。

行政区域划分　2014 年末,辖新建路、新华路、新烟街 3 个街道,和庄、薛店、孟庄、郭店、龙湖、新村、辛店、观音寺、梨河 9 个镇,城关、八千、龙王 3 个乡,共 15 个乡级政区;下设 34 个居民委员会,323 个村民委员会。

登封市(Dengfeng Shi)

地处郑州市西南部,嵩山南麓,颍河上游,东与新密市接界,南与许昌禹州市、平顶山汝州市毗邻,西与洛阳伊川县接壤,北与巩义市、洛阳偃师市相邻。位于东经112°42′~113°19′,北纬34°15′~34°35′。辖区东西最大距离56千米,南北最大距离36千米,总面积1219平方千米。人口密度为每平方千米585人。

政区地名沿革　因武则天登嵩山封祀中岳,改元"万岁登封"而得名。

夏代称阳城(今告成镇)。周为颍邑。秦代置阳城县和颍阳县(今东金店),属颍川郡。

汉元封元年(前110年)置崇高县,为奉邑。东汉初并入阳城县,东汉建初四年(79年)置纶氏县(今颍阳镇)。三国时阳城、纶氏属曹魏。晋朝颍阳、纶氏并入阳城,属河南郡。后魏设置阳城郡,管辖阳城、颍阳、康城(告成以东及禹县以西)3县。后又置中川郡,管辖湮阳、颍阳2县,颍阳后改武林县。

隋朝设嵩阳、阳城2县,属河南郡。唐天册万岁二年(696年)封祀嵩山,改嵩阳县为登封县,阳城县为告成县,后又置武林县。五代时登封属汴州。宋朝置颍阳、登封2县,属河南府。宋庆历二年(1042年)废颍阳县为镇,后又复为县。金并颍阳县入登封县,属金昌府。元、明、清登封县均属河南府。1912年后,将登封江左以西地域划归自由县(今伊川县)。

1949年前登封县属洛阳专区。1949年后属郑州专区,下设城关、东金店、君召、唐庄、告成、大冶、石道7区。1955年归并君召和东金店2区,属开封专区。1958年撤区建人民公社。1962年改建为城关、颍阳、大金店、卢店、告成、大冶、王村、君召、石道、东金店、徐庄、唐庄共12个人民公社。1971年析东金店和大金店公社部分地区建白坪和送表2个人民公社。1982年6月,城关公社改为城关镇。

1983年7月改属郑州市;12月颍阳、大金店、卢店、告成、大冶、王村、君召、石道、东金店、徐庄、唐庄、白坪和送表公社均改为乡,至此,登封县共辖1镇13乡。1993年8月撤大冶、卢店、颍阳3乡建3镇。1994年6月登封县撤县改市,人民政府驻城关镇。1994年9月,大金店、告成撤乡建镇。1998年12月撤王村乡建立宣化镇。

2000年5月撤城关镇设嵩阳、中岳、少林3个街道,时辖16个乡级政区。2005年10月将送表乡并入白坪乡。2007年12月徐庄撤乡建镇。2009年1月撤东金店乡设东华镇。

行政区域划分　2014年末,辖嵩阳、少林、中岳3个街道,大冶、卢店、宣化、告成、徐庄、大金店、东华、颍阳 8 个镇,唐庄、白坪、石道、君召 4 个乡,共 15 个乡级政区;下设 20 个居民委员会,303 个村民委员会。

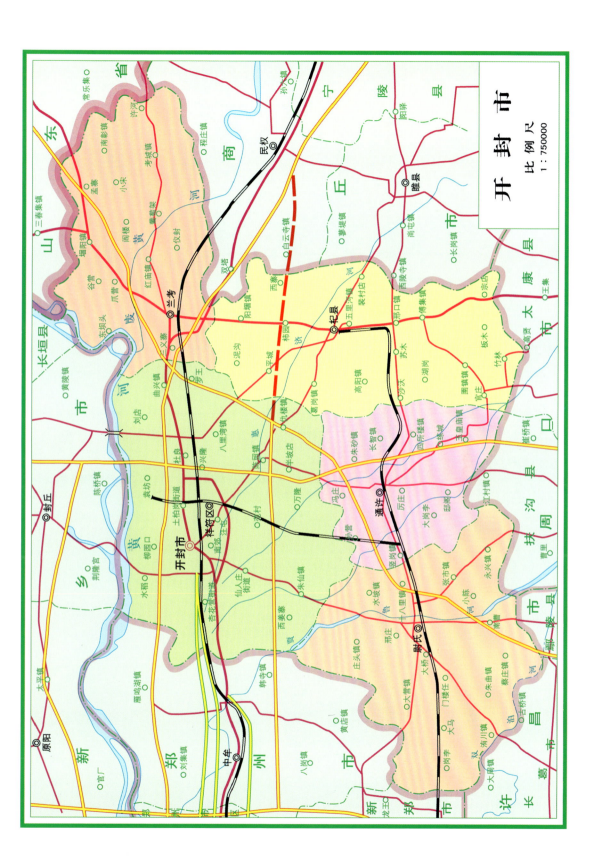

开 封 市

比 例 尺

1：750000

开封市 (Kaifeng Shi)

地处河南省中部偏东,东邻商丘市,南接许昌市、周口市,西连郑州市,北隔黄河与新乡市相望。位于东经113°52′15″~115°15′42″,北纬34°11′45″~35°01′20″。辖区东西最大距离125千米,南北最大距离87.5千米,总面积6174.94平方千米。人口密度为每平方千米928人。

政区地名沿革　春秋时期,郑庄公在此修筑储粮仓城,取"启拓封疆"之义,定名"启封"。后避汉景帝刘启之讳改名为开封。简称汴。

夏朝(帝杼)曾在开封一带建都157年,史称老丘。老丘遗址在今开封城东北20余千米,距今已有三、四千年的历史。商朝曾在开封一带建都27年,史称器。

前8世纪,春秋属郑。魏惠王九年(前362年)从安邑(今山西夏县西北)迁都于此,称大梁。

秦王政二十二年(前225年)秦朝大将王贲攻打魏国大梁,久攻不下,后扒开浚仪引水灌大梁,城毁魏灭。汉景帝元年(前156年)为避帝启讳,启封县更名开封县。西汉建元元年(前140年)置浚仪县,属陈留郡(郡治在今开封市区东南陈留镇)。

东魏孝敬帝天平元年(534年)设梁州,辖阳夏、开封、陈留三郡,州、郡同治浚仪。北齐省开封郡入陈留郡。北周建德四年(576年)改梁州曰汴州(治所在今开封市区)。

隋大业初,废汴州,分其地入荥阳郡。唐武德四年(621年)复汴州,延和元年(712年)开封县移治于此。大历十四年(779年),宣武帝节度使李勉扩建汴州城,新筑城池,为今开封城的雏形。兴元元年(784年)宣武军节度使治所由宋州(今商丘)移汴州,成为唐王朝最强大的藩镇。

五代后梁开平元年(907年),朱温称帝,在开封建立五代第一个王朝——后梁。以汴州为都城,升汴州为开封府,称东都,洛阳为陪都,称西都,辖15县。五代后唐同光元年(923年)迁都洛阳,并改开封府为汴州,辖10县,汴州仍为宣武军节度使治所。五代后晋、后汉、后周、北宋均都此，称东京开封府。北宋开封府辖17县，浚仪、开封两县仍同为开封府附廓首县，治所均在今开封城。宋大中祥符二年(1009年)改浚仪县为祥符县。宋朝先后4次建筑东京三城，即皇城、里城、外城。东京成为全国的政治、经济、文化、军事、科技、商业中心，是当时世界最繁华、面积最大、人口最多的大都市。

金初称汴京。天会十年(1132年)迁都汴京。十五年(1137年)置行台尚书省于汴京，并设汴京路开封府，辖15县，路、府同治汴京。贞元元年(1153年)改汴京为南京，汴京路改称南京路。贞祐二年(1214年)迁都开封。

元太宗四年(1233年)设河南江北行中书省，省治开封，这是河南建省的开始。撤开封府，由南京路直辖郑、许、陈、钧、睢等5州21县及直属之17县，共38县，南京路治仍设开封。至元二十四年(1288年)改南京路为汴梁路。

明洪武初定开封为北京，旋复称开封府，并将开封县并入祥符县。改汴梁路为开封府。置河南行中书省，后改为河南承宣布政使司。省、府、祥符县同治开封。十一年(1378年)，撤开封的北京称号。

清河南巡抚驻开封，为省会。因历史上自战国魏、五代梁、晋、汉、周、北宋及金均都此，故有"七朝古都"之称。

1913年废开封府改豫东道，开封仍为河南省省会。1927年废道，1929年成立开封市，翌年撤市。1932年8月设行政督察区。1938年6月，日军占领开封，省会迁往豫西，10月，日伪成立开封临时市政公署。1939年3月将伪河南省政府由安阳迁至开封。1945年8月日本投降后国民党政府恢复开封原建置。

1948年10月24日开封解放，11月成立开封特别市。1949年河南省人民政府在开封成立。1954年10月省会迁郑州，开封为省直辖市。1955年郑州专区专员公署改名为开封专区专员公署(简称开封专区)，驻地由荥阳迁开封，辖开封县等10个县。1958年开封市受开封专区辖，1962年复为省直辖市。

1983年撤开封专区，所辖开封、兰考、尉氏、通许、杞县5县划归开封市辖，原设龙亭、鼓楼、南关、顺河回族自治区及郊区5个区。1988年末辖5个区，5个县，10个镇，82个乡，21个街道。1992年成立开封经济技术开发区。1995年末辖5个区，5个县，18个镇，75个乡，22个街道。

2000年末辖5个区，5个县，31个镇，62个乡，23个街道。2005年5月30日，经国务院批准，郊区的北郊乡、柳园口乡、水稻乡划入龙亭区，土柏岗乡、东郊乡划入顺河回族区；南关区的五一街道、郊区南郊乡的浅河、牛墩、刘寺、杨砦、杨寺庄、蔡屯、小王屯、南柴屯、丰收岗9个村和开封县仙人庄乡划入鼓楼区；南关区更名为禹王台区，同时郊区的汪屯乡和南郊乡的部分村及顺河回族区的文环、宋南、羊尾铺3个居民委员会划入禹王台区；郊区更名为金明区，龙亭区的梁苑街道、鼓楼区的城西街道和开封县的杏花营镇(含杏花营农场)划入金明区。8 月 26 日金明区土柏岗乡、东郊乡,龙亭区旧坊街至北土街一线路东侧划入顺河回族区;12 月 2 日经省人民政府批准,撤销开封县大李庄乡,并入万隆乡;撤销开封县土山岗乡,并入罗王乡;撤销鼓楼区仙人庄乡,设立仙人庄街道。

2011 年兰考被河南省政府确定为省直管试点县。2014 年 9 月,撤销开封市开封县设立祥符区,撤销金明区、龙亭区,合并设立新的龙亭区。

行政区域划分　2014 年末,辖龙亭区、顺河回族区、鼓楼区、禹王台区、祥符区 5 个区,杞县、通许县、尉氏县、兰考县 4 个县,共 9 个县级政区。

龙亭区(Longting Qu)

地处开封市中北部,东与顺河回族区为邻,南与鼓楼区相邻,西、西南与郑州市中牟县接壤,北隔黄河与新乡市封丘县相望。位于东经 114°20′,北纬 34°48′。辖区东西最大距离 36.8 千米,南北最大距离 40.8 千米,总面积 349.81 平方千米。人口密度为每平方千米 1853 人。

政区地名沿革　因辖区内有清代建筑龙亭而得名。

1921 年称北区。1937 年改称第四区。1945 年改称利汴镇。1952 年复称第四区。1955 年将开封市第三区北半部并入,称龙亭区。1958 年 3 月将曹门、北门街道和文庙街道部分区域划归顺河回族区。1960 年 5 月改称龙亭人民公社;8 月并入鼓楼人民公社。1961 年 3 月划出复置;7 月复称龙亭区。1966 年改称红星区。1972 年 5 月复名龙亭区。

1987 年增设梁苑街道。2005 年 5 月 30 日,将金明区的北郊乡、柳园口乡、水稻乡划归龙亭区管辖;龙亭区的梁苑街道划归金明区管辖;8 月旧坊街至北土街一线东侧划归顺河回族区管辖,板桥、新街口 2 个居民委员会(不含西门大街路北侧、中山路中段路东侧)以及徐府街路南侧区域划归鼓楼区管辖。原开封市金明区,1949 年称郊区,2005 年 5 月 30 日撤郊区设立金明区。2014 年撤销原金明区、龙亭区,合并设立新的龙亭区;境内西郊乡撤销,设立金耀街道,杏花营镇和杏花营农场合并,设立杏花营街道。

行政区域划分　2014 年末,辖北书店、午朝门、大兴、北道门、金耀、杏花营、城西、梁苑 8 个街道和水稻、北郊、柳园口 3 个乡,共 11 个乡级政区;下设 135 个居民委员会,4 个村民委员会。

顺河回族区(Shunhe Huizu Qu)

地处开封市区东北部。东与祥符区接壤,南与禹王台区相接,西南与鼓楼区相邻,西、北与龙亭区相接。位于东经114°20′～114°26′,北纬34°45′～34°49′。辖区东西最大距离13.5千米,南北最大距离11.3千米,总面积86.73平方千米。人口密度为每平方千米2722人。

政区地名沿革　因惠济河纵贯辖区,且为回族聚居地而得名。

北宋属东京内城左军第二厢及外城城东左军厢。明代属八坊中的崇仁坊、惠和坊、永安坊和宣平坊及城内五隅的汴桥隅和土街隅。清光绪年间属祥符县第二、三、九隅管辖。1912年分属开封县东区和北区。1938年分属东区、南区和北区。1945年属开封县仁和镇。

1948年10月开封解放,属开封特别市第二区和第四区。1953年3月析二区和四区所辖部分地域置顺河回族自治区,下辖鼓楼、南土、清平、乐观4个镇;8月所辖4个镇合并为乐观和羊市2个镇。1955年11月根据省民政厅批复,回族自治区不设街道,直辖文化街等10个居民委员会。1956年3月更名为顺河回族区。1960年5月更名为顺河人民公社。1961年7月取消人民公社,恢复顺河人民委员会。1966年9月区名改为红卫区。1972年称顺河区。

1980年10月复名顺河回族区至今。2005年5月30日原金明区的东郊乡、土柏岗乡划归顺河回族区。2014年境内东郊乡撤销,设立东苑街道;土柏岗乡撤销,设立土柏岗街道。

行政区域划分　2014年末,辖清平、铁塔、曹门、苹果园、宋门、工业、东苑、土柏岗8个街道;下设65个居民委员会。

鼓楼区(Gulou Qu)

地处开封市中部,东与顺河回族区接壤,东南与禹王台区毗邻,南与祥符区相邻,西南接尉氏县,西北、北与龙亭区为邻。位于东经114°15′42″～114°21′43″,北纬34°40′39″～34°48′5″。辖区东西最大距离9.5千米,南北最大距离14.4千米,总面积58.68平方千米。人口密度为每平方千米2658人。

政区地名沿革　因辖区内有明代古建筑鼓楼而得名。

明称鼓楼隅。清光绪初年,今辖区分属祥符县第一隅、第二隅和第七隅;三十三年(1907年)属祥符县南区。1912年起为开封县南区。1938年6月开封沦陷,为开封市第二区。1945年为开封县崇廉镇。

1948年10月解放;11月为开封特别市第二区;12月开封特别市改称开封市。1949年1月改称开封市第二区。1950年5月~9月为东区;10月1日复称第二区。1956年3月改为鼓楼区。1960年4月改称鼓楼人民公社;7月龙亭人民公社并入。1961年5月龙亭人民公社析出复置;7月鼓楼人民公社改区。1966年8月改为红光区。

1980年9月复为鼓楼区,下辖相国寺、新华、州桥、卧龙、城西、西司门6个街道。2005年5月30日原南关区更名为禹王台区,下辖的五一街道划入鼓楼区;龙亭区午朝门街道的板桥社区、大兴街道的新街口社区(不含西门大街路北侧、中山路中段路东侧)、徐府街路南侧地域划入鼓楼区;原郊区更名为金明区,下辖南郊乡的小王屯、刘寺、蔡屯、杨砦、南柴屯、浅河、丰收岗、牛墩、杨寺庄共9个村划入,成立九村街道;原开封县的仙人庄乡划入;同时将鼓楼区的城西街道划出归原金明区管辖;12月仙人庄乡更名为仙人庄街道。2006年1月九村街道改名南苑街道。

行政区域划分　2014年末,辖卧龙、新华、相国寺、西司门、州桥、五一、南苑、仙人庄8个街道;下设41个居民委员会。

禹王台区(Yuwangtai Qu)

地处开封市东南部,被称为古城"南大门",东与顺河回族区接壤,南与祥符区毗邻,西与鼓楼区相邻,北与鼓楼区、顺河回族区相邻。位于东经114°19′33″~114°26′53″,北纬34°42′22″~34°46′59″。辖区东西最大距离10.5千米,南北最大距离7.5千米,总面积62.41平方千米。人口密度为每平方千米3054人。

政区地名沿革　因千年古园禹王台位于辖区而得名。

北宋建隆元年(960年)定都开封,为京南厢。明代改称南关厢。清初改称南乡第三路;道光年间被列入开封城外,改称南关;光绪三十三年(1907年)为开封南关区。1937年前称第五区。1945年改名中山镇。

1948年10月开封解放,为第五区,下辖中山镇、医院镇、民享镇、新政镇、贡庄镇、新门关镇、繁塔镇。1949年7月改为第五区公所。1950年3月改为第一区局。1952年9月建立第一区人民政府。1956年1月改称南关区。1960年7月改为南关人民公社。1966年8月改名红旗区,下辖前进、红卫、前卫、先锋等街道。1979年5月复名南关区,下辖车站、三里堡、菜市、新门关等街道。

1980 年 11 月下辖官坊、三里堡、菜市、繁塔、新门关、五一等 6 个街道。2005 年 5 月 30 日更名禹王台区；下辖的五一街道划入鼓楼区；同时原开封市郊区的汪屯乡、南郊乡划入，至此，共辖南郊、汪屯 2 个乡和官坊、三里堡、菜市、繁塔、新门关 5 个街道。

行政区域划分　2011 年末，有三里堡、新门关、繁塔、官坊、菜市 5 个街道，南郊、汪屯乡 2 个乡，共 7 个乡级政区；下设 48 个居民委员会。

祥符区（Xiangfu Qu）

地处开封市北部，东与杞县、兰考县接壤，南与尉氏县、通许县为邻，西连郑州市中牟县，北濒黄河与新乡市封丘县相望。位于东经 114°08′～114°44′，北纬 34°30′～34°55′。辖区东西最大距离 55 千米，南北最大距离 40.8 千米，总面积 1281.3 平方千米；人口密度为每平千米 622 人。

政区地名沿革　春秋时郑庄公筑仓城于今市区南，取"启拓封疆"之意名启封，后因避景帝刘启讳，改启封为开封。宋真宗大中祥符二年（1009 年）为祥符县。1913 年起易名开封县。2014 年 10 月 19 日取"祥瑞的符命"之意更名为祥符区。

春秋时属郑国。秦置启封县，属砀郡，治今朱仙镇古城村。汉景帝元年（前 156 年）改名开封县，属河南郡。北魏太平真君八年（447 年）废；景明元年（500 年）复置。东魏天平元年（534 年）置开封郡。北齐废。隋复置开封县，属汴州，后属郑州。唐武德四年（621 年）复属汴州；贞观元年（627 年）省入浚仪县，延和元年（712 年）复置。自五代梁开始至北宋均属东京开封府。宋大中祥符二年（1009 年）改浚仪县为祥符县。元属汴梁路。明洪武元年（1368 年）省开封县入祥符县，属开封府。清顺治十八年（1661 年）下设城区 10 坊，乡村 27 保。1913 年改祥符县为开封县，属豫东道，下设 72 社。1914 年属开封道。1921 年下设 13 个自治区。1927 年道废，直属河南省。1932 年属河南省第一行政督察区。

1948 年 8 月下设城区、半坡店、韩岗、八里湾、曲兴集 5 个区和陈留镇。1949 年治所由朱仙镇迁至黄龙寺，属陈留专区。1955 年 10 月撤区设 44 个中心乡。1957 年 7 月陈留县并入。1958 年 8 月成立自愿（朱仙镇）、火箭（水坡）、闪电（杏花营）、红旗（狼城岗）、八一（范村）、东方红（万隆岗）、陇海（黄龙）、黄河（袁坊）、五爱（陈留）、东风（仇楼）、幸福（八里湾）、卫星（曲兴）、红星（牛庄）13 个人民公社。1959 年开封县并入开封市。1961 年复置开封县。

1984 年 4 月辖城关、陈留、朱仙镇 3 个镇,仇楼、杜良、半坡店、大李庄、万隆、范村、刘店、八里湾、西姜寨、仙人庄、兴隆、罗王、土山岗、袁坊 16 个乡及杏花营农场。1997 年 8 月八里湾、杏花营、仇楼、曲兴 4 个乡撤乡建镇。至 1998 年初下辖城关、陈留、朱仙、曲兴、仇楼、八里湾和杏花营 7 个镇和半坡店、罗王、杜良、刘店、袁坊、兴隆、西姜寨、万隆、范村、大李庄、土山岗、仙人庄 12 个乡及杏花营农场。2005 年 5 月 30 日将杏花营镇、杏花营农场划归原金明区管辖,仙人庄乡划归鼓楼区管辖;12 月撤销大李庄乡并入万隆乡,撤销土山岗乡并入罗王乡。至此,下辖城关、朱仙、陈留、八里湾、仇楼、曲兴 6 个镇,罗王、半坡店、西姜寨、兴隆、刘店、袁坊、范村、杜良、万隆 9 个乡。2014 年撤销开封县,设立祥符区;境内城关镇撤销,设立城东街道。

行政区域划分　2014 年末,辖城东街道,陈留、朱仙、曲兴、仇楼、八里湾 5 个镇和半坡店、罗王、杜良、刘店、袁坊、兴隆、西姜寨、万隆、范村 9 个乡,共 15 个乡级政区;下设 16 个居民委员会,327 个村民委员会。

杞县(Qi Xian)

地处开封市东南部,东连商丘市睢县,南邻周口市太康县,西南邻通许县,西接祥符区,北邻兰考县,东北接商丘市民权县。位于东经 114°36′~114°54′,北纬 34°13′~34°44′。辖区东西最大距离 29 千米,南北最大距离 61 千米,总面积 1243 平方千米。人口密度为每平方千米 988 人。

政区地名沿革　古代境内多杞柳,故名杞县。因城内有 3 座土丘,又名雍丘。

西周为杞、郑、宋 3 国地。春秋属宋。战国属魏。秦置雍丘县(治今县城关镇),初属东郡,后属三川郡。西汉析置圉县(治今圉镇),属陈留郡。三国魏、西晋因之。东晋废圉县。北魏景明元年(500 年)复置圉城县。北齐废圉城入雍丘,属阳夏郡。隋开皇三年(583 年)复置圉城县,属梁郡;十六年(596 年)置杞州,治雍丘;大业三年(607 年)州废,县属梁郡。唐武德四年(621 年),复置杞州;贞观元年(627 年)废圉城县;外黄县废入雍丘县,属汴州。五代后晋改雍丘县称杞县。五代后汉复名雍丘县。金以避世宗完颜雍讳,复名杞县。元属汴梁路。明、清属开封府。1913 年属豫东道。1927 年废道,直属河南省。1932 年属河南省第一行政督察区。

1949 年属陈留专区。1952 年属郑州专区。1955 年属开封专区。1969 年属开封地区。1983 年属开封市。

行政区域划分 2014 年末,辖城关、五里河、邢口、围镇、傅集、阳堌、葛岗、高阳 8 个镇,城郊、宗店、板木、湖岗、竹林、官庄、苏木、沙沃、西寨、平城、泥沟、柿园、裴村店 13 个乡,共 21 个乡级政区;下设 26 个居民委员会,573 个村民委员会。

通许县(Tongxu Xian)

地处开封市东南部,东与杞县相邻,南与周口市扶沟县、太康县毗连,西邻尉氏县,北接祥符区,西北隔黄河分别与新乡市的封丘县、长垣县相望,北和东北分别与山东省的东明县、曹县接壤。位于东经 114°18′～114°38′,北纬 31°15′～34°34′。辖区东西最大距离 31.2 千米,南北最大距离 34.8 千米,总面积 767 平方千米。人口密度为每平方千米 897 人。

政区地名沿革 北宋建隆三年(962 年)置镇时,因地邻东京(今开封市区)通往许昌的大道上,故名。

春秋属许国。战国时属魏大梁郡。秦属三川郡。汉为陈留、扶沟 2 县地。三国、后魏时属陈留郡。东魏分属陈留、开封、许昌 3 郡。北齐、后周属陈留郡。隋代分属梁郡、颍川郡。唐代先属河南道汴州陈留郡,后属许州颍川郡。五代后梁属东都开封府,后唐属汴州宣武军,后晋、后汉属东京开封府。北宋建隆三年(962 年)置通许镇;咸平五年(1002 年)置咸平县,属开封府。金大定二十九年(1189 年)改为通许县,属南京路开封府。元时属河南江北行中书省汴梁路。明、清属河南布政使司开封府。1913 年属豫东道。1914 年属开封道。1927 年道废,直属河南省。1932 年属河南省第一行政督察区。

1949 年属陈留专区。1952 年属郑州专区。1955 年属开封专区。1960 年省入尉氏县,改称通许镇。1962 年 3 月复置。1969 年属开封地区。1983 年属开封市。

行政区域划分 2014 年末,辖城关、朱砂、长智、玉皇庙、竖岗、四所楼 6 个镇,冯庄、练城、邸阁、大岗李、厉庄、孙营 6 个乡,共 12 个乡级政区;下设 24 个居民委员会,285 个村民委员会。

尉氏县(Weishi Xian)

地处开封市西南部,东与通许县相邻,东南与周口市扶沟县接壤,南与鄢陵

县、长葛市毗邻,西与郑州新郑市、中牟县相连,北与祥符区为邻。位于东经
113°52′~114°27′,北纬34°12′~34°37′。辖区东西最大距离55千米,南北最大
距离46千米,总面积1210.01平方千米。人口密度为每平方千米738人。

　　政区地名沿革　春秋时期为郑国别狱,因狱官郑大夫尉氏采食于此,故名。
　　秦始皇三年(前219年)置县,属三川郡。汉属陈留郡,三国、魏晋属陈留
国。南朝宋属秦郡,后魏属陈留郡,东魏属开封郡。北齐废尉氏县,并入苑陵
县。隋开皇六年(586年)复置县,属颍川郡。唐属汴州陈留郡。北宋、金属开
封府。元属汴梁路,明、清属开封府。1913年属河南省豫东道。1914年属开封
道。1927年直属河南省。1932年属河南省第一行政督察区。
　　1949年属陈留专区。1952年属郑州专区。1954年起属开封专区。1965
年将开封县水坡公社和长葛县的洧川、岗李、大马、朱曲4个公社划入。1969年
属开封地区。1983年9月改属开封市。2013年境内庄头乡撤乡设镇。
　　行政区域划分　2014年末,辖城关、张市、永兴、蔡庄、朱曲、洧川、大营、水
坡、庄头、十八里10个镇,小陈、南曹、大桥、门楼任、大马、岗李、邢庄7个乡,共
17个乡级政区;下设10个居民委员会,505个村民委员会。

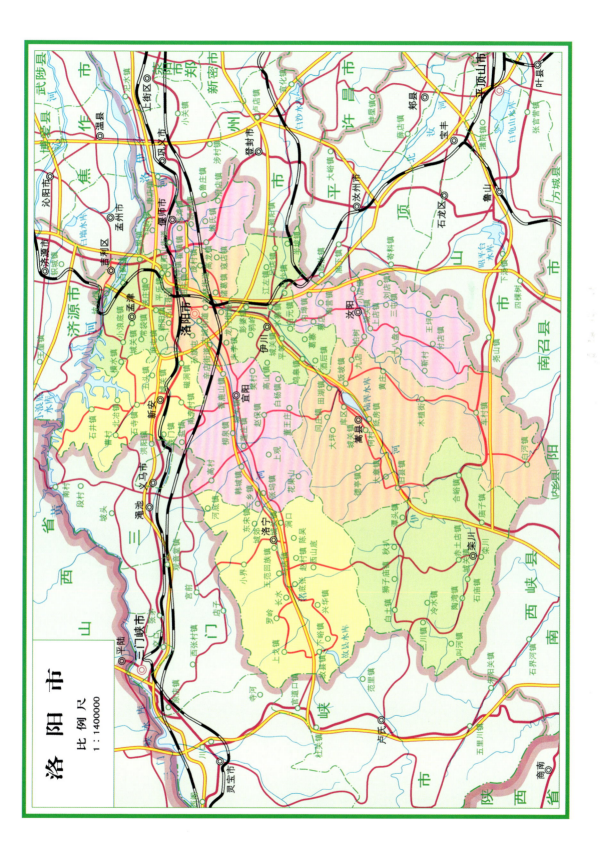

洛阳市(Luoyang Shi)

地处河南省西部,东邻郑州市,东南接平顶山市,南与南阳市相邻,西连三门峡市,北、东北隔黄河分别与济源市、焦作市相望。位于东经111°8′~112°59′,北纬33°35′~35°05′之间。辖区东西最大距离170千米,南北最大距离168千米,总面积15470.37平方千米。人口密度为每平方千米468人。

政区地名沿革　因在洛河之北得名。

禹划九州,河洛属古豫州地。洛阳是夏王朝立国和活动的中心地域,太康、仲康、帝桀皆以斟鄩(今偃师二里头遗址)为都,是迄今所知最早的都城。前1600年,商朝建立,商汤建都西亳,在今偃师西。商汤之后数代帝王均都此,前后累计200余年。前1046年,西周在洛阳营建国都,称洛邑,亦称新邑、大邑、成周、天室、中国、周南等。周平王元年(前770年)东迁洛邑,是为东周。自此,有23个国王都居洛阳,历经500余年。

秦庄襄王元年(前249年)秦在洛阳置三川郡,郡治成周城。汉高帝元年(前206年)项羽封申阳为河南王,居洛阳;汉高帝五年(前202年)刘邦建汉,初都洛阳,后迁长安,改三川郡为河南郡,治洛阳;汉武帝置十三州部刺史,河南郡属司隶;西汉末,王莽篡政,改洛阳为宜阳,设“新室东都”和“中市”。汉建武元年(25年)刘秀定都洛阳,改洛阳为雒阳;十五年(39年)改河南郡为河南尹。魏黄初元年(220年)魏文帝曹丕定都洛阳,变雒阳为洛阳,设司隶校尉部。西晋泰始元年(265年)仍以洛阳为都。北魏太延二年(436年)在洛阳置洛州;太和十八年(494年)孝文帝迁都洛阳。

隋开皇元年(581年)在洛阳置东京尚书省;次年置河南道行台省;三年(583年)废行台,以洛州刺史领总监;十四年(594年)于金墉城别置总监。大业元年(605年)隋炀帝迁都洛阳,在东周王城以东,汉魏故城以西18里处,新建洛阳城,并改洛州(东魏改司州置)为豫州,三年(607年)又改河南郡;十四年(618年)复置洛州,辖河南、洛阳、偃师、缑氏、阌乡、桃林、陕、熊耳、渑池、新安、巩、宜阳、寿安、陆浑、伊阙、兴泰、嵩阳、阳城等18县。

　　唐代自高宗始仍以洛阳为都,称东都。武德四年(621年)置洛州总管府,辖洛州、郑州、熊州、穀州、嵩州、管州、伊州、汝州、鲁州等9州,洛州辖洛阳、河南、偃师、缑氏、巩、阳城、嵩阳、陆浑、伊阙等9县。贞观元年(627年)分全国为10道,洛阳属河南道。显庆二年(657年)置东都。开元元年(713年)改洛州为河南府;二十一年(733年)于洛阳置都畿道。天宝年间,改东都为东京。洛州、河南府均治洛阳。武则天光宅元年(684年)始,改东都为神都。武则天称帝后,改国号为周,定都洛阳。

　　五代时期的后梁、后唐、后晋均曾都洛阳,后汉、后周以洛阳为陪都。这一时期洛阳仍是全国政治、经济、文化的中心。

　　北宋以洛阳为西京,置河南府。金代定洛阳为中京,改河南府曰金昌府,并河南县入洛阳县。

　　元代始,洛阳降为河南府治。明代河南府辖洛阳、偃师、巩县、孟津、登封、新安、渑池、宜阳、永宁、嵩县等10县,洛阳为伊王和福王的封地。清为河南府治。

　　1912年废河南府,设河洛道,道尹公署驻洛阳,辖洛阳、偃师等19县。1920年吴佩孚踞洛阳,设置有两湖巡阅使公署和陆军第三师司令部。1923年河南省长公署迁洛阳,成为河南省会。1932年日军进攻上海,国民党政府定洛阳为行都,并一度迁洛办公。"七七事变"后,华北大部分地区沦陷,洛阳成为北方抗日前哨,国民党第一战区长官司令部驻洛阳。1939年秋,河南省政府再次迁洛,洛阳第二次成为河南省会。

　　1948年在洛阳成立洛阳市人民民主政府,析洛阳县城区置为洛阳市(县级),与洛阳县并置。1949年12月洛阳市人民民主政府改称洛阳市人民政府,洛阳市(县级)、洛阳县并存,均属洛阳专区。1954年洛阳市升为河南省辖市,辖第一区、第二区、郊区。1955年撤洛阳县,其行政区域分别并入洛阳市及偃师、孟津、宜阳等3县,洛阳市第一区和第二区合并为老城区。1956年设立洛阳市涧西区、西工区。1957年11月成立瀍河回族区。1958年洛阳市降为县级市,属洛阳地区。1964年复为省辖市,辖涧西区、洛北区、瀍河回族区、郊区。

　　1982年洛北区成立吉利区。1983年新安、孟津、偃师3县改隶洛阳市。1986年撤洛阳地区,所辖的洛宁、宜阳、嵩县、栾川、汝阳、伊川6县改属洛阳市。1988年末,全市共辖有9县6区,共15个县级政区,下辖16个镇,142个乡,29个街道。1993年偃师县改为偃师市。1995年末,全市共辖有8县1市6区,共15个县级政区,下辖42个镇,117个乡,33个街道。

　　2000年6月郊区更名为洛龙区,辖8个乡镇,1个街道。2000年末全市共辖有1市,8个县,6个区,共15个县级政区,下辖61个镇,98个乡,34个街道。

至 2010 年共辖县(市、区)19 个(1 市 8 县 6 区、1 个洛阳新区、1 个国家级高新技术开发区、2 个省级开发区)。

行政区域划分 2014 年末,辖涧西、西工、老城、瀍河回族、洛龙、吉利 6 个市辖区,孟津、新安、宜阳、伊川、嵩县、洛宁、汝阳、栾川等 8 个县,偃师 1 个县级市,共 15 个县级政区。

涧西区(Jianxi Qu)

地处洛阳市西部,东、北以涧河为界与西工区相邻,南临洛河与洛龙区相望,西与新安县接壤。位于东经 112°13′~112°24′,北纬 34°32′~34°41′。辖区东西最大距离 13.2 千米,南北最大距离 10 千米,总面积 105 平方千米。人口密度为每平方千米 6813 人。

政区地名沿革 因位于洛阳市涧河以西而得名。

前 11 世纪,周公旦在涧河东岸构筑王城。隋大业元年(605 年),隋炀帝在洛阳营建东都,涧西为皇家西苑。唐代,改西苑为禁苑,又称东都苑或神都苑。北宋以后,渐荒废。

1949 年后,属洛阳县第四区。1954 年 7 月改为洛阳市第四区,区直机关设在谷水镇。1954 年 1 月将"第一个五年计划"期间 156 个重点建设项目中的 6 个规划到涧西。1955 年 7 月原洛阳市第四区改为洛阳市涧西区,辖 7 个乡(镇),合并为七里河、符家屯、浅井头、南村 4 个乡和谷水镇 1 个镇。1956 年 3 月设市辖区一级政权组织。1956 年 10 月撤销 4 乡 1 镇,按人口分布划分为厂西、厂北、武汉路、四川路、青岛路、天津路、长春路、湖北路和洪泽路 9 个街道,下辖 38 个街坊和七里河、西干沟、符家屯、崔家村、王府庄、同乐寨、兴隆寨、寄驾河、南村、二郎庙、谷水、老菜园、小元头、李家村、朱家村、俞家村、唐村 17 个自然村。1957 年 12 月区直机关由谷水镇迁至西苑路办公。1959 年 4 月辖秦岭、邙山、涧河、武汉路、青岛路、天津路 6 个人民公社;8 月改为第一安装公司、冶金安装二处、热电厂、省建三公司、火电一处、有色金属加工厂、矿山机器厂、耐火材料厂、拖拉机厂、轴承厂、湖北路、重庆路 12 个管理区。1960 年 3 月组建武汉路、长春路、长安路、天津路等 4 个基层公社和秦岭分社,下辖 12 个管理区和 22 个生产大队。1961 年 6 月辖长安路、长春路、重庆路、天津路、湖北路、武汉路、郑州路 7 个街道和谷水、七里河 2 个人民公社。1965 年 3 月撤销谷水、七里河人民公社,成立工农人民公社。1968 年 8 月工农人民公社划归郊区。1976 年 2 月设徐家营街道。

1980 年 1 月设南昌路街道。1990 年 11 月设珠江路街道。1993 年 8 月设周山路街道。2000 年 6 月原郊区工农乡、孙旗屯乡划归涧西区管辖。2001 年 6 月孙旗屯乡移交洛阳高新技术产业开发区托管。2006 年 9 月中共洛阳市委、洛阳市人民政府决定,将西工区红山乡王湾村移交涧西区工农乡管辖。2011 年 4 月孙旗屯乡大所、小所、三岔口、遇驾沟 4 个村和工农乡尤东、尤西、西马沟、王湾 4 个村划归集聚区代管。2012 年撤销工农乡和孙旗屯乡,设立工农街道和瀍洲街道。

行政区域划分 2014 年末,辖湖北路、天津路、长春路、长安路、重庆路、武汉路、郑州路、南昌路、徐家营、珠江路、周山路、工农、瀍洲 13 个街道;下设 80 个居民委员会,6 个村民委员会。

西工区（Xigong Qu）

地处洛阳市中心,东至定鼎路,南隔洛河与洛龙区相望,西隔涧河与涧西区相邻,西北与新安县、孟津县接壤,北接邙岭与老城区毗连。位于东经 112°24′ ~ 112°27′,北纬 34°39′ ~ 34°42′。辖区东西最大距离 16.2 千米,南北最大距离 10.5 千米,总面积 58.15 平方千米。人口密度为每平方千米 6535 人。

政区地名沿革 1914 年北洋政府在洛阳老城以西建兵营练新军,当时叫西工地,后简称西工。

西周成王五年(前 1038 年)周公姬旦在此建王城。自前 770 年周平王迁都洛阳,到晋高祖石敬瑭天福三年(938 年)的 1708 年间,先后有东周、隋、唐、后梁、后唐、后晋等 6 个朝代 30 个帝王先后在此建都。

1923 年河南省长公署迁驻西工,洛阳第一次成为河南省省会。1932 年日军进攻上海,国民政府定洛阳为行都,迁洛阳办公,国民党中央党部设在西工。1939 年秋河南省政府迁洛阳驻西工,洛阳第二次成为河南省省会。1948 年 4 月划属洛阳市第五区(乡级区,下同),同年 9 月改属第三区。1949 年属洛阳市(县级)。1953 年 8 月改属第二区。1955 年 7 月合并到老城区。

1956 年 3 月设立洛阳市西工区,为县级市辖区,下辖 4 乡 1 镇(西小屯乡、下池乡、北窑乡、岳家乡、西工镇);10 月组建西工街道,北窑乡划归老城区,马路街街道由老城区划归西工区。1957 年 6 月筹建金谷园路街道。1958 年 3 月撤销乡建制,下辖西工、金谷园、马路街(含岳家村)、定鼎路、下池 5 个街道,后马路街、下池街道分别划归老城区和郊区,定鼎路街道撤销。1958 年 12 月西工区与老城区及郊区邙山公社合并为政社合一的洛北人民公社,后改称洛北区。

1975 年 11 月恢复西工区建制,将洛北区分为 2 个区,定鼎路以西为西工区,定鼎路以东为老城区,西工区除原有的西工街道外,新建玻璃厂路街道(后改称唐宫路)、胜利路街道(后改称王城路)、道北街道,同时将原属郊区的关林和龙门镇改称关林和龙门街道,划归西工区管辖。1982 年 7 月,关林和道北街道管辖范围调整,将关林街道分为关林和安乐 2 个街道,道北街道分为道北和邙岭 2 个街道(后改称邙岭路街道)。

　　1983 年 9 月新设洛阳车站地区管理委员会(简称车管会),归西工区管辖。1984 年 5 月西工区关林和龙门街道,改属郊区管辖。1991 年 6 月新设凯旋东路和汉屯路街道。2000 年 6 月安乐街道改属洛龙区管辖,原郊区的红山和洛北乡的 8 个村民委员会改属西工区管辖。2010 年 9 月 15 日道北路街道划归老城区管理,将老城区邙山镇管辖的大路口村、史家屯村划归西工区洛北乡管理,将邙岭路街道管辖的洛阳市殡仪馆所占区域划归道北路街道管理,将道北路街道管辖的中国民航飞行学院洛阳分院所占区域划归邙岭路街道管理。2012 年撤销洛北乡和红山乡,设立洛北街道和红山街道。

　　行政区域划分　2014 年末,辖王城路、金谷园、西工、邙岭路、唐宫路、汉屯路、凯旋东路、道北路、洛北、红山 10 个街道;下设 63 个居民委员会,5 个村民委员会。

老城区(Laocheng Qu)

　　地处洛阳市城区中东和北部,东与瀍河区相邻,西与西工区接壤,南与洛龙区相连,北与孟津县毗邻。位于东经 112°17′10″ ~ 112°33′10″,北纬 34°46′10″ ~ 34°36′20″。辖区东西最大距离 18 千米,南北最大距离 13 千米,总面积 48 平方千米。人口密度为每平方千米 2996 人。

　　政区地名沿革　老城建城史可追溯到公元前 1042 年的西周时期。北宋始设河南府城,"老城"之名由此而来。

　　1956 年 1 月洛阳市第一区和第二区合并成立老城区,辖东南隅、东北隅、西南隅、西北隅、东关、西关、南关、北关。1957 年 8 月东关、北关划出成立瀍河区。1958 年 8 月设老城区人民委员会,后改称老城区人民公社管理委员会,辖东街、西街、西关 3 个分社。1958 年 12 月老城区、西工区合并为洛北区人民公社管理委员会,增设西工分社。1959 年 3 月改称洛北区人民政府,建制不变。

　　1982 年 6 月洛北区人民政府改称老城区人民政府。2000 年 7 月市区划调整将原郊区的邙山镇和洛北乡的 4 个村民委员会划归老城区管理,其中 4 个村民委员会归新成立的洛浦街道管辖。2010 年 9 月将西工区道北路街道划归老城区管理,老城区邙山镇的大路口村、史家屯村划归西工区洛北乡管理。2012 年撤销邙山镇,设立邙山街道。

行政区域划分　2014 年末,辖洛浦、西关、西北隅、东北隅、西南隅、东南隅、南关、邙山 8 个街道;下设 30 个居民委员会,11 个村民委员会。

瀍河回族区(Chanhehuizu Qu)

地处洛阳市城区东部,东与洛龙区为邻,南邻洛河,西与老城区毗邻,北与孟津县接壤。位于东经 112°28′ ~ 112°30′之间,北纬 34°40′ ~ 34°42′。辖区东西最大距离 6.55 千米,南北最大距离 7.75 千米,总面积 40.87 平方千米。人口密度为每平方千米 4686 人。

政区地名沿革　因瀍河穿过辖区且区内回族居民较多得名。

前 770 年周平王迁都洛邑,史称东周,为京畿之地。秦庄襄王元年(前 249 年)秦建三川郡,郡治荥阳,后迁洛阳,地属河南郡。东汉建武元年(25 年)定都洛阳,为京畿之地。魏黄初元年(220 年)曹魏文帝(曹丕)建都洛阳,为京畿之地。北魏太和十七年(483 年)北魏孝文帝迁都洛阳,为京畿之地。隋大业二年(606 年)隋炀帝下令把原洛阳城的居民和全国各地富商大贾迁徙到洛阳城居住,辖区为都城内的居民区,约 25 万人。北宋以洛阳为西京,辖区为洛阳县。民国时期,地域分属洛阳县一区、二区管辖。

1957 年 7 月从老城区析出东关和北关,成立瀍河回族区筹备组;11 月 15 日经国务院批准,成立洛阳市瀍河回族区,下辖瀍河回族乡、瀍东自治区和新安、爽明 2 街道。1958 年 9 月爽明街道更名为东关街道,瀍河回族乡更名为红旗人民公社;12 月瀍河回族区更名为瀍河人民公社,郊区白马寺人民公社划归瀍河人民公社管辖,瀍东回族自治区更名为北窑街道。1959 年 2 月撤销东关、新安街、北窑 3 个街道,建立瀍东、瀍西 2 个管理区;8 月撤销红旗人民公社,建立农业管理区、蔬菜管理区;9 月撤销瀍河人民公社,恢复瀍河回族区建制。1962 年 7 月建立东关、车站、北窑、五股路 4 个街道,白马寺人民公社划归郊区。1963 年 12 月车站办事处更名为瀍西街道。1970 年 12 月成立塔湾街道。1979 年 9 月成立杨文街道。

1984 年瀍河回族区下辖东关、北窑、瀍西、五股路、塔湾、杨文 6 个街道。2000 年 6 月由洛龙区管辖的瀍河回族乡划归瀍河回族区管辖,下辖 1 个乡,6 个街道,有 11 个村民委员会,63 个居民委员会。2010 年下辖瀍河回族乡和东关、北窑、瀍西、五股路、塔湾、杨文、华林 7 个街道,下设旭升、塔西、塔东、史家湾、马坡、小李、盘龙冢、上窑、中窑、下窑、北关 11 个村民委员会。2010 年 7 月洛阳市将洛龙区白马寺镇管辖的马沟、拦沟、吕庙、十里铺 4 个村民委员会划归瀍河回族区杨文街道管理。2010 年全区共有 14 个社区:东关街道的通巷社区、东关社区、新街社区、金家街社区,北窑街道的利民街社区、夹马营社区,瀍西街道的北关社区、东站社区,五股路街道的五一社区、龙泉社区、含嘉仓社区,塔湾街道的塔湾社区,杨文街道的杨文社区,华林街道的华新社区。

行政区域划分 2014 年末,辖东关、北窑、瀍西、五股路、塔湾、杨文、华林 7 个街道和瀍河回族乡,共 8 个乡级政区;下设 14 个居民委员会,15 个村民委员会。

洛龙区(Luolong Qu)

地处洛阳市区东南部,东与偃师市相连,南接伊川县,西与宜阳县毗邻,北分别与孟津县及瀍河区、老城区、西工区、涧西区接壤。位于东经 112°16′~112°37′,北纬 34°33′~34°46′。辖区东西最大距离 38 千米,南北最大距离 25 千米,总面积 582.27 平方千米。人口密度为每平方千米 1368 人。

政区地名沿革 因境内有洛河、龙门山得名。

据《尚书·禹贡》载,大禹划定九州,河洛为豫州地。西周洛阳称作雒邑或成周,为西周之东都,辖区为成周之郊。周平王元年(前 770 年)迁都雒邑王城,史称东周,辖区为京郊。秦始皇二十五年(前 221 年)置河南县、洛阳县,地属 2 县城郊,归三川郡。汉高帝五年(前 202 年)初都洛阳,地域分属河南县、洛阳县。王莽天凤元年(14 年)改河南郡为保忠信乡,辖区属之。更始元年(23 年)刘玄移都洛阳,复称河南郡洛阳县、河南县,辖区地域属之。东汉都雒阳,复西汉建制,地属河南尹之河南、洛阳 2 县。三国曹魏都洛阳,地属河南尹洛阳县。西晋都洛阳,改尹为郡,地域分属河南郡之河南、洛阳 2 县。北魏太和十七年(493 年)迁都洛阳,改洛州为司州,为河南、洛阳 2 县地。北周大象元年(579 年)以洛阳为东京,设洛州总管府,撤洛阳县、置河南县,地属河南县。

隋开皇二年(582 年)、大业二年(606 年)迁都洛阳,地域分属河南郡河南县、洛阳县。唐初以洛阳为东都。武德四年(621 年)废东都,设洛州总管府。至德元年(756 年)复称东都,地域属都畿道河南府之河南县与洛阳县。五代,后梁、后唐、后晋均曾以洛阳为首都,地属河南县、洛阳县,同归洛州河南府。北宋以洛阳为西京,辖区分属河南府之河南、洛阳 2 县。熙宁三年(1070 年)改属京西北路;五年(1072年)省洛阳县入河南县。元祐二年(1087年)复设洛阳县。靖康元年(1126年)撤河南县入洛阳县,地属金昌府洛阳县。元代地属河南府洛阳县。明洪武元年(1368年)置河南布政司,地属河南府洛阳县。清末废保、里设区,按八卦方位,全县共设9个区,辖区分属乾、坎、艮、离、兑等区。

1912年地属河洛道洛阳县。1945年3月洛阳县划分为洛南、洛北2县。1949年1月洛阳县与洛阳市合署,地属洛阳县。1955年11月撤洛阳县,其所辖的五区、十区、十二区划归洛阳市辖。1956年1月组建洛阳市郊区人民委员会,属洛阳市。1958年8月建立洛南人民公社、白马寺人民公社,瀍河区各村成立红旗人民公社。1958年11月撤销郊区建制,建立市属洛南、洛北、瀍河、涧西4个人民公社。1959年8月恢复郊区建制,下辖洛南、邙山、秦岭、白马寺4个人民公社。1961年8月郊区再撤,建立市属洛南区。1962年6月郊区再度恢复,辖区属洛阳市。1968年8月将原属涧西区的工农人民公社、瀍河区的瀍河人民公社、洛北区的洛北人民公社,划归郊区管辖。

1980年8月建立洛阳市郊区人民政府。2000年5月将洛阳市郊区更名为洛龙区,将原郊区的工农乡、孙旗屯乡、红山乡、洛北乡、邙山镇、瀍河回族乡分别划归涧西区、西工区、老城区和瀍河回族区管辖,将西工区的安乐街道划入洛龙区管辖。2012年偃师市佃庄镇、寇店镇整建制划归洛龙区,同年撤销辛店镇设立辛店街道,撤销关林镇设立关林、太康路2个街道,撤销古城乡设立古城、科技园2个街道,撤销龙门镇设立龙门、龙门石窟2个街道。2014年增设翠云路街道,同年将宜阳县丰李镇及所辖丰李村、负庄、牛屯村、圪瘩村、薛营村、李王屯村、小作村、殷屯村、牛庄村、前窑村、河口村、东军屯村、西军屯村、东坡村、东鸣鹤村、西鸣鹤村16个建制村划归洛阳市洛龙区管辖。

行政区域划分　2014年末,辖开元路、安乐路、古城、科技园、龙门、龙门石窟、关林、太康东路、辛店、翠云路10个街道,白马寺、安乐、李楼、李村、诸葛、庞村、寇店、佃庄、丰李9个镇,共19个乡级政区;下设106个居民委员会,189个村民委员会。

吉利区(Jili Qu)

地处洛阳市东北部,黄河北岸,东与孟州市相邻,南濒黄河与孟津县隔河相望,西、西北、北与济源市接壤。位于东经112°29′~112°38′,北纬34°51′~34°57′。辖区东西最大距离13.9千米,南北最大距离11.6千米,总面积79.6平方千米。人口密度为每平方千米1521人。

政区地名沿革　因境内的吉利乡吉利村得名。

古属河阳地。相传唐尧时为孟涂国。虞舜分卫水为并州,此属并。夏为冀州南境。因殷都朝歌,为畿内地。周初,十二邑封苏忿生,时称"向",又称"盟"。周都洛邑为畿内地。春秋初属郑,后属晋,为河阳邑。战国属魏,为垣雍地。秦为河雍,属三川郡,新莽改河亭。东汉复置,属河内郡。三国、晋因之。北魏太和十八年(495年)迁都洛阳,在河阳筑北中府城,以重兵防守。东魏元象年间(538~539年),又在河阳的黄河中筑中潭城(今冶戍东南部郭家潭)及南城(今黄河南岸光武陵西牛家庄周围),加北中府城,称河阳"三城"。北齐废县为河阳关,析河阳入温、轵2县。

隋开皇十六年(596年)复置河阳县,属河内郡。唐武德初改为大基县;四年(621年)平王世充,隶孟州;八年(625年)撤销。咸亨五年(674年)复置,后以避玄宗讳复为河阳。开元初,以温、河阳、汜水、济源、河清5县为东畿邑,属河南府。会昌三年(843年)将河阳升为孟州,以5县为属邑,隶河北道。五代因之。

宋代于孟州置河阳三城节度使。政和二年(1122年)属济源郡。金大定年间,河阳城被黄河洪流冲毁,州治往东北迁徙,称上孟州。后古城修复,复徙州治于故城,称下孟州。元初又移州治于孟州。明代改州为县,废河阳,始名孟县,属怀庆府。清朝因之。

1914年属河南省豫北道,后改为河北道。1927年道废,直属河南省,后改属河南省第四行政督察专员公署。1947年7月8日解放,属太岳行署四专区。

1949年8月15日属新乡专署。1952年平原省撤销,属河南省新乡专区。1954年吉利属孟县第五区(该区吉利村建立农业合作社较早,后建立农业高级社至1958年改为吉利公社,均以"吉利"命名)。

1978年1月6日将孟县吉利公社和济源县坡头公社的马洞等7个大队划交吉利工程指挥部辖,实行政企合一,工区归洛阳市管辖。1978年4月建立河南炼油厂建设指挥部地方工作处。1982年2月建立吉利区筹备处。1982年8月13日国务院批准,将孟县的吉利公社和济源县的马洞、金鹅、济涧、送庄、南陈、郭庄、东寨大队划出吉利区,属洛阳市。

2012年撤吉利乡,设吉利街道和西霞院街道。2013年撤销大庆路、吉利、西霞院3个街道,重新设立西霞院、康乐、吉利、河阳4个街道。

行政区域划分　2014年末,辖河阳、吉利、康乐、西霞院4个街道;下设7个居民委员会,29个村民委员会。

孟津县(Mengjin Xian)

地处洛阳市东北部。东连偃师市,相邻巩义市,南邻洛阳市区,西与新安县接壤,北与济源市、吉利区、孟州市毗邻。位于东经112°12′~112°49′,北纬34°43′~34°57′。辖区东西最大距离55.5千米,南北最大距离26.9千米,面积758.7平方千米。人口密度为每平方千米592人。

政区地名沿革 因公元前11世纪周武王率八百诸侯兴兵伐纣会盟于此而得名。据《尚书·禹贡》注"孟为地名,在孟置津(即渡口),谓之孟津"。

夏地属孟涂氏封国。商为畿内地。周设平阴、毂城2邑。秦改邑为县。汉为毂城、平阴、平县3县辖地,隶属河南郡。三国魏时并平县、平阴、毂城县3县为河阴县,隶属河南郡。晋、南北朝时,归属屡变,但县名未改。

隋并河阴入洛阳县,隶属河南郡。唐初划河阴出洛阳置大基县,后改为柏崖县、河清县,隶属河南郡。宋时为河清县,隶属河南府。金改河清县为孟津县,隶属河南府。元、明、清因之。民国初隶属河南省河洛道。1925年隶属道尹公署。1927年隶属河南省豫西行政长官公署。1933年隶属河南第十行政督察专员公署。

1949年后,隶属洛阳专区。1971年11月划属洛阳市。1976年11月复划洛阳地区。1983年11月重划属洛阳市。

行政区域划分 2014年末,辖城关、平乐、会盟、白鹤、麻屯、朝阳、横水、马屯、送庄、常袋10个镇;下设25个居民委员会,209个村民委员会。

新安县(Xin'an Xian)

地处洛阳市西部,东与孟津县及涧西区毗连,南与宜阳县接壤,西与三门峡市渑池县及义马市为邻,北临黄河与济源市及山西省垣曲县隔河相望。位于东经111°53′~112°19′,北纬34°36′~35°5′。辖区东西最大距离36千米,南北最大距离46千米,总面积1160.3平方千米,人口密度为每平方千米462人。

政区地名沿革 新安,取新治安宁之意而得名。

秦始皇二十六年(前221年)置县,属三川郡。东晋末分置东垣县。北周保定间置中州,建德间废,改置新安郡。隋开皇改郡为谷州,属宏农郡。唐宋属河南府(或路)。民国初属河洛道,以后道撤,直属省辖。

1948 年属洛阳专区。1983 年 9 月属洛阳市。

行政区域划分　2014 年末,辖城关、石寺、铁门、磁涧、五头、北冶、南李村、石井、仓头、正村 10 个镇和曹村 1 个乡,共 11 个乡级政区;下设 48 个居民委员会,259 个村民委员会。

宜阳县(Yiyang Xian)

地处洛阳市西南部,东临洛阳市,南和伊川县、嵩县接壤,西与洛宁县毗邻,北与新安县、义马市为邻。位于东经 111°45′~112°26′,北纬 34°16′~34°42′。辖区东西最大距离 57 千米,南北最大距离 50 千米,总面积 1607.86 平方千米。人口密度为每平方千米 400 人。

政区地名沿革　因处于宜水之北,谓之阳而得名。

夏、商属豫州雒西地。西周属周南地,为召伯听讼之所。春秋归晋,亦曾为毛国地。战国为韩国国都宜阳邑。韩景侯时(前 409 年~前 401 年)属韩宜阳县。秦庄襄王元年(前 249 年),属三川郡宜阳县。汉高帝二年(前 205 年)属河南郡宜阳县。

汉武帝时属司隶校尉州宜阳县,元鼎四年(前 113 年)属弘农郡宜阳县。东汉属司隶校尉州弘农郡宜阳县。三国时,属魏弘农郡宜阳县。东晋十六国时,历属汉、前赵,后赵及后秦。魏时属弘农郡宜阳县。北魏孝昌初(525 年)属宜阳郡宜阳县。东魏属金门郡宜阳县,兼置阳州;天平四年(537 年)属宜阳郡宜阳县,另设甘棠县,属新安郡。西魏文帝时(535 年~551 年)属宜阳郡宜阳县。北周属宜阳郡熊州,后又更熊州为昌洛县。

隋属河南郡宜阳县。开皇十八年(598 年)改宜阳县为洛水县。仁寿四年(604 年)改甘棠县为寿安县;大业元年(605 年)废洛水,熊州入宜阳县;四年(608 年)增设兴泰县,宜阳、寿安、兴泰县(均在宜阳境)同属河南郡;义宁二年(618 年)属宜阳县郡宜阳县,后改宜阳郡为熊州。

唐属河南府宜阳县。武德二年(619 年)更宜阳县为福昌县。贞观元年(627 年)废熊州,福昌县属谷州;七年(633 年)寿安县改属洛州。武周长安四年(704 年)复置兴泰县,隶属河南府,唐神龙元年(705 年)兴泰县并入寿安县;唐显庆二年(657 年)属河南郡福昌县。五代后梁,属河南府宜阳县。后唐时改福昌县为福庆县属河南府,后晋宜阳县属河南府。

北宋属河南府,改福庆县为福昌县。庆历三年(1043 年)改寿安县为镇;四年(1044 年)复为县。金大定六年(1166 年)改寿安县为宜阳县,属金昌府,福昌县属嵩州府。元代福昌县和宜阳县同属河南府。至元三年（1337 年）福昌县并入宜阳县。明清因之。

1913 年属豫西道。1914 年 6 月属河洛道。1927 年属豫西公署。1932 年属第十行政督察区。1947 年 8 月宜阳县解放,属豫陕鄂第三专区宜南县,属太岳第五专区宜北县。

1949 年 2 月属河南省洛阳专区。1949 年辖 6 个乡。1950 年辖 6 个区。1956 年辖 18 个中心乡。1958 年辖 10 个人民公社。1963 年辖 18 个人民公社。1978 年辖 19 个人民公社。

1983 年辖 19 个乡镇。1986 年 4 月属洛阳市。1988 年辖 19 个乡镇。1995 年辖 19 个乡镇。2000 年辖 19 个乡镇。2005 年辖 17 个乡镇。2013 年撤销樊村乡、赵保乡,设立樊村镇、赵保镇。

2014 年将宜阳县丰李镇的黄龙庙村、崔村、石门村、流水沟村、山底村、漫流村、南营村、马窑村、西庄村 9 个建制村划归锦屏镇管辖,将丰李镇及所辖丰李村、负庄、牛屯村、圪瘩村、薛营村、李王屯村、小作村、殷屯村、牛庄村、前窑村、河口村、东军屯村、西军屯村、东坡村、东鸣鹤村、西鸣鹤村 16 个建制村划归洛阳市洛龙区管辖。

行政区域划分　2014 年末,辖城关、锦屏、香鹿山、柳泉、韩城、三乡、白杨、张坞、莲庄、赵保、樊村 11 个镇和盐镇、高村、花果山、上观、董王庄 5 个乡,共 16 个乡级政区;下设 15 个居民委员会,342 个村民委员会。

栾川县（Luanchuan Xian）

地处洛阳市西南部,东接嵩县,南毗南阳市西峡县,西连三门峡市卢氏县,北邻洛宁县。位于东经 111°11′～112°01′,北纬 33°39′～34°11′。辖区东西最大距离 78.4 千米,南北最大距离 57.2 千米,总面积 2478 平方千米。人口密度为每平方千米 138 人。

政区地名沿革　因境内有鸾水（今伊河）,上游多鸾鸟,故名鸾川。因鸾、栾二字相通,元朝以后通写为栾川。

夏商地属豫州。周朝地属虢国。春秋地属晋。战国属韩三川郡卢氏县。秦属南阳郡。汉魏为弘农郡地。两晋至隋为弘农郡卢氏县地。唐先天元年（712 年）改为河南府河南郡伊阳县地。

北宋神宗熙宁二年（1069 年）栾川置镇,属卢氏县。崇宁三年（1104 年）始置栾川县,隶永兴军路虢州,治今县城北街。金贞元二年（1154 年）废县为镇,属卢氏县。南宋绍兴三十一年(1161年)南宋少傅保军节度使王彦遣将杨坚收复栾川,复县制。未久,栾川复属金,为镇,隶虢州卢氏县。元代属南阳府嵩州卢氏县,置镇。明代属河南府卢氏县,置镇。清属陕州卢氏县,置镇。1912年为栾川镇,隶河洛道卢氏县。1933年属河南省第十一行政督察区(陕州)卢氏县。

1947年1月18日置栾川县,隶豫鄂陕边区四专区。1月底,县治撤销。栾川仍隶第十一行政督察区卢氏县。1947年10月16日置栾川县,隶豫陕鄂三专区。1948年6月改隶陕州专区。1952年4月陕州专区并入洛阳专区,栾川属之。1960年3月嵩县、栾川县合并,沿名嵩县。1961年9月嵩县、栾川分置隶洛阳专区。

1986年4月洛阳专区撤销,栾川县隶洛阳市。

行政区域划分　2014年末,辖城关、庙子、合峪、潭头、狮子庙、白土、三川、冷水、叫河、陶湾、石庙、赤土店12个镇,栾川、秋扒2个乡,共14个乡级政区;下设10个居民委员会,203个村民委员会。

嵩县(Song Xian)

地处洛阳市西南部,东与汝阳县交界,东南与平顶山市鲁山县相连,南与南阳市南召县接壤,西南与南阳市内乡县、西峡县毗邻,西与栾川县相临,西北临洛宁县,北与宜阳县交界,东北与伊川县相接。位于东经110°24′~112°22′,北纬33°34′~34°21′。辖区东西最大距离62千米,南北最大距离86千米,总面积3008.9平方千米。人口密度为每平方千米169人。

政区地名沿革　以境内外方山为嵩山起点而得名。

夏为豫州伊阙地。商称有莘之野,又名空桑。春秋秦晋迁陆浑戎于此。战国为韩之高都。西汉置陆浑县,属弘农郡。东汉因之。三国魏属河南尹。西晋属河南郡。东魏置伊阳郡,改县为伏流。

隋开皇年间郡废,大业初改伏流为陆浑县。唐先天二年(公元713年)析陆浑置伊阳县(治所在今旧县),属洛州。五代时陆浑废入伊阳县。

北宋属河南府。南宋绍兴间属顺州。金天德三年(1151年)为嵩州治。元省县入州,属南阳府。明洪武二年(1369年)改嵩州为嵩县(治所今老城),属河南府。清因之。

1913年属豫西道。1914年属河洛道。1927年道废,直属河南省。1932年属河南省第十行政督察区。1948年3月分车村、孙店、木植街、白河4区与鲁山县、伊阳县(今汝阳县)各一部分置伊鲁嵩县。

1949 年 2 月伊鲁嵩县撤销,车村、孙店、木植街、白河仍归嵩县,属洛阳专区。1960 年 3 月将田湖、闫庄、黄庄、寺庄、城关 5 个人民公社及桥头牧场划入伊川县,将大章、车村、白河、木植街 4 个公社划入栾川,改栾川县为嵩县。1961 年 9 月伊川、嵩县、栾川 3 县恢复原辖区仍属洛阳专区(后改洛阳地区)。

1986 年 2 月 23 日洛阳地区撤销,嵩县归属洛阳市。2013 年撤销饭坡乡,设立饭坡镇。

行政区域划分　2014 年末,辖城关、田湖、车村、旧县、饭坡、德亭、大章、闫庄、白河、纸房 10 个镇,大坪、库区、何村、九店、黄庄、木植街 6 个乡,共 16 个乡级政区;下设 12 个居民委员会,310 个村民委员会。

汝阳县(Ruyang Xian)

地处洛阳市区东南部、北汝河上游,县境呈长条形,东邻汝州市,南界鲁山市,西接嵩县,北连伊川县。位于东经 112°8′ ~ 112°38′,北纬 33°49′ ~ 34°21′。辖区东西最大距离 30 千米,南北最大距离 61 千米,总面积 1332.84 平方千米。人口密度为每平方千米 359 人。

政区地名沿革　原名伊阳县,因与宜阳县同音,1959 年改为汝阳县,因县治位居汝河之北,故名。

汉为陆浑县地。唐先天元年(714 年)析陆浑县置伊阳县,属河南府。宋属嵩县,元废。明初为嵩县地;明成化十二年(1476 年)析嵩县东部和汝州西南隅,复置伊阳县,隶属汝州直隶州。1913 年属豫西道。1914 年改称河洛道。1927 年废道,直属河南省。1932 年属河南省第十行政督察区。

1949 年后属洛阳地区。1959 年 8 月改称汝阳县。1986 年 2 月洛阳地区撤销,改属洛阳市至今。2013 年撤销陶营乡,设立陶营镇。

行政区域划分　2014 年末,辖城关、上店、付店、小店、三屯、刘店、陶营、内埠 8 个镇,柏树、十八盘、靳村、王坪、蔡店 5 个乡,共 13 个乡级政区;下设 14 个居民委员会,206 个村民委员会。

洛宁县(Luoning Xian)

地处洛阳市西部,豫西山区,洛河中游,东与宜阳县相邻,南与嵩县和栾川县接壤,西与三门峡市的卢氏县和灵宝市相连,北与三门峡市的陕州区和渑池县为邻。位于东经 110°08′~110°49′,北纬 34°05′~34°38′。辖区东西最大距离 65 千米,南北最大距离 40 千米,总面积 2298.3 平方千米。人口平均密度为每平方千米 222 人。

政区地名沿革　古称永宁,因居洛河中游得名。

北魏太和十一年(487 年)在今洛宁县北境置崤县,治所冶垆,属司州恒农郡;同年在今洛宁北中部置南渑池县,治所蠡城,属恒农郡。北魏延昌二年(513 年)在今洛宁西境置南陕县,以北有陕县名之,治所长水城,属司州恒农郡;同年在洛河以南置金门县,治所金门城,属宜阳郡。

东魏天平初年(534 年)置金门郡,治所金门城,属阳州,领金门、南渑池、南陕、卢氏 4 县。兴和年间,崤县属义州恒农郡,南渑池、金门属义州宜阳郡。西魏大统三年(537 年)析今宜阳县西境和今洛宁东境置北宜阳县,治所黄垆,属义州宜阳郡。

北齐废帝元年(560 年)南陕县更名长渊县,属义州弘农郡。561 年改北宜阳县为熊耳县,仍属义州宜阳郡。

北周明帝二年(558 年)置崤郡,领陕中、北陕、崤三县。武帝保定五年(565 年)在同轨城置同轨郡,隶属东京,领熊耳、渑池两县。周改南渑池为昌洛,隋又改洛水。

隋开皇二年(582 年)废宜阳同轨二郡,熊耳改属河南郡,熊耳县同时徙治于同轨城。大业初废崤、洛水二县入熊耳。

唐武德元年(618 年)熊耳县更名永宁县,同时徙治永固城,长渊县更名长水县,2 县皆属河南道河南郡。武德三年(620 年)在今洛宁的大宋、刀环之间置函州,永宁属之,在卢氏置虢州,长水属之。武德八年(625 年)函州废,永宁改属熊州。贞观元年(627 年)废熊州,永宁、长水皆属谷州,其间,永宁县治迁徙频繁,武德八年徙于同轨城,贞观十四年(640 年)徙于莎栅,贞观十七(643 年)年徙于鹿桥驿。显庆二年(657 年)废谷州,永宁、长水改属洛州。开元元年(713 年)洛州改称河南府,隶都畿道,永宁、长水皆属之。宋代,永宁、长水属河南府,隶京西北路。

北宋咸平元年(998 年)永宁县治迁永固城。金皇统初(1142 年)永宁县属韶州,长水县属嵩州,隶南京路。正隆元年永宁改属嵩州。元代,永宁、长水皆属河南路河南府。

元至元三年(1266 年)长水、永宁合县,称永宁县,治所永固城,属河南府。明清时,永宁属河南府,隶河南行省。

1913 年改河南府为河洛道,12 月永宁县改为洛宁县,属河洛道。1927 年 2 月河洛道废,洛宁属豫西行政长官公署。1932 年 10 月陕州十一督察区成立,洛宁属之。1947 年 8 月洛宁解放,9 月分为洛南、洛北二县,洛南县属豫西三专署,洛北县属太岳五专署。

1949 年 3 月洛南、洛北合县,仍称洛宁县,属陕州专署。1952 年陕州专属并入洛阳专属,洛宁因之属洛阳专署。1986 年 2 月洛阳行署撤销,洛宁隶属于洛阳市。

行政区域划分 2014 年末,辖城关、王范回族、河底、东宋、马店、上戈、故县、兴华、下峪、赵村 10 个镇和城郊、长水、罗岭、小界、底张、西山底、陈吴、涧口 8 个乡,共 18 个乡级行政区,下设 6 个居民委员会,384 个村民委员会。

伊川县(Yichuan Xian)

地处洛阳市南部,东同登封市毗邻,东南接汝州市和汝阳县,南连嵩县,西与宜阳县搭界,北依龙门风景管理区和偃师市。位于东经 112°12′~112°46′,北纬 34°13′~34°33′。辖区东西最大距离 50.7 千米,南北最大距离 34.5 千米,总面积 1243 平方千米。人口密度为每平方千米 614 人。

政区地名沿革 因县境地处伊河川地而得名。

相传神农时,有伊国之称。唐尧时称伊侯国,虞舜时称伊川。夏代西南大部地域称豫州伊阙地。周襄王时称伊川。战国时称伊阙,后改新城。汉惠帝四年(前 191 年)置新城县,属三川郡。东魏改新城县为伊川郡。

隋开皇初,郡废,改置伊州,又废洛阳郡,析置伊川县。大业初,伊川县并入洛阳县。宋初置伊阳、伊阙 2 县。熙宁时废伊阙县并入伊阳县。绍兴九年(1139 年)改伊阳县为顺州,后改顺州为嵩州。明朝南部属嵩县,清沿明制。

伊川县地域的东部(江左、吕店、半坡、白沙等乡镇)夏时名轮国,春秋时曰轮氏,属郑国。战国时复为轮国,属韩地。东汉章帝时设轮氏县。北魏改轮氏县为颍阳县,后析颍阳县西部置堙阳县,后堙阳县改武林县。唐开元年间,改武林县为颍阳县。金兴定元年(1217 年)颍阳县西部(今伊川县江左、白沙等镇)归洛阳县直到民国初。

1927 年析洛阳、登封、伊阳(今汝阳)、临汝(今汝州市)等县各一部,置自由县;析洛阳、嵩县、伊阳、宜阳等县各一部,置平等县。1932 年平等、自由 2 县合并,成立伊川县。

1945 年 2 月划伊河以西,龙门山以南,嵩县田湖以北及宜阳县的石垛、南留、白杨等地,成立中共伊西县。抗日战争胜利后撤销,原伊川县、宜阳县部分复归 2 县。1947 年 8 月析伊川县伊河西部与宜阳县之穆册、赵堡、城关、程屋、白杨诸乡成立宜南县,划伊阳县之陶营、蔡店、蟒庄一带归伊川县。1949 年 2 月撤销宜南县,原属伊川县之鸦岭、平等、鸣皋诸区复归伊川,蔡店、蟒庄一带仍属伊阳,伊川、伊阳 2 县各恢复原辖区。

1953 年 3 月伊阳县(今汝阳县)的邢岭、石岭划归伊川县。1956 年 7 月伊川县张绵乡的康扒村划归伊阳县。1958 年 7 月北茹店村划归伊阳县。1960 年 3 月嵩县的黄庄、田湖、阎庄、城关、寺庄 5 个公社和桥头牧场并入伊川县。1961 年 9 月复归嵩县。

2008 年 5 月城关镇郭寨村,彭婆镇东草店村、西草店村划归洛阳市洛龙区管辖。2013 年撤销酒后乡,设立酒后镇。2014 年撤销白元乡,设立白元镇;同年,撤销城关镇。2015 年 1 月设立城关、河滨 2 个街道。

行政区域划分　2015 年末,辖城关、河滨 2 个街道,鸣皋、高山、水寨、白沙、半坡、江左、吕店、彭婆、酒后、白元 10 个镇和鸦岭、平等、葛寨 3 个乡,共 15 个乡级政区;下设 10 个居民委员会,359 个村民委员会。

偃师市(Yanshi Shi)

地处洛阳市东北部,东接巩义市,南与登封市、伊川县接壤,西邻洛阳市区,北与孟津县毗邻,隔黄河与孟州市相望。位于东经 112°26′15″~112°43′00″,北纬 34°27′30″~34°50′00″之间。辖区东西最大距离 27 千米,南北最大距离 34 千米,总面积 668.58 平方千米。人口密度为每平方千米 993 人。

政区地名沿革　武王伐纣,于此筑城,息偃戎师而得名。

春秋(前 770~前 476 年)时,名尸氏。战国末置偃师县。前 221 年秦置偃师、缑氏 2 县。

新莽始建国元年(9 年)改偃师县为师氏县、改缑氏县为中亭县。东汉复置偃师县与缑氏县。三国属魏。西晋偃师县并入洛阳。北魏太和十七年(493 年)缑氏县并入洛阳。东魏天平元年(534 年)复置缑氏县,属洛阳郡。隋开皇十六年属河南郡。

唐贞观十八年(644 年)省缑氏县。上元二年(675 年)置偃师、缑氏 2 县,属河南府。宋庆历二年(1042 年)废偃师县,四年(1046 年)复置。熙宁八年(1075 年)降缑氏县为镇,并入偃师县,属河南府。金属金昌府。

元属河南府路。明、清属河南府,县治所在今老城。

1913 年属豫西道。1914 年属河洛道。1927 年道废,直属河南省。1932 年属河南省第十行政督察区。1935 年因汝水涨溢,县治由偃师老城迁今址。

1948 年 4 月偃师县属洛阳专区。1948 年 4 月偃师县人民政府成立，下设区级行政机构。1953 年划分 8 个区，区政府驻地：一区魏窑、二区槐庙、三区南蔡庄、四区段湾、五区缑氏、六区大口、七区扒头、八区府店。1955 年洛阳县撤销，部分地域划入偃师，设 11 个区，辖 166 个乡。

1956 年 1 月撤区并乡，设 11 个工作组，辖 19 个中心乡，中心乡共下辖 75 个小乡。1956 年 12 月 11 个工作组并为 7 个工作组，75 个小乡合并为 36 个大乡。

1957 年 3 月取消工作组，36 个乡并为孙家湾、槐庙、南蔡庄、佛滩头、佃庄、顾县、诸葛、李村、寇店、大口、缑氏、府店、牛窑 13 个大乡；同年 13 个大乡合并为老城、南蔡庄、翟镇、缑氏、府店、大口、李村等 7 个大乡。1958 年 8 月废乡设人民公社，设辖 170 个生产队。

1961 年县下分区、人民公社和生产大队三级行政机构，分 8 个区，辖 49 个人民公社和 1 个镇（槐庙镇），后又调整社级机构为 36 个公社，辖 275 个生产大队。1962 年废区合社，辖有山化、城关、南蔡庄、佃庄、翟镇、岳滩、顾县、缑氏、府店、佛光、大口、寇店、李村和诸葛 14 个人民公社。

1966 年 7 月增置高龙人民公社，辖原大口公社的高龙、郜寨、姬家桥、石牛、辛村、高崖、赵寨、半个寨、五岔沟、逯寨、陶花店、铺刘、左村、大屯、郭屯和谢村，共 16 个生产大队。

1969 年属洛阳地区，增置邙岭公社，辖原南蔡庄公社的刘坡、赵坡、丁门口、西蔡庄、东蔡庄、兰庄、省庄、杨庄及城关公社的牛庄、周家山、吉家沟、申阳、古路沟，共 13 个生产大队。

1981 年 1 月置城关镇，下辖县城区及槐庙、新城、新新 3 个生产大队。1983 年改属洛阳市。1983 年 11 月公社改乡。1985 年划分 16 个乡、1 个镇，下设 324 个村民委员会、758 个自然村。

1993 年 12 月偃师县改偃师市（县级）。2001 年底，辖城关、首阳山、岳滩、顾县、翟镇、佃庄、李村、庞村、寇店、高龙、缑氏、府店、诸葛等 13 个镇和邙岭、山化、佛光、大口等 4 个乡，下设 332 个村民委员会。

2005 年乡镇区划调整，撤销佛光乡，并入府店镇。2005 年 12 月 31 日偃师市辖城关、首阳山、诸葛、顾县、高龙、寇店、府店、庞村、岳滩、李村、翟镇、缑氏、佃庄 13 个镇，山化、邙岭、大口 3 个乡。

2009 年 12 月 21 日将诸葛镇划入洛阳市洛龙区。2010 年 3 月 19 日李村镇划入洛阳市洛龙区。2010 年底，辖城关、首阳山、顾县、高龙、寇店、府店、庞村、岳滩、翟镇、缑氏、佃庄 11 个镇，山化、邙岭、大口 3 个乡。

2011 年 5 月 9 日庞村镇划入洛阳市洛龙区。2011 年 12 月 2 日撤城关镇和首阳山镇,分置商城街道、工业区街道、首阳山街道,山化乡撤乡建镇。

2012年佃庄镇、寇店镇划入洛阳市洛龙区。2013年撤销邙岭乡、大口乡,设立邙岭镇、大口镇;同年撤销商城、工业区2个街道,设立新的商城、槐新、伊洛3个街道。

行政区域划分 2014年末,辖槐新、商城、伊洛、首阳山4个街道,府店、高龙、顾县、岳滩、翟镇、缑氏、山化、大口、邙岭9个镇,共13个乡级政区;下设32个居民委员会,210个村民委员会。

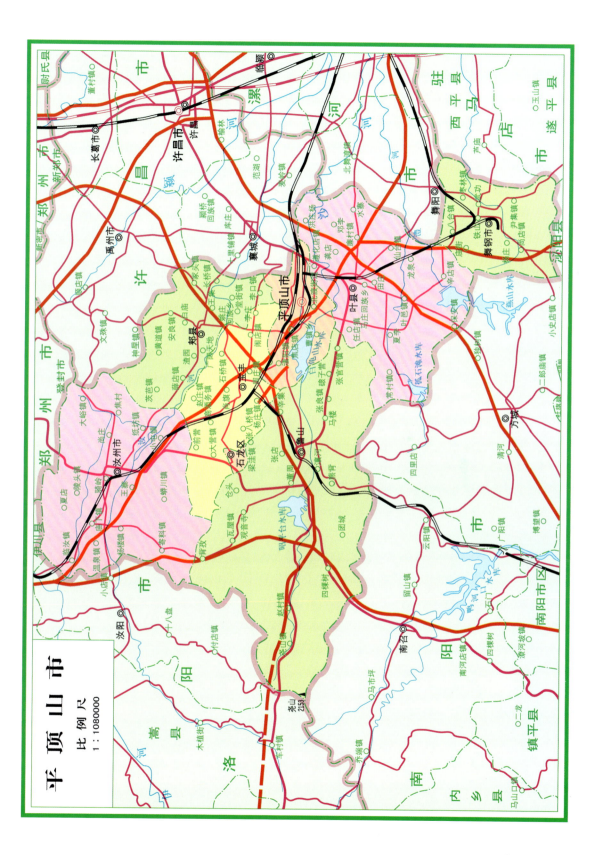

平顶山市

比例尺
1:1080000

平顶山市（Pingdingshan Shi）

地处河南省中南部,东与漯河市、驻马店市毗邻,南与南阳市相连,西与洛阳市交界,北与郑州市、许昌市接壤。位于东经112°14′～113°45′,北纬33°08′～34°20′之间。辖区东西最大距离150千米,南北最大距离140千米,总面积7980.82平方千米。人口密度为每平方千米706人。

政区地名沿革 因市区建在"山顶平坦如削"的平顶山下而得名。西周中期至春秋早期是应国所在地,应国以鹰为图腾,古汉语"应"与"鹰"通假,故又称鹰城。

境域夏商为应部落所在地,西周初武王封第四子为应侯,都滍阳(今新华区)。春秋初楚灭应国(一说郑灭应国),后属晋国。战国属韩国、魏国。秦代隶属颍川郡,东南部为昆阳县,西部为城父县,东北部为襄城县。西汉时期,改城父县为父城县(治今宝丰县李庄乡古城村),东属昆阳县,西属父城县。三国属魏。西晋泰始二年(266年)分颍川郡设襄城郡,父城、昆阳属襄城郡。南北朝时期属北朝。北魏孝文帝时,先后设高阳县(治所今湛河区古城村一带)和龙山县(治今宝丰李庄乡)。太和二十一年(497年)置河山县(治今湛河区汴城村)。北周设雉阳县(今新华区滍阳故城)。隋开皇十八年(598年),雉阳县改名湛水县。大业初改名为犨城县,废高阳县、河山县,并入犨城县。唐武德四年(621年),在原犨城县境设滍阳县。贞观元年(627年),废滍阳县入鲁山县。武周证圣元年(695年),在郏县和鲁山县之间设武兴县。唐神龙元年(705年)改武兴县为中兴县,又改为龙兴县,地域大部分属龙兴县。宋熙宁四年(1071年)废龙兴县,并入鲁山县。元祐四年(1089年)复龙兴县。宣和二年(1120年)改龙兴县为宝丰县。南宋时归金朝。元至元三年(1266年)废郏县、宝丰县,两县入梁县。明成化十一年(1475年)复宝丰县,大部分归宝丰县,北渡(今湛河区北渡)以东归叶县,东部湛河以北属襄城县。

1954年4月,中南煤炭管理局成立平顶山煤矿筹备处。1956年1月,建立许昌专员公署平顶山办事处。1956年2月,成立平顶山矿区。1957年3月26

日,设平顶山市,属河南省,下辖诸葛庙镇、西高皇镇、大营乡、东高皇乡、井营乡、姚孟乡。1958 年 12 月,平顶山市划归许昌专区。1960 年 1 月 7 日撤宝丰县,原行政区域划归平顶山市。1961 年 8 月市郊设立北渡区;10 月 5 日恢复宝丰县,属许昌专区辖。1962 年 3 月撤北渡区建郊区。1964 年 3 月 7 日,平顶山市复为平顶山矿区,属国家煤炭工业部;6 月 23 日,平顶山矿区改平顶山特区。1968 年 3 月平顶山特区又改为平顶山市,属河南省。1969 年 2 月设置新华区和卫东区。1970 年 2 月新华区、卫东区合并为中心区。1971 年 5 月建立西区,此后两度撤销又恢复。1977 年 5 月撤销中心区,恢复新华区、卫东区;舞钢工区划归平顶山市,后改为舞钢区,1979 年 9 月划归许昌地区,1982 年 11 月重新划入平顶山市。

1983 年 9 月鲁山县、宝丰县、叶县划归平顶山市管辖。1986 年 2 月襄城县、郏县、临汝县划归平顶山市。1987 年下辖 6 县和 4 区,即叶县、襄城县、郏县、宝丰县、临汝县、鲁山县,新华区、卫东区、郊区、舞钢区,有 110 个乡(镇)、22 个街道。1988 年 6 月撤临汝县,设汝州市。1990 年 9 月撤舞钢区,设舞钢市。1994 年 9 月平顶山市郊区更名为湛河区。1995 年下辖 5 县 3 区 2 市,即叶县、襄城县、郏县、宝丰县、鲁山县,新华区、卫东区、湛河区、汝州市、舞钢市,有 115 个乡(镇)、26 个街道。1997 年 7 月襄城县划归许昌市。1997 年 12 月 18 日置石龙区。2011 年 6 月汝州市被河南省政府确定为省直管试点县。

行政区域划分　2014 年末,辖新华、卫东、石龙、湛河 4 个区,宝丰县、叶县、鲁山县、郏县、舞钢市、汝州市,共 10 个县级政区。

新华区(Xinhua Qu)

地处平顶山中心城区的中西部,东以市区开源路为界与卫东区毗邻,南以湛河、白龟山水库相隔与湛河区相望,西南与鲁山县交界,西北、北以香山、龙山、擂鼓台等山脉为界与宝丰县接壤。位于东经 113°17′36.93″,北纬 33°44′14.39″。辖区东西最大距离 22 千米,南北最大距离 9 千米,总面积 157 平方千米。人口密度为每平方千米 2488 人。

政区地名沿革　区名取"新中国建设的工业新城"之意。

西周时属应国,都邑设在原滍阳镇(今白龟湖底)。春秋初期地域分属郑、晋、楚。秦地域西部属城父县(今宝丰县),东部分属襄城县和昆阳县(今叶县)。汉初城父县改父城县。南北朝时分属高阳县(今卫东区)和龙山县(今宝丰县)管辖。北周设𬱖阳县。隋改为湛水县,后又改为犨城县。唐武德四年

(621 年)改设滍阳县。唐贞观九年(635 年)废滍阳县为镇,属鲁山县。后又设武兴县、中兴县、龙兴县至五代。宋熙宁四年(1071 年)废龙兴县入鲁山县;元祐四年(1089 年)恢复龙兴县,地域复归龙兴县;宣和二年(1120 年)改龙兴县为宝丰县。元至元三年(1266 年),废郏、宝丰 2 县,并入梁县。明成化十一年(1475 年)恢复宝丰县,地域大部分属宝丰县。清因之。

1949 年后,西杨村河以西属宝丰县第六区,以东属叶县第八区。1957 年 3 月设立平顶山市。1969 年 2 月设立新华区,下辖矿工路、西市场、新新街 3 个街道。1970 年 2 月新华区与卫东区合并,成立平顶山市中心区。1977 年 5 月撤销平顶山市中心区,恢复新华区建制,下辖矿工路、西市场、新新街、姚孟、青石山 5 个街道和王庄、西杨村 2 个生产大队。1978 年 3 月成立光明路、车站路和中心路 3 个街道,12 月平顶山市郊区李庄大队划入新华区。1979 年 4 月平顶山市西区撤销,韩梁街道划入新华区;11 月西杨村大队改为居民委员会。1980 年 5 月西杨村居民委员会划归中心路街道。1980 年 10 月新华区人民政府成立。1981 年 5 月中心路、车站路街道更名为中兴路、南环路街道。

1982 年 12 月平顶山市西区恢复建制,韩梁街道重归西区管辖。平顶山市郊区马庄、芦铁庄两个大队划归新华区管辖。1989 年从芦铁庄划分出叶刘、李乡宦两个村民委员会。1989 年末,共辖 8 个街道、73 个居民区和 6 个村民委员会。1993 年 9 月郊区所辖焦店乡(姚孟村除外)、薛庄乡归新华区管辖。新华区所辖湛河以南的南环路、姚孟 2 个街道和叶刘、李乡宦、芦铁庄、马庄 4 村归郊区(今湛河区)管理。1993 年末辖 2 个乡,下设 6 个街道。1995 年 12 月设立曙光街街道。1996 年 5 月焦店乡撤乡建镇。1997 年 12 月薛庄乡撤乡建镇。2000 年 3 月薛庄镇更名为滍阳镇。2000 年末,全区共辖 2 个镇、7 个街道、71 个居民区和 66 个村民委员会。2002 年 11 月设立湖滨路街道。2004 年 3 月设立湛北路街道。2005 年 7 月设立西高皇街道。2005 年末辖 2 个镇、10 个街道、32 个社区、66 个村民委员会。

行政区域划分　2014 年末,辖光明路、曙光街、中兴路、矿工路、西市场、新新街、青石山、湛河北路、西高皇、湖滨路 10 个街道,焦店镇、滍阳镇 2 个镇,共 12 个乡级政区;下设 32 个居民委员会,66 个村民委员会。

卫东区(Weidong Qu)

地处平顶山市市区东部,东及东南与叶县接壤,南隔湛河与湛河区毗邻,西与新华区交界,西北和宝丰县相接,北与郏县为邻,东北与许昌市襄城县相连。

位于东经113°18′51″～113°28′55″,北纬33°44′48″～33°49′16″。辖区东西最大距离14.8千米,南北最大距离10.2千米,总面积118.94平方千米。人口密度为每平方千米2581人。

政区地名沿革 因行政区域居平顶山市区东部而得名。

夏禹时属豫州之地。商、周地属应侯国。春秋属叶邑。魏属昆阳邑。秦置昆阳县,地域大部分属之。北魏太和元年(477年)设高阳县,地域属之。北齐废昆阳县、高阳县,设汝坟县,地属汝坟县。唐贞观元年(627年)年废汝坟县,设叶县,地域大部分属叶县。五代至中华人民共和国成立初期,均隶属叶县。

1957年3月设立平顶山市,地域大部分划归平顶山市直接管辖。1969年2月21日设平顶山市卫东区,管辖优越路和先锋路2个街道。1970年2月29日与新华区合并为中心区。1977年5月9日恢复卫东区,设优越路、五一路、牛马庄(后更名马庄)、先锋路(后更名东环路)、东工人镇共5个街道。1978年新设程平路(后更名光华路)街道,1980年分设建设路街道,1987年11月分设东安路街道。1993年9月市区行政区划调整,卫东区马庄街道划归郊区(后更名湛河区),原郊区东高皇乡划入卫东区。2001年12月,增设鸿鹰街道和皇台街道。2003年底又增设北环路街道。2011年3月撤销东高皇乡并在原辖行政区域设立东高皇街道。2011年8月从东高皇街道管辖区域分设蒲城街道。2013年增设申楼街道。

行政区域划分 2014年末,辖五一路、优越路、建设路、东安路、东环路、东工人镇、光华路、鸿鹰、皇台、北环路、东高皇、蒲城、申楼13个街道;下设36个居民委员会,27个村民委员会。

湛河区(Zhanhe Qu)

地处平顶山市主城区南部,东、南与叶县毗邻,西南与鲁山县接壤,西北毗邻白龟山水库,北隔湛河与新华区、卫东区相望。位于东经113°07′36″～113°21′39″,北纬33°39′20″～33°43′22″。辖区东西最大距离22.8千米,南北最大距离11千米,总面积125.13平方千米。人口密度为每平方千米2469人。

政区地名沿革 因临湛河而得名。

西周属应国,春秋时属楚,战国属韩。秦属城父县。西汉城父县改名为父城县,地域西部属父城县,东部属昆阳县。三国属曹魏。西晋泰始二年(266年),分属襄城郡、南阳郡。南北朝中期属北魏。北魏太和元年(477年)置高阳县,治今区境北渡镇前城村、后城村一带;二十一年(497年)置河山县,治今北渡镇汴城村。北齐、北周时期,地域东部属北齐,后北齐废高阳县,置汝坟县,东部归汝坟县,西部属北周。隋大业元年(605 年),废河山县,置犨城县,地域西部并入犨城县。唐贞观元年(627 年)犨城县并入鲁山县,区境西部属鲁山县,东部归汝坟县。大历五年(770 年),汝坟县并入叶县。宋元时期,龙兴县两兴两废,地域西部先后归龙兴县、宝丰县、梁县。明成化十一年(1475 年)西部属宝丰县,东部北渡村以东属叶县。

20 世纪 50 年代中期,陆续从叶县、宝丰县、襄城县、郏县析出部分乡村划归平顶山市直接管辖。1962 年 3 月设立平顶山市郊区,6 月增设高楼公社。后公社有所分合,1968 年 10 月有东风(东高皇)、红旗(焦店)、东方红(北渡)3 个公社。1970 年 5 月和 1971 年 5 月两次划郏县、襄城、叶县部分大队归东风公社,划宝丰县闹店公社龙口大队归红旗公社,划宝丰县薛庄公社大部设立薛庄公社。

1984 年 4 月划宝丰县曹镇乡归郊区。1993 年 9 月将属原郊区的东高皇乡划归卫东区管辖,焦店乡(姚孟村除外)和薛庄乡划归新华区管辖;将原属卫东区的马庄街道、新华区的南环路街道和姚孟街道,以及马庄、李乡宦、叶刘、芦铁庄 4 村划归郊区管辖;北渡乡和曹镇乡仍归郊区管辖。1994 年 9 月,平顶山市郊区更名为湛河区,为市中心城区之一。1995 年 1 月,建立九里山街道,管辖叶刘村、芦铁村 2 个村民委员会。1996 年 9 月 19 日撤北渡乡,建北渡镇。1998 年 10 月 20 日,将北渡镇的李堂村民委员会并入李堂居民区,归属九里山街道管辖。2014 年撤销北渡镇,增设北渡、荆山、河滨 3 个街道。

行政区域划分　2014 年末,辖高阳路、轻工路、马庄、南环路、九里山、姚孟、北渡、荆山、河滨 9 个街道和曹镇乡,共 10 个乡级政区;下设 32 个居民委员会,68 个村民委员会。

石龙区(Shilong Qu)

地处平顶山市西部,东、北与宝丰县交界,西、南与鲁山县毗邻。位于东经 112°50′18″～112°55′25″,北纬 33°52′23″～33°55′23″。辖区东西最大距离 6 千米,南北最大距离 7.5 千米,总面积 37.2 平方千米。人口密度为每平方千米 1613 人。

政区地名沿革　因石龙河贯穿全境而得名。

夏、商属豫州。东周属王畿之地。春秋时期,为戎蛮子国。战国时地域先后属郑、韩、魏、秦。秦属梁县,归三川郡。汉、晋属梁县,归河南郡。南北朝时先后属汝原县、治城县。隋大业二年（606年），改属承休县，归汝州。唐贞观初改承休县为梁县，境区仍属梁县。宋、金、元时期境区仍归梁县。明成化十一年（1475年）划归宝丰县，属永宁乡。清代仍沿明制。

1912年，地域分属宝丰县和鲁山县。1947年11月地属宝丰县第二区。1961年12月析宝丰县西大营区的韩庄、南顾庄2个公社归平顶山市管辖。1971年5月析鲁山县11个大队组建五七公社，五七公社与梁洼、韩庄、高庄、大庄4个国营煤矿归平顶山市管辖。1983年12月五七公社更名为南顾庄乡。1990年2月撤销南顾庄乡。1997年12月设立石龙区，辖高庄街道、梁洼街道以及大庄、捞饭店、赵岭、军营、南张庄、山高、刘庄、高庄、南顾庄、夏庄、关庄11个村民委员会。1999年1月恢复南顾庄乡，11个村民委员会归南顾庄乡管辖；2月梁洼街道更名为龙兴街道。2002年9月撤销南顾庄乡，新设人民路街道、龙河街道，南顾庄乡所属11个村民委员会分别划归人民路、高庄、龙兴、龙河4个街道管辖。2002年11月，原有的13个居民委员会整合为5个城市居民委员会。

行政区域划分　2014年末，辖人民路、高庄、龙河、龙兴4个街道；下设14个居民委员会。

宝丰县（Baofeng Xian）

地处平顶山市中部，东临卫东区，东南与新华区接壤，南、西南与鲁山县及石龙区相连，西北与汝州市交界，东北与郏县毗邻。位于东经112°43′52″～113°17′54″，北纬33°47′02″～34°01′45″。辖区东西最大距离54千米，南北最大距离27千米，总面积722平方千米。人口密度为每平方千米1144人。

政区地名沿革　宋宣和二年（1120年）因县境内物宝源丰宝货兴发，宋徽宗赐名宝丰县。

商为应国地。春秋先属郑，后属楚。战国初属楚，中期大部分属韩，东南一部分属魏。秦置父城县（治今县城东李庄乡古城村），先属南阳郡，后属颍川郡。西汉、东汉、三国、两晋皆因之。北魏太和十七年（493年）废父城县，改置龙山县，属顺阳郡，后又在今县之北境、西境置汝南、符垒2县。北齐天保年间汝南、符垒2县并废，龙山县仍存。隋初废龙山县，复置汝南县，属襄城郡，隋末废。唐武德四年（621年）置龙兴县（治今县城）。武周证圣元年（695年）更名武兴县。唐神龙元年（705年）改名中兴县，同年又改为龙兴县，属汝州。五代因之。北宋熙宁五年（1072年）废龙兴县，元祐元年（1086年）复置龙兴县，宣和二年

(1120 年)改名宝丰县。元至元三年(1266 年)废县为镇。明初镇废。明成化十一年(1475 年)复置宝丰县,属汝州;崇祯十六年(1643 年),李自成农民军攻占宝丰县城后,改名宝州。清初复置宝丰县。中华民国因之。

1913 年属豫西道,1914 年属河洛道。1927 年道废,直属河南省。1932 年改属河南省第五行政督察区。1949 年后仍名宝丰县,属许昌专区。1960 年 4 月撤销宝丰县,辖境划归平顶山市,置平顶山市农村工作办事处。1961 年 10 月复置宝丰县,仍属许昌专区。1969 年属许昌地区。1983 年 9 月划归平顶山市。2014 年撤销赵庄乡,设立赵庄镇。

行政区域划分　2014 年末,辖城关、周庄、闹店、石桥、商酒务、大营、张八桥、杨庄、赵庄 9 个镇和肖旗、前营、李庄 3 个乡,共 12 个乡级政区;下设 24 个居民委员会,304 个村民委员会。

叶县(Ye Xian)

地处平顶山市南部。东邻漯河市舞阳县,东南接舞钢市,南连南阳市方城县,西毗鲁山县,北接平顶山市区,东北与许昌市襄城县交界。位于东经 113°02′~113°47′,北纬 33°21′~33°46′。辖区东西最大距离 50.5 千米,南北最大距离 46.7 千米,总面积 1396.52 平方千米。人口密度为每平方千米平均 531 人。

政区地名沿革　因春秋叶邑得名。

夏商属豫州,周为应侯国地。春秋为楚叶邑,前 576 年许国迁都于叶。战国始属魏,后归秦。秦置昆阳县(治今叶县城),西汉置叶县(治今叶邑镇),叶县、红阳县属南阳郡,昆阳县属颍川郡。三国时叶县、昆阳县均属魏。西晋叶县属南阳国,昆阳县初属颍川郡,后属襄城郡。东晋叶县属南阳郡,昆阳县复属颍川郡。北魏,属襄州南安郡;孝昌二年(526 年)于叶地置襄州。东魏叶县属南安郡;武定六年(548 年),南安郡改为定南郡,叶县属定南郡。北齐叶县属襄州,改昆阳县置汝坟县(治今龚店乡汝坟店村),并以汝坟为汉广郡治。557 年,北周灭齐后,叶县属南襄城郡,改定南郡为定南县(治今叶县保安镇古城村)。隋叶县改称澧水县,后复名叶县。隋大业初(605 年)废定南县入叶县,属颍川郡。唐贞观元年(627 年)汝坟县废;八年(634 年),叶县属鲁州(治今方城县),后改属许州。大历四年(769 年)于叶县境析置仙凫县(治今叶县保安镇古城村),叶县、仙凫县均属仙州;五年(770 年)废仙凫县入叶县,属汝州。宋属京西北路汝州。金泰和八年(1208 年),属南京路裕州(治今方城县)。元、明、清属南阳府。

　　1913 年，属豫南道，1914 年改属汝阳道。1927 年废道，直属河南省。1932 年属河南省第六行政督察区。1949 年属许昌专区，1950 年叶县境内设有 10 个区。1956 年设城关镇 1 个镇和任店区等 10 个区。1958 年成立坟台、旧县、龚店、夏李、廉村、任店、辛店、蒲楼、保安、城关等 10 个人民公社。1965 年 7 月辖区调整为城关镇和任店、夏李、常村、田庄、旧县、保安、辛店、龙泉、坟台、廉村、水寨、邓李、龚店、蒲楼、城关等 1 镇 15 个人民公社。1970 年属许昌地区。1973 年将蒲楼人民公社分为遵化店和洛岗两个人民公社。1982 年因洛岗人民公社驻地在洪庄杨村，更名为洪庄杨人民公社。

　　1983 年 9 月改属平顶山市。1984 年县辖 16 个人民公社改为 16 个乡。1985 年 5 月成立马庄回族乡。1986 年改城关镇为昆阳镇。1989 年 3 月撤坟台、保安、任店 3 乡设立坟台镇、保安镇、任店镇。1993 年改坟台镇为仙台镇。1994 年撤遵化店乡设立遵化店镇。2008 年撤旧县乡、廉村乡，设立叶邑镇、廉村镇。2011 年撤辛店乡、常村乡设立辛店镇、常村镇。2014 年撤销昆阳镇、城关乡，增设昆阳、九龙、盐都 3 个街道。

　　行政区域划分　2014 年末，辖昆阳、九龙、盐都 3 个街道，遵化店、廉村、任店、常村、仙台、叶邑、辛店、保安 8 个镇和田庄、夏李、龙泉、水寨、邓李、洪庄杨、龚店、马庄回族 8 个乡，共 19 个乡级政区；下设 577 个村民委员会。

鲁山县（Lushan Xian）

　　地处平顶山市西部，东邻宝丰县、叶县、新华区、湛河区，南邻方城县、南召县，西邻洛阳市嵩县、汝阳县，北邻汝州市及石龙区。位于东经 112°14′～113°14′、北纬 33°34′～34°00′之间。辖区东西最大距离 90 千米，南北最大距离 44 千米，总面积 2435.32 平方千米。人口密度每平方千米 393 人。

　　政区地名沿革　因境内有山脉古称鲁山而得名。

　　夏孔甲时，为刘累邑。周为东都近畿地。春秋战国时期先属郑，后属楚。秦置犨县，治今张官营镇西，属南阳郡。西汉置鲁阳县，治今尧山镇一带。与犨县同属南阳郡。三国鲁阳县、犨县属魏。晋鲁阳县、犨县属南阳国。北魏太和十一年（487 年），改鲁阳县为山北县；永安中（528 年～530 年）撤犨县、山北县复置鲁阳县。隋大业十三年（617 年）改名鲁县。唐贞观元年（627 年）改为鲁山县，属伊州；八年（634 年）属河南道汝州。宋属京西北路汝州。金属南京路汝州。元属南阳府汝州。明、清属汝州直隶州。

　　1913 年属豫西道。1914 年属河洛道。1932 年至 1947 年 10 月，属河南省第五行政区督察。1947 年 11 月属豫陕鄂边区第五行政区。1949 年 2 月,属河南省许昌专区。1950 年 3 月全县辖城关、张良、张官营、下汤、瓦屋、灢河、赵村、董村、三街 9 个区。1950 年 11 月增设白象店区。1951 年 8 月增设释寺区、灢河区。1954 年 7 月城关区改称城关镇。1955 年 12 月,全县有瓦屋区、赵村区、下汤区、城关镇和灢河、婆娑、程村、张店、董村、耿集、仓头、石坡头、张官营、杨村、韩信、张良、马楼、梁洼 14 个中心乡。1956 年 12 月,全县有赵村区、瓦屋区、下汤区、灢河区、城关镇和杨村、张官营、韩信、肖营、康庄、宗庄、董村、仓头、山岔口、梁洼、程村、辛集、张良、李法河、铁寨垣、马楼 16 个乡。1958 年 7 月,有城关、辛集、张良、瓦屋、赵村、灢河、下汤、董村、张官营、张店、马楼、杨村 12 个公社。1982 年 2 月城关公社更名城关镇。

1983 年 9 月改属河南省平顶山市,12 月撤公社,设张官营、张良、马楼、张店、灢河、熊背、赵村、二郎庙、下汤、四棵树、鸡冢、瓦屋、背孜、土门、董村、仓头、辛集、梁洼、观音寺、磙子营、昭平台库区 21 个乡和城关镇。1986 年 9 月梁洼乡、张良乡撤乡建镇。1988 年 10 月城关镇更名鲁阳镇。1989 年 1 月下汤乡、张官营乡撤乡建镇。2001 年 6 月二郎庙乡撤乡建镇并更名尧山镇。2005 年 6 月撤土门乡入背孜乡。2006 年 6 月鸡冢乡更名团城乡。2007 年 1 月撤鲁阳镇,调整张店乡、董周乡部分村,设露峰、琴台、鲁阳、汇源 4 个街道。2014 年撤销瓦屋乡、赵村乡,分别设立瓦屋镇、赵村镇。

行政区域划分　2014 年末,辖露峰、琴台、鲁阳、汇源 4 个街道,下汤、梁洼、张官营、张良、尧山、赵村、瓦屋 7 个镇,四棵树、团城、熊背、灢河、观音寺、昭平台库区、背孜、仓头、董周、张店、辛集、磙子营、马楼 13 个乡,共 24 个乡级政区;下设 32 个居民委员会,527 个村民委员会。

郏县(Jia Xian)

地处平顶山市北部,东接许昌市襄城县,南依卫东区及宝丰县,西邻汝州市,北连许昌市禹州市。位于东经 113°00′40″~113°24′50″,北纬 33°48′~34°10′50″。辖区东西最大距离 37.6 千米,南北最大距离 31.3 千米,总面积 737 平方千米。人口密度为每平方千米 876 人。

政区地名沿革　因春秋为楚之郏邑而得名。

西周时为"夹",春秋名郏邑,先属郑,后属楚,战国属韩,秦置郏县,隶属颍川郡。东汉建武六年(30 年),废郏县并入父城县。建安中(196~219 年)复置郏县,属颍川郡。西晋隶襄城郡。东晋十六国,先后隶前赵、后赵和东晋。北魏太和十七年（493 年），改郏县为龙山县，隶顺阳郡。隋开皇元年（581 年），改龙山县为汝南县；十八年（598 年）改汝南县为辅城县。大业四年（608 年）改辅城县为郏城县。北宋崇宁四年（1105 年）郏城县改隶颍昌府。元至元三年（1266 年）废郏城县为黄渠镇，入梁县。元大德八年（1304 年）复置郏县，隶汝州。明成化十二年（1476 年）隶汝州直隶州。清沿明制。

民国初，先后属河陕汝道、豫西道、河洛道。1927 年隶豫西行政区。1932 年隶河南第五行政督察区。1945 年 7 月，河南人民抗日军第六支队收复禹郏交界地区，在禹郏交界地带成立禹郏县，10 月撤销。1949 年 3 月改隶许昌专区。1949 年前后，先属豫陕鄂边区第五专区、后属豫西区第五专区即许昌专区。1953 年 3 月区辖镇撤，乡合并为 105 个（包括 6 个区辖街道）。1955 年 12 月并为 44 个乡和 6 个区辖街道。1956 年撤区，设城关镇和茨芭、薛店、渣园、黄道、安良、王集、冢头、长桥、堂街、李口 10 个乡。原区辖乡、街道改设为高级农业生产合作社。1957 年增设白庙乡和大李庄乡，全县共有 1 镇 12 乡。1958 年 8 月，13 个乡（镇）改人民公社。1962 年设 11 个区（镇），下辖 137 个人民公社。1965 年 9 月撤区（镇），设城关、茨芭、薛店、渣园、白庙、安良、王集、冢头、长桥、李口 11 个人民公社。12 月增设黄道人民公社。1968 年 7 月 15 日增设广阔天地大有作为人民公社。1971 年小店、土寨沟、观南、竹园、赵家、尚庄生产大队先后划归平顶山市郊区。1972 年 1 月广阔天地大有作为人民公社并入渣园人民公社。1973 年 4 月又从渣园人民公社析出。1982 年 3 月城关人民公社更名为城关镇。

1984 年 1 月 13 个人民公社改设为 1 镇 12 个乡。1985 年 4 月增设姚庄回族乡。1986 年 3 月郏县由许昌地区划入平顶山市。1986 年底，全县有 1 镇 13 乡。1989 年 5 月 15 日冢头、堂街、安良等 3 乡改镇。1993 年 8 月 24 日大李庄乡更名广阔天地乡。11 月 12 日薛店乡改镇。1995 年 9 月 11 日长桥乡改镇。2008 年 8 月 20 日茨芭、黄道两个乡改镇。2009 年 12 月 29 日撤郏县城关镇并调整王集乡、白庙乡部分行政区划，设立东城、龙山两个街道。2011 年 2 月 24 日李口乡改镇。

行政区域划分　2014 年末，辖龙山、东城 2 个街道，冢头、安良、堂街、薛店、长桥、茨芭、黄道、李口 8 个镇，王集、姚庄回族、白庙、广阔天地、渣园 5 个乡，共 15 个乡级政区；下设 14 个居民委员会，362 个村民委员会。

舞钢市(Wugang Shi)

地处平顶山市东南部,东与驻马店市西平县相邻,东南与驻马店市遂平县接壤,南与驻马店市泌阳县相连,西与南阳市方城县毗邻,西北与叶县为邻,北与漯河市舞阳县相邻。位于东经113°21′27″~113°40′51″,北纬33°08′00″~33°25′25″。辖区东西最大距离30.3千米,南北最大距离33.1千米,总面积645.71平方千米。人口密度为每平方千米520人。

政区地名沿革 因在此设立舞阳钢铁公司得名。

春秋时为古帝柏皇氏后裔的封国柏子国,后为楚所并。战国为合伯,属韩国。秦设柏亭、棠溪亭。汉设红阳侯国、亲阳侯国。三国至南北朝,南部属舞阴县,北部属西平县。唐末并入舞阳县,直至1947年11月解放。

1949年后,三里河以南设武功、尹集、八台、尚店4个区。1958年改为武功、尹集、八台、尚店4个公社。1964年10月从武功公社分出枣林公社,从尚店公社分出杨庄公社。1972年3月,成立河南省平舞工区市政建设处。1973年11月析舞阳县南部6个人民公社,成立舞阳工区办事处。1977年5月30日撤销舞阳工区办事处。11月,建立平顶山市舞钢区。1979年10月划属许昌地区。

1982年11月复归平顶山市。1990年9月撤销舞钢区,设立舞钢市。1993年6月成立垭口街道。1994年12月八台撤乡建镇。1996年5月尹集撤乡建镇。2002年4月撤销王店乡,原乡辖村民委员会并入尚店镇;撤销安寨乡并入枣林乡。2006年7月恢复矿建街道建制。2010年3月枣林乡撤乡建镇。

行政区域划分 2014年末,辖朱兰、垭口、寺坡、院岭、矿建5个街道,八台、尚店、尹集、枣林4个镇,庙街、武功、铁山、杨庄4个乡,共13个乡级政区;下设27个居民委员会,191个村民委员会。

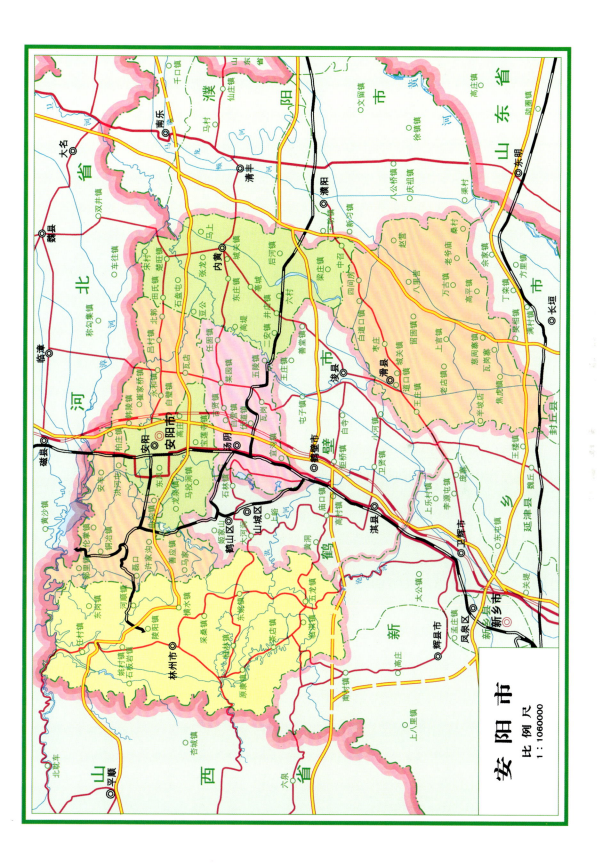

安阳市（Anyang Shi）

地处河南省北端，晋、冀、豫三省交会处。东与濮阳市接壤，南与鹤壁市毗邻，西依太行山与山西省相连，北隔漳河与河北省邯郸市相望。位于东经113°38′~114°59′，北纬35°12′~36°21′。辖区东西最大距离122千米，南北最大距离128千米，总面积7413平方千米。人口密度为每平方千米745人。

政区地名沿革　《史记》载，赵惠文王二十四年（前275年），"廉颇攻魏之防陵、安阳，拔之"。安阳之名自此出现。

前1300年，商代第20位王盘庚自奄（今山东曲阜）迁都于北蒙（今安阳市区西北小屯一带），称殷。西周属卫国。春秋时期属晋国。战国时期先属魏国，后属赵国。秦代分属邯郸郡和河内郡。

西汉分属河内郡和魏郡。东汉建安十七年（212年）属魏郡，治邺城（今河北省临漳县邺镇一带）。西晋仍之。东晋后赵、冉魏、前燕均在邺建都。北魏时，先后属魏郡、相州。东魏、北齐均在邺建都，安阳为畿内之地。北周大象二年（580年）丞相杨坚焚毁邺城，将相州、魏郡、邺县三级治所南迁20千米于安阳。

隋、唐先后属相州、魏郡、邺郡、相州。五代后梁在安阳置昭德军。后晋天福三年（938年）置彰德军。宋为相州，仍置彰德军，辖安阳、汤阴、临漳、林虑4县。金明昌三年（1192年）升相州为彰德府，辖安阳、汤阴、临漳、林虑、辅岩5县。

元改府为路，属彰德路总管府，辖安阳、汤阴、林州、临漳、辅岩5县。明复为彰德府，辖磁州和安阳、汤阴、林县、临漳、武安、涉县6县，改属河南布政使司。清雍正三年（1725年），划直隶大名府的内黄县入彰德府。次年析出磁州改属直隶广平府，彰德府辖安阳、汤阴、林县、临漳、武安、涉县、内黄7县。1913年废彰德府，存安阳县，隶属河南省豫北道，1914年改称河北道。1932年属河南省第三行政督察区专员公署，辖安阳、汤阴、林县、临漳、武安、涉县、内黄共7县。

1949 年 5 月安阳解放。安阳市辖第一、第二、第三、第四 4 区。8 月为平原省省辖市。1952 年 11 月划归河南省，仍为省辖市。1958 年 12 月安阳市由新乡专区辖。1961 年 12 月恢复安阳专区，辖安阳市。1974 年 1 月安阳市由河南省、安阳地区双重辖，按省辖市对待。

1983 年 9 月实行市带县体制，撤销安阳地区，将安阳县、林县、汤阴县、淇县、浚县划归安阳市。1986 年 1 月析出淇县、浚县划归鹤壁市，将濮阳市的内黄县、滑县划归安阳市。调整后，安阳市辖安阳县、林县、汤阴县、内黄县、滑县 5 县和文峰区、北关区、铁西区、郊区 4 区。1994 年 1 月林县更名林州市。

2003 年 1 月，将原来的 4 个区调整为文峰区、北关区、殷都区、龙安区。

2011 年，滑县被河南省政府确定为省直管试点县（市）。

行政区域划分 2014 年末，辖文峰、北关、殷都、龙安 4 个市辖区和安阳、汤阴、滑县、内黄 4 个县以及林州 1 个县级市，共 9 个县级政区。

文峰区（Wenfeng Qu）

地处安阳市区东南部。东与安阳县接壤，南与汤阴县相连，西与龙安区、殷都区隔京广铁路相望，北与北关区毗邻。位于东经 114°20′～114°36′，北纬 35°58′～36°15′。辖区东西最大距离 17.65 千米，南北最大距离 17.11 千米，总面积 179.1 平方千米。人口密度为每平方千米 2643 人。

政区地名沿革 因境内有文峰塔而得名。

1949 年 5 月 6 日安阳解放。5 月 7 日，中共安阳市委和安阳市政府入城办公（驻城内东冠带巷路北，1961 年 10 月迁解放路中段路北）。以老城中山街以西为第二区，以东为第三区。1954 年 8 月 5 日，三区归并二区。1954 年 9 月，安阳县政府由水冶迁城内办公（驻二道街，1956 年迁解放路东段路北）。1955 年 12 月，撤销一、二区，成立中共安阳市市区委员会。1956 年 11 月撤销市区委员会，成立文峰区。1958 年 10 月改称灯塔人民公社。1962 年 6 月复称文峰区。1972 年 8 月，原文峰区境域划分为文峰、北关、铁西 3 个区。文峰区辖老城区及南关、东关市民居住区。2003 年 1 月，安阳市市辖区和安阳县行政区划调整，文峰区辖 1 乡、1 镇和 15 个街道。2013 年撤销高庄乡，设立高庄镇。

行政区域划分 2014 年末，辖北大街、西关、西大街、南关、甜水井、东大街、头二三道街、紫薇大道、东关、光华路、永明路、中华路、峨嵋、银杏、商颂大街 15 个街道，宝莲寺、高庄 2 个镇，共 17 个乡级政区；下设 86 个居民委员会，76 个村民委员会。

北关区 (Beiguan Qu)

地处安阳市区北部。东与安阳县相连,南与文峰区接壤,西以京广铁路为界,与殷都区毗邻,北与安阳县相接。位于东经 114°21′,北纬 36°07′。辖区东西最大距离 6 千米,南北最大距离 2.3 千米,总面积 59 平方千米。人口密度为每平方千米 4790 人。

政区地名沿革 因位于安阳老城北关而得名。

清袭明制,地域分属彰德府城区、洹北乡和洹曲镇。清末,安阳县划为 10 个区,城区为中区,洹北乡为北区,洹曲镇为东一区。1930 年,中区改称第一区,辖北关街、西关街、文化乡(铸钟街、斜街)等;北区改称第十区,辖洹北安阳桥乡(太平庄、临府庄)和郭家湾等;东一区改称第二区,辖车站特别镇、南漳涧乡等。

1949 年 5 月,安阳城解放,为第一区,辖西关、北关及火车站一带区域,区公署置火车站路北。1952 年 1 月,区公署改称区人民政府,将四区高楼庄、小花园、郭家湾、铸钟街、延年庄、邵家棚 6 个村、街划入,第一区下辖北上关、北下关、延年庄、安家庄、河渡村、司家庄、王家小庄、铸钟街、斜街、郭家湾、高楼庄、薛家庄、任家庄、邵家棚、平民村、马市街、驴市街、花市街、集市街、顺河街、小花园、屠家庄、解放路、北厂街、戏院街、义安里、和平路、南厂街、新兴街、南后街、一马路、京华街 32 个村街。1954 年 3 月,区内建立北关、高楼庄、西关、车站 4 个居民委员会。1954 年 8 月,划入南关居民委员会。1955 年 12 月,撤销第一区、第二区建制,原第一区辖区分别划归北关、解放路、南关 3 个街道管辖。1956 年 11 月,恢复第一区、第二区建制,改第一区为车站区,同时撤销市辖 7 个街道,将原 50 个居民委员会合并建立为 20 个居民委员会联合办公室。下辖 8 个联办室,36 个居民委员会。1958 年 8 月,城乡人民公社普遍建立。10 月,按原市区和郊区所辖区域调整为 3 个人民公社。车站区为红旗人民公社。1959 年,红旗人民公社辖有霍家村、郭家街、大王村、聂村、石家沟、南关、张村、东关、大营、汪家店、李家庄、南漳涧、三官庙 13 个生产大队;纯居民户专设 1 个管理区。1960 年 8 月,撤销红旗人民公社,将所属安楚路(人民大道)以北及霍家村、李家庄、南漳涧 3 个大队和一部分居民管理区与安阳桥卫星人民公社合并,改称为红旗人民公社。原红旗人民公社所辖其余区域划归灯塔人民公社。1972 年 8 月,河南省革命委员会批准成立安阳市北关区。1973 年 8 月,中共北关区委、区革命委员会成立,区委、区革委会机关驻红旗路北段路西,后迁至洹滨南路 50 号。原文峰区所辖的西关街道革委会、解放路街道革委会、豆腐营街道革委会、红旗路街道革委会、纱厂街道革委会 5 个街道革委会及原北郊公社豆腐营、北关、郭家湾 3 个大队划归北关区管辖，北关区辖西关、解放路、红旗路、豆腐营、纱厂 5 个街道革委会和北关、豆腐营、郭家湾 3 个农业大队。1981年 5 月，北关区革命委员会改名北关区人民政府。

1984 年 8 月，北关区将原豆腐营街道分设为豆腐营、洹北、灯塔路 3 个街道。2003 年 1 月，调整安阳市市辖区和安阳县行政区划，北关区保留红旗路、豆腐营、洹北、解放路、灯塔路 5 个街道，原纱厂路街道划归殷都区、西关街道划归文峰区；原安阳县柏庄镇的东石桃、西石桃、桃村口、田桃村、李桃村 5 个村，韩陵乡的西梁贡、养鱼屯、六寺、唐庄、羊毛屯、黄家营、西见山、西于曹 8个村，白璧镇的前崇义、中崇义、后崇义、西六村 4 个村，原郊区北郊乡的屈王度、北方营、周家营、安阳桥、西漳涧、东漳涧、董王度、冯家庙、宋家庙、十里铺、马家垒、张贺垒、程寸营、韩王度、猴家垒 15 个村，原东郊乡的小营、李家庄、杏花村、苏家村、南漳涧 5 个村，共 37 个村民委员会划归北关区管辖。区人民政府驻洹滨南路。2003 年 4 月，北关区增设彰北、彰东、曙光路、民航路4 个街道，调整豆腐营、洹北 2 个街道管辖范围。

行政区域划分　2014 年末，辖红旗路、灯塔路、解放路、豆腐营、洹北、民航路、曙光路、彰东、彰北 9 个街道；下设 39 个居民委员会，38 个村民委员会。

殷都区（Yindu Qu）

地处太行山东麓，安阳市区西部。东以京广铁路为界，与北关区、文峰区相接，南与龙安区相连，西、北与安阳县接壤。位于东经 114°21′，北纬 36°02′~36°07′。辖区东西最大距离 10.3 千米，南北最大距离 8.5 千米，总面积 69.5 平方千米。人口密度为每平方千米 3400 人。

政区地名沿革　因商王盘庚从奄（今山东曲阜）迁都于今安阳市区西北的北蒙，称殷，故 2002 年区划调整时命名为殷都区。

1949 年前，区域大部属安阳县西一区。1949 年划为安阳县第八区。1955年属安阳县第五区，1959 年属安阳市东风公社。1962 年属安阳市西郊区。1969 年 7 月建立安阳市西郊公社。1972 年 8 月，成立铁西区。1981 年 5 月 30日，安阳市铁西区革命委员会更名为安阳市铁西区人民政府。2002 年 12 月 28日，撤销安阳市铁西区，设立安阳市殷都区。

行政区域划分　2014 年末，辖北蒙、相台、梅园庄、铁西路、清风街、纱厂路、

电厂、水冶、李珍 9 个街道和西郊乡,共 10 个乡级政区;下设 44 个居民委员会,
41 个村民委员会。

龙安区(Long'an Qu)

地处安阳市区西南部。东与文峰区为邻,南与汤阴县、鹤壁市接壤,西与安
阳县相连,北与安阳县、殷都区毗邻。位于东经 114°14′29″~114°20′47″,北纬
36°01′49″~36°05′07″。辖区东西最大距离 22.8 千米,南北最大距离 16.8 千
米,总面积 236 平方千米。人口密度为每平方千米 945 人。

政区地名沿革　因境内有九龙山和龙泉名花"安桂"而得名。

2002 年 12 月撤销安阳市铁西区、郊区,调整安阳市部分行政区域,以京广
铁路以西设立安阳市龙安区、殷都区。2013 年撤销马投涧乡,设立马投涧镇。

行政区域划分　2014 年末,辖太行小区、文明大道、文昌大道、中州路、彰
武、田村 6 个街道,龙泉、马投涧 2 个镇和东风乡,共 9 个乡级政区;下设 19 个居
民委员会,130 个村民委员会。

安阳县(Anyang Xian)

地处河南省北部,环绕安阳市区。东与内黄县相连,南与汤阴县、鹤壁市毗
邻,西与林州市接壤,北与河北省磁县、临漳县、涉县隔漳河相望。晋、冀、鲁、豫
四省通衢之地。位于东经 113°55′~114°45′,北纬 35°57′~36°21′。辖区东西
最大距离 73.75 千米,南北最大距离 44 千米,总面积 1202 平方千米。人口密度
为每平方千米 871 人。

政区地名沿革　县名始于战国时期的魏国,取安宁、兴旺之意得名。

秦始皇二十六年(前 221 年),秦统一六国,实行郡县制,始置安阳县,属邯
郸郡。西汉废安阳县入河内郡荡阴县。东汉建安年间曹操为魏王居邺,安阳为
邺都之地。西晋复置安阳县,属魏郡。北魏天兴四年(401 年)始置相州于邺
城,安阳县属相州魏郡。东魏天平元年(534 年),迁都于邺,并荡阴、安阳入邺
县,属司州魏尹。北齐仍都邺,改魏尹为清都尹。北周大象二年(580 年),邺城
废毁。相州、魏郡、邺号南迁 40 华里于安阳,安阳又称邺。隋开皇十年(590
年),复置安阳县,十八年(598 年)改长乐为尧城(今安阳县永和镇)。唐朝,仍
为安阳县。五代后晋天福三年(938 年),在相州(安阳县)置彰德军。北宋仍于

安阳城置相州和彰德军,相州亦称邺郡。金明昌三年(1192 年),升相州为彰德府。元改彰德府为彰德路。明复为彰德府,隶河南布政使司。清,安阳县隶河南彰德府。

1913 年,废彰德府,存安阳县,属河南省豫北道,不久改称河北道。1932 年在安阳县城设河南省第三行政区督察专员公署。1937 年 11 月 4 日,安阳城被日军侵占,日伪设彰德县。日本投降后复置安阳县。

1947 年 4 月,中共晋冀鲁豫中央局和边区政府设置安东县,5 月初改称邺县,县民主政府驻辛店集。同时,在回隆成立漳南县(今安阳县的北郭、吕村、辛村)民主政府。1949 年 5 月 6 日安阳县解放,划安阳县城及四关置安阳市。8 月属平原省安阳专区。1949 年 10 月 20 日,撤销漳南县,吕村、辛村两区划归邺县。1954 年 9 月,安阳县、邺县合并为安阳县,属河南安阳专区,县政府驻安阳市二道街,后移至今解放大道 180 号。1959 年 10 月,安阳县划归安阳市。1960 年 8 月撤销安阳县,并入安阳市。1961 年恢复安阳县建制,县政府驻安阳市解放大道 80 号。

1983 年 9 月,安阳地区撤销,安阳县划归安阳市。1993 年 4 月,安阳县高庄乡后营村划归安阳市高新技术开发区。1995 年 6 月,安阳县高庄乡许吴村、郭吴村和宝莲寺镇、南十里铺(含张七里店)划归安阳市高新技术开发区。2001 年 11 月,安阳县高庄乡的杜官屯、中所屯、前定龙、大定龙、小吴村和宝莲寺镇的牛房村 6 个村民委员会划归安阳市高新技术开发区。2003 年 2 月,安阳市行政区划调整,将安阳县马投涧乡、宝莲寺镇、高庄乡 3 个乡镇的 106 个村民委员会和善应镇、曲沟镇、水冶镇、柏庄镇、韩陵乡、白璧镇 6 个乡镇的 24 个村民委员会,分别划给龙安区、北关区和文峰区。2013 年撤销永和乡和都里乡,设立永和镇和都里镇。2014 年撤销水冶镇、蒋村镇,合并设立新的水冶镇。

行政区域划分 2014 年末,辖水冶、铜冶、善应、曲沟、柏庄、伦掌、白璧、崔家桥、吕村、辛村、韩陵、永和、都里 13 个镇,马家、安丰、洪河屯、瓦店、北郭、磊口、许家沟 7 个乡,共 20 个乡级政区;下设 608 个村民委员会。

汤阴县(Tangyin Xian)

地处河南省北部,安阳市南部。东与内黄县隔卫河相望,南与鹤壁市浚县接壤,西与鹤壁市淇滨区、山城区毗连,北隔羑河与龙安区、文峰区及安阳县为邻。位于东经 114°13′~114°42′,北纬 35°45′~36°01′。辖区东西最大距离 35 千米,南北最大距离 20 千米,总面积 646 平方千米。人口密度为每平方千米

671 人。

政区地名沿革　因地处荡水(汤河古名,古文荡同汤)南岸,故得名。

战国属魏。秦属邯郸郡。西汉高帝二年(前 205 年)设置荡阴县,县治即今汤阴县城,属河内郡。东汉建安十七年(212 年)改属魏郡。东魏天平初(534年)并入邺。隋开皇六年(586 年)置县于今县东 6.5 千米(今古贤),属相州。十年(590 年)并入安阳。十六年(596 年)再置县署于县西南 15 千米今鹤壁市西故县村,改称荡源。大业二年(606 年)并入安阳。唐武德四年(621 年),置荡源县,治荡阴城(即今治),属卫州。武德六年(623 年)改属相州。贞观元年(627 年)改称汤阴。宋宣和二年(1120 年)改属浚州,后仍属相州。金属彰德府。元归彰德路。明清属彰德府。民国初期属河北道。1932 年属河南省第三行政督察区专员公署管辖。

1943 年,中国共产党在县西南山区建立汤阴县抗日民主政府,驻毛莲洞村。1944 年元月改建淇汤抗日民主政府,驻淇县西掌村。12 月改建为安汤抗日联合政府,先驻县西山区小宽河,后移安阳县岭头村。

1945 年 10 月,安汤抗日联合政府分设,中共汤阴县政府成立,驻鹤壁集,辖鹿楼、鹤壁、石林、耿寺四个区。中共冀鲁豫区委同时在县东成立汤阴县政府,驻任固岳儿寨,设城关、伏道、菜园三个区。1947 年 5 月,汤阴第二次解放,汤阴县政府移驻县城。6 月又迁移县西鹤壁集、苗庄、耿寺、东窑头等地。全县划为8 区 2 镇,即鹤壁一区、鹿楼二区、中石林三区、陈下扣四区、伏道五区、菜园六区、五陵七区、任固八区;两镇为城关镇、菜园镇。共 10 个乡级行政区。

1949 年 5 月,县政府由县西鹤壁集迁入今县城,驻地旧县衙(自此至 2011年 10 月驻地无变化),10 月,属平原省安阳专员公署。是年,汤阴所辖汪流屯、前遵贵、后遵贵、遵贵屯、郑寺、伯台、蒋台屯、报德、小韩、开信、朱家营 12 村划归邺县(安阳县),同时将邺县所辖花耳庄、张官屯、徐家庄、冢上 4 个村划归汤阴县。

1950 年,将城关设为一区,将五陵七区与伏道五区合并为五区(驻西柳圈),仍设菜园镇,全县辖有 8 个乡级政区。1952 年撤销菜园镇,属六区(驻地古贤),原 7 个区增加为 8 个区,八区区公所驻伏道。是年,平原省撤销,改属河南省安阳专员公署。1954 年 9 月,淇县撤销,并入汤阴(淇县 4 个区)。

1955 年 5 月,县政府改称县人民委员会。8 月,河南省安阳专署将汤阴所辖四伏厂、宋梁桥、北高城、跑马厂 4 个村划归安阳县管辖。同时将安阳县所辖之新庄、杨柳辛庄、葛庄、杨庄、中杨庄、三伏厂、王辛庄等村划归汤阴县管辖。是年 10 月撤区并乡,全县设 5 个区、10 个县辖乡和 1 个县辖镇,即宜沟区、五陵区、菜园区、鹤壁区、鹿楼区、城关镇及韩庄、张庄、东马村、伏道、孔村、石得、隆化、时丰、工官屯、大性 10 个乡。1957 年 1 月，将鹤壁区辖 8 个乡划归安阳专署鹤壁办事处，12 月又将鹿楼区和宜沟区所辖 4 个乡 67 个村划归新建鹤壁市。

1958 年 9 月，成立城关、白营、菜园、任固、五陵、伏道、宜沟、石林 8 个人民公社（原淇县成立北阳、西岗、高村、庙口、朝歌 5 个人民公社）。是年，安阳专员公署撤销，属新乡专员公署。1961 年，复归安阳专员公署管辖。9 月，安阳专署通知，将石林人民公社划归鹤壁市管辖。10 月，增设韩庄人民公社。全县共 8 个乡级政区。1962 年 3 月，增设古贤、冯村（后改瓦岗）人民公社，全县辖 10 个乡级政区。是年，经国务院批准，淇汤分治，原属淇县之王老屯、魏城、唐王庄、王武岗、李河、赵河、牛村、冯岗、小莲庄、大盖族 10 个村归汤阴县。

1968 年 2 月，成立县革命委员会，驻地仍在原址，辖有 10 个人民公社。

1980 年，属安阳地区。城关人民公社复改镇。全县辖 1 个镇 9 个人民公社，共 10 个乡级政区。1981 年 9 月，革命委员会改称人民政府，辖有 10 个乡级政区。

1983 年，安阳地区撤销，属安阳市管辖。12 月 15 日，9 个人民公社撤社改乡，全县 1 镇 9 乡共 10 个乡级政区。1987 年，宜沟、菜园、任固、五陵 4 乡撤乡建镇，全县共 5 镇 5 乡 10 个乡级政区。2011 年，人民政府迁驻县城人民路中段。同时伏道、白营撤乡建镇，全县 7 镇 3 乡共 10 个乡级政区，下辖 298 个村民委员会和 1686 个村民小组。2013 年撤销韩庄乡和古贤乡，设立韩庄镇和古贤镇。

行政区域划分　2014 年末，辖城关、白营、菜园、任固、五陵、伏道、宜沟、韩庄、古贤 9 个镇和瓦岗乡，共 10 个乡级政区；下设 298 个村民委员会。

内黄县（Neihuang Xian）

地处河南省北部，安阳市东部。东界濮阳市清丰县、濮阳县，南接滑县、鹤壁市浚县，西连汤阴县、安阳县，北邻河北省魏县。位于东经 114°35′~114°59′，北纬 35°39′~36°09′。辖区东西最大距离 21.1 千米，南北最大距离 55 千米，总面积 1161 平方千米。人口密度为每平方千米 608 人。

政区地名沿革　历史上黄河以北为内，黄河以南为外，内黄地处黄河以北，故名内黄。

夏商地属冀州，周初地属卫国，春秋地属晋，战国地属魏。秦汉时隶魏郡。汉高帝九年（前 198 年）置县，北魏永平初年（508 年）入临漳县。隋开皇六年（586 年），复置内黄县至今。唐代先后隶属黎州、相州和魏州。金、元时期隶滑州,明属直隶大名府。清雍正三年(1725年),改隶河南彰德府。

抗日战争时期,内黄县民主政权先后隶属冀鲁豫边区一、五、六、八专区。新中国成立后,属平原省濮阳专区。1954年归河南省安阳专区;1958年安阳专区并入新乡专区,内黄县属新乡专区。1961年,安阳、新乡专区分设,内黄县仍归安阳专区。1983年安阳地区撤销,实行市带县,内黄县隶属濮阳市。1986年3月改隶安阳市至今。2014年撤销二安乡,设立二安镇。

行政区域划分　2014年末,辖城关、楚旺、井店、东庄、后河、梁庄、田氏、二安8个镇和张龙、马上、中召、亳城、高堤、六村、宋村、豆公、石盘屯9个乡,共17个乡级政区;下设532个村民委员会。

林州市(Linzhou Shi)

地处山西、河北、河南三省交会处河南省北部太行山东麓,安阳市西部。东与安阳县相连,东南与鹤壁市毗邻,南与新乡市卫辉市相邻,西南与新乡市辉县市相接,西与山西省接壤,北依河北省。位于东经113°37′~114°04′,北纬35°41′~36°22′。辖区东西最大距离29.4千米,南北最大距离74千米,总面积2046.4平方千米。人口密度为每平方千米387人。

政区地名沿革　以山取名,西汉初称隆虑县,东汉因避殇帝刘隆名讳,改名林虑县。金代改为林州,明代改为林县。

春秋时先属卫,后属晋。战国时为韩国临虑邑,后属赵国。西汉初置县,名隆虑县。东汉延平元年(106年),改名林虑县。金贞祐三年(1215年),改置林州。明洪武三年(1370年),改称林县。清代和民国时期仍名林县。

1940年3月为林北、林县两县,林北县属中共晋冀鲁豫边区太行区第五专区,林县属国民党统治区。1943年5月成立中共林县抗日民主政府,属晋冀鲁豫边区太行区第七专区。1946年6月中共林北、中共林县合并,称林县,属晋冀鲁豫边区太行区第五专区。

1949年8月属平原省安阳专区。1952年11月划归河南省,属安阳专区。1958年4月属新乡专区,1962年复归安阳专区。1983年撤安阳地区设市,由安阳市代管。1994年1月24日,撤销林县,设立县级林州市,仍归属安阳市。2014年撤销茶店乡和石板岩乡,成立茶店镇和石板岩镇。

行政区域划分　2014年末,辖振林、开元、桂园、龙山4个街道,合涧、原康、东岗、东姚、姚村、临淇、桂林、河顺、横水、陵阳、采桑、五龙、任村、茶店、石板岩15个镇和城郊乡,共20个乡级政区;下设34个居民委员会,542个村民委员会。

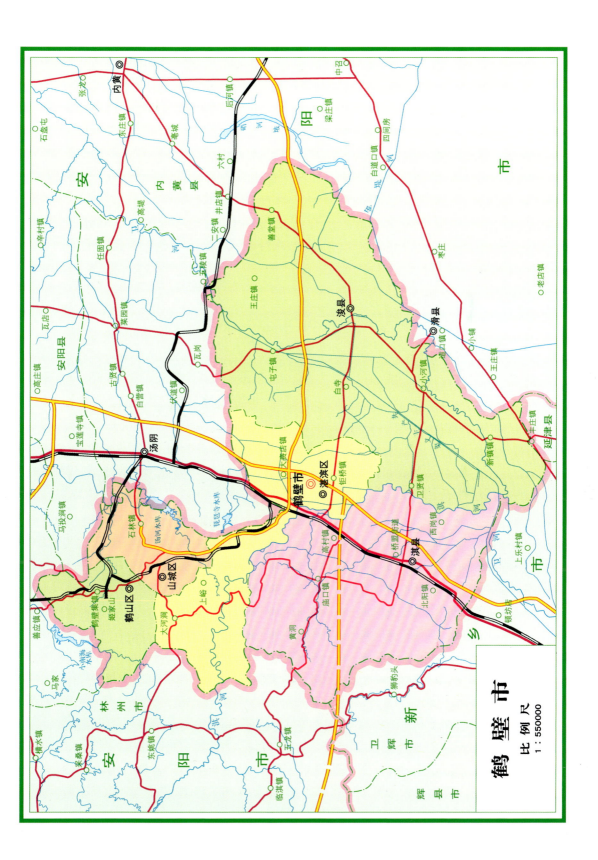

鹤壁市

比例尺

1：550000

鹤壁市（Hebi Shi）

地处河南省北部,太行山东麓与华北平原交界处。东、西、北与安阳市接壤,南与新乡市相邻。位于东经 113°05′23″~114°45′12″,北纬 35°26′00″~36°02′54″。辖区东西最大距离 120 千米,南北最大距离 130 千米,总面积 2228.27 平方千米。人口密度为每平方千米 701 人。

政区地名沿革　相传因仙鹤栖于南山峭壁之上而得名鹤壁集,因 1957 年建市,机关驻于此,故得名。

夏地域分属冀、兖、豫 3 州。商帝辛(纣王)建都朝歌(今淇县),属畿内地。西周初属“三监”之地。春秋属卫、晋。战国先后属赵、魏,前 510 年,设中牟邑,赵国在此建都,历时 39 年。西汉初年,设黎阳县(今浚县)、朝歌县(今淇县)、荡阳县(鹤壁属之)。隋开皇六年(586 年)治所在古贤(今汤阴县东),属汲郡;十年(590 年)并入安阳县;十六年(596 年)再置改曰荡源县。大业二年(606 年)废荡源县入安阳县,归相州。唐武德三年(620 年)复置汤源县,属卫州,治所在汤阴县城;武德六年(623 年),改属相州。贞观元年(627 年)改汤源县为汤阴县。五代后梁贞明六年(920 年)汤阴县属昭德将军节度。北宋宣和元年(1119 年)汤阴县改属浚州,后属相州。金(1119 年~1219 年)鹤壁为彰德府五镇之一。元(1255 年~1358 年)改彰德府为彰德路,领汤阴县。明洪武二年(1369 年)改浚州为浚县,属直隶省大名府。清代(1616 年~1911 年),属卫辉府。民国时期,鹤壁地域属河南省河北道,后改属河南省第三行政督察区。

中华人民共和国成立后,1957 年 3 月 26 日设立鹤壁市。析汤阴县以西的 12 个乡和安阳县的 1 个乡为其辖区,市委、市人委机关驻鹤壁集;6 月 27 日,鹤壁市由河南省直接辖,同年 12 月驻地迁至中山。1958 年由新乡专区辖;1959 年 1 月,市委、市人委机关迁至大胡红旗街;1960 年 10 月 14 日,将汤阴县划归鹤壁市辖;1961 年 12 月,鹤壁市划归安阳专区代管,汤阴县改归安阳专区管辖;同年设山城区、鹤山区。1966 年设郊区。1974 年 1 月,鹤壁市改为省辖市。

1986 年实行市带县体制,浚县、淇县划归鹤壁市管辖,至此鹤壁市辖浚县、淇县及郊区、山城区、鹤山区。1992 年 12 月，经省政府批准，建立鹤壁市淇滨经济开发区。1999 年，市政府驻地由山城区搬迁至开发区。2002 年郊区更名为淇滨区。

行政区域划分 2014 年末，辖淇滨区、鹤山区、山城区和浚县、淇县，共 5 个县级政区。

淇滨区（Qibin Qu）

地处鹤壁市中部。东与浚县、安阳市汤阴县相邻，南接淇县，西邻安阳市林州市，北与鹤山区、山城区接壤。位于东经 114°13′～114°17′，北纬 35°48′～36°50′。辖区东西最大距离 12 千米，南北最大距离 14 千米，总面积 362.35 平方千米。人口密度为每平方千米 527 人。

政区地名沿革 因位于淇河之滨，故名。

1966 年设置鹤壁市郊区，辖红卫、石林、鹿楼 3 个公社。1970 年，辖大河涧、石林、鹿楼、红卫 4 个公社。1984 年公社改乡。1985 年增加上峪乡、姬家山乡、庞村镇。1990 年，辖大河涧、石林、鹿楼、鹤壁集、上峪、姬家山 6 乡和庞村镇。1998 年 5 月辖上峪乡、大河涧乡、庞村镇。1999 年 7 月辖上峪乡、大河涧乡、庞村镇、钜桥镇。2001 年 12 月更名为淇滨区。2008 年，辖上峪乡、大河涧乡、大赉店镇、钜桥镇和金山街道、九州路街道、黎阳路街道。

行政区域划分 2014 年末，辖金山、九州路、黎阳路 3 个街道，钜桥、大赉店 2 个镇，上峪、大河涧 2 个乡，共 7 个乡级政区；下设 50 个居民委员会，101 个村民委员会。

鹤山区（Heshan Qu）

位于鹤壁市西北部，太行山东麓。东与山城区、安阳市安阳县交界，南与山城区相连，西与安阳市林州市、安阳县相邻，北与安阳市安阳县接壤。位于东经 114°00′～114°09′，北纬 35°55′～36°00′。辖区东西最大距离 17.6 千米，南北最大距离 15.8 千米，总面积 136.29 平方千米。人口密度为每平方千米 925 人。

政区地名沿革 《汤阴县志》载："鹤山在县西北 45 里，世代相传双鹤栖此故名"；另有世传"古有仙鹤栖此南山之峭壁，其山曰'鹤山'，其村曰'鹤壁'"，区名由此而来。

1950 年 1 月,地属汤阴县第二区,驻地鹤壁集,辖 47 个村。1952 年国家在鹤壁集西陈家庄建第一对矿井,1954 年国家把鹤壁列为重点建设矿区,成立了鹤壁矿区办事处。1957 年 3 月,设立鹤壁市,下设中山、鹤壁集两个街道。鹤壁集为市委、市人委机关驻地,1959 年 1 月,将中山街道并入中山煤矿人民公社,鹤壁街道并入陈家庄煤矿人民公社。1960 年 5 月 22 日,鹤壁市人民委员会将中山、陈家庄、吕寨 3 个公社合并,命名为鹤山煤矿人民公社,其办事机构设在鹤壁集,并在中山、鹤壁集、吕寨设立 3 个管理区。1961 年 12 月 18 日,将原鹤山煤矿人民公社分设为鹤山区公所和陈家庄人民公社,两个办事机构均设在鹤壁集。自此鹤山区为鹤壁市辖区正式成立。

行政区域划分　2014 年末,辖中山路、中山北路、新华街、鹤山街、九矿广场 5 个街道,鹤壁集镇、姬家山乡,共 7 个乡级政区;下设 34 个居民委员会,47 个村民委员会。

山城区 (Shancheng Qu)

地处鹤壁市城区西北部。东与安阳市汤阴县接壤,西南与淇滨区为邻,西北与鹤山区接壤,东北与鹤山区和安阳市安阳县相接。位于东经 114°00′～114°17′,北纬 35°45′～36°00′。辖区东西最大距离 52.5 千米,南北最大距离 67.5 千米,总面积 163.85 平方千米。人口密度为每平方千米 1754 人。

政区地名沿革　因辖区地处丘陵,西部(为太行余脉)多山,东南部为岗丘,具有山城特色,呈山城之貌,故名"山城"。

1957 年 3 月 26 日经国务院批准设置鹤壁市。1958 年 9 月,成立大胡人民公社。1960 年 5 月改为山城人民公社。1961 年 12 月撤销山城人民公社建制,分别成立山城区和鹿楼人民公社。山城区设红旗、陈家湾 2 个办事处,红旗办事处辖 5 个居民委员会,陈家湾办事处辖 14 个村。1962 年 12 月红旗办事处析置汤河办事处,居民委员会调整为 10 个,1963 年 3 月 5 日,增设鹿楼办事处,1964 年 8 月 5 日全区居民委员会调整为 12 个。1965 年 8 月全区居民委员会调整为 17 个,元泉等 11 个农村大队划归鹿楼人民公社,陈家湾办事处撤销。1968 年 9 月红旗、汤河、鹿楼办事处更名为红卫、东风、跃进办事处。1969 年撤销跃进办事处,其管辖区域划归红卫办事处,全区居民委员会调整为 16 个。1972 年,红卫办事处复名为红旗办事处,跃进办事处复名为鹿楼办事处,东风办事处更名为钢铁路办事处。同时红旗办事处析置长风路办事处,全区居民委员会增设为 20 个。1978 年 7 月钢铁路办事处析置汤河桥办事处,全区居民委员会增设为 29 个。1981 年 10 月钢铁路办事处更名为山城路办事处,原红旗办事处更名为长风中路办事处,原长风路办事处更名为红旗办事处。

1984 年 12 月全区居民委员会数量由 36 个调整为 63 个,1985 年 12 月山城区共辖 5 个街道,63 个居民委员会。1998 年 4 月 30 日居民委员会调整为 75 个。1998 年 5 月 1 日将原来属鹤壁市郊区的鹿楼乡、石林乡共 63 个村民委员会,83 个自然村划归山城区管辖。1998 年 12 月全区居民委员会由 75 个调整为 38 个,2010 年 1 月 4 日石林乡撤乡建镇;8 月 18 日鹿楼乡的鹿楼、小庄、故县 3 个村实施了村改居民委员会,10 月 15 日鹿楼乡的东爻头、大湖、石林镇的西马村等 3 个村改居民委员会。2012 年撤销鹿楼乡,设立宝山街道和大胡街道。

行政区域划分　2014 年末,辖长风中路、红旗、山城路、汤河桥、鹿楼、宝山、大胡 7 个街道和石林镇,共 8 个乡级政区;下设 51 个居民委员会,50 个村民委员会。

淇县（Qi Xian）

地处河南省北部,鹤壁市南部。东临淇河与浚县相望,南与新乡市卫辉市接壤,西依太行与安阳市林州市连山,北与淇滨区毗邻。位于东经 113°59′23″ ~ 114°17′54″,北纬 35°30′05″ ~ 35°48′26″。辖区东西最大距离 28.5 千米,南北最大距离 33.75 千米,总面积 571.28 平方千米。人口密度为每平方千米 505 人。

政区地名沿革　因淇河流经县域北部、东部而得名。

淇县上古为沬邑,夏代为冀、兖 2 州之域。殷商晚期为国都,帝乙、帝辛时更名朝歌。前 1046 年,周灭殷后,朝歌被封给武庚建立殷国。前 1042 年武庚叛周被杀,朝歌及周围地区被封给康叔建立卫国,朝歌为国都。前 659 年,卫国败落,朝歌邑属晋;战国时属魏。秦属三川郡。秦末项羽置殷国,朝歌为都城。西汉属河内郡。新莽时改称雅歌。东汉为朝歌县,建安十七年（212 年）属魏郡。三国时属冀州,朝歌郡治此。晋为朝歌县,属冀州汲郡。南北朝刘宋改朝歌县属司州部河内郡。北魏分朝歌县西北部置临淇县,属林虑郡。东魏复置朝歌县,分朝歌县北部为魏德县。北周汲郡治此。隋时属卫州,分朝歌县东南部置清淇县,后废清淇县和朝歌县,改置卫县,汲郡治此。唐置清淇县,贞观元年（627 年）改朝歌殷墟地以西为卫县鹿台乡,十七年（643 年）废清淇县入卫县,周武则天长安三年（703 年）复置清淇县,唐神龙元年（705 年）又废,入卫县。五代因之。北宋时实行军管,先后属安利军、黎阳县、浚州通利军,殷墟地鹿台乡仍属卫县。金时属浚州。元时于鹿台乡置淇州,先后属中书省卫辉路、大名路,后淇州治所移至今林州市临淇,复置临淇县,后并入淇州。明改淇州为淇县,属河南省卫辉府辖,弘治间,刘庆丰等淇河东八社归浚县。清属河南省卫辉府。

1913 年属河南省豫北道,不久改属河南省河北道。1924 年属河南省第三行署。1938 年 2 月日本军队入侵淇县,属河南省豫北道。1943 年 7 月属中国共产党太行七行署。1944 年 3 月,改为淇汤联合县,是月改为汲淇联合县,先后属太行第七行署、第三行署、第五行署。1945 年 6 月,中国共产党在淇县东南部建立卫滨县第五区,属冀鲁豫边区;8 月日本投降,国民党淇县政府占据县城。1947 年 3 月,汲淇县分设,建立淇县民主政府。

1949 年 5 月,淇县全境解放,属平原省安阳行署。1952 年 10 月属河南省安阳行署。1954 年 9 月并入汤阴县,原淇县城关改为朝歌镇,属河南省安阳行署。1959 年 10 月,原淇县属新乡行署。1962 年恢复淇县建制,属安阳行署。1983 年 10 月属安阳市。1986 年 1 月属鹤壁市。

行政区域划分   2014 年末,辖朝歌、卫都、桥盟、灵山 4 个街道,西岗、高村、庙口、北阳 4 个镇和黄洞乡,共 9 个乡级政区;下设 3 个居民委员会,174 个村民委员会。

浚县(Xun Xian)

地处河南省北部,鹤壁市东部。东、东南与安阳市滑县为邻,南与新乡市延津县接壤,西南与新乡市卫辉市毗邻,西与淇县隔淇河相望,西北与淇滨区毗连,北与安阳市汤阴县相接,东北与安阳市内黄县相邻。位于东经 114°14′52″ ~ 114°45′12″,北纬 35°26′00″ ~ 35°50′42″。辖区东西最大距离 33 千米,南北最大距离 30 千米,总面积 994.5 平方千米。人口密度为每平方千米 672 人。

政区地名沿革   浚指浚水,浚水是卫河和淇河合流处的古称。卫淇合流处,由于两河的冲激,流水浚深,故以"浚"为名。宋元称浚州,明初降为县,故名浚县。

西汉高帝年间设黎阳县,属冀州魏郡,这是浚县设县之始,治所在大伾山东北。王莽时改名黎蒸,东汉恢复黎阳县名。

三国时属魏国冀州魏郡。西晋太始二年(266 年)黎阳县改属司州魏郡。东晋永和七年(351 年)置黎阳郡,辖黎阳县。太元十四年(389 年)属黎阳郡,黎阳县属汲郡。

北魏孝昌年间分汲郡置黎阳郡,辖黎阳县。东魏天平元年(534 年)至武定八年(550 年)间置黎州,辖黎阳郡。北齐废黎州,北周宣政元年(578 年)复置黎州,辖黎阳郡。

隋开皇三年(583 年),黎州、黎阳郡并废,黎阳县属卫州。十六年(596 年)置黎州,辖黎阳县。大业二年(606 年)废黎州,黎阳县属汲郡。唐武德二年(619 年)置黎州总管府,辖殷、卫、澶、洹四州;六年(623 年)置总管府,黎州属相州都督府。贞观十七年(643 年)废黎州,黎阳县属卫州。

宋端拱元年(988 年)置通利军,治所在今大伾山与紫金山之间,辖黎阳县。天圣元年(1023 年)改安利军,治所迁至浮丘山西。熙宁三年(1070 年)废军,黎阳县属卫州。元佑元年(1086 年)复置通利军,辖黎阳县。政和五年(1086 年)军升为浚州,治所在浮丘山巅,辖黎阳县。金皇统八年(1148 年)改浚州为通州。天德三年(1151 年)复名浚州。

元代黎阳县、卫县入浚州,改属中书省大名路。明洪武三年(1370 年)四月,降州为县,始称浚县,治所迁至浮丘山东北平坡。清顺治元年(1644 年)浚县属大名府,雍正三年(1725 年)改属卫辉府。

1913 年,废府设道,浚县属河北道。1927 年废道改行署。1928 年改属第十三行署。1930 年秋,浚县抗日民主政府建立,属冀鲁豫边区行署。1947 年,浚县政府改属第四行署。

1949 年 10 月,中华人民共和国成立,中共浚县民主政府改为浚县人民政府,属平原省安阳专区。内黄县五区(原高陵县五区)划归浚县,浚县庞村乡划归淇县。全县 8 个区 503 个村民委员会。

1950 年,八区所辖道口镇、军庄、白庄、程文庄,及河西街划归滑县,卫贤一带划为新八区。1952 年 9 月,设白寺九区。11 月撤销平原省,浚县改属河南省安阳专署。1955 年延津县两个乡 15 个自然村划归浚县,全县并为 5 个区。1957 年保留新镇区,其他四区分为 19 个乡。

1958 年 4 月 18 日,撤销安阳专区,浚县划归新乡专区。撤区合乡,全县并为 9 乡 1 镇。9 月,改为 10 个人民公社。1961 年 12 月 19 日,恢复安阳专属,浚县归安阳专署。1963 年增设城镇人民公社。1970 年安阳专区改为安阳地区。

1983 年 10 月撤销安阳地区,改设安阳、濮阳两个市,浚县属安阳市。1986 年 1 月 18 日,国务院批准将浚县划归鹤壁市。1997 年 7 月 15 日,浚县大赉店镇划归鹤壁市郊区。

2008 年 9 月 1 日,钜桥镇划归鹤壁市淇滨区。2011 年 2 月 24 日,撤销原城关镇、黎阳镇,设立黎阳、浚州、卫溪、伾山 4 个街道。

行政区域划分 2014 年末,辖黎阳、浚州、卫溪、伾山 4 个街道,善堂、王庄、屯子、新镇、卫贤、小河 6 个镇和白寺乡,共 11 个乡级政区;下设 21 个居民委员会,439 个村民委员会。

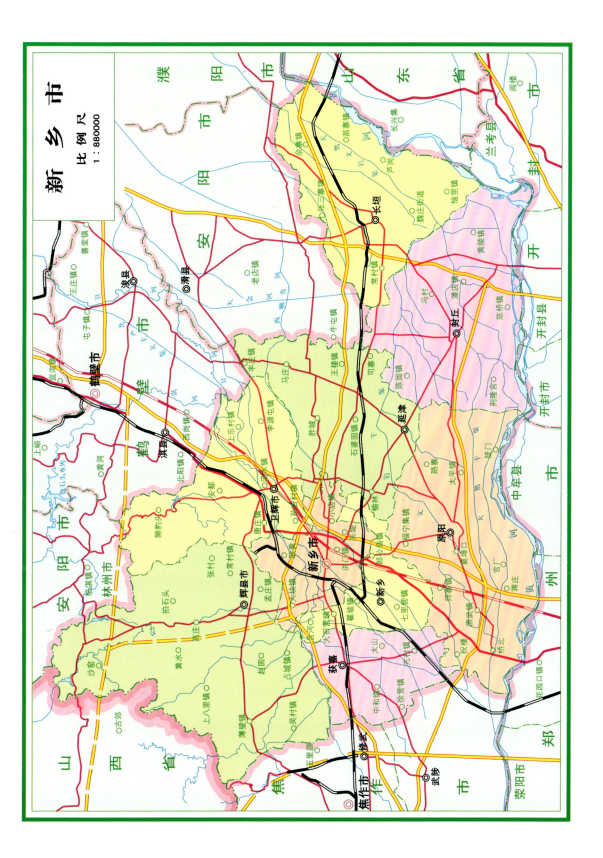

新乡市

比例尺

1：880000

新乡市（Xinxiang Shi）

地处河南省北部,北依太行山,南濒黄河。东与山东省菏泽市相邻,南与郑州市、开封市隔黄河相望,西连焦作市,西北与山西省晋城市接壤,北与鹤壁市、安阳市毗邻,东北接濮阳市。位于东经 113°23′~114°59′,北纬 34°55′~35°50′。辖区东西最大距离148.8千米,南北最大距离106.8千米,总面积8665.61平方千米。人口密度为每平方千米717人。

政区地名沿革   隋开皇六年(586年)割获嘉、汲县2县地,置新乡县,取原"新中乡"首、尾二字得名。

古为兖州、豫州地。商代大部分属畿内地。春秋地属卫、郑。战国属魏。秦地域分属三川郡的修武(今获嘉和新乡市区及新乡西南部)、汲县(今卫辉市和新乡县北部)、共县(今辉县)、卷县(今原阳西)和阳武(今原阳)5县;东郡的酸枣(今延津)、平丘(今封丘东部)、长垣3县。西汉地域分属司隶部河内郡的汲县、共县、获嘉、修武4县,司隶部河南郡的原武、阳武、卷县3县,兖州刺史部陈留郡的封丘、平丘、酸枣、长垣4县;兖州刺史部东郡的燕县(今延津县城东北)。三国时期属魏,分属汲县、获嘉、共县、修武4县(先属司州河内郡,魏文帝黄初年间,河内郡析置朝歌郡改属冀州,4县随之改属,后又复归河内郡),司州河南尹的卷县、原武、阳武3县,兖州陈留国的封丘、酸枣、平丘、长垣4县,兖州东郡的燕县。西晋分属司州汲郡的汲县、共县、获嘉、修武4县,荥阳郡的卷县、阳武2县。兖州陈留郡的酸枣、封丘、长垣3县,濮阳国的东燕县。北魏,分属汲郡的汲县、获嘉、共县、南修武4县,东郡的酸枣、南燕、封丘、长垣4县,荥阳郡的原武、卷县、阳武3县。534年,地属东魏,分属司州汲郡的汲县、获嘉、南修武3县,林虑郡的共县,东郡的酸枣、南燕、长垣3县,梁州陈留郡的封丘,荥阳郡的卷县,北豫州广武郡的原武、阳武2县。北朝齐、周对峙时期,分属汲郡的伍城(今卫辉)和共县,广宁郡的修武县,光武郡的阳武县,东郡的南燕、长垣2县。北周废广宁郡,于南修武置修武郡,改阳武属郑州。

隋代分属河内郡的获嘉、新乡2县,东郡的封丘、胙城、长垣3县,荥阳郡的酸枣、阳武、原武3县,汲郡的汲、隋兴(今卫辉)2县。唐代分属河北道怀州的获嘉县,卫州的汲县、共城、新乡3县,河南道滑州的胙城、酸枣、匡城(长垣部分地区)、长垣4县,郑州的原武、阳武2县,汴州的封丘。五代,分属怀州的获嘉、共县,滑州的胙城,郑州的原武,卫州的汲县、新乡,开封府的酸枣、阳武、封丘、长垣4县。

宋代分属京畿路开封府的封丘、阳武、延津、鹤丘(今长垣)4县;京西北路郑州的原武,滑州的胙城;河北西路卫州的汲县、新乡、获嘉和共城。金代分属南京路开封府的封丘、阳武、延津、长垣4县,郑州的原武县,河北西路卫州的汲县、新乡、苏门(今辉县)、获嘉、胙城5县。元代分属直隶中书省卫辉路的新乡、汲县、获嘉、胙城4县和辉州(今辉县),大名路的长垣;河南江北行中书省汴梁路的原武、阳武、延津、封丘4县;明代洪武初分属开封府的有阳武、原武、封丘和延津4县,卫辉府的汲县、胙城、新乡、获嘉、辉县5县,大名路开州的长垣县。清代分属河南怀庆府的原武和阳武2县,河南卫辉府的汲县、新乡、辉县、获嘉、延津和封丘5县,直隶省大名府长垣县。

1913年属豫北道,1914年属河北道,1932年属河南第四行政督察区(治新乡)。

1948年11月,中共新乡市政府在新乡县小冀镇成立。1949年5月新乡解放,设新乡市,1949年8月成立平原省,新乡市为省会。太行四专区改为新乡专区。1952年11月撤销平原省,新乡市归河南省直辖,新乡专署迁驻新乡市。封丘、长垣归濮阳专区,其他各县均归新乡专区。1954年,濮阳专区撤销,封丘、长垣改属新乡专区。1958年,新乡、安阳两专区合并为新乡专区。1961年10月,新乡、安阳两专区分治,新乡市和获嘉、新乡、辉县、汲县、原阳、延津、封丘归新乡专区,长垣县归安阳专区。1966年1月恢复新乡郊区建制。1967年,新乡专区改名新乡地区。1974年新乡市改为省和新乡地区双重辖。1978年1月又改归新乡地区辖。

1983年9月,新乡县和汲县划归新乡市辖,获嘉、辉县、原阳、延津、封丘、长垣归新乡地区辖。1986年2月,新乡地区撤销,新乡市辖新乡县、汲县、获嘉、辉县、原阳、延津、封丘、长垣8县。1988年11月汲县改为卫辉市,辉县改为辉县市。年末,全市有6县、2县级市、4辖区、14镇、139乡、20街道。1995年末,全市有6县、2县级市、4市辖区,36镇、11乡、21街道。2000年末,全市有6县、2县级市、4市辖区,51镇、102乡、23街道。2003年12月新华区更名为卫滨区,北站区更名为凤泉区,郊区更名为牧野区。2011年,长垣县被河南省政府确定为省直管试点县(市)。

行政区域划分　2014年末,辖卫滨、红旗、牧野、凤泉4个市辖区;获嘉、延津、新乡、原阳、长垣、封丘6个县;辉县、卫辉2个县级市,共12个县级政区。

红旗区(Hongqi Qu)

地处新乡市东南部。东部与延津县相邻,南部与新乡县接壤,西部与卫滨区毗邻,北连牧野区,东北部与卫辉市相交。位于东经113°51′~113°59′20″,北纬35°16′30″~35°19′13″。辖区东西最大距离6.3千米,南北最大距离8.5千米,总面积约165.83平方千米。人口密度为每平方千米2917人。

政区地名沿革　1961年9月为和平区,1966年10月改称红旗区。

1949年4月底成立于新乡县小冀镇。1949年5月7日,区公所随中共新乡市委、市人民政府入城,进驻北关。1953年1月,改称二区,管辖范围扩大到卫河以北的市区。1955年12月,易名为和平区。1959年2月更名为和平人民公社。1960年4月,卫河以南部分划归新华人民公社。管辖卫河以北的市区和郊区农村,改名为卫北人民公社。1961年9月,农村划出,恢复和平区原区划。1966年10月,改称红旗区。

1980年9月,下辖西街、东街、花园、北干道、渠东共5个街道。1981年5月,成立东干道街道;1984年1月成立南干道街道;1985年4月成立荣校路街道;1990年8月成立向阳小区街道。至2003年底,红旗区下辖西街、东街、花园、北干道、渠东、东干道、南干道、荣校路、向阳小区共9个街道。

2003年12月,新乡市市辖区进行区划调整,将新乡县的关堤乡、洪门镇的部分村划归红旗区管辖;将原郊区平原乡的孟营一村、孟营二村、孟营三村、城关、东关、骆驼湾、马小营、张庄、段村、留庄营、饮马口、西马小营、臧营13个村划归红旗区管辖。2005年底,红旗区辖洪门镇、关堤乡2个乡(镇),东街、西街、渠东、南干道、向阳5个街道。区人民政府驻新生巷。2006年8月,将延津县的小店镇划归红旗区管辖;将新乡县朗公庙镇的油坊堤村和红旗区洪门镇的南马庄、东台头、西台头、东杨、西杨5个村,共6个村划归红旗区关堤乡管辖;将关堤乡的关堤、申店、东陈庄3个村划归洪门镇管辖。调整后,红旗区辖洪门镇、关堤乡、小店镇3个乡(镇),5个街道;原红旗区关堤乡及所辖13个村交归开发区代管;原延津县小店镇及所辖23个村划归红旗区。2010年4月,辖区内由原新乡市人民政府开发区街道和高新区社区管理办公室合并组成振中街街道,下辖6个居民委员会。

行政区域划分　2014年末,辖西街、东街、渠东、文化街、向阳、振中街6个街道,洪门、小店2个镇和关堤乡,共9个乡级政区;下设40个居民委员会,72

个村民委员会。

卫滨区（Weibin Qu）

地处新乡市区西南部。东部以红旗区为邻,南部、西部与新乡县相接,北部以卫河为界与牧野区隔河相望。位于东经113°85′,北纬35°3′。辖区东西最大距离30千米,南北最大距离20千米,总面积51.98平方千米。人口密度为每平方千米3923人。

政区地名沿革 因临卫河得名。

明正德元年(1506年),属新乡县王村、高村社辖地。清乾隆七年(1742年)分属新乡县二路三都。宣统元年(1909年)属新乡县一中区范围的二都一所。民国建立后,属新乡县第一区,范围包括城内及附近村庄,基本上为清末一中区。1945年后,属新乡县中山镇,1946年后属新乡县新乐乡。

1948年新乡市为第二区。1951年7月,改为第一区。1953年1月,区公所改为区人民政府。1955年底,第一区易名新华区。1958年1月,设中同街、自由路、新华街(后改为解放路)、胜利路、健康路5个街道。1959年1月,成立新华人民公社,撤销5个街道,改设为8个管理区和3个农业大队。1959年5月,3个农业大队划归牧野人民公社。1960年4月,原8个管理区改为6个分社。1961年12月,恢复原新华区建制,撤销6个分社,恢复原5个街道,下设41个居民委员会。1968年1月,新华区革命委员会成立,后经区划调整,红旗区工人街街道西部划入境内,设立卫北街道,原辖石榴园地区划入红旗区,辖区街道增为6个,下设72个居民委员会。

1980年9月,重建新华区人民政府,分别于同年12月、1981年10月、1990年12月增设新辉路街道、南桥街道、铁西街道,辖区面积不变。至2003年底,辖区街道9个,下设35个居民委员会。2004年1月1日区划调整,原新华区更名为卫滨区,辖7个街道、1个乡。2013年撤销平原乡,设立平原镇。

行政区域划分 2014年末,辖中同街、铁西、自由路、解放路、胜利路、健康路、南桥7个街道和平原镇,共8个乡级政区;下设25个居民委员会,26个村民委员会。

牧野区 (Muye Qu)

地处新乡市北部。东与卫辉市毗邻,南与红旗区、卫滨区相邻,西南与新乡县交界,北与凤泉区接壤。位于东经 113°25′24″ ~ 113°47′24″,北纬 35°18′00″ ~ 35°22′48″。辖区东西最大距离 42 千米,南北最大距离 16 千米,辖区总面积 97.24 平方千米。人口密度为每平方千米 3596 人。

政区地名沿革　因商朝末年在本地发生过牧野大战而得名。

古属冀州,商汤时期为京畿之地。春秋属卫。战国属魏。汉为获嘉县。隋开皇六年(586 年)置新乡县。

1949 年为新乡市第四区,1955 年更名为郊区,1959 年改公社,1966 年复置郊区,辖牧野乡、王村乡、平原乡及其所属的 71 个村民委员会。

2003 年 12 月 25 日,郊区更名牧野区,将红旗区的东干道、北干道、荣校路、花园 4 个街道和原新华区的新辉路、卫北 2 个街道划归牧野区管辖;将新乡县洪门镇的定国、吕村、堡上、孙村、东聂庄、秦庄 6 个村划归牧野区管辖。将原郊区平原乡的孟营一村、孟营二村、孟营三村、城关、东关、骆驼湾、马小营、张庄、段村、留庄营、饮马口、西马小营、臧营 13 个村划归红旗区管辖。将原郊区的平原乡(不含孟营一村、孟营二村、孟营三村、城关、东关、骆驼湾、马小营、张庄、段村、留庄营、饮马口、西马小营、臧营 13 个村)划归卫滨区管辖。调整后,牧野区辖和平路、东干道、北干道、荣校路、花园、新辉路、卫北 7 个街道和王村镇、牧野乡。2013 年撤销牧野乡,设立牧野镇。

行政区域划分　2014 年末,辖新辉路、卫北、荣校路、北干道、东干道、花园、和平路 7 个街道和王村、牧野 2 个镇,共 9 个乡级政区;下设 33 个居民委员会,56 个村民委员会。

凤泉区 (Fengquan Qu)

地处河南省中部,新乡市北部。东与卫辉市接壤,南与牧野区毗邻,西南与新乡县相邻,西和北与辉县市相连。位于东经 113°43′ ~ 113°58′,北纬 35°20′ ~ 35°27′。辖区东西最大距离 20 千米,南北最大距离 10 千米,总面积 115.6 平方千米。人口密度为每平方千米 1239 人

政区地名沿革　因境内有凤凰山、愚公泉而得名。

　　商代属畿内。秦属三川郡汲邑。隋开皇六年（586 年）析获嘉、汲县 2 县地,置新乡县,为新乡县辖地。1949 年 5 月新乡解放,8 月平原省人民政府成立,为平原省新乡专区新乡县第一区。1952 年 11 月撤平原省,归河南省新乡专员公署新乡县。1955 年废区设耿黄乡。1958 年 8 月新乡县耿黄人民公社成立,12 月划归新乡市管辖。1960 年新乡市耿黄人民公社更名为市北站人民公社。1963 年 5 月恢复市耿黄人民公社。1969 年 9 月设立新乡市红旗区北站办事处,同年,耿黄人民公社随潞王坟火车站更名新乡北站而易名新乡市郊区北站人民公社。1982 年 4 月设置北站区。新乡市红旗区北站办事处、北站人民公社划归北站区管辖。2004 年 1 月 1 日北站区更名凤泉区,原新乡县大块镇划入。2013 年撤销耿黄乡,设立耿黄镇。

　　行政区域划分　2014 年末,辖宝山西路、宝山东路 2 个街道和大块、耿黄 2 个镇及潞王坟乡,共 5 个乡级政区;下设 8 个居民委员会,38 个村民委员会。

新乡县 (Xinxiang Xian)

　　地处新乡市南部。东与延津县相邻,南与原阳县接壤,西与获嘉县、辉县市毗邻,北与新乡市为邻。位于东经 113°42′ ~ 114°04′,北纬 35°05′ ~ 35°24′。辖区东西最大距离 30 千米,南北最大距离 33.8 千米,总面积 393.14 平方千米。人口密度为每平方千米 929 人。

　　政区地名沿革　隋开皇六年（586 年）割获嘉、汲县 2 县地,于新乐城置新乡县,取新中乡首尾二字得名。

　　商代属畿内。西周为鄘国地。春秋属卫。战国属魏。秦属三川郡。汉属汲县。西汉元鼎六年（前 111 年）以汲县之新中乡地置获嘉县(治今张固城),属河内郡。东汉因之。三国属朝歌郡。晋属汲郡,晋建兴四年（316 年）获嘉县省入汲县。北魏太和二十三年（499 年）复置获嘉县于新乐城(今新乡市区老城)。北齐天宝七年（556 年）获嘉县治北迁共城(今辉县城)。

　　隋开皇六年（586 年）割获嘉、汲县二县地,于新乐城置新乡县,取新中乡首尾二字得名,属河内郡。唐初属义州,后属殷州。唐贞观元年（627 年）改属卫州。宋熙宁六年（1073 年）废入汲县。元祐二年（1087 年）复置,属河北路卫州汲郡。金属河北道卫辉路。明洪武二年（1369 年）属河南布政使司卫辉府。清宣统元年（1909 年）属彰卫怀道。

　　1913 年属豫北道(次年改名为河北道)。1927 年道废,直属河南省。1932 年属河南省第十三行政督察区,同年 10 月改属第四行政督察区(区署驻县城内）。1938年2月被日本侵略军占领,国民党的县政府撤出县城,无固定地点。1944年10月新乡县抗日民主政府在辉县边界（麦窑存）成立。1946年1月抗日民主政府并入辉县。1947年3月在辉县滑峪村建立新乡县人民民主政府,属晋冀鲁豫太行第五行政公署。1948年10月迁至县境西南小冀镇,属太行第四行政公署。

1949年5月5日,新乡县全境解放,在县城置新乡市。县下设8区2镇,辖268个村。1950年,全县改为6个区。1952年属河南省新乡专区,次年5月县人民政府由小冀迁入新乡市（原新乡县城内）,设6区1镇,辖68个乡,198个村民委员会。1955年,撤销区制,全县设9个中心乡1个镇。1956年下设10个乡。1958年改为10个人民公社。1959年4月23日,撤销新乡县建制,将大块、合河、大召营、七里营、朗公庙、古固寨、洪门等7个人民公社并入新乡市。1961年8月24日,恢复新乡县,下设8个公社和小冀镇。1967年12月改名新乡县革命委员会。1968年11月迁往小冀镇。1971年12月迁新乡市南干道中段（现金穗大道）。1975年建立翟坡、关堤人民公社。

1980年4月18日易今名,1983年,恢复乡人民政府,改10个人民公社（大块、合河、大召营、翟坡、小冀、七里营、朗公庙、古固寨、关堤、洪门）为乡人民政府。1983年9月1日属新乡市,辖小冀乡、大块乡、合河乡、大召营乡、翟坡乡、七里营乡、朗公庙乡、古固寨乡、关堤乡、洪门乡共10个乡、233个村民委员会。1985年,将小冀乡改为小冀镇。1993年,将新乡县洪门乡的东台头、西台头、南马庄、东杨村、西杨村5个村民委员会划归新乡市经济技术开发区管理。1994年12月15日至30日,撤消翟坡乡、古固寨乡,设立翟坡镇、古固寨镇,原辖行政区域不变。1995年5月成立新城区管理委员会。1995年11月9日,撤消七里营乡、朗公庙乡,设立七里营镇、朗公庙镇,原辖行政区域不变。1996年5月至11月,撤销洪门乡、大块乡、大召营乡,设立洪门镇、大块镇、大召营镇,原辖行政区域不变。至此全县已设8镇2乡。1997年4月26日,将小冀镇的魏庄、张青、苗庄、王屯、许庄、李庄、阎庄、娄村和七里营镇的大兴、杨屯10个村民委员会划归新城区管理委员会管理。同年将小冀镇东街村第二村民小组即京华实业公司改变为京华村,使全县原有的233个村民委员会增为234个。2002年11月22日,设立新乡高新技术产业开发区西区。

2003年12月28日,将新乡县大块镇划归新乡市凤泉区（原北站区）;关堤乡和洪门镇的洪门、乔谢、公村、原堤、保安堤、张堤、赵楼7个村民委员会划归新乡市红旗区;洪门镇的定国、吕村、堡上、孙庄、聂庄、秦庄6个村民委员会划归新乡市牧野区（原郊区）;洪门镇的王湾、李村、赵村、贾屯、梁任旺5个村民委员会和合河乡的东水东、西水东、水南、水南营4个村民委员会以及大召营镇的元庄、十里铺、中召、王固城、张固城、丁固城、络丝潭 7 个村民委员会划归新乡市卫滨区(原新华区)。新乡县辖区变为 6 镇 1 乡 170 个村民委员会。2006 年,将新乡县朗公庙镇油坊堤村划归红旗区管辖,将原阳县葛埠口乡的毛滩、西李寨、东李寨、任庄 4 个村民委员会,师寨镇的曹杨庄、刘纪岗庄、老杨庄 3 个村民委员会划归新乡县管辖。新乡县管辖村民委员会数变为 176 个。2010 年,将原阳县师寨镇的东高村、西高村、北周庄 3 个村划归新乡县七里营镇管辖。2010 年,将小冀镇东街村和京华村合并为京华社区。新乡县管辖小冀镇、翟坡镇、古固寨镇、七里营镇、朗公庙镇、大召营镇、合河乡共 6 镇 1 乡 178 个村民委员会。

行政区域划分 2014 年末,辖小冀、翟坡、古固寨、七里营、朗公庙、大召营 6 个镇和合河乡,共 7 个乡级政区;下设 7 个居民委员会,171 个村民委员会。

获嘉县(Huojia Xian)

地处新乡市西部。东邻新乡县,南毗原阳县,西南与焦作市武陟县相连,西接焦作市修武县,北隔大沙河与辉县市相邻。位于东经 113°30′~113°40′,北纬 35°06′~35°20′。辖区东西最大距离 21.4 千米,南北最大距离 34 千米,总面积 475.69 平方千米。人口密度为每平方千米 856 人。

政区地名沿革 因汉元鼎六年(前 111 年),汉武帝巡行至汲郡之新中乡,获南越相吕嘉首级,因以置获嘉县。

商为宁邑,周朝改为修武。春秋名南阳。战国时属魏国。秦置修武县,属三川郡。汉元鼎六年(前 111 年)置获嘉县。东汉为获嘉侯国。三国晋复置获嘉县。南北朝北魏太和二十三年(499 年),徙获嘉县治于新乐城(新乡县城即今新乡市区),北齐天保七年(557 年)废共县,移获嘉县治于共城(今辉县市区)。

隋开皇四年(584 年)移获嘉县治于修武城,即古宁邑(今获嘉县城)。十六年(596 年)于获嘉县城置殷州。大业初年(605 年)废州留县。武德四年(621 年)复于获嘉县置殷州,贞观元年(627 年)废州留县。宋天圣四年(1026 年)改属河北路卫州,为上县。靖康元年(1126 年)属河北西路卫州河平军。明洪武十年(1377 年)将获嘉县并入新乡县。十三年(1380 年)恢复获嘉县制,属河南承宣布政使司卫辉府。清改制称省,属河南省卫辉府。

1913 年废府置道,属豫北道。1914 年豫北道改为河北道(道治汲县)。1927 年撤销道建制,属河南省直辖。1932 年河南省下设区行政督察专员公署,属第四区行政督察专员公署(治所新乡)。1938 年 2 月 18 日,日军侵占获嘉县,属伪豫北道。日本投降后,获嘉县仍属河南省第四区行政督察专员公署管辖。抗日战争期间,中共在县北建立了辉嘉县,在县西南建立了修获武县,同属晋冀鲁豫边区政府太行行署七专区辖。后分别改属五专区和四专区辖。1948年11月2日,建获嘉县,属华北人民政府太行行署四专区辖。

1949年8月划归平原省。1952年11月平原省撤销,划归河南省。均属新乡县专区。1960年8月,撤销获嘉县并入新乡市。1961年10月恢复获嘉县,仍属新乡地区。1986年2月撤销新乡地区,划归新乡市,辖14个乡镇。2005年乡镇机构改革,撤并乡镇,丁村乡并入太山乡,大呈乡并入大新庄乡,张巨乡并入史庄镇,由14个乡镇减少到11个乡镇。

行政区域划分　2014年末,辖城关、照镜、亢村、中和、冯庄、徐营、史庄、黄堤8个镇,太山、位庄、大新庄3个乡,共11个乡级政区;下设18个居民委员会,204个村民委员会。

封丘县(Fengqiu Xian)

地处新乡市东南隅,黄河流经南界和东界。东和东南隔河与开封市市区、兰考县相望,西和西南与延津县、原阳县接壤,北和东北与安阳市滑县、长垣县毗邻。位于东经114°14′~114°46′、北纬34°53′~35°14′。辖区东西最大距离48.7千米,南北最大距离38.2千米,总面积1224.63平方千米。人口密度为每平方千米660人。

政区地名沿革　据清顺治《封丘县志》载,刘邦与项羽作战,兵败经延乡,遇翟母赠饭。西汉立国,为追念翟母进饭之恩,封翟母为封丘侯,设封丘县于延乡。

西汉初年置封丘县,历三国、两晋、南北朝至隋,期间,封丘县曾三次被撤销,隋初复置。唐属河南道汴州陈留郡。五代因之。宋属京畿路开封府。金属南京路开封府。元属河南江北行省汴梁路。明属河南布政使司开封府。清沿明制,清乾隆四十一年(1776年)改属卫辉府;中华民国初年封丘归河南省河北道;1924年属河南第四行政督察区;1945年归第四行政区濮阳专属。

1949年8月,平原省建立,属平原省濮阳专员公署;1952年平原省撤销,改属河南省濮阳行政专员公署;1954年10月濮阳专署撤销,属新乡行政专员公署;1967年属新乡地区革命委员会;1979年属新乡地区行政公署;1986年新乡地区行政公署撤销,属新乡市人民政府。2013年撤销陈固、鲁岗、李庄3个乡,设立陈固、鲁岗、李庄3个镇。2014年撤销居厢乡,设立居厢镇。

行政区域划分　2014 年末,辖城关、应举、黄德、黄陵、赵岗、陈桥、留光、潘店、陈固、鲁岗、李庄、居厢 12 个镇,城关、王村、冯村、荆隆宫、曹岗、尹岗、荆乡回族 7 个乡,共 19 个乡级政区;下设 27 个居民委员会,581 个村民委员会。

延津县(Yanjin Xian)

地处新乡市东部。东邻安阳市滑县、封丘县,南接原阳县;西连新乡县、红旗区,北与卫辉市毗邻,东北与鹤壁市浚县接壤。位于东经 113°57′~114°46′,北纬 35°07′~35°29′。辖区东西最大距离 36 千米,南北最大距离 45.5 千米,总面积 886.29 平方千米。人口密度为每平方千米 577 人。

政区地名沿革　因境内有黄河古渡口延津渡得名。

夏分九州,境内地属豫州。商代属畿内地。周初属卫地。春秋置廪延邑,属郑。前 632 年,属晋。周威烈王二十三年(前 403 年),韩、赵、魏三家分晋,廪延属魏地。秦王政五年(前 242 年),蒙骜伐魏,取酸枣、燕、虚等 20 城,廪延属秦。秦以境内多棘,置酸枣县。汉初,酸枣县属陈留郡。北魏登国元年(386年)酸枣县并入小黄县。

隋开皇六年(586 年)复置酸枣县,属豫州部滑州;大业元年(605 年)改属豫州部荥阳郡,酸枣县属河南道滑州。唐初于胙城置守节县,旋废。宋政和七年(1117 年)以境北黄河有古延津渡,改酸枣县为延津县,属京畿路开封府。金贞祐三年(1215 年)升为延州,辖延津、阳武、原武 3 县,属南京路开封府。元至元九年(1272 年)州废,复置县,属汴梁路。明属河南布政使司开封府。清雍正二年(1724 年)以河限故,由开封府改属卫辉府;五年(1727 年)胙城并入延津。

民国初,废府设道,属北道。1927 年,属河南省。1932 年属河南省第四行政督察区。

1949 年属平原省新乡专区。1952 年撤平原省,改属河南省新乡专区。1985 年属新乡市。1995 年 5 月,辖 1 镇,17 乡,375 个村民委员会。6 月,小店、丰庄撤乡建镇,1996 年 12 月东屯撤乡建镇。2005 年 11 月撤并乡(镇),辖 4 镇,9 乡,375 个村民委员会;2006 年 5 月,小店镇整建制划归新乡市红旗区,区划调整后,辖 3 镇,9 乡,341 个村民委员会;2010 年~2011 年,南阳丹江口库区移民,先后分两批迁入小街、岵山铺、杨山、官福山 4 个村民委员会。2013 年撤销石婆固乡和王楼乡,设立石婆固镇和王楼镇。

行政区域划分　2014 年末,辖城关、丰庄、东屯、石婆固、王楼 5 个镇,僧固、魏邱、司寨、马庄、小潭、榆林、胙城 7 个乡,共 12 个乡级政区;下设 5 个居民委员会,340 个村民委员会。

原阳县(Yuanyang Xian)

地处新乡市南部,黄河北岸,开封、郑州、新乡 3 市之间。东部与封丘县接壤,南部与郑州市隔河相望,北部与延津县、新乡县毗邻,西部与获嘉县、焦作市武陟县为邻。位于东经 113°36′~114°15′,北纬 34°55′~35°11′。辖区东西最大距离 60 千米,南北最大距离 30 千米,总面积 1051 平方千米。人口密度为每平方千米 721 人。

政区地名沿革　古称博浪,系原武、阳武 2 县合并各取首字而得名。

夏代属兖州,商代地属畿内,周属鄘、卫;春秋属郑,战国时属郑、魏、韩,秦置阳武县。西汉析阳武县置原武县,与卷并治。新莽时阳武县曾改阳桓县,原武县曾改原桓县,东汉又复原称。三国属魏。南北朝时中牟县曾并入阳武县。隋文帝时置原陵县。唐原陵县改原武县,属荥阳郡。元代设省,原武、阳武 2 县均属河南江北行中书省南京路。

民国时期,2 县曾先后属河南省第二行政区、第四行政区督察区。1945 年 3 月,中共晋冀鲁豫边区太行七分区首置原阳县,辖原武、阳武 2 县南部滩区。1946 年初曾撤原阳县,后复置。1949 年后,原武、阳武 2 县属平原省新乡专区。1950 年 3 月,2 县合并,称原阳县。1986 年 2 月,撤新乡地区改新乡市,属新乡市。2010 年 2 月,划出原武镇、桥北乡、祝楼乡由新乡平原新区托管。2012 年增设龙源街道。2013 年撤销韩董庄乡,设立韩董庄镇。2014 年撤销城关镇,增设原兴、阳和 2 个街道。

行政区域划分　2014 年末,辖龙源、原兴、阳和 3 个街道,师寨、齐街、太平、福宁集、原武、韩董庄 6 个镇,葛埠口、蒋庄、官厂、大宾、陡门、路寨、阳阿、靳堂、桥北、祝楼 10 个乡,共 19 个乡级政区;下设 6 个居民委员会,579 个村民委员会。

卫辉市(Weihui Shi)

地处新乡市东北部。东与鹤壁市浚县接壤,南与延津县毗邻,西与辉县市相邻,北与鹤壁市淇县相连,西北与安阳市林州市接壤。位于东经 113°51′~114°19′,北纬 35°19′~35°42′。辖区东西最大距离 35 千米,南北最大距离 43 千米,总面积 868 平方千米。人口密度为每平方千米 565 人。

政区地名沿革　元中统元年（1260 年）,将原卫州、辉州合并设路,取两个州名的首字,称卫辉路,故得名"卫辉"。

殷商时属畿内地。周灭商后,先属鄘,后属卫。春秋属晋。战国属魏,始有汲邑之称。西汉高帝二年（前 205 年）始置汲县,属河内郡。三国属曹魏朝歌郡。西晋泰始二年（266 年）,属汲郡。北周宣政元年（578 年）废汲郡,改汲县为伍城县,属卫州。隋开皇六年（586 年）改伍城县为汲县。元中统元年（1260 年）属卫辉路总管府,路治汲县。明、清属卫辉府,府治汲县。1913 年属河南省豫北道,道治汲县。1927 年废道,直属河南省。1933 年属河南省第三行政督察区。1948 年 11 月县城解放,划城区及城郊部分村庄成立卫辉市,与汲县同属太行第五专署。1949 年 2 月撤销卫辉市,其辖区复归汲县,属太行四专署。1949 年 5 月改属太行区新乡专署。

1949 年 8 月成立平原省,属平原省新乡专区。1952 年 11 月撤销平原省,改属河南省新乡专区。1967 年新乡专区改为新乡地区。1985 年撤地区改市,属新乡市。1988 年 10 月撤销汲县,设立卫辉市,属河南省直辖,由新乡市代管至今。1993 年开始撤乡建镇,李源屯乡、后河乡、孙杏村乡、太公泉乡、唐庄乡、上乐村乡撤乡建镇。2005 年 9 月,将孙杏村镇的东曲里、韩光屯、卜奇屯、白露、万庄、上焦庄、下焦庄、张村 8 个村划归牧野区和平路街道。2005 年撤并乡镇,撤销大池山乡、东拴马乡并入狮豹头乡;撤销倪湾乡并入城郊乡。

行政区域划分　2014 年末,辖汲水、李源屯、上乐村、后河、唐庄、孙杏村、太公 7 个镇,城郊、庞寨、柳庄、安都、顿坊店、狮豹头 6 个乡,共 13 个乡级政区;下设 15 个居民委员会,342 个村民委员会。

辉县市（Huixian Shi）

地处新乡市西部。东接卫辉市、新乡市区,南邻新乡县、获嘉县、焦作市修武县,西毗山西省陵川县、壶关县,北连安阳市林州市。位于东经 113°23′~113°57′,北纬 35°17′~35°50′。辖区东西最大距离 52.5 千米,南北最大距离 65 千米,总面积 2007 平方千米。人口密度为每平方千米 449 人。

政区地名沿革　金贞祐三年（1215 年）,因著名的百泉卫源庙有"清辉殿"（取谢灵运"山水含清辉"诗意）,故以"辉"为名。

夏为冀州之域,商属畿内地,周初属鄘,后为共国,春秋属卫国,战国归晋,后属魏。汉置共县,隋开皇六年（586 年）置共城县,唐武德元年（618 年）于县所置共州,金大定二年(1162 年)改称河平县,明昌三年(1192 年)改为苏门县。贞佑三年(1215 年)于县治所置辉州,兴定四年(1220 年)另置山阳县。明洪武元年(1368 年)辉州降为县,称辉县,属卫辉府。1913 年属豫北道,次年改河北道。1927 年道废,为河南省直辖。1931 年属河南省第四行政督察区。1943 年辉县抗日政府在沙窑成立,1944 年至 1945 年,中共太行区委将辉县划为新辉、辉嘉、辉北 3 个县。1946 年 6 月,3 县合并为辉县。

1949 年 2 月辉县解放,属平原省新乡专区。1952 年平原省撤销,改属河南省新乡市专区。1969 年改属新乡地区,1986 年属新乡市。1988 年 10 月撤县建市,称辉县市。同年,峪河、孟庄、百泉、薄壁 4 个乡改为镇,全市共辖镇 5 个、乡 21 个。1994 年南村、常村、吴村 3 个乡撤乡建镇。1995 年南寨乡撤乡建镇。1996 年上八里、北云门 2 个乡撤乡建镇。2000 年,占城乡撤乡建镇。2005 年,乡镇区划调整,撤销三郊口乡并入南寨镇,撤销后庄乡并入沙窑乡,撤销褚邱乡并入冀屯乡,撤销王敬屯乡并入吴村镇,撤销城关镇、胡桥乡,分别设立城关街道、胡桥街道,全市共辖街道 2 个、镇 11 个、乡 9 个。2011 年冀屯乡撤乡建镇。

行政区域划分 2014 年末,辖城关、胡桥 2 个街道,薄壁、峪河、百泉、孟庄、常村、吴村、南村、南寨、上八里、北云门、占城、冀屯 12 个镇,黄水、高庄、张村、洪洲、西平罗、拍石头、赵固、沙窑 8 个乡,共 22 个乡级政区;下设 38 个居民委员会,521 个村民委员会。

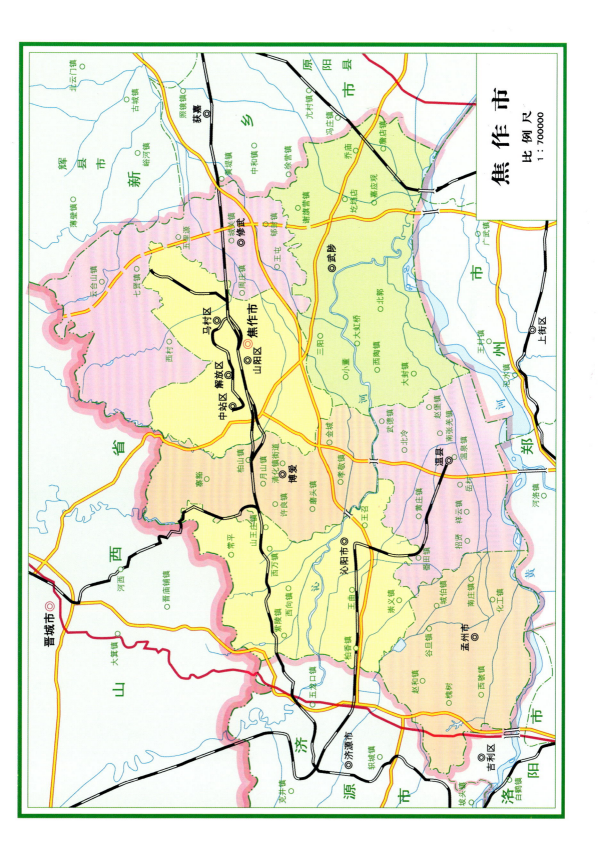

焦作市

比例尺
1:700000

焦作市(Jiaozuo Shi)

地处河南省西北部,北依太行山,东与新乡市获嘉县相邻,东南与新乡市原阳县相接,南与郑州市、洛阳市隔黄河相望,西与济源市毗邻,西北和北与山西省晋城市泽州县搭界。位于东经112°02′~113°38′,北纬34°48′~35°30′。辖区东西最大距离102千米,南北最大距离77千米,总面积4071.11平方千米。人口密度为每平方千米865人。

政区地名沿革 焦作古称山阳、怀州,取意在太行山之阳得名。焦作之名源于焦姓在此开作坊称焦家作坊,简称焦作。名称最早见于元代许衡著《鲁斋遗书》。明隆庆六年(1572年)《重修圣佛寺记》碑载有"焦家作"。

夏地属冀州。殷为畿内地。周为三监卫地,分属雍、邗、温3国;东周为畿内地。春秋为晋南阳地。战国地属魏、卫2国。秦地属三川郡。汉至三国地属河内郡。晋地属河内郡,修武属汲郡。南北朝地属河内郡。后魏分属怀州河内郡、武德郡、司州汲郡。隋属河内郡。唐分属河北道怀州河内郡、河阳三城使孟州、河南道河南府河南郡。五代归怀州、孟州。宋分属河北西路怀州河内郡、京西北路济源郡。元分属燕南河北道怀庆路、孟州。明属河南布政使司怀庆路。清属河南省怀庆府,辖河内县、济源县、修武县、武陟县、温县、孟县、原武县、阳武县,府治河内。

焦作的前身是西焦作、东焦作2个自然村,古为涧西屯、涧东屯。涧西屯即指现在的焦作街(俗称西焦作)。1910年清政府以西焦作为中心始置修武县焦作镇。1925年改镇为市,由修武县代管。1938年改市为镇。1945年9月焦作第一次解放,建立焦作市。1946年改回焦作镇,划归修武县管辖。1948年焦作第二次解放,建立焦作县。1949年10月焦作县改为焦作矿区,隶属平原省。1952年11月平原省撤销,焦作矿区改归河南省新乡专区辖。1956年1月焦作矿区(地区级)受河南省、新乡专区双重管辖;7月撤销焦作矿区,设置焦作市,由河南省直接管辖。1958年12月焦作市委托新乡专区代管。1959年12月修武、博爱2县划归焦作市管辖。1960年8月撤销修武县、博爱县和温县建制,其行政区域分别并入焦作市和沁阳县。1961 年 10 月恢复修武县、博爱县、温县建置,归新乡专区辖。1974 年 1 月焦作市属河南省和新乡地区双重管辖。1982 年 3 月焦作市升格为省辖市。1983 年 9 月 1 日修武、博爱 2 县划归焦作市。1986 年 1 月温县、武陟、孟县、济源、沁阳 5 个县划归焦作市。1988 年 6 月济源县改为济源市。1989 年 9 月沁阳县改为沁阳市。1996 年 5 月孟县改为孟州市。1997 年 1 月济源市归河南省直接管辖。

行政区域划分 2014 年末,辖有解放、山阳、中站、马村 4 个区,修武、博爱、武陟、温县 4 个县,沁阳、孟州 2 个县级市,共 10 个县级政区。

解放区(Jiefang Qu)

地处焦作市中部偏东北,太行山南麓。东、南与山阳区毗邻,西接中站区,北接太行山麓。位于东经 113°14′,北纬 35°12′。辖区东西最大距离 8.1 千米,南北最大距离 15.1 千米,总面积 66.76 平方千米。人口密度为每平方千米 4495 人。

政区地名沿革 为纪念焦作 1948 年解放而得名。

清代地属怀庆府修武县。1945 年 11 月焦作市一区、二区合并为市内区。1948 年 2 月改中共焦作市为焦作县,活动在山上的市内区改为第一区;10 月焦作第二次解放,第一区恢复为市内区。

1949 年市内区属平原省焦作矿区领导。1953 年 6 月市内区改为焦作镇。1956 年 7 月焦作镇改为焦作区,辖民生街、民主街、新华北街、新华中街 4 个街道和焦作街、下白作、嘉禾屯、东焦作 4 个农业合作社。1957 年 12 月 3 日焦作区改称城区,辖市内 4 个街道和李封、马村 2 个镇。1958 年 8 月 27 日改为解放区;10 月 20 日改为解放人民公社,辖民生、和平、新华 3 个城市公社和上白作、恩村、新店 3 个农业管理区。1960 年 1 月公社机关迁至民主南路(今平光公司东厂区);10 月修武县李万管理区划入解放人民公社。1961 年 9 月李万管理区复归修武县,解放人民公社恢复为解放区,辖民生、民主、新华、七百间、焦东 5 个街道和恩村、新店、上白作 3 个农业管理区;12 月改为人民公社。1962 年 2 月恩村、新店、上白作 3 个人民公社划归郊区。1965 年 3 月解放区机关迁至广场街二号院。1968 年 4 月 5 个办事处分别更名为红卫、向阳、红旗、先锋、东风办事处;4 月 29 日成立解放区革命委员会。1976 年 11 月增设焦南、焦东 2 个办事处。

1979 年 1 月红卫、向阳、红旗、先锋 4 个办事处恢复原名,东风办事处改名为东方红办事处。1980 年 2 月增设焦北、焦西、丹河 3 个办事处;9 月 23 日恢复解放区人民政府。1985 年 4 月博爱县月山铁路地区划归焦作市,成立月山办事处,隶属解放区;8 月 10 日原属郊区的焦作街村、下白作村、东焦作村、焦东村(含南瓮涧、北瓮涧、岗庄、周庄)划归解放区。1986 年 9 月解放区辖 11 个办事处,其中丹河、月山 2 个办事处为飞地,位于博爱县。1986 年 1 月 4 日焦作街村改为"光华实业公司";8 月 3 日下白作村改为"中原实业公司",直属区政府。1987 年焦东村改为瓮涧实业公司。1988 年 10 月焦作市对市区行政区划进行调整,实行区带乡体制,焦东、东方红 2 个办事处和东焦作、焦东村划归郊区,丹河、月山 2 个办事处划归中站区,原郊区的上白作、王褚(辖原乡西部 8 个村)2 乡划入解放区,调整后共辖 7 个街道和 2 个乡,下设 2 个直辖村(公司)。

　　2005 年 11 月撤销上白作乡,设立上白作街道,撤销王褚乡,设立王褚街道。

　　行政区域划分　2014 年末,辖民生、民主、新华、焦西、焦南、焦北、七百间、上白作、王褚 9 个街道;下设 34 个居民委员会,23 个村民委员会。

中站区(Zhongzhan Qu)

　　地处焦作市西北部,东与解放区相连,东南与山阳区接壤,西与博爱县毗邻,西北与山西晋城市相邻。位于东经 113°09′30″,北纬 35°14′30″。辖区东西最大距离 8.75 千米,南北最大距离 14.39 千米,总面积 123.8 平方千米。人口密度为每平方千米 843 人。

　　政区地名沿革　有煤炭运输枢纽中转站,区名由此而来。

　　1929 年至 1945 年辖区自然村属博爱县第七区。1945 年 9 月设王封区。1946 年 10 月王封区改为第二区。1949 年 10 月焦作县改为焦作矿区,第二区撤销。1953 年 12 月焦作矿区辖焦作镇、李封镇、第一农村、第二农村办事处。1956 年 8 月焦作矿区改为焦作市,设李封区。1957 年 12 月李封区撤销,原所辖李封镇归城区、农村归郊区。1958 年 8 月撤销城区、郊区,设解放、中站、马村 3 区。1958 年 9 月中站区改建中站人民公社。1958 年 11 月与煤矿人民公社合并,政社合一,建立中站煤矿人民公社。1961 年 10 月撤销中站煤矿人民公社,恢复中站区建制,辖原公社所属城镇、厂矿、农村。1962 年 1 月所辖农村划归郊区,中站改为城区。1988 年 10 月辖王封、朱村、龙洞 3 个乡和李封、王封、朱村、冯封、龙洞、丹河、月山 7 个街道。2005 年 7 月撤乡改办事处,将原王封、朱村、龙洞 3 个乡改为许衡、府城、龙翔 3 个街道。

　　行政区域划分　2014 年末,辖许衡、府城、龙翔、李封、王封、朱村、冯封、龙洞、月山、丹河 10 个街道;下设 14 个居民委员会,35 个村民委员会。

马村区(Macun Qu)

地处焦作市东北部,太行山南麓,东与修武县五里源乡相邻,南与修武县周庄乡搭界,西南与山阳区新城街道接壤,西与山阳区中星街道相连,西北、北与修武县西村乡毗邻,东北与修武县方庄镇毗邻。位于东经 113°17′25″～113°26′55″,北纬 35°12′55″～35°21′28″。辖区东西最大距离 12.5 千米,南北最大距离 13.2 千米,总面积 118 平方千米。人口密度为每平方千米 1224 人。

政区地名沿革 置区时因驻地中马村而得名。

夏商地属冀州之域覃怀领地。周代属畿内地。春秋属晋。战国属魏。秦属三川郡山阳县。汉属河内郡山阳县。三国属魏国冀州河内郡山阳县。晋属司州河内郡山阳县。南北朝先后属宋、北魏、北齐。隋属河内郡修武县。唐至五代属怀州修武县。宋属河内郡修武县。元属怀州怀庆路修武县。明清属怀庆府修武县。1912 年至 1956 年地属修武县。

1956 年 10 月 3 日置马村区,属焦作市管辖,区政府设在中马村张氏祠堂内,辖马村镇和李河乡;12 月成立马村区人民委员会,辖马村镇和李河、恩村、待王、安阳城、上刘庄 5 个乡。1957 年 12 月 30 日设城区和郊区,撤销马村区,马村区原辖城区马村镇划入城区,农村划入郊区。1958 年 8 月 28 日焦作市撤销城区、郊区,设解放、中站、马村 3 个区,马村区政府设在马村工人村光明路,辖马村火箭、安阳城东风、待王灯塔 3 个公社。1958 年 10 月 13 日改区为马村人民公社;11 月 17 日与煤矿人民公社合并,政社合一,建立马村煤矿人民公社,社址迁至马村工人村昌盛路。1959 年 2 月 3 日改为马村人民公社;5 月九里山人民公社并入马村人民公社。

1960 年 10 月马村人民公社为城市人民公社。1961 年 10 月恢复马村区,辖待王、韩王、百间房和安阳城 4 个农村人民公社。1962 年 2 月马村区所辖 4 个农村人民公社归郊区,马村区为城区,辖百间房、九里山、马村、待王 4 个城市管理区,区政府机关迁至文昌路中段。1963 年 3 月马村区的 4 个城市管理区改制调整为百间房、马村、九里山 3 个街道,辖有 15 个居民委员会,下设 130 个居民小组。1968 年 2 月马村区改称马村区革命委员会。

1980 年 9 月撤销马村区革命委员会,建立马村区人民政府,辖马村、九里山、百间房、北山、冯营、待王 6 个办事处,辖有 38 个居民委员会,下设 118 个居民小组。1988 年 10 月 12 日将郊区的安阳城乡、九里山乡和待王镇划属马村区管辖,所辖百间房街道划归山阳区管辖。1989 年 8 月撤销待王街道,并入待王镇。1990 年 8 月区政府迁至光明路 118 号,辖安阳城、九里山 2 个乡,待王镇和马村、九里山、北山、冯营 4 个街道。1991 年 6 月将山阳区百间房乡的下马村划归待王镇。2005 年 12 月 3 日安阳城乡、九里山乡、待王镇分别改制为安阳城街道、演马街道、待王街道,所辖区域不变。2010 年 5 月区政府迁至解放东路 3009 号。

行政区域划分　2014 年末,辖安阳城、演马、待王、马村、北山、九里山、冯营 7 个街道;下设 14 个居民委员会,64 个村民委员会。

山阳区（Shanyang Qu）

地处焦作市中部偏东北,东与马村区毗邻,南与修武县、武陟县相连,西与解放区相接,北与修武县接壤。位于东经 113°13′32″~113°19′56″之间,北纬 35°11′56″~35°19′07″。辖区东西最大距离 8.5 千米,南北最大距离 13 千米,总面积 235.04 平方千米。人口密度为每平方千米 1891 人。

政区地名沿革　因始建于战国初期的山阳城而得名。

秦时称山阳邑。汉代设山阳县,东汉末年称山阳国。1957 年 12 月焦作市郊区成立。1958 年 8 月撤销。1962 年 2 月恢复。1988 年 8 月 30 日,新设立的恩村乡和原来的百间房乡,解放区的东方红、焦东 2 个街道及马村区的百间房街道划归郊区管辖。

1990 年 12 月 27 日更名为山阳区,辖恩村、百间房 2 个乡,东方红、焦东、百间房、太行、艺新、光亚、定和 7 个街道。1999 年 2 月修武县李万乡划入。2005 年 11 月撤销恩村、百间房、李万 3 个乡,分别成立新城、中星、李万 3 个街道。2006 年 9 月 18 日,增设文苑街道。将李万、文苑 2 个街道委托焦作市高新技术产业开发区(现焦作新区)管理。2011 年博爱县阳庙镇、苏家作乡、武陟县宁郭镇划入。2012 年增设文昌街道。

行政区域划分　2014 年末,辖中星、新城、东方红、焦东、百间房、艺新、定和、太行、光亚、李万、文苑、文昌 12 个街道,阳庙、宁郭 2 个镇和苏家作 1 个乡,共 15 个乡级政区;下设 35 个居民委员会,108 个村民委员会。

修武县（Xiuwu Xian）

地处焦作市东部，东毗获嘉县，南邻武陟县，西至焦作市，北界山西省陵川县、泽州县，东北与新乡市辉县市接壤。位于东经 113°8′17″～113°32′3″，北纬 35°7′39″～35°28′32″之间。辖区东西最大距离 36 千米，南北最大距离 40 千米，总面积 632.9 平方千米。人口密度为每平方千米 419 人。

政区地名沿革　前 1046 年周武王伐纣途经宁邑，在此修兵练武，故改宁邑为修武。

殷商时代始筑宁城，名宁邑。前 1028 年改名修武。周桓王八年（前 712 年）将修武封给郑国；周襄王十七年（前 635 年）将阳樊、温、原、攒茅之田赐给晋文公，包括修武，改名南阳，属晋国，修武属魏，名南阳；周赧王四十二年（公元前 273 年），割南阳（包括修武）与秦以和。秦统一中国后，改南阳为修武县，属三川郡管辖。

汉高帝二年（前 205 年）分修武为修武县、山阳县 2 个县，均属河内郡管辖。魏黄初三年（222 年）改属冀州朝歌郡。晋泰始二年（266 年）朝歌郡改为汲郡，属汲郡，隶属司州。前燕时改属中州。北魏孝昌二年（526 年）分置南修武县、北修武县。东魏天平年间，设西修武县。北齐天保七年（556 年）修武县治（今获嘉县城北崇兴寺东）移至西修武城址，南修武县、北修武县及山阳县并入，统一为修武县。

隋开皇十六年（596 年）析置武陟县。大业初，废武陟县入修武县，属河内郡管辖。唐武德二年（619 年）在浊鹿城（今李固村）成立陟州，修武县属之；四年（621 年）废陟州，属殷州，析修武县，置武陟县；贞观元年（627 年）改属怀州辖。宋熙宁六年（1073 年）废修武县为镇，并入武陟县。元祐元年（1086 年）废修武镇复修武县，属河北西路怀州。金天会六年（1128 年）属河东南路下设的怀州沁南军管辖。兴定四年（1220 年）由修武县析置山阳县，隶属辉州。元延祐二年（1315 年）属怀州庆路辖。至元三年（1337 年）废山阳县为镇，入辉州。明代属河南布政使司怀庆府。1912 年 1 月属河南省河北道。1927 年改河北道为豫北道。1928 年废道，属河南省第四行政区。1937 年至 1949 年 9 月修武归中国共产党的太行区四专署管辖。1949 年 5 月太行四专署撤，改属新乡专署。

1949 年 8 月建平原省，属平原省新乡专区。1952 年 12 月撤平原省，属河南省新乡专署。1958 年 7 月 18 日修武县改为修武县人民公社。1960 年 10 月 10 日取消修武县制，并入焦作市，分为修武、东风、南坡 3 个公社。1961 年 9 月 1

日焦作市与修武县分设,取消修武人民公社,恢复修武县制,属新乡专署。1983年9月1日修武县属焦作市。2012年高村乡政府驻地由大高村迁至王屯村。2013年撤销周庄乡,设立周庄镇;撤销岸上乡,设立云台山镇。2014年高村乡更名为王屯乡。

行政区域划分　2014年末,辖城关、七贤、郇封、周庄、云台山5个镇,王屯、五里源、西村3个乡,共8个乡级政区;下设5个居民委员会,197个村民委员会。

博爱县(Bo'ai Xian)

地处焦作市中北部,豫晋两省的交界处。东与焦作市中站区毗邻,东南与武陟县相连,南与温县隔沁河相望,西与沁阳市相邻,西北部和北部与山西省晋城市泽州县接壤。位于东经112°57′00″～113°12′00″,北纬35°02′00″～35°21′00″。辖区东西最大距离13千米,南北最大距离33千米,总面积434.61平方千米。人口密度为每平方千米856人。

政区地名沿革　1927年冯玉祥将军主豫时,取孙中山先生倡导的"自由、民主、平等、博爱"中的"博爱"两字,设置博爱县。

夏朝地属冀州覃怀之域。商为畿内地,有商畿旧地之称。周武王时,属野王邑。战国时先后属郑国、晋国、魏国、韩国。秦改野王邑为野王县,属三川郡。

汉高帝元年(前206年)为殷国地;二年(前205年)复野王县,属冀州河内郡。东汉属司隶河内郡。三国魏仍为冀州河内郡辖。两晋属司州河南郡。南北朝因之。北魏属怀州河南郡。

隋改野王县为河内县,属河内郡辖。唐武德三年(620年)河内县析置太行县(县治清化镇);四年(621年)废太行县入河内县,属河内郡。五代时河内县属怀州辖。宋开皇初仍归河内县,属河北西路怀州河内郡。金代河内县属河东南路怀州郡辖。元初仍称河内县,怀孟路设总管府,河内县属总管府辖。延祐六年(1319年)改怀孟路为怀庆路,属中书省燕南河北道怀庆府辖。明洪武元年(1368年)改怀庆路为怀庆府,河内县属怀庆府辖。清因之。

1913年废府存县,河内县改名沁阳县,属河南省河北道。1927年8月冯玉祥主豫时,增设博爱县,直属河南省。1938年日本侵略军占领博爱,次年改名清化县。1945年复名博爱县。1946年10月全县辖6乡1镇,有许良乡、阳庙乡、金城乡、柏山乡、陈庄乡、十方乡和郏城镇。1947年博爱第二次解放,全县划分为城关、界沟、金城、上庄、机房、老梁庄、山区等7个区。

1949 年 8 月设立平原省,博爱县属平原省新乡专区。1952 年冬平原省撤销,博爱县属新乡专区。1954 年 1 月原第一区改为清化镇,全县有 1 镇 5 区;同年,全县搞建乡试点,调整为 69 个区辖乡。1955 年撤销区制,全县合并为 32 个乡镇。

1958 年 8 月全县共合并为城关、奚英、阳庙、柏山、金城、农场等 6 个人民公社。1960 年 10 月撤博爱县,划归焦作市。1961 年 10 月恢复博爱县,全县划分 15 个公社。1966 年 12 月至 1968 年 1 月博爱县曾名"红卫县"。

1973 年 7 月全县划分为 9 个公社,撤清化镇,将所属居民委员会合并为清化公社。1977 年 7 月增设高庙、上庄、黄岭、苏家作、孝敬等 5 个公社,全县辖 14 个人民公社。1979 年 9 月撤黄岭公社。1982 年改清化公社为城关镇,全县设 1 镇 12 公社。

1983 年 9 月 1 日新乡地区撤销,博爱县属焦作市。1984 年 12 个公社改为 12 个乡,全县辖 1 个镇 12 个乡。1992 年 5 月销许良乡设许良镇。1992 年 7 月撤阳庙乡、上庄乡,设阳庙镇、月山镇。1993 年 11 月撤销柏山乡,设柏山镇。1996 年 12 月撤磨头乡设磨头镇。

2001 年 8 月撤孝敬乡设孝敬镇;全县共辖 7 个镇 6 个乡。2005 年 11 月撤界沟乡并入孝敬镇,撤张茹集乡并入金城乡,撤高庙乡并入清化镇,共辖 7 个镇 3 个乡。2011 年阳庙镇、苏家作乡划属焦作市山阳区。2014 年撤销清化镇,设立清化镇、鸿昌 2 个街道。

行政区域划分 2014 年末,辖清化镇、鸿昌 2 个街道,许良、月山、柏山、磨头、孝敬 5 个镇和金城、寨豁 2 个乡,共 9 个乡级政区;下设 12 个居民委员会,204 个村民委员会。

武陟县（Wuzhi Xian）

地处焦作市东南部,东与新乡市的获嘉、原阳 2 县相邻,南隔黄河与郑州市惠济区、荥阳市相望,西与温县、博爱县接壤,北与焦作市山阳区、修武县毗邻。位于东经 113°10′~113°39′,北纬 34°56′~35°10′。辖区东西最大距离 45 千米,南北最大距离 29.5 千米,总面积 832.9 平方千米。人口密度为每平方千米 804 人。

政区地名沿革 历史上对"武陟"的记载,一是见《资治通鉴·陈纪》,二是见《北史·韦孝宽传》,这两处都是当作一般地名给于记载。明万历十九年(1591 年)《武陟志》解释为"武陟县,周武王牧野之师,崛兴兹土,故名",说明周武王发起"牧野大战"的大军先屯驻在这里,然后由此兴师灭商,建立了周王朝。简言之,武陟,是周武王兴起而得名。

武陟夏称覃怀,周称怀邑。秦始皇二十六年(前221年)、二十八年(前219年),分置怀县、武德县。晋永嘉二年(308年),废武德县入修武县。

隋开皇十六年(596年)分修武南部置武陟县,属怀州河内郡;大业二年(606年)废武陟县入修武县。唐武德四年(621年)复置武陟县;贞观元年(627年)废怀县入武陟县。五代十国时期,属怀州。

北宋熙宁六年(1073年)废修武县入武陟县,称"修武镇",元佑元年(1086年)废镇复县。元属怀庆路总管府。明属河南省布政使司怀庆府。清属河南省怀庆府。

1912年属怀庆府,1927年直属河南省。1932年属河南省第四行政督察区。1948年10月,县民主政府由小董迁至木栾店,隶属太行新乡行署(驻焦作)。

1949年8月归平原省新乡地区专区。10月县民主政府改县人民政府,共设9个区,辖254个村民委员会,下设421个自然村。1950年1月由9区缩减为7区,辖254个村民委员会,下设421个自然村。1952年12月撤销平原省,归河南省新乡地区管辖。1953年并村建乡,辖105个乡,422个自然村。1955年11月,105个乡合并为1镇、44乡。1956年11月45个乡镇合并为21个。1957年将115个高级社划为379个小社。

1958年2月将21个乡镇合并为15个乡镇;8月设城关镇、二铺营、何营、乔庙、圪垱店、谢旗营、三阳、宁郭、小董、西陶、大封、大虹桥、北郭、阳城14个人民公社。1962年4月城关镇人民公社分设木城镇、城关镇人民公社,全县共15个人民公社,395个生产大队,3823个生产队。

1983年4月撤销15个人民公社,建立1镇14乡。1985年4月撤销何营乡设立詹店镇,全县辖2镇13乡,366个村民委员会(含408个自然村),下设2533个村民小组。1986年1月归焦作市管辖,所辖区域不变。

1993年12月二铺营乡更名为嘉应观乡,撤西陶乡设西陶镇。1996年9月大封、宁郭、谢旗营撤乡建镇。1998年5月撤城关乡设龙源镇,全县辖7镇8乡。

2002年7月全县辖7镇8乡,367个村民委员会。2005年11月阳城乡并入大虹桥乡,全县辖7镇7乡,367个村民委员会。2011年宁郭镇划属焦作市山阳区。2012年撤销木城镇、龙源镇,设立木城、龙源、龙泉、木栾4个街道。

行政区域划分　2014年末,辖木城、龙源、龙泉、木栾4个街道,西陶、大封、詹店、谢旗营4个镇,三阳、小董、大虹桥、北郭、嘉应观、圪垱店、乔庙7个乡,共15个乡级政区;下设6个居民委员会,352个村民委员会。

温县（Wen Xian）

地处焦作市南部，黄河以北，沁河以南。东邻武陟县，南隔黄河与郑州市的荥阳市、巩义市相望，西邻孟州市，西北与沁阳市接壤，北隔沁河与博爱县交界。位于东经112°51′39″～113°13′20″，北纬34°52′～35°02′48″。辖区东西最大距离31.5千米，南北最大距离24千米，总面积462平方千米。人口密度为每平方千米898人。

政区地名沿革　因古代境内有两处温泉，夏朝立国时称温国，因而得名。

夏代为温国。汉初置温县（治今古城村），属河内郡。东魏改属武德郡。北齐废。隋开皇十六年（596年）复置；大业十三年（617年）移县治于李城（即今县城）。唐武德四年（621年）改温县为李城县，属平州；八年（625年）复名温县，属怀州；显庆二年（657年）改属洛州；会昌三年（843年）属孟州。

宋政和二年（1112年）孟州废，温县属济源郡。明洪武十年（1377年）改属怀庆府。清因之。1914年属河北道。

1927年道废，直属河南省。1932年属河南省第四行政督察区。1945年3月建立温县抗日民主政府，5月废，在东半部建温陟县（县治在今武陟古繁），西半部建温孟县（县治在今温县杨垒），均属晋冀鲁豫边区太行第八专署。1945年9月撤销温陟县、温孟县，复设温县，属太行4专署。

1949年8月属平原省新乡行政专员公署。1950年春全县由6个区调整为5个区。1952年12月平原省废，属新乡行署。1952年12月由5个区恢复为6个区。1953年1月区下设乡，设73个乡。1955年9月撤区，设城关、祥云镇、马庄、武德镇、北冷、杨垒、番田、南韩村、西林肇、赵堡、西招贤11个中心乡，下辖31个乡镇。1956年12月撤销中心乡，设城关、祥云镇、西招贤、番田、杨垒、西林肇、南韩村、黄庄、北冷、北徐堡、武德镇、赵堡、南张羌等13个乡和城关镇，下辖31个小乡。

1958年8月，13个乡1个镇合并为城关、祥云镇、赵堡、北冷、黄庄、番田、招贤、杨垒、林肇等9个乡；10月改为9个人民公社，辖116个生产大队。1959年1月改为城关、祥云镇、赵堡、杨垒、林肇、北冷等6个人民公社。1960年10月废温县并入沁阳县。1961年8月复置温县。1962年4月改为城关、岳村、祥云镇、招贤、番田、杨垒、黄庄、林肇、北冷、徐堡、武德镇、赵堡、南张羌等13个人民公社。

1983年12月撤销人民公社，设岳村、祥云镇、招贤、番田、杨垒、黄庄、林肇、徐堡、北冷、武德镇、赵堡、南张羌等 12 个乡和城关镇。1986 年 1 月隶属焦作市。

2005 年 10 月撤销林肇乡,并入黄庄镇,撤销杨垒镇并入番田镇;撤销徐堡镇、武德镇乡,合并设立武德镇。

行政区域划分　2014 年末,辖温泉、祥云、番田、黄庄、武德、赵堡、南张羌 7 个镇,岳村、招贤、北冷 3 个乡,共 10 个乡级政区;下设 5 个居民委员会,262 个村民委员会。

沁阳市 (Qinyang Shi)

地处焦作市西部,东邻博爱县,南毗温县、孟州市,西接济源市,北接山西省晋城市。位于东经 112°46′ ~ 113°02′,北纬 34°59′ ~ 35°18′之间。辖区东西最大距离29.3 千米,南北最大距离36.8 千米,总面积623.5 平方千米。人口密度为每平方千米 708 人。

政区地名沿革　因古城位于沁河之阳而得名。

先秦时期称野王,居河内地区。秦灭六国野王隶三川郡。汉高帝二年(前205 年)称野王县,属河内郡。北魏天安二年(467 年)于县置怀州。

隋开皇初郡废,十六年(596 年)改野王县为河内县。大业初废州,复置河内郡,并置安昌县。唐武德二年(619 年)复怀州,侨置济源之柏崖城,安昌县改名武德县;四年(621 年)移怀州治野王城。

宋熙宁六年(1073 年)废武德县入河内县,属怀州河内郡。金属南怀州。元属怀庆路。明、清属怀庆府。

1913 年改怀庆府为县,因县境昔有沁阳城,改名沁阳县,属豫北道。1914 年属河北道。1927 年道废,直属河南省。1933 年属河南省第四行政督察区。

1949 年属平原省新乡专区。1952 年平原省撤销,划归河南省。1960 年温县并入,1961 年温县析出。1969 年属新乡地区。

1986 年属焦作市。1989 年 9 月 27 日撤县建市(县级),由省直辖,焦作市代管。

行政区域划分　2014 年末,辖有沁园、太行、怀庆、覃怀 4 个街道,崇义、柏香、紫陵、西向、西万、山王庄 6 个镇,王召、王曲、常平 3 个乡,共 13 个乡级政区;下设 33 个居民委员会,307 个村民委员会。

孟州市(Mengzhou Shi)

地处焦作市西南隅,东与温县为邻,南与巩义市、偃师市、孟津县隔黄河相望,西与洛阳市吉利区相连,西北与济源市接壤;北与沁阳市毗邻。位于东经112°33′~112°55′,北纬34°56′~35°02′。辖区东西最大距离33千米,南北最大距离25.7千米,总面积541.6平方千米。人口密度为每平方千米678人。

政区地名沿革　名沿袭《尚书·禹贡》中关于古孟津的记载:"(大禹)导河又东至于孟津"。"孟",大;"津",渡口;"孟津",即黄河下游第一个大渡口。由此而得名。

上古为"孟涂国"。始称"河阳"。战国属魏,魏哀王改之"河雍"。秦置河雍县,隶属三川郡。汉元封五年(前106年)置河阳县,属河内郡;大初三年(前102年)河阳县改称河亭县。东汉复置河阳县,隶属河南郡。三国魏、晋时,河阳县隶属司州河内郡。北魏太和十八年(494年)在县治冶戍筑北中城,置北中郎府。北魏至东魏,曾筑"河阳三城",为军事重镇。北周建德元年(572年)设置河阳三城总管府。

隋开皇十六年(596年)复置河阳县,属河内郡怀州。唐武德元年(618年)改为大基县;三年(620年)又析置谷旦县;八年(625年)废大基县、谷旦县,重置河阳县。咸亨五年(674年)复置大基县;开元初年(713年)复称河阳县;会昌三年(843年)设立孟州,隶属河北道,辖河阳、河阴、济源、温县、汜水5县。

北宋置河阳三城节度使,河阳县隶属河北道孟州;政和二年(1112年)河阳县改属济源郡孟州。金河阳县隶属河东南路孟州;大定二十八年(1188年)孟州城为大水所毁,在旧城之北15里处筑今城,史称上孟州,河阳县治所移至上孟州。

元宪宗八年(1251年)河阳县改属怀庆路孟州。明初省河阳县,孟州领温、济源2县;洪武十年(1377年)废州为县,始称孟县,隶属河南布政使怀庆府。清代属河南省怀庆府管辖。

1912年设立孟县,直属河南省。1913年属豫北道。1914年改属河北道。1927年废道设行政督察区,县公署改称县政府,属河南省第四行政督察区。1945年4月,孟县民主政府成立,县政府设在第四区岩山。1947年7月属晋冀鲁豫边区太岳第四行政公署管辖。

1949年5月华北人民政府成立,隶属华北人民政府太岳第四行政公署管辖。1949年8月隶属平原省新乡专区。1952年11月撤销平原省,改属河南省新乡专区。1978年3月孟县吉利公社归洛阳市管辖。1986年1月孟县属焦作市管辖。1996年5月撤县建市,改孟县为孟州市。

行政区域划分　2014年末,辖大定、会昌、河雍、河阳4个街道,化工、南庄、城伯、谷旦、西虢、赵和6个镇,槐树1个乡,共11个乡级政区;下设15个居民委员会,274个村民委员会。

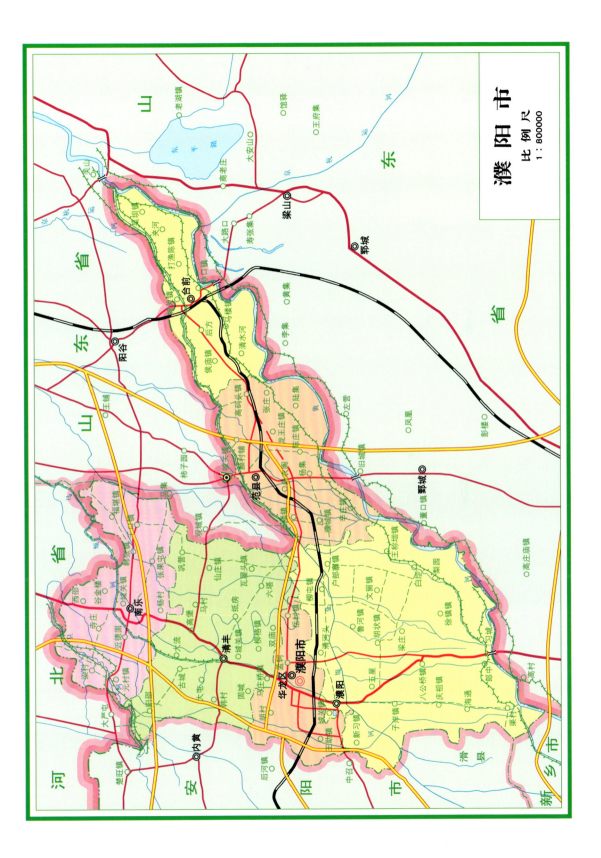

濮 阳 市

比 例 尺

1：800000

濮阳市(Puyang Shi)

地处河南省东北部,黄河下游北岸,冀、鲁、豫3省交界处。东南与山东省济宁市、菏泽市隔河相望,西南与新乡市相接,西与安阳市接壤,北与河北省邯郸市相连,东北与山东省聊城市、泰安市毗邻。位于东经114°52′00″~116°05′04″,北纬35°20′00″~36°12′23″。辖区东西最大距离125千米,南北最大距离100千米,总面积4188平方千米。人口密度为每平方千米867人。

政区地名沿革　名始于战国,因位于濮水之北而得名。濮水是黄河与济水的支流,后因黄河泛滥淤没。

曾为夏朝的都城,称帝丘。西周属卫国。卫成公四年(前631年),卫国由楚丘(滑县卫南坡)迁都至帝丘(濮阳市西南)。春秋战国,先为卫,后属魏。秦设东郡,以濮阳(濮阳市西南)为郡治。

西汉因袭秦制,仍为东郡郡治,归兖州刺史部所辖。三国时期,属冀州阳平郡。西晋置濮阳国,治所位于黄河南岸,属兖州,而濮阳今地则紧靠黄河北岸,为顿丘郡地,属司州。十六国时期,先后归属后赵、前秦、后燕等国的濮阳、顿丘2郡。南北朝时期,北魏在黄河以南置濮阳县,属济州。濮阳今地在黄河以北,仍为顿丘郡地,属相州。东魏因袭北魏。

隋开皇十六年(596年),在颛顼城内置昆吾县,同年置濮州。大业二年(606年),改昆吾县为濮阳县。隋朝,濮阳今地归武阳郡,在黄河以南置濮阳县,属东郡。唐武德四年(621年),将原属魏州的顿丘、观城2县分出,置澶州,以顿丘为州治,此外又置澶水县。贞观元年(627年),废澶州,澶水县归属黎州,顿丘、观城归属魏州。开元年间,濮阳一带分属河南道的濮州和河北道的魏州所辖。大历七年(772年)复置澶州,领有顿丘、清丰、观城、临黄4县,以顿丘为州治。五代时期,梁、唐、晋、汉、周5朝均在此置澶州。

北宋前期,仍以濮阳一带为澶州。后期置开德府,府治在濮阳以北,属河北东路所辖。金置开州,今濮阳为开州州治兼濮阳县治,属大名府路。元承金制,仍为开州及濮阳县治,归中书省大名路管辖。明朝降开州为散州,以濮阳为治所,属京师大名府。清代承袭明制,开州属直隶大名府。

1913年改濮阳为开县。因与四川、贵州2省开县重名,1914年1月起改称濮阳县,属河北省管辖。抗日战争时期,成立濮阳县抗日民主政府,曾一度设市,后撤销。

1945年10月,冀鲁豫区党委、行署、军区进驻濮阳县城。中共冀鲁豫区党委决定设立濮阳市,机关驻濮阳城内。1946年11月,冀鲁豫区撤濮阳市,成立八专署(机关驻清丰县)。八专署辖清丰、南乐等县。二专署(机关驻范县一带)辖范县及今台前县境域。四专署(机关驻两门一带)辖濮阳县等。1949年8月20日撤冀鲁豫区,成立平原省。原冀鲁豫区的四专署大部分、八专署全部和九专署辖区的一部分合并,改称平原省濮阳专区(机关驻濮阳)。濮阳专区辖濮阳、滑县、长垣、封丘、内黄、清丰、南乐、濮县、范县、观城、朝城、昆吾、尚和、卫南、高陵、漳南、卫河17县及濮阳城区和道口区。9月撤卫河县入清丰县;撤昆吾、尚和2县入濮阳县;撤高陵县和漳南县(一部分)入内黄县。至此,境内置濮阳专区及濮阳县、清丰县、南乐县、范县、濮县、濮阳城区。濮阳专区辖濮阳、滑县、长垣、封丘、内黄、清丰、南乐、濮县、范县、观城、朝城11县及濮阳城区和道口区。今台前县境域分属范县和平原省聊城专区的寿张县。

1952年10月14日,平原省人民政府将濮阳专区所辖范县、濮县、观城县、朝城县(原南峰县)划归山东省聊城专区。1952年12月1日平原省撤销,濮阳专区归河南省。1954年6月濮阳专区所辖的濮阳城区、道口区分别划归濮阳县和滑县。1954年9月濮阳专区与安阳专区合并为安阳地区。濮阳、清丰、南乐3县改属安阳专区。濮县、范县仍属山东省聊城专区。1956年3月,濮县撤销,濮县及观朝县的7个乡划入范县,范县甘草堌堆乡划入山东省寿张县。1958年4月新乡、安阳2专区合并,称新乡专区。濮阳、清丰、南乐3县属新乡专区;范县境域归山东省聊城专区。1961年12月新乡专区与安阳专区分设,濮阳、清丰、南乐3县归安阳专区;范县境域仍属山东省聊城专区。1964年2月范县划归安阳专区;撤销寿张县,其一部分境域划归范县。1973年12月,河南省委析原寿张县划归范县部分境域设立范县台前办事处(机关驻台前,属县级机构),1974年1月正式办公;1975年3月改为河南省台前办事处。

1978年12月,国务院批准建立台前县。至此,境内置濮阳县、清丰县、南乐县、范县、台前县,均属安阳地区。1983年9月1日,撤安阳地区,建立濮阳市。1983年10月24日,濮阳市人民政府在原安阳行署旧址正式挂牌办公,将原安阳地区所辖滑县、长垣、濮阳、内黄、清丰、南乐、范县、台前8县划归濮阳市,1984年2月在原濮阳县基础上设立濮阳市郊区。1984年4月30日,濮阳市政府由安阳市进驻濮阳市郊区国庆路中段办公。1986年3月22日,濮阳市所辖的滑县、内黄县划归安阳市;长垣县划归新乡市,4月,市人民政府进驻大庆路中段东侧办公。1986年5月28日析濮阳市郊区的胡村乡、孟轲乡、王助乡、岳村乡、城关镇置濮阳市市区。1987年4月市人民政府迁驻市区人民路。1987年6月12日撤濮阳市郊区,恢复濮阳县,并将市区城关镇划归濮阳县。

2000年12月辖5县1区为濮阳县、清丰县、南乐县、范县、台前县和市区。2003年2月,濮阳市市区更名为濮阳市华龙区。2011年,濮阳市辖濮阳县、清丰县、南乐县、范县、台前县、华龙区5县1区及高新技术产业开发区、濮阳工业园区。

行政区域划分　2014年末,辖华龙区和濮阳、清丰、南乐、范县、台前5个县,共6个县级政区。

华龙区 (Hualong Qu)

地处濮阳市西南部。东南、南与濮阳县接壤,西邻安阳市内黄县,北、东北与清丰县接界。位于东经114°59′37″~115°14′53″,北纬35°41′40″~35°51′27″。辖区东西最大距离30千米,南北最大距离15千米,总面积306.88平方千米。人口密度为每平方千米2013人。

政区地名沿革　因1987年在濮阳市西水坡出土了距今6400多年的蚌塑龙型图案,被誉为"中华第一龙",为纪念这一发现而得名。

春秋时期属卫地;西汉为畔观县地;东汉、南北朝先后为卫县、卫国县地;隋以后属观城县辖;宋为濮阳、顿丘2县地,熙宁六年(1073年)始属濮阳、清丰2县地;清属开州;1912年部分归并濮阳县;1941年分属顿丘、尚和两县;1944年大部分归濮阳县;1949年属濮阳县;1983年9月为濮阳市郊区所辖;1986年4月经国务院批准设立濮阳市市区,辖城关镇、王助乡、胡村乡、孟轲乡、岳村乡。2002年12月,濮阳市市区更名为濮阳市华龙区,为县级市辖区。2013年增设濮东街道。2014年撤销岳村乡设立岳村镇,同年增设濮上街道。

行政区域划分　2014年末,辖中原路、胜利路、建设路、人民路、大庆路、黄河路、任丘路、长庆路、昆吾、皇甫、开州、濮东、濮上13个街道,王助、岳村2个镇和孟轲、胡村2个乡,共17个乡级政区;下设82个居民委员会,149个村民委员会。

清丰县（Qingfeng Xian）

　　地处河南省东北部，濮阳市北中部。东与山东省莘县毗邻，南偎濮阳市华龙区，西邻安阳市内黄县，西北隔卫河与河北省魏县相望，北与南乐县交界。位于东经114°57′~115°23′，北纬35°45′~36°05′。辖区东西最大距离35千米，南北最大距离25千米，总面积834.21平方千米。人口密度为每平方千米774人。

　　政区地名沿革　唐大历七年（772年），魏博节度使田承嗣，以县境有隋代孝子张清丰门阙，遂表奏朝廷，以"清丰"之名为县名。

　　古称顿丘，唐虞时属冀州。夏、商至周沿旧，春秋属卫国，仍名顿丘。秦属东郡。汉初，汉高帝始置顿丘县，属东郡，后曾移县治于阴安城。东汉建安十七年（212年），割东郡之顿丘县属魏郡。

　　三国属阳平郡。西晋泰始二年（266年）置顿丘郡，辖境相当于今濮阳市区及濮阳、清丰、内黄、南乐、范县。南北朝北魏太平真君六年（446年），省顿丘县。

　　隋开皇六年（586年）复置顿丘县，属武阳郡。唐初属魏州，武德四年（621年）属澶州，贞观元年（627年）复属魏州，大历七年（772年）复置澶州，并析顿丘、昌乐（今南乐）之4乡置清丰县（治今古城集）。

　　五代晋天福四年（939年）革顿丘为德清军，开运二年（945年）徙德清军于陆家店，同时在清丰县置军使。宋庆历四年（1044年）徙清丰县治德清军。熙宁六年（1073年）顿丘并入清丰县，先后属开德府、河北东路。金皇统四年（1144年）省德清军，县属开州。

　　明洪武七年（1374年）改属大名府。

　　1912年属直隶省大名道。1928年直隶省改为河南省，废大名道。1940年2月抗日民主政府成立，属冀鲁豫边区濮阳专署。1941年3月，划清丰县西南部和内黄县东南部置顿丘县（王什一带）。划清丰县西北部和南乐县西部及内黄县东北部置卫河县（古城张六村一带）。1944年12月撤顿丘县入卫河县。1946年4月30日撤卫河县入清丰县，属濮阳专署。1946年11月恢复卫河县。

　　1949年9月再撤卫河县入清丰县，属平原省濮阳专署。1952年属河南省濮阳专署。1954年秋，濮阳专署并入安阳专署，清丰县改属安阳专署。1958年春，安阳专署并入新乡专署，清丰县改属新乡专署。1960年新乡、安阳2专署分治，清丰县属安阳专署。

1983年9月撤销安阳地区,建立濮阳市,清丰县属濮阳市。1985年7月,划王什、固城、柳格3个乡各一部分村庄,设立马庄桥镇,清丰县下辖2个镇16个乡;1996年11月,瓦屋头乡撤乡建镇,县辖3个镇15个乡。

2005年11月,撤销王什乡,将其行政区域划归华龙区胡村乡管辖。2011年5月,柳格乡、仙庄乡撤乡建镇,县辖5个镇12个乡。

行政区域划分　2014年末,辖城关、马庄桥、瓦屋头、柳格、仙庄5个镇,六塔、巩营、马村、高堡、古城、大流、韩村、大屯、固城、双庙、纸房、阳邵12个乡,共17个乡级政区;下设503个村民委员会。

南乐县(Nanle Xian)

地处豫、鲁、冀3省交界处,河南省东北边缘,濮阳市北部。东与山东省莘县接壤,南与清丰县交界,西、北部与河北魏县、大名县为邻。位于东经115°00′42″~115°28′40″,北纬35°58′55″~36°22′06″。辖区东西最大距离40千米,南北最大距离21千米,总面积619.74平方千米。人口密度为每平方千米824人。

政区地名沿革　因黄帝之子昌意曾在此居住,并筑有昌意城,汉初设置乐昌县。"乐"取沃野平壤、茫茫乐土之意。晋更名昌乐县。五代梁贞明二年(916年)晋王李存勖避其祖父李国昌讳,改昌乐为南乐。

上古时期,颛顼建都帝丘(今濮阳境内),县境为畿辅地。夏为观国,商末为殷都畿辅地。西周属卫国地,春秋归晋,战国先属卫国,后属赵国。秦朝地属东郡地。

西汉初年置乐昌县(今南乐),属东郡。新莽时期,改东郡为治亭,仍辖乐昌县。东汉建武年间废乐昌县,其境东部属东郡东武阳县,西部分属魏郡阴安、元城、繁阳3县。三国为魏国地,分属魏郡和阳平郡。晋复置,更名昌乐县,先属司州顿丘,后属魏郡。

南北朝时期,前燕置昌乐郡,昌乐县附郭于郡治。北魏登国元年(386年)撤昌乐郡,昌乐县并入魏县;太和二十一年(497年)分魏县复置昌乐县;永安元年(528年)设昌州。东魏天平二年(535年)撤昌州置昌乐县,属魏郡。北周再设昌乐郡,县仍为昌乐郡所辖。

隋开皇元年(581年)废昌乐郡,昌乐县改属魏郡;大业元年(605年)废昌乐县入繁水县,属武阳郡。唐武德五年(622年)再置昌乐县,属魏州;六年(623年),昌乐县城由吴村北向东南迁至谷村一带(距今南乐县城西北10千米)。五代梁贞明二年(916年),晋王李存勖避其祖父李国昌讳,以"新治在旧治之南"易名南乐县。后唐属河北道兴唐府。后晋改兴唐府为广晋府。

宋初属河北东路大名府。县城在谷村一带,元丰四年(1081年)九月,为避河患,敕令东迁今城,崇宁四年(1105年)改属澶渊郡开德府。后仍属大名府。金属大名府路大名府。

元属中书省大名路。明属中书省大名府,后改属北平布政司大名府。明初,县下建制为乡,全县有35乡。明朝改乡为里,初设42里,后改35里。清属盛京大名府,后改属直隶大名府。

1913年属直隶大名道,1928年属河北省大名道。1929年废社建乡,全境划分为252乡,辖361村。同年,在乡的建制上增设区的建制,全境分5个区。1936年改属河北省大名行政督察专员区。1941年春,成立南乐县抗日民主政府,属冀鲁豫边区濮阳专署;成立卫河县,南(乐)大(名)公路以西的南乐境域划入卫河县。1946年卫河县撤销,原领南乐县土地复归南乐。1948年全县改设10个区。

1949年改属平原省濮阳专署。全境分设6个区:一区驻城关、二区驻韩张、三区驻福堪、四区驻谷金楼、五区驻张浮丘、六区驻近德固,共辖83乡、134个村民委员会、357个自然村。1952年属河南省濮阳专区。1954年安阳、濮阳两专区合并,改属安阳专区。1955年全县并为34乡。1956年全县划分为吴村、张果屯、韩张、千口、福堪、谷金楼、西邵、寺庄、梁村、元村、近德固、城关镇12个乡镇。

1958年属新乡专区;乡镇改为12个人民公社,公社机关驻地除杨村公社由吴村迁驻全、史、睢、李四杨村之间,梁村公社由梁村迁驻梁村铺外,余者未变。1960年属安阳专区。

1983年9月属濮阳市。1984年撤人民公社改设乡镇,下设村民委员会321个,自然村403个,村民小组2587个。1986年12月元村、韩张2乡改镇。

2011年5月福堪乡改为福堪镇,全县政区由原来的3镇9乡,改为4镇8乡。2013年撤销张果屯乡和千口乡,设立张果屯镇和千口镇。

行政区域划分 2014年末,辖城关、韩张、元村、福堪、张果屯、千口6镇,杨村、谷金楼、西邵、寺庄、梁村、近德固6乡,共12个乡级政区;下设5个居民委员会,322个村民委员会。

范县(Fan Xian)

地处河南省东北与山东省西南交界处,濮阳市东部。东毗台前县,南与山东省鄄城县、郓城县隔黄河相望,西接濮阳县,北依金堤与山东省莘县接壤。位于东经115°21′20″~115°43′32″,北纬35°38′33″~35°55′35″。辖区东西最大距离42千米,南北最大距离20千米,总面积589.75平方千米。人口密度为每平方千米867人。

政区地名沿革　汉初设范县,因县城临"范水"而得名。

夏为昆吾地,商称顾国,周称廪丘,西周分属齐、鲁、卫3国,范西部属卫,东部属齐、鲁2国,春秋为晋邑。秦属东郡,在此设亭,称秦亭。汉初设范县,三国属魏,晋属东平国,南北朝属北魏东平郡,北齐县废。隋开皇十六年(596年)复置县,属济州。唐贞观八年(634年)改属濮州。宋、金、元、明属濮州。明洪武二年(1369年)全县设9乡,16保。清光绪三十四年(1908年)撤销保,全县设18里,辖574个自然村。1928年全县设5区,辖49乡6镇582个自然村。

1949年建国前夕,全县设7区,辖337个自然村(根据县志记载);1956年1月,辖4区39乡。1956年3月撤濮县、观朝县,濮县辖地并入范县,观朝县南部的三、四、五、六区的7个乡划归范县,将范县甘草堌堆乡划归寿张县,全县辖9区103个乡。1958年3月撤区并乡,全县划为23个乡,辖861个自然村;9月全县组成一个人民公社,下设10个管理区;11月,莘县撤销,除王奉、燕店2个区外,其余并入范县,全县划为16个公社。

1963年3月,原来的10个公社改为10个区。1964年4月,范县、寿张2县金堤以南地区划归河南省,金堤以北地区分别归山东省莘县、阳谷县。范县的古城、观城、王庄、范镇、古云等5区和颜村铺区的姬楼公社划归莘县,寿张县撤销,原寿张县的侯庙、马楼、打渔陈、夹河4区的24个公社和在金堤南的玉皇岭公社、刘奎斋公社、东关路公社,台前公社及高庙公社的一部分自然村和李台区的关门口1个自然村,并入范县。范县隶属河南省,全县划为11个区,辖65个人民公社,823个大队,1017个自然村。1968年,县革命委员会成立,原来的11个区撤销,改为11个公社。1973年,将夹河、马楼、张庄、濮城4公社划分为夹河、吴坝、马楼、清水河、张庄、高码头、濮城、辛庄8个公社,其余7个公社建制不变,全县辖15个公社。

1974年8月侯庙、马楼、打渔陈、夹河、台前、吴坝、清水河7个公社自范县析出,成立台前工委,直属安阳地区,范县辖濮城、辛庄、杨集、白衣阁、颜村铺、龙王庄、张庄、高码头 8 个公社。1977 年 5 月,杨集、白衣阁、龙王庄 3 个公社划为杨集、羊二庄（陈庄）、白衣阁、王楼、龙王庄、陆集 6 个公社。9 月,又将颜村铺公社分为颜村铺、孟楼 2 公社,全县辖 12 个公社。

1983 年 12 月,原 12 个公社除濮城公社改为濮城镇外,其余均改为乡。2005 年 12 月,孟楼乡并入龙王庄乡,全县辖 2 镇 10 乡。2011 年 5 月,龙王庄乡、高码头乡撤乡建镇,全县辖 4 镇 8 乡,574 个村民委员会,655 个自然村,2470 个村民小组。2013 年撤销王楼乡和辛庄乡,设立王楼镇和辛庄镇。2014 年撤销陈庄乡,设立陈庄镇。

行政区域划分　2014 年末,辖城关、濮城、龙王庄、高码头、王楼、辛庄、陈庄 7 镇,颜村铺、白衣阁、杨集、张庄、陆集 5 乡,共 12 个乡级政区;下设 574 个村民委员会。

台前县（Taiqian Xian）

地处河南省东北部、黄河下游北岸、豫东北平原与鲁西平原交界地带,濮阳市东部。东、东南、南分别与山东省东平县、梁山县、郓城县隔黄河相望,西南、西与范县毗邻,西北接山东省莘县一角,北、东北与山东省阳谷县接壤。位于东经 115°39′50″~116°05′28″,北纬 35°50′00″~36°06′42″。辖区东西最大距离 40.4 千米,南北最大距离 31 千米,总面积 393.44 平方千米。人口密度为每平方千米 878 人。

政区地名沿革　因台前县治所在台前村而得名。寿张县城南面有凤凰台,台前有刘庄村,人多呼为台前刘庄,久之略为台前。

台前县原地属山东省寿张县。1964 年 4 月撤销寿张县,金堤河以南地区（今台前县境）并入范县,划归河南省安阳专区。同年,经中共河南省委批准,成立中共范县委员会驻寿张工作委员会和范县台前人民委员会驻寿张办事处。1968 年 3 月撤销工委和办事处。

1973 年 12 月,设立中共范县台前工作委员会和范县台前办事处（县级）,属安阳地区。1974 年台前办事处辖台前、侯庙、清水河、马楼、打渔陈、夹河、吴坝 7 个人民公社,306 个生产大队,1343 个生产队。1975 年 3 月,中共范县台前工作委员会和范县台前办事处分别改为"中国共产党台前工作委员会"和"河南省台前办事处"。

1976 年析侯庙公社东部、台前公社西南部设后方公社,析台前公社南部、打渔陈公社西南部设孙口公社。1978 年 12 月 29 日,成立台前县,辖 9 个公社,323 个生产大队,1375 个生产队。1982 年 7 月,撤销台前人民公社,建城关镇。

1983 年 10 月 24 日濮阳市成立,台前为其属。1984 年 1 月,全县社改乡,生产大队改为村民委员会,生产队改为村民组。1999 年 3 月侯庙撤乡建镇。2013 年撤销吴坝乡和马楼乡,设立吴坝镇和马楼镇。

行政区域划分　2014 年末,辖城关、侯庙、孙口、打渔陈、吴坝、马楼 6 个镇,后方、清水河、夹河 3 个乡,共 9 个乡级政区;下设 372 个村民委员会。

濮阳县(Puyang Xian)

地处河南省东北部,黄河下游北岸,豫、鲁两省交界处,濮阳市南部。东与范县接壤,东南、南临黄河与山东省鄄城县、东明县隔河相望,西南、西与新乡市长垣县、安阳市滑县相连,西北、北与华龙区毗邻,东北与清丰县、山东省莘县为邻。位于东经114°52′~115°25′,北纬35°20′~35°50′。辖区东西最大距离49.2千米,南北最大距离40千米,总面积 1443.98 平方千米。人口密度为每平方千米 693 人。

政区地名沿革　因位于濮水之阳(北)而得名。

五帝时期,颛顼定都帝丘(今濮阳县高城)。周景王十六年(前 529 年)十二月,卫成公迁都帝丘,卫在帝丘建都 388 年,历 18 代,濮阳之名始见于战国。

秦王嬴政六年(前 241 年)并濮阳为东郡;七年(前 240 年)以濮阳为东郡治所。新莽时期改濮阳为"治亭",属兖州。魏时,濮阳仍为东郡治。西晋称濮阳国。东晋后期,郡治移至鄄城,濮阳为属县。

隋初,废濮阳郡,濮阳县属魏州,后属滑州。隋开皇十六年(596 年),濮阳分置昆吾县,其余部分与临河、内黄、顿丘各一部分新置澶渊县,属汲郡。

唐避高祖李渊讳,改澶渊县为澶水县,属黎州。武德四年(621 年)分黎州的澶水、魏州的顿丘、观城,置澶州;八年(625 年),昆吾县并入澶水县;贞观元年(627 年)废澶州,澶水县仍属黎州;大历七年(772 年)复置澶州,州治在顿丘,澶水为属县。

五代仍称澶水县。后晋天福三年(938 年),澶州州治自顿丘移至德胜城,称澶州为防御州。开运元年(944 年),升澶州为镇宁节度(军事重镇),并割广晋府之临河、濮州之濮阳来属。

北宋仍称澶州,属澶渊郡,州治设在南城。熙宁十年(1077 年)南城被水淹没,州治移至北城(今濮阳城址)。崇宁四年(1105 年),改澶州为北辅(京畿北边重镇)。熙宁五年(1106 年)升为开德府;宣和二年(1120 年),复称澶州,属大名东路。金代称开州,领濮阳、清丰 2 县,濮阳为州治。

元代仍称开州,属大名路。领东明、长垣、清丰、濮阳四县。濮阳为倚郭(中心城市)。

明洪武二年(1369 年),以州治濮阳省入(并濮阳县入州),领长垣、东明 2 县。清代仍称开州,属大名路,成为大名府直辖县。

1913 年,改开州为开县;1914 年,改为濮阳县,属河北省大名府。1936 年,河北省政府第十七行政督察专员公署设在濮阳,濮阳为属县。1939 年,改为河北省第十区专员公署,公署仍设濮阳。

1940 年春,中国共产党建立濮阳县抗日民主政府,属冀鲁豫边区民主政府第四专员公署。为便于开展游击战,中共濮阳县委及抗日民主政府划濮阳为濮东、濮南、濮北 3 个办事处。1941 年撤销 3 个办事处,置濮阳(政府设在大王掘地)、昆吾(政府设在徐镇)、尚和(政府设在柳屯)3 县。

1945 年,划濮阳县城关区为行署直辖市。1946 年 11 月,撤销濮阳市,城关区仍归濮阳县。

1949 年 8 月,建立平原省濮阳专区,专署设在濮阳,濮阳、昆吾、尚和 3 县为属县。10 月,濮阳、昆吾、尚和 3 县合并为濮阳县,仍隶属平原省濮阳专区。

1952 年平原省撤销,改属河南省。1954 年濮阳专区撤销,濮阳县属河南省安阳专区。

1958 年,安阳、新乡两专区合并,濮阳县属新乡专区。1962 年,新乡、安阳两专区分设,濮阳县属安阳专区。

1983 年 9 月 1 日,撤销安阳专区,建立濮阳市,濮阳县改为濮阳市郊区。1986 年 4 月,划城关镇、王助乡、胡村乡、岳村乡和清河头乡西北部 29 个村,成立濮阳市区。

1987 年 6 月 13 日,正式撤销濮阳市郊区,设立濮阳县,并将市区城关镇划归濮阳县,同时把城关镇的马呼屯、辛庄、辛庙、贾庄、申庄 5 个村划归市区孟轲乡。

1997 年,濮阳县辖 7 个镇、15 个乡。分别为城关镇、八公桥镇、文留镇、两门镇、庆祖镇、柳屯镇、徐镇镇和子岸乡、习城乡、五星乡、户部寨乡、郎中乡、胡状乡、梁庄乡、海通乡、梨园乡、清河头乡、渠村乡、新习乡、鲁河乡、王称堌乡、白堽乡。县人民政府驻城关镇。

2005 年 11 月 2 日,撤销两门镇,并入海通乡。2011 年 5 月,户部寨、鲁河两乡撤乡建镇。

2013 年撤销子岸乡、胡状乡、新习乡,设立子岸镇、胡状镇、新习镇。2014

年撤销王称堌乡,设立王称堌镇。

　　行政区域划分　2014 年末,辖城关、徐镇、文留、庆祖、柳屯、八公桥、户部寨、鲁河、子岸、胡状、新习、王称堌 12 个镇,海通、习城、梁庄、梨园、五星、白堽、清河头、渠村、郎中 9 个乡,共 21 个乡级政区;下设 11 个居民委员会、1042 个村民委员会。

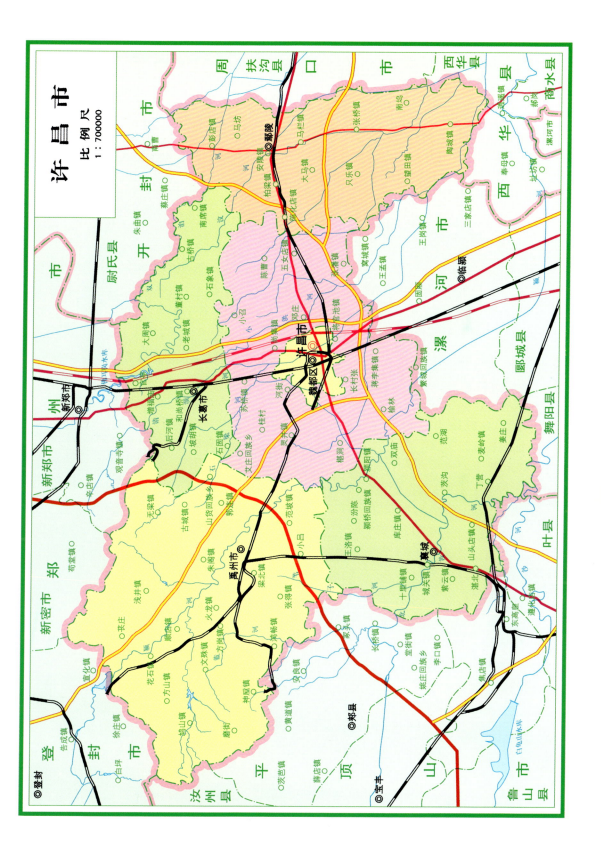

许昌市

比例尺

1：700000

许昌市(Xuchang Shi)

地处河南省中部,东和东南与周口市接壤,南与漯河市相邻,西南、西接平顶山市,西北、北与郑州市毗邻,东北与开封市为邻。位于东经 113°03′22″ ~ 114°18′29″,北纬 33°41′16″ ~ 34°24′13″ 之间。辖区东西最大距离 116 千米,南北最大距离 80 千米,总面积 4993.4 平方千米。人口密度为每平方千米 864 人。

政区地名沿革   1947 年在许昌县城区设许昌市(县级),因许昌县得名。

夏王朝建立后,许地是夏王朝活动的中心区域,夏启建都于夏邑,"大飨诸侯于钧台"(今禹州市)。殷商时期,许地分属历(今禹州市境内)、有熊氏(今长葛市境内)、昆吾(今许昌县境内)、康(今禹州市境内)等诸侯国和部落。西周地域分属历、康(今禹州市境内)、许(今许昌县张潘乡古城村一带)、鄢(今鄢陵县彭店乡古城)等诸侯国和城邑。

春秋战国地域先后为郑、楚所据。分属韩、魏、楚。秦王政十七年(前 230 年)置颍川郡,治阳翟(今禹州市)。颍川郡辖 12 县,许县(今许昌县)、阳翟县(今禹州市)、长社县(今长葛市)、鄢陵县、襄城县属之。

西汉高帝六年(前 201 年)析许县,置颍阴县(治今魏都区)。许县、颍阴县、阳翟县、长社县(治今长葛市老城)、鄢陵县(治今鄢陵县彭店乡古城村)、襄城县均属颍川郡。王莽时期,颍川郡改为左队,阳翟县改为颍川县,鄢陵县改为左亭并入许县。许县、颍阴、长社、颍川等县属左队。东汉时期,左队复为颍川郡,属豫州。许县、颍阴县、长社县、鄢陵县、阳翟县等属颍川郡。东汉建安元年(196 年)八月,献帝迁都许县(今许昌县张潘故城)。三国魏时,仍称颍川郡,属豫州。许昌县、颍阴县、鄢陵县、长社县属之。许昌为三国魏五都之一。三国魏黄初二年(221 年),文帝曹丕以"汉亡于许,魏基昌于许",改许县为许昌县。

南朝宋永初二年(421 年),置许昌郡(治今许昌县张潘故城)。景平元年(423 年)许昌郡城被北魏大将周几夷为平地,其地为北魏所据。北魏置颍川郡,治长社(今长葛市老城)。西魏置许昌郡(今长葛市老城)。东魏天平元年(534 年)改为颍州。武定七年(549 年)改为郑州,治移颍阴(今魏都区),领阳翟、颍川、许昌3郡。北齐将颍阴县并入长社,以长社为颍川郡治。北周大定元年(581年)改郑州为许州,治长社(今魏都区)。

隋改许州为颍川郡,辖14县,颍川(今禹州市)、长葛、许昌、澄强(今鄢陵陶城)、鄢陵、襄城属之。唐武德四年(621年)改颍川郡为许州,鄢陵、长葛、阳翟、许昌县属许州。天宝元年(742年)许州改称颍川郡,属河南道。长社(今魏都区)、长葛、阳翟、许昌、鄢陵属之。乾元元年(758年)复称许州。五代后梁改许州为许州匡国军。后唐、后晋、后汉、后周均称许州忠武军。宋初改许州忠武军为许州,隶京西北路。元丰三年(1080年)升许州为颍昌府,隶京西北路。大观四年(1110年)称许州,隶京西北路。金许州改称昌武军许州,治长社(今魏都区),长社、长葛属之,隶南京路(今开封)。阳翟县升为颍川军,后改称颍川州,旋又改颍川州为钧州,亦属南京路。鄢陵属南京路开封府。

元为许州,长社、长葛、襄城县属之。鄢陵属开封府。开封府、许州、钧州均隶河南江北行中书省汴梁路。明洪武元年(1368年)废长社县,并入许州,领4县,长葛、襄城属之。许州、钧州(今禹州市)隶开封府。万历三年(1575年)钧州改为禹州。明末,李自成起义军将禹州改为均平府。

清初许州、禹州属河南省。雍正二年(1724年)许州升为直隶州,长葛属之。鄢陵属开封府;十三年(1735年)许州升为许州府,临颍、郾城、襄城、长葛、禹州、密县(今新密市)、新郑属之。许州府、开封府均隶河南省。

1913年改许州为许昌县,改禹州为禹县,与长葛县均属河南省豫东道。鄢陵县直属河南省。1926年废道为区,许昌为河南省第二行政区,治许昌(今魏都区)。长葛、禹县属河南省第一行政区,治郑县(今郑州市)。鄢陵县直属河南省。1932年许昌为河南省第五行政区,督察专员公署驻地,辖许昌、鄢陵、襄城等9县。长葛、禹县属河南省第一行政区。1944年5月长葛、许昌、鄢陵、禹县先后被日本军队占领;10月八路军进入豫西,开辟了禹密新(今禹州市、新密市、新郑市三地交界处)、禹郏(禹州市、郏县交界处)抗日根据地,建立了禹密新办事处和禹郏县抗日民主政府。1945年5月八路军冀鲁豫部队在鄢陵、扶沟交界处开辟了水西抗日根据地,建立了鄢扶县抗日民主政府;8月日本投降,许昌复为国民政府河南省第五行政区,督察专员公署驻许昌(今魏都区),辖许昌、鄢陵、襄城等9县。长葛、禹县仍属河南省第一行政区。

1947年12月15日许昌解放。1948年初至1949年底,先后成立许昌县、许西县、沙北县、长洧县、鄢陵县临时人民政府与许昌市(今魏都区)人民民主政府。许昌、鄢陵、长洧属豫苏皖区五专署;许西、沙北、禹县属豫西行署五专区。1949年2月豫西行署二专区与五专区合并,成立许昌专区(专员公署驻许昌市魏都区),辖许昌市(今魏都区)、许昌县、长葛、鄢陵、临颍、漯河市、郾城县、舞阳、叶县、襄城、禹县、郏县、宝丰、鲁山、临汝(今汝州市)15 个县市。1953 年 1 月淮阳专区所属周口市及扶沟、商水、西华 3 县划入许昌专区。1954 年 9 月临汝县划入洛阳专区。1958 年 4 月,撤销周口市,设镇,划入商水县;12 月平顶山市划入许昌专区。1960 年,撤销许昌县,并入许昌市(今魏都区)。1961 年 10 月恢复许昌县。1964 年 3 月平顶山市改称平顶山特区,从许昌专区划出。1965 年 5 月,扶沟、西华、商水 3 县划入周口专区。1970 年许昌专区改称许昌地区,辖禹县、长葛县、许昌县、鄢陵县、临颍县、郾城县、舞阳县、襄城县、叶县、宝丰县、鲁山县、郏县 12 县和许昌市(今魏都区)、漯河市。1975 年,辖区范围下设人民公社 181 个。1979 年舞钢区从平顶山市划入许昌地区。

1982 年 11 月复划入平顶山市。1983 年 10 月,许昌地区所属的鲁山、宝丰、叶县划入平顶山市。1985 年,辖区范围下设 132 个乡、15 个镇。1986 年 2 月许昌地区撤销,许昌市升为省辖市,辖魏都区、许昌县、长葛县、鄢陵县、禹县。襄城、郏县划归平顶山市。舞阳、临颍、郾城划归漯河市。1987 年辖区下设 52 个乡,15 个镇,6 个街道。1988 年 6 月 25 日禹县改名禹州市。年末,全市辖 3 个县,1 个县级市,1 个市辖区,15 个镇,52 个乡,6 个街道。1993 年 12 月 14 日长葛县改长葛市。1995 年末,全市辖 2 个县,2 个县级市,1 个市辖区,24 个镇,43 个乡,6 个街道。1997 年 8 月 25 日,襄城县从平顶山市划入许昌市。2000 年末,全市辖 3 个县,2 个县级市,1 个市辖区,34 个镇,48 个乡,14 个街道。

行政区域划分　2014 年末,辖魏都区及许昌、鄢陵、襄城县 3 个,禹州、长葛 2 个县级市,共 6 个县级政区。

魏都区 (Weidu Qu)

地处许昌市中心城区。东与许昌县邓庄乡毗邻,南与许昌县长村张乡接壤,西、北与许昌县河街乡相邻。位于东经 113°48′,北纬 34°03′。辖区东西最大距离 9.4 千米,南北最大距离 13.3 千米,总面积 97 平方千米。人口密度为每平方千米 5229 人。

政区地名沿革　东汉末年,曹操迎汉献帝迁都于许,"奉天子以令不臣"。后魏文帝曹丕建立魏国,"魏都"由此而来。1986 年原县级许昌市更名为魏都区。

西汉为颍阴县治。东魏并为长社县治。北齐废颍阴入长社。北周为许周治。1913 年为许昌县治。

1948 年析许昌县城设为许昌市(县级)。1960 年许昌县并入许昌市(县级)。1961 年许昌市(县级)、许昌县分设。1986 年原县级许昌市更名为魏都区。下设高桥营、七里店、半截河、丁庄 4 个乡,西大、西关、北大、南关、东大、五一路 6 个街道。2005 年 4 个乡撤销改为街道。2006 年 3 月整合五一路、南关、丁庄街道,增设文峰、新兴 2 个街道。

行政区域划分 2014 年末,辖西大、北大、东大、西关、南关、五一路、丁庄、半截河、高桥营、七里店、文峰、新兴 12 个街道;下设 100 个居民委员会。

许昌县(Xuchang Xian)

地处许昌市北部,东接鄢陵县,南界漯河市临颍县,西南毗邻襄城县,西邻禹州市,北靠长葛市。位于东经 113°35′~114°04′,北纬 33°52′~34°10′。辖区东西最大距离 46.4 千米,南北最大距离 37.1 千米,总面积 1002 平方千米。人口密度为每平方千米 770 人。

政区地名沿革 上古许由部落在此生息,称许地。前八世纪周封文叔于许,称许国。三国魏黄初二年(221 年)魏文帝曹丕废汉立魏,取"魏基昌于许"之意改为许昌。许昌史称"莲城"。

西周为许国。春秋为郑国地。战国为韩、魏地。秦置许县,属颍川郡。汉因之。东汉末年汉献帝都此,曰许都。三国魏黄初二年(221 年)更名许昌,治今张潘乡古城,属颍川郡。西晋因之。北魏移治今陈曹乡许田。唐属许州。五代唐更名许田县。宋熙宁四年(1071 年)并入长社县,属颍昌府。元属汴梁路。明入许州,属开封府。清为许州直隶州。1913 年 3 月废许州,重设许昌县,隶属河南省开封道(亦称豫东道)。1928 年废道改区,为中区第二区行政长驻地。1929 年废县公署,改称许昌县政府。1933 年为河南省第五区行政督察专员公署驻地。1944 年 5 月被日军侵占。1945 年 8 月仍属河南省第五区督察专员公署。

1947 年 12 月 15 日解放,原许昌县划为许昌县、许昌市两部分,市辖城关,县辖农村。1948 年 3 月增设许西县,许昌县京汉铁路以西地域划归许西县;12 月撤销许西县,并入许昌县,同时将临颍县的繁城、杜曲 2 个区划归许昌县。1949 年 2 月成立许昌专区,许昌县属之;3 月繁城、杜曲 2 个区复归临颍县;10 月许昌市、许昌县分设。1960 年 7 月撤销许昌县入许昌市。1961 年 10 月市、县分设,复置许昌县。1986 年 2 月撤销许昌地区,许昌市升格为地级市,辖 4 县 1 区,许昌县属之至今。2014 年增设新元、许由 2 个街道。

行政区域划分 2014 年末,辖新元、许由 2 个街道,将官池、五女店、尚集、苏桥、蒋李集、张潘、灵井 7 个镇及陈曹、邓庄、小召、河街、桂村、椹涧、榆林、长村张、艾庄回族 9 个乡,共 18 个乡级政区;下设 71 个居民委员会,393 个村民委员会。

鄢陵县(Yanling Xian)

地处许昌市东部,东邻周口市扶沟县,南邻周口市西华县,西南邻漯河市临颍县,西靠许昌县,西北毗邻长葛市,北接开封市尉氏县。位于东经 114°02′~114°19′,北纬 33°46′~34°14′。辖区东西最大距离 20.9 千米,南北最大距离 57.5 千米,总面积 866 平方千米。人口密度为每平方千米 638 人。

政区地名沿革　周武王伐纣灭殷后,封陆终第四子陆求言于邹,同时另封十邑,鄢(即古鄢国)为其一。前 770 年郑武公灭鄢,废为邑,因城筑于一南北向土陵上,改名鄢陵邑。古代"安"、"鄢"同音,故又名"安陵"。

周武王时为鄢国。前 770 年郑武公灭鄢,废为鄢邑,后又改为鄢陵邑。"郑伯克段于鄢"、"晋、楚战于鄢陵",即此。战国名安陵;前 375 年韩哀侯灭郑,属韩;前 365 年属魏。秦属颍川郡。西汉始置鄢陵县(治今古城村),属豫州颍川郡;武帝时改属陈留郡;王莽实行"新政"(8 年)后,废鄢陵县为左亭,属豫州颍川郡许县。东汉属豫州刺史部颍川郡。三国魏属颍川郡。西晋、东晋十六国后赵、前燕均属豫州颍川郡。前秦属东豫州颍川郡。后秦属豫州颍川郡。南朝宋属豫州颍太守管辖。北魏复置鄢陵县,属司州颍川郡。东魏改属郑州许昌郡。北齐天保七年(556 年)省入许昌县。隋开皇七年(587 年)复置(治今安陵镇),属许州;十六年(596 年)析鄢陵、尉氏 2 县置蔡陂县,改属洧州;大业二年(606年)洧州及蔡陂县废,复属颍川郡。唐初属颍川郡;武德四年(621 年)属洧州;贞观元年(627 年)改属河南道许州。五代十国,梁属东京开封府,后唐改属许州忠武军,后晋、后汉、后周均属东京开封府。北宋为畿县,属京畿路开封府。金属南京路开封府。元属河南江北行中书省汴梁路开封府。明、清属河南省开封府。1912 年 3 月直属河南省。1913 年 3 月改属豫东道。1914 年属开封道。1924 年复属河南省。1932 年属河南省第五行政督察区(治所许昌)。

1947 年 4 月属豫皖苏边区一专署;10 月 1 日解放;12 月隶属豫皖苏边区五专署。1949 年 3 月,划属河南省许昌专员公署,下设城关、马坊、屈庄、陶城、只乐、陈店 6 个区。1951 年 3 月 14 日原 6 个区划分为 7 个区;8 月增设张桥区。1955 年 9 月 29 日原 8 区调整为城关镇和彭店、柏梁、只乐、陶城、屈庄 5 个区。1956 年划为城关镇及黄龙、张坊、岗底张、柏梁桥、陈化店、大马、常村、罗寨、只乐、顺羊、望田、追岗、陶城、刘庄、南坞、屯沟、张桥、屈庄、胡中、牛集、马栏、程岗、马坊、殷坡、半截岗、彭店、田岗共 27 个乡。1958 年 6 月 19 日改为屯沟、屈庄、马栏、张桥、程岗、城关、只乐、望田、罗寨、陶城、追岗、南坞、彭店、田岗、殷坡、马坊、大马、柏梁、陈店、黄龙、张坊共 21 个乡；8 月 26 日改为城关、马栏、张桥、陶城、只乐、柏梁、黄龙、彭店、马坊 9 个人民公社，下设 253 个大队，2156 个生产队。1959 年 4 月划为彭店、城关、马坊、张桥、陶城、马栏、柏梁、只乐、望田、黄龙 10 个人民公社，下设 276 个大队，1028 个生产队。1962 年 12 月改设城关镇及马栏、张桥、南坞、望田、陶城、大马、柏梁、彭店、城关 9 个区，下设 131 个小公社、387 个大队、1971 个生产队。1965 年 8 月 19 日调整为城关镇及马栏、张桥、屯沟、陶城、望田、只乐、大马、柏梁、彭店、马坊、城关 11 个人民公社。1966 年 8 月 18 日屯沟人民公社改为南坞人民公社。1970 年许昌专区改称许昌地区。1973 年撤销城关镇。1977 年 8 月析柏梁、大马 2 个公社部分地域设陈化店公社。1982 年城关公社改为城关镇。

1983 年 11 个公社改乡。1986 年城关镇更名安陵镇；许昌地区改为许昌市。1992 年 7 月柏梁乡撤乡建镇。1996 年 1 月马栏乡撤乡建镇；11 月陈化店乡撤乡建镇。1998 年 2 月望田乡撤乡建镇。2000 年全县共有安陵、马栏、望田、柏梁、陈化店 5 个镇和马坊、彭店、张桥、南坞、陶城、只乐、大马 7 个乡。2012 年境内大马乡、陶城乡、张桥乡撤乡建镇。2013 年只乐乡、彭店乡撤乡设镇。

行政区域划分 2014 年末，辖安陵、柏梁、陈化店、马栏、望田、大马、陶城、张桥、只乐、彭店 10 个镇及南坞、马坊 2 个乡，共 12 个乡级政区；下设 36 个居民委员会，350 个村民委员会。

襄城县（Xiangcheng Xian）

地处伏牛山东麓，许昌市西南部，东与许昌县及漯河市临颍县、郾城区交界，南与漯河市舞阳县及平顶山市叶县、平顶山市区相邻，西与平顶山市郏县接壤，北与禹州市毗邻。位于东经 113°22′42″～113°45′59″，北纬 33°41′14″～34°02′01″。辖区东西最大距离 43 千米，南北最大距离 38.9 千米，总面积 920 平方千米，人口密度为每平方千米 731 人。

政区地名沿革 春秋时为郑国"氾"邑（"氾"音"泛"fàn）。前 636 年周襄王在此避难。前 540 年楚灵王筑城，始名"襄城"。

秦置襄城县，属三川郡。西汉初改属颍川郡，治今禹州市。王莽新朝改为相城。东汉初复置襄城县。三国属魏。西晋将颍阳县(治今颍桥街北)并入;泰始二年(266年)设襄城郡,下辖襄城、繁昌2县。北周襄城郡改属汝州。隋大业三年(607年)复属颍川郡。唐贞观元年(627年)属许州;天宝七年(748年)复属汝州。后周、北宋均属河南道汝州。金泰和七年(1207年)改属许州。元至元二十五年(1288年)复归汝州,属汴梁路。明末属开封府。清雍正二年(1724年)升许州为直隶州,又升为许州府,襄城县均属之。1913年属豫东道。1914年属河南开封道。1925年直属河南省。1932年属河南省第五行政督察区。

　　1948年1月直属豫陕鄂边区,同年归豫西第五行政区,下设城关、第一、第二、第三、第四、第五、第六、第七共8个区;同时将文化河以北,颍河以南,西至田庄,东至彭庄的区域划归许西县;北汝河以东、文化河以南的区域划归沙北县;11月许西县、沙北县撤销,两区域复属襄城县,增设第八、第九区。1949年2月属许昌专区,下设城关、第一(茨沟)、第二(李庄)、第三(王洛)、第四(颍桥)、第五(范湖)、第六(蒉岭)共7个区。1950年9月城关区改名城关镇,全县共设1镇6区127个乡。1951年3月增设第七区、第八区(山头店庙李和王落寨内)。1956年2月撤区,全县划为2个镇(城关镇和颍桥回族镇)、47个乡;后又改建为12个中心乡,即山头店中心乡(辖山头店、党庙、坡李、姚庄4个乡)、郜庄中心乡(辖郜庄、姜庄、霍堰、丁营、苗府5个乡)、蒉岭中心乡(辖蒉岭、沟赵、汪集3个乡)、范湖中心乡(辖范湖、大白、康封、秦寺4个乡)、茨沟中心乡(辖茨沟、裴昌、欧营、沟刘4个乡)、灵树中心乡(辖灵树、谭庄、关帝庙、大庙、刘庄5个乡)、双庙中心乡(辖双庙、化行、苏庄、草寺4个乡)、颍桥中心乡(辖颍桥回族镇、郝庄、邢庙、大路吴4个乡镇)、老庄阎中心乡(辖老庄阎、岗杨、汾陈3个乡)、郭店中心乡(辖郭店、王洛、冢王、房村4个乡)、双楼宋中心乡(辖双楼宋、王罗庄、侯村3个乡)、孙祠堂中心乡(辖孙祠堂、大庙李、孙庄、黄柳4个乡)、城关镇(辖三里沟乡)。1958年4月全县划为城关镇及王洛、岳寨、汾陈、颍桥、刘庄、双庙、草寺、秦寺、范湖、十里铺、灵树、三里沟、茨沟、蒉岭、丁营、霍堰、汪集、姜庄、孙祠堂、山头店、姜店、关帝庙共22个乡;8月12日改为城关镇及姜庄、蒉岭、霍堰、茨沟、范湖、双庙、关帝庙、颍桥、王洛.十里铺、孙祠堂、山头店12个乡;9月成立襄城人民公社,各乡镇为分社。1959年3月撤销襄城人民公社,各分社改称人民公社。1961年7月原姜庄、霍堰2个公社划归蒉岭区。原关帝庙公社的刘庄、张先庄2个大队划入城关镇,其余下23个大队并入颍桥区。至此全县划为城关镇(辖城关郊区公社)及蒉岭(辖蒉岭、郜庄、霍堰、姜庄、丁营、汪集、苗府、沟赵8个公社)、范湖(辖范湖、秦寺、纸房、康封、裴昌5个公社)、茨沟(辖茨沟、欧营、聂庄、蒉庄4个公社)、双庙(辖双庙、草寺、化行、门楼李、苏庄5

个公社)、颍桥(辖颍桥、大河、岗杨、汾陈、西库、灵树、万庄 7 个公社)、王洛(辖王洛、阎寨、岳寨、台官李、殷庄 5 个公社)、孙祠堂(辖孙祠堂、黄柳、大庙李、程庄 4 个公社)、十里铺(辖十里铺、双楼宋、韩村、侯村 4 个公社)、山头店(辖周庄、山前姚庄、大赵庄、下黄、山后孙庄 5 个公社)共 9 个区。1962 年 12 月增设姜庄、关帝庙 2 个区,原 48 个公社分为 171 个。1965 年 9 月撤区,将 171 个公社合并为茨沟、丁营、孙祠堂、程庄、姜庄、范湖、蔓岭、汾陈、王洛、关帝庙、山头店、颍桥、十里铺、双庙 14 个公社和一个镇。1966 年 10 月,15 个公社(镇)重新命名为八七(城关镇)、胜利(茨沟)、前进(丁营)、建设(孙祠堂)、八一(程庄)、太阳升(姜庄)、东风(范湖)、上纲(蔓岭)、兴无(汾陈)、红卫(王洛)、红光(关帝庙)、跃进(山头店)、东方红(颍桥)、红星(十里铺)、红旗(双庙)公社。1969 年属许昌地区。1970 年 5 月,八一(程庄)人民公社所辖焦庄、辛南、辛北、程庄 4 个生产大队划归平顶山市郊区。1971 年 9 月各人民公社恢复原名,八一(程庄)公社易名姜店公社。1982 年姜店公社改称湛北公社,关帝庙公社改称库庄公社。

1984 年 1 月下辖城关镇,原 14 个公社改乡,蔓岭乡改为麦岭乡;4 月析颍桥乡的颍桥街 5 个大队(村)成立颍桥回族乡,其余分设颍阳乡。1985 年颍桥回族乡改镇。1986 年 2 月襄城县属平顶山市。1994 年 3 月颍阳乡撤乡建镇;5 月王洛撤乡建镇。1995 年 10 月麦岭乡撤乡建镇。1997 年 8 月 25 日属许昌市。1998 年 2 月孙祠堂乡撤乡建镇,同时更名紫云镇。2010 年 9 月库庄乡撤乡建镇。2011 年 5 月十里铺乡撤乡建镇。2012 年境内山头店乡撤乡建镇。

行政区域划分 2014 年末,辖城关、麦岭、紫云、十里铺、库庄、王洛、颍桥回族、颍阳、山头店 9 个镇,茨沟、范湖、姜庄、丁营、湛北、汾陈、双庙 7 个乡,共 16 个乡级政区;下设 21 个居民委员会,427 个村民委员会。

禹州市(Yuzhou Shi)

地处许昌市西部,东与许昌县、长葛市为邻,南与襄城县、平顶山市郏县接壤,西与平顶山市汝州市、郑州市登封市毗连,北与郑州市新郑市、新密市相接。位于东经 113°03′30″~113°39′22″,北纬 33°59′40″~34°24′27″。辖区东西最大距离 55 千米,南北最大距离 47 千米,总面积 1461 平方千米。人口密度为每平方千米 776 人。

政区地名沿革 夏禹时称夏邑。春秋为郑国栎邑城。战国初称阳翟(di)。明万历三年(1575 年)为避皇帝朱翊钧讳改为禹州,取禹受封之意。1912 年改称禹县。1988年6月改称禹州市。

上古为夏部落活动中心,禹在此受封为夏伯。其子启于此创建奴隶制王朝,大享诸侯于钧台(今城区西南三峰山西峰),史称夏邑。春秋郑庄公于此建郑国别都,称栎邑城。战国初韩景侯于此建都称阳翟。秦始皇十七年(前230年)灭韩,置阳翟县,属颍川郡,郡、县均治此。汉因之。三国魏属河南尹。西晋属河南郡。东魏兴和元年(539年)置阳翟郡。隋属河南府。北宋属颍昌府。金、元属钧州。明万历三年(1575年)改为禹州,仍治今城关镇。清因之,属开封府。1912年改县,属豫东道,下设11个区。1913年属开封道。1927年直属河南省。1932年属河南省第一行政督察区。

1948年3月将境内东南部宋庄一带划入许西县;9月解放,禹县属豫西五行署,下设8个区,即一区(城关)、二区(方岗)、三区(神垕)、四区(花石)、五区(罗集)、六区(古城)、七区(郭连)、八区(张得);12月许西县撤销,划入许西县部分仍归禹县。1949年禹县属许昌专区;另有长葛县西部路庄、李庄2个自然村划入。1952年将境内东北部大刘村、桃楼、白庄、汪庄、窑口、孙庄共6个自然村划归长葛县。1954年长葛县王庄、襄城县前张村划入。1957年将境内北部的白石崖、龙马道、石牛后3个自然村划归郑州市密县。1958年原8个区改建为红星(无梁)、钢铁(浅井)、五四(顺店)、三八(火龙)、鸠山(包括磨街、鸠山、方山和文殊乡西部)、火箭(神垕)、八一(张得)、卫星(郭连)、东风(褚河)、红旗(城关)10个公社。1961年5月1日划分为67个小公社。1962年6月建郭连、古城、浅井、花石、顺店、方山、陈庄、鸿畅、张得、范坡、褚河、火龙、城关等13个区及城关、神垕2镇。1968年11月划分为朱阁、苌庄、古城、郭连、火龙、城关、花石、范坡、褚河、顺店、浅井、无梁、方山、梁北、神垕、张得、小吕、鸿畅、鸠山、磨街、文殊共21个公社。1977年从文殊、火龙2个公社中划出22个大队组成方岗公社。1969年禹县改属许昌地区。

1984年4月22个公社改为城关、神垕2镇及褚河、范坡、张得、鸠山、小吕、鸿畅、火龙、方岗、文殊、磨街、花石、苌庄、顺店、浅井、朱阁、无梁、古城,郭连、梁北、方山20个乡;11月建山货回族乡。1985年6月方山乡改镇。至此全县共辖3个镇,20个乡。1986年许昌地区改为许昌市,禹县改属许昌市。1987年2月无梁乡改镇;3月顺店乡改镇。1988年6月改禹县为禹州市。1993年鸿畅乡改镇。1994年火龙乡、梁北乡、古城乡改镇。1999年12月撤销城关镇,设立钧台、颍川、夏都、韩城4个街道。2000年3月文殊乡改镇。2009年9月鸠山乡改镇。2010年9月褚河乡改镇。2011年2月范坡乡、郭连乡改镇;5月浅井乡、朱阁乡改镇。2012年境内花石乡、方岗乡撤乡建镇。2013年张得乡撤乡建镇。

行政区域划分　2014年末,辖颍川、夏都、钧台、韩城4个街道,神垕、火龙、顺店、方山、鸿畅、梁北、无梁、古城、文殊、鸠山、郭连、范坡、褚河、朱阁、浅井、花石、方岗、张得 18 个镇，小吕、苌庄、磨街、山货回族 4 个乡，共 26 个乡级政区；下设 19 个居民委员会，638 个村民委员会。

长葛市（Changge Shi）

地处许昌市北部，东与鄢陵县相邻，南与许昌县接壤，西与禹州市相连，北与郑州市新郑市毗邻，东北邻开封市尉氏县。位于东经 113°34′~114°08′，北纬 34°09′~34°20′。辖区东西最大距离 51.9 千米，南北最大距离 20.4 千米，总面积 647.4 平方千米。人口密度为每平方千米 1046 人。

政区地名沿革　传为远古氏族部落葛天氏故址，后人思其泽，故名。

殷商时期有熊氏分布于辖区境内。春秋为长葛邑，属郑国。周烈王元年（前 375 年）改属韩国。前 361 年~前 350 年属魏，因"社稷坛中树暴长"改名长社（注：这只是个传说，没有具体时间）。秦属颍川郡。西汉置长社县，属颍川郡。汉、魏、晋因之。南朝宋景平元年（423 年），颍州州治及颍川郡治徙长社；长社县治移颍阴县（今许昌市），属南郑州。北周属许州。

隋开皇三年（583 年）改长社县为颍川县，属许州；六年（586 年）析置长葛县（治今老城镇），属许州。唐武德四年（621 年）颍川县复为长社县。五代后梁改许州忠武军为许州匡国军，长葛县属之。宋初长葛县属京西路许州。金贞元元年（1153 年）长葛县改属许州昌武军。元代长葛县属汴梁路许州。明洪武初年长社县废，长葛县属开封府许州。清河南省开归陈许郑道许州直隶州。

1912 年废州存道，属河南省豫东道。1913 年属开归陈许道。1914 年属开封道。1928 年废道改区，属第二行政区。1932 年属河南省第一行政督察区。

1947 年 10 月平汉铁路以西地区属豫西行署许西县，以东属豫皖苏边区长洧县；12 月 13 日长葛解放。1948 年复置长葛县，属许昌专区。1951 年 8 月至 1952 年 5 月，原禹县白庄乡大刘庄、白庄、套楼、窑口、孙庄、贾庄、汪庄 7 个自然村划归长葛县后河七区。1954 年 8 月郑州专区洧川县并入。1958 年 5 月下设 33 个中心乡合并为 20 个乡；8 月建立 18 个人民公社。1959 年 3 月，18 个人民公社合并为 11 个。1960 年县政府自老城镇迁至和尚桥镇。1965 年 8 月将县东北部的洧川、朱曲、大马、岗李 4 个区，共 62 个公社划归尉氏县。

1970 年属许昌地区。1986 年属许昌市。1993 年 12 月撤销长葛县，设立长葛市。2013 年境内石象乡、古桥乡撤乡设镇。

行政区域划分　2014 年末，辖建设、长兴、长社、金桥 4 个街道，和尚桥、后河、石固、坡胡、老城、董村、南席、大周、石象、古桥 10 个镇,增福庙、官亭 2 个乡,共 16 个乡级政区;下设 95 个居民委员会,279 个村民委员会。

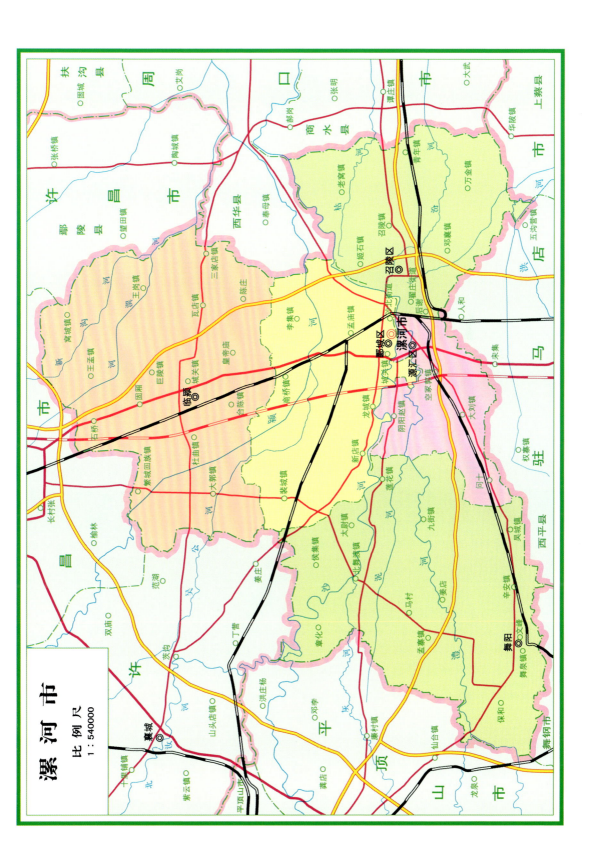

漯 河 市

比 例 尺
1:540000

漯河市（Luohe Shi）

地处河南省中部偏南,东与周口市相邻,南与驻马店市为邻,西与平顶山市接壤,北与许昌市相邻。位于东经 113°27′13″～114°16′48″,北纬 33°24′56″～33°59′14″。辖区东西最大距离 76 千米,南北最大距离 64 千米,总面积 2649.93 平方千米。人口密度为每平方千米 985 人。

政区地名沿革　古为一渡津,元代澧河由此改道入沙河,因交汇处"二水洄环如海螺"名螺湾河渡。明初设螺湾河镇。明嘉靖年间改"螺"为"漯",后简称漯河镇。1949 年后称今名。

明初设螺湾河镇,属郾城县。明嘉靖年间改为漯湾河镇。1912 年改称漯河镇。1930 年分置五权镇、漯河镇。1933 年 2 镇合并仍称漯河镇。

1948 年 8 月解放后漯河镇由郾城县析出,设立县级漯河市,下设 2 个区,隶属豫西二专署;11 月成立漯河市人民民主政府,下设一、二、三、四 4 个区。1949 年 1 月,漯河市与郾城县合并,称漯河郾城市县人民民主政府;10 月漯河市、郾城县分设,漯河市下辖 23 个街道,属许昌专区。1960 年 6 月撤销郾城县入漯河市。1961 年 11 月恢复郾城县建制。1970 年许昌专区改称许昌地区。1985 年 12 月,下辖 4 个街道,4 个乡。1986 年 2 月漯河市升格为地级市,辖郾城、舞阳、临颍 3 个县;5 月置源汇区,辖原县级漯河市所辖的区域。2004 年 9 月撤郾城县,分设郾城、召陵 2 区,至此,全市共辖源汇、郾城、召陵 3 个区和舞阳、临颍 2 个县。

行政区域划分　2014 年末,辖源汇、郾城、召陵 3 个区,舞阳、临颍 2 个县,共 5 个县级政区。

源汇区（Yuanhui Qu）

地处漯河市南部,东邻京广铁路,南与驻马店市西平县接壤,西与舞阳县相邻,北濒沙河。位于东经 113°47′4″～114°02′18″,北纬 33°26′54″～33°36′44″。辖区东西最大距离 26.5 千米,南北最大距离 18.4 千米,总面积 202.13 平方千米。人口密度为每平方千米 1701 人。

政区地名沿革 因沙、澧河在境内交汇,取"源汇"之意命名。

唐中期称隐(yin)水镇,属郾城县。明永乐年间发展成为贸易重镇,称螺湾渡。清咸丰二年(1852 年)修建源汇寨,后毁。历为"螺湾河"、"漯湾店"、"漯湾河镇"。20 世纪 20 年代末改称漯河镇,属郾城县。

1948 年 11 月成立县级漯河市,隶属豫西行署二行(专)署。1948 年 12 月漯河市与郾城县合并。1949 年 2 月二专区与五专区合并组建许昌专区,改属许昌专区;10 月漯河市和郾城县分设。1960 年 6 月撤销郾城县,并入漯河市。1961 年 11 月漯河市、郾城县再次分设,隶属许昌专区。1970 年改属许昌地区。1986 年 2 月漯河市升格为省辖市;5 月将原县级漯河市管辖区域设置为源汇区,下辖马路街街道、老街街道、顺河街街道、天桥街街道和翟庄乡、孙庄乡、后谢乡、干河陈乡。2004 年 9 月原郾城县问十乡、阴阳赵乡、空冢郭乡、大刘镇划归源汇区;源汇区孙庄乡划归郾城区;源汇区天桥街街道、翟庄乡、后谢乡划归召陵区。2007 年 11 月老街、马路街、顺河街、干河陈 4 个街道改称社区。

行政区域划分 2014 年末,辖马路街、老街、顺河街、干河陈 4 个社区,大刘、空冢郭、阴阳赵 3 个镇及问十乡,共 8 个乡级政区;下设 19 个居民委员会,109 个村民委员会。

郾城区（Yancheng Qu）

地处漯河市中西部,东与召陵区接壤,东南与召陵区、源汇区相连,南隔沙河与源汇区相望,西南与源汇区、舞阳县相邻,西与舞阳县、许昌市襄城县接壤,西北、北与临颍县毗邻,东北与召陵区、临颍县、周口市西华县交界。位于东经113°44′58″～114°6′39″,北纬 33°34′37″～33°45′25″。辖区东西最大距离 33 千米,南北最大距离 16 千米。总面积 445.4 平方千米,人口密度为每平方千米1134 人。

政区地名沿革 夏商时期便有奄(同郾)地,春秋战国和秦朝时期分置郾邑和郾县,简称郾。隋朝时"郾"字后加"城",设郾城县,因此得名。

西周属奄(同郾)国,后奄灭,属姬姓胡国。春秋境内大部分属楚国。战国时期设郾邑,先后属楚国、魏国、秦国。秦置郾县,属颍川郡。汉沿秦制。三国时期属魏。两晋时属颍川郡。隋开皇五年(585 年)置郾城县,属河南道豫州,后又属蔡州、溵州。唐贞元二年（786 年）废溵州，归入蔡州；开元十一年（723年）县治由溵水南（今源汇区阴阳赵镇古城村）迁移至溵水北（今沙河北城关镇）；元和十二年（817 年）置溵州于郾城；长庆元年（821 年）废溵州，郾城属许州。五代、宋、元、明、清均置郾城县，属许州。1912 年属开封许道。1913 年属豫东道。1933 年属第五行政督察区。

1948 年 4 月郾城解放后，境内分属豫西五专区的沙北县、豫皖苏五专区的西临郾县和郾商西县；12 月，沙北县、西临郾县和郾商西县撤销，属郾城县。1949 年 10 月，郾城县、漯河市（县级）分设，属许昌专区，县政府驻地西大街（今城关镇黄河西路），下辖 7 个区、143 个乡。1956 年 4 月，撤区改设 16 个中心乡；9 月撤销中心乡，63 个乡合并至 39 个。1958 年 6 月将 39 个乡合并为 15 个乡；8 月建"超美人民公社"，改设 15 个管理区，下设大队、生产队。1960 年 6 月郾城县并入漯河市。1961 年 10 月分置，属许昌专区，下辖 12 个区、63 个人民公社。1963 年 7 月改为 15 个区、1 个镇、214 个人民公社。1965 年 9 月改为 16 个人民公社，下辖 318 个大队。1970 年许昌专区改许昌地区。1984 年 1 月，公社改为乡镇，下辖 277 个村民委员会。1986 年 1 月漯河市升格为省辖市，郾城县改属漯河市。1988 年 12 月，调整为 14 个乡、3 个镇，下设 414 个村民委员会。1995 年 5 月，县政府驻地由城关镇黄河西路迁至海河路中段，改为 13 个乡、6 个镇，下设 431 个村民委员会。经多次区划调整，至 2003 年 12 月，辖 7 个乡、11 个镇，有 443 个村民委员会、13 个居民委员会。2004 年 9 月撤郾城县，建郾城区、召陵区。原郾城县城关镇、孟庙镇、商桥镇、裴城镇、新店镇、龙城镇、黑龙潭乡、李集乡和源汇区的孙庄乡划入郾城区。2005 年 12 月，撤销孙庄乡设立沙北街道。2010 年 12 月李集乡撤乡设镇。2014 年境内黑龙潭乡撤乡设镇。

行政区域划分　2014 年末，辖沙北街道和城关、孟庙、商桥、裴城、新店、龙城、李集、黑龙潭 8 个镇，共 9 个乡级政区；下设 39 个居民委员会，160 个村民委员会。

召陵区（Shaoling Qu）

地处漯河市中东部，东临周口市商水县和驻马店市上蔡县，南接驻马店市西平县，西靠铁路京广线，北连周口市西华县。位于东经 114°11′36″～114°14′11″，北纬 33°31′56″～33°32′26″。辖区东西最大距离 23.4 千米，南北最大距离 31.2 千米，总面积 405.4 平方千米。人口密度为每平方千米 1199 人。

政区地名沿革　因境内召陵镇而得名。

夏为古郾子国。西周属胡国地。春秋时期今辖区分属楚国、蔡国。战国时期魏国始建召(zhao)陵邑。秦改召(zhao)陵县,属陈郡。汉时属汝南郡;东汉建武三年(27年)析召(zhao)陵县置征羌县,属汝南郡。三国时属魏。两晋时为避司马昭讳,改为邵陵,属颍川郡。南北朝复为召陵(音 shao);南朝宋置南颍川郡,治所在召(shao)陵县奇硕城(今漯河老寨附近),下辖召(shao)陵、临颍、曲阳3县;北魏为颍川郡召陵县。隋开皇五年(585年)置郾城县,召(shao)陵县划入。唐武德四年(621年)置道州,恢复召(shao)陵县;贞观元年(627年)划召(shao)陵县入郾城县,属豫州(后改为蔡州)。

2004年9月撤销郾城县分设召陵、郾城2个区,召陵区下辖召陵、邓襄、万金、老窝4个镇和姬石、后谢、青年村3个乡;同时源汇区天桥街道、翟庄、后谢2个乡划归召陵区。2006年10月翟庄乡改为翟庄街道。2010年11月姬石乡撤乡建镇。2013年青年村乡撤销,设立青年镇。

行政区域划分　2014年末,辖翟庄、天桥2个街道,召陵、邓襄、万金、老窝、姬石、青年6个镇及后谢乡,共9个乡级政区;下设15个居民委员会,227个村民委员会。

舞阳县(Wuyang Xian)

地处漯河市西部,东邻源汇区,东南隅与驻马店市西平县接壤,南连舞钢市,西接平顶山叶县,北毗许昌市襄城县,东北隅与郾城区接壤。位于东经113°27′~113°51′,北纬33°24′~33°42′。辖区东西最大距离30千米,南北最大距离37千米,总面积776平方千米。人口密度为每平方千米711人。

政区地名沿革　夏禹时期定名,因邑在潕水之北(潕同舞),故名舞阳。

春秋属楚,战国属魏。秦置舞阳县,属颍川郡。西汉、东汉属颍川郡。三国魏置舞阳郡。晋改名北舞县,属襄城郡,治北舞镇(今北舞渡)。北魏属司州。隋属颍川郡。唐贞观中属许州;开元年间复置舞阳县;元和九年(814年)吴元济叛唐,焚毁县城,治所迁吴城。宋属颍昌府。金复属许州,治所迁今县城。元置巡检司,归入叶县;大德年间复县,属南阳府裕州(今方城)。明洪武年间设26保;弘治七年(1494年)全县共设44保。清康熙二十二年(1683年)并为26保;五十八年(1719年)增为40保。1919年属汝阳道。1928年改属河南省第六行政区(南阳)。1944年6月县政府迁往尚店、王店一带。1945年8月县政府迁回县城,仍属河南省第六行政区。

1947年12月17日解放,成立舞阳县人民民主政府,属豫陕鄂行政区第七专区。1948年6月改属豫西行政区第二专区,下辖11个区,即第一区尚店、第二区柏庄、第三区尹集、第四区八台、第五区武功、第六区保和、第七区城关、第八区吴城、第九区孟寨、第十区九街、第十一区殷庄;11月由原沙北县北舞渡区、大张区划入,编为第十二区、第十三区。1949年2月改属许昌专区;同时原第二区、第三区并入第一区,第十一区并入第十区,共有城关、吴城、武功、尚店、八台、保和、孟寨、九街、北舞渡、大张10个区,下辖177个乡(镇、街)。1951年12月辖城关镇及老蔡、吴城、武功、尹集、尚店、八台、保和、孟寨、姜店、九街、北舞渡、大张12个区,下设183个乡。1955年8月调整城关镇及吴城、武功、尹集、尚店、保和、孟寨、姜店、北舞渡、大张9个区,下设180个乡。1956年2月保留城关镇、尹集区、尚店区,其他6个区,划分为60个乡;10月将60个乡合并为30个乡。1958年4月将30个乡合并为七里、辛安、吴城、保和、辛集、武功、拐子王、侯集、古城、北舞渡、姜店、九街、马村、八台14个乡;8月撤乡设立城关、辛安、吴城、姜店、九街、拐子王、保和、孟寨、北舞渡、八台、武功、尹集、尚店、侯集14个人民公社,下设377个生产大队、1969个生产队。1961年8月14个人民公社改为区,下辖67个人民公社(习惯称中型公社)、582个生产大队、3318个生产队。1962年11月,从城关区析置城关镇,67个人民公社划分为183个人民公社(习惯称小公社),撤销生产大队,设3318个生产队。1965年8月撤销区建制,183个人民公社合并为城关镇和城关、吴城、辛安、九街、姜店、拐子王、北舞渡、侯集、马村、孟寨、保和、八台、枣林、武功、尹集、杨庄、尚店18个人民公社,下设472个生产大队、3350个生产队。1973年12月枣林、武功、尹集、尚店、杨庄、八台6个人民公社析出,设立省辖舞阳工区。1975年9月侯集人民公社析出东部16个生产大队置太尉人民公社;北舞渡人民公社析出西部17个生产大队置章化人民公社。

1984年1月人民公社改为乡镇,生产大队改为村民委员会,生产队改为村民组。1986年2月改属漯河市。辖城关镇及城关、保和、辛安、吴城、九街、姜店、孟寨、马村、北舞渡、侯集、章化、太尉、拐子王13个乡。1988年后城关镇更名为舞泉镇,城关乡更名为文峰乡,北舞渡、吴城、孟寨、辛安、太尉乡撤乡设镇,撤拐子王乡设莲花镇。1996年11月将文峰乡的5个村民委员会和辛安乡的3个村民委员会划归舞泉镇。2011年11月境内侯集乡撤乡置镇。2014年九街乡撤乡设镇。

行政区域划分 2014年末,辖舞泉、辛安、吴城、孟寨、北舞渡、太尉、莲花、侯集、九街9个镇及文峰、保和、姜店、马村、章化5个乡,共14个乡级政区;下设10个居民委员会,398个村民委员会。

临颍县（Linying Xian）

地处漯河市北部，东接许昌市鄢陵县、周口市西华县，南邻郾城区，西连许昌市襄城县，北邻许昌市许昌县。位于东经113°43′12″~114°09′30″，北纬33°43′~33°58′56″。辖区东西最大距离40千米，南北最大距离32.5千米，总面积821平方千米。人口密度为每平方千米881人。

政区地名沿革 古因临颍水（今颍河）而得名。

夏、商、周属豫州。春秋分属许男国的城颍邑（今固厢乡城顶村）、大陵邑（今巨陵镇巨陵村）。战国属魏。秦属颍川郡。西汉高帝六年（前201年）于城颍邑置临颍县，仍属颍川郡。新朝王莽改临颍县为监颍县。东汉复为临颍县，延康元年（220年）将颍阴县繁阳亭改为繁昌县。南朝宋永初元年（420年），撤繁昌县并入临颍县，属颍川郡。北魏太平真君元年（440年）临颍县归北魏，属南颍川郡；七年（446年），颍阴县并入临颍县；永熙三年（534年）临颍县仍属颍川郡，同时颍阴、繁昌2县析出复置。北齐天保元年（550年）设临颍郡，治今郾城区北大朱村。北朝周建德六年（577年）并入长社县。隋开皇二年（582年）析出复置，属颍川郡。唐贞观元年（627年）废繁昌县入临颍县。后梁属许州匡国军，后唐属许州忠武军。北宋属颍昌府。金属许州昌武军。元属汴梁路许州。明、清属河南开封府许州。1912年属豫东道。1913年改属开归陈许道。1914年属开封道。1915年属豫东观察署。1917年属开封道。1927年直属河南省。1928年属豫中行政长官署。1930年复属河南省。1932年属河南第五区行政督察专员公署。1945年6月抗日民主政府在西华、临颍、郾城3县结合部建立西临郾县，10月撤。1946年12月复置。

1947年解放。1948年1月撤西临郾县，以平汉铁路为界，西部属沙北县，东部建临颍县，县政府驻鄢陵县陶城村；11月改驻临颍县城关大布市街；同时撤沙北县，所辖繁城、杜曲划归许昌县。1949年3月繁城、杜曲复归临颍县，属许昌专员公署；10月属许昌专区，下辖城关镇及台陈、杜曲、石桥、王岗、瓦店5个区。1950年12月辖城关镇及第一区（驻台陈）、第二区（驻杜曲）、第三区（驻繁城）、第四区（驻固厢）、第五区（驻王岗）、第六区（驻瓦店）。1951年7月增加第七区（驻王孟）。1955年10月辖城关镇及王曲、杜曲、陈策、繁城、锅窑口、王孟、巨陵、王岗、瓦店、皇帝庙10个中心乡。1956年10月辖2镇25个乡。1959年2月辖城关、大郭、王曲、杜曲、繁城、固厢、王孟、巨陵、王岗、三家店10个人民公社。1961年9月改设10个区。1965年8月改为城关、大郭、台陈、杜曲、繁城、固厢、王孟、巨陵、王岗、瓦店、三家店、皇帝庙12个人民公社。1970年许昌专区改为许昌地区。1976年12月辖城关、大郭、台陈、杜曲、繁城、固厢、王孟、窝城、巨陵、王岗、三家店、瓦店、皇帝庙、石桥、陈庄15个人民公社。

1984年1月改设城关镇及大郭、台陈、杜曲、繁城、固厢、王孟、窝城、巨陵、王岗、三家店、瓦店、皇帝庙、石桥、陈庄14个乡;9月自繁城乡析置繁城回族镇。1986年1月划归漯河市。1988年1月繁城乡并入繁城回族镇。2014年境内大郭乡、王孟乡撤乡设镇。

行政区域划分　2014年末,辖城关、杜曲、繁城回族镇、台陈、王岗、瓦店、巨陵、三家店、窝城、大郭、王孟11个镇,固厢、石桥、皇帝庙、陈庄4个乡,共15个乡级政区;下设5个居民委员会,367个村民委员会。

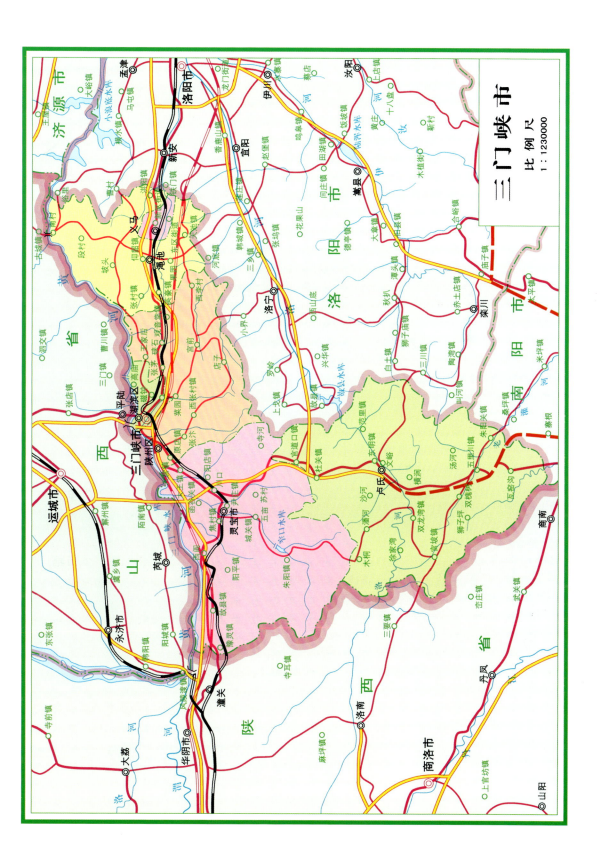

三门峡市

比 例 尺
1:1230000

三门峡市(Sanmenxia Shi)

地处河南省西部,豫陕晋 3 省交界处,秦岭山脉东延与伏牛山、熊耳山、崤山交会地带。东北、东、东南接洛阳市,南同南阳市为邻,西南、西分别与陕西省商洛市、渭南市接界,北隔黄河和山西省运城市相望。位于东经 110°21′42″ ~ 112°01′24″,北纬 33°31′24″ ~ 35°05′48″。辖区东西最大距离 153.2 千米,南北最大距离 132 千米,总面积 9883.77 平方千米。人口密度为每平方千米 216 人。

政区地名沿革　因北临黄河三门峡而得名。

春秋时,辖区先属虢,后属晋。秦属三川郡。西汉属河南府。北魏置陕州。1913 年撤销陕州设陕县。1932 年设河南省第十一行政督察专员公署,辖陕县、灵宝、卢氏、阌乡、渑池等 7 个县。1949 年 3 月称陕州专区,隶属中原临时人民政府;5 月河南省人民政府成立,隶属河南省,辖卢氏、灵宝、阌乡、陕县、渑池、洛宁、栾川 7 县。1952 年 4 月陕州专区与洛阳专区合并,称洛阳专区。1957 年 3 月成立省辖市三门峡市。1958 年由洛阳专区代管。1961 年改为县级市。1968 年属洛阳地区。

1986 年 1 月洛阳地区撤销,三门峡市升为省辖市。1988 年末辖 1 个市辖区,1 个县级市,4 个县,10 个镇,65 个乡,5 个街道。1995 年末辖 1 个市辖区,2 个县级市,3 个县,20 个镇,54 个乡,10 个街道。2000 年末辖 1 个市辖区,2 个县级市,3 个县,29 个镇,47 个乡,9 个街道。2015 年撤陕县,改为陕州区。

行政区域划分　2015 年末,辖湖滨区、陕州区 2 个市辖区,渑池、卢氏 2 个县,义马、灵宝 2 个县级市,共 6 个县级政区。

湖滨区(Hubin Qu)

地处三门峡市中北部,东、南、西 3 面与陕州区相邻,北隔黄河与山西省平陆县相望。位于东经 111°08′ ~ 111°24′,北纬 34°40′ ~ 34°50′。辖区东西最大距离23千米,南北最大距离16千米,总面积185.2平方千米。人口密度为每平方千米1458人。

政区地名沿革　因地北滨黄河三门峡水库而得名。

夏商为豫州地。西周先后为焦国、虢国地。春秋属晋国。战国为魏地。秦属三川郡陕县。汉属弘农郡。三国魏、晋属恒农郡。北魏太和十一年(487年)属陕州陕县。隋属河南郡。唐、宋属陕州。金初属西安河南府,后属金昌府陕州硖石县。元属河南路陕州陕县。明属河南府陕州,清初沿明置。雍正二年(1724年)属河陕汝道直隶陕州。1913年属河洛道陕县。1928年属豫西第三行政区陕县。1932年属河南省第十一行政督察区陕县。1949年10月属陕州专区陕县。1952年属洛阳专区陕县。1959年6月属地级市三门峡市。1961年10月三门峡市降为县级市,隶属洛阳专区。

1986年1月三门峡升级为地级市;5月成立湖滨区,归三门峡市管辖,辖会兴、交口、崖底、磁钟、高庙5个乡,下设52个村民委员会,336个村民小组,辖湖滨、车站、大安3个街道,下设50个居民委员会,486个居民小组。1988年11月增设涧河、前进2个街道,下设75个居民委员会,335个居民小组。1996年1月会兴乡撤乡建镇。1997年11月崖底乡三里桥、向阳、后川3个村民委员会,划归三门峡经济技术开发区。1997年12月下设86个居民委员会。1999年4月崖底乡韩庄村划归三门峡经济技术开发区。2005年撤销崖底乡,并入交口乡,撤销会兴镇,并入磁钟乡。

行政区域划分　2014年末,辖湖滨、车站、前进、涧河、大安5个街道,交口、磁钟、高庙3个乡,共8个乡级政区;下设39个居民委员会,47个村民委员会。

陕州区(Shanzhou Qu)

地处三门峡市中东部、黄土高原东部边缘,东与渑池县交界,南与洛阳市洛宁县为邻,西与灵宝市接壤,北与山西省平陆县隔黄河相望、与湖滨区毗连。位于东经111°01′~111°45′,北纬34°24′~34°51′。辖区东西最大距离65.25千米,南北最大距离48.8千米,总面积1363.8平方千米。人口密度为每平方千米192人。

政区地名沿革　《直隶陕州志》载:山势四围曰陕。县以四周皆山得名。

夏、商属豫州。西周为焦国、虢国地。春秋属晋。战国属魏、韩。秦惠公十年(前390年)置陕县,属三川郡。西汉属弘农郡。三国魏属恒农郡。西晋复属弘农郡。南北朝时,为弘农郡、恒农郡治所。北魏太和十一年(487年)为陕州治所。隋开皇年间属陕州；大业十三年（617 年）州废，属河南郡。唐武德元年（618 年）复置陕州；贞观十四年（640 年）属河南道；唐天佑年间为兴唐府治所，属河南道。五代属镇国军、保义军。宋熙宁六年（1073 年）硖石县废入陕县，属永兴军。金初改陕州为西安军，属河南府；后复称陕州，废陕县置硖石县，属金昌府。元废硖石县，复置陕县，属陕州。明废陕县，入陕州，属开归道；崇祯十年（1637 年）设二十二个里，即：城南坊、东关厢、五原一里，五原二里、五原三里、曲村里、西樊一里、西樊二里、太阳里、赵原一里、赵原二里、东樊一里、东樊二里、横渠里、马河一里、马河二里、卫村里、七里一里、七里二里、朱原里、李村里、宫前里。清属河南府，雍正二年（1724 年）陕州升为直隶州，属河陕汝道；乾隆年间，改划为五路，东路：横渠、磁钟、张茅、硖石、观音堂、李村、芦草，西路：桥头沟、大营、曲沃，南路：大南关、水淆、张村，北路：上村、会兴镇、马家河，东南路：菜园、宫前、头峪、池头。

1912 年全县划分为 8 个区。1935 年合并为 5 个区，下设保和联保，辖 1022 个村，村又分若干甲。

1949 年 10 月废除保、甲，设置区、乡，全县设 7 个区，即城关区、大营区、张村区、菜园区、张茅区、观音堂区、会兴镇区。1951 年 7 月增设宫前、李村 2 个区。1956 年 3 月撤销区，建立 16 个中心乡，下辖 48 个小乡。1957 年 3 月撤销中心乡和小乡，除保留宫前中心乡所辖的 3 个乡外，其它改为城关、大营、张汴、芦村、张村、王村、菜园、东凡、张茅、硖石、五鸡岭、赵沟、观音堂、胡果、李村 15 个大乡；9 月将菜园区的南梁村、北梁村、朱家沟，杨家沟、侯家沟、晁家庄、卢家店、马家店等 8 个村归属三门峡市。1960 年 1 月撤销陕县建置。1962 年 3 月恢复陕县建置，陕县人民政府设于三门峡市，划为 8 个区，38 个区辖公社，即大营区：下辖大营、温塘、张汴、峪里、郭家 5 个区辖公社，张湾区：下辖牛王庙、芦村、雷家湾、桥头 4 个区辖公社，张村区：下辖坡头、庙洼、张村、东沟、水淆、人马 6 个区辖公社，菜园区：下辖东凡、菜园、下庄、草店、中庄 5 个区辖公社，张茅区：下辖位村、张茅、竹园、硖石、高举、王家后 6 个区辖公社，观音堂区：下辖贺村、观音堂、大延洼、糯米沟 4 个区辖公社，李村区：下辖柳沟、李村、塔罗、南岩 4 个区辖公社，宫前区：下辖杏花、头峪、店子、宫前 4 个区辖公社。1962 年 7 月保留宫前、观音堂、李村 3 个区及其下辖的 12 个区辖公社，其余 5 个区划为大营、张汴、张湾、张村、王村、菜园、东凡、张茅、王家后、硖石、竹园、高举 12 个公社和原店镇 1 个镇。1965 年 7 月撤销观音堂、宫前、李村 3 个区，取消区辖公社，原店镇合并归大营，王村合并归张村，王家后、竹园合并归张茅，高举合并归硖石，全县建立了大营、张汴、张湾、张村、菜园、张茅、硖石、观音堂、李村、宫前 10 个大公社。1971 年 3 月设宜村公社。1975 年 10 月设王家后、柴洼、大延洼、店子、东凡 4 个公社和原店镇 1 个镇,全县共辖 16 个公社,1 个镇,261 个生产大队。1984 年 1 月撤销人民公社,辖 16 个乡人民政府,1 个镇人民政府,下设 263 个村民委员会,1529 个自然村。

1986 年 1 月撤销洛阳专区建置,三门峡市升级为省辖市,陕县归三门峡市管辖。2005 年 11 月撤乡并镇,大延洼乡并入观音堂镇,东凡乡并入菜园乡,柴洼乡并入王家后乡,宜村乡并入西张村镇,辖 9 个乡 4 个镇,下设 262 个村民委员会,1359 个自然村。2006 年 9 月将大营镇的官庄村、黄村、南曲沃、五原村划归三门峡工业园区。2009 年 8 月将原店镇的原店村、大营镇的大营村划归三门峡产业集聚区(原三门峡工业园区)。2015 年 2 月撤销陕县,设立陕州区。

行政区域划分　2015 年,辖大营、原店、观音堂、张村 4 个镇和张汴、张湾、菜园、张茅、王家后、硖石、李村、宫前、店子 9 个乡,共 13 个乡级政区;下设 10 个居民委员会,256 个村民委员会。

卢氏县(Lushi Xian)

地处三门峡市南部,东与洛阳市栾川县毗邻,南接南阳市西峡县,西与陕西省的洛南县、丹凤县相邻,西南与商南县接壤,北与灵宝市为邻,东北与洛阳市洛宁县毗连。位于东经 110°35′~111°22′,北纬 33°32′~34°23′。辖区东西最大距离 72 千米,南北最大距离 92 千米,总面积 4004 平方千米。人口密度为每平方千米 92 人。

政区地名沿革　有两种说法:一说因境内有卢氏山得名,一说因境内为远古卢氏部落得名。

夏商为莘川地。西周属北虢。春秋属晋。战国属韩。秦属三川郡。西汉高帝二年(前 205 年)属河南郡。西汉元鼎四年(前 113 年)始置卢氏县,属弘农郡。东汉沿袭不变。三国魏属恒农郡。西晋属上洛郡。隋属虢州。唐、五代、宋、金沿袭不变。元属南阳府嵩州。明洪武三年(1370 年)归陕州,属河南府,全县设 8 里,里下设局、村。清属陕州,道光三十年(1850 年),增设朱阳关、栾川 2 里,共设 10 里。

1913 年属豫西道。1914 年属河洛道。1928 年直属河南省。1931 年属陕州十一区专员公署;5 月去里设 8 个区。1933 年废区设 3 镇 11 乡。1936 年 5 月废乡镇,改设 4 个区,下设 48 个联保。1942 年废区设 16 个乡镇,乡镇下设保甲。

1946 年 9 月属中共豫鄂陕边区四地委。1947 年 8 月属第一专署;9 月卢氏县人民民主政府建立,县下设沙河、城关、横涧、文峪、范里 5 个区政府;10 月三川、栾川、陶湾、庙子4镇划归栾川县。1948年5月属陕南军区第一军分区,增设五里川区,区下设村,村下设间。1949年5月属陕州行政督察公署,增设官坡区。

　　1949年10月原属灵宝县的官道口街北半部和百间房、岭南、秋凉河3个村归卢氏县。1950年将原7个区新划为9个区127个乡,乡下设村。1952年4月8日陕、洛2行署合并,属洛阳专员公署。1955年12月撤区为乡,全县划为23个中心乡,46个小乡。1956年6月营子高级社更名为"中阿友好农庄"。1958年8月全县建8个人民公社,下辖157个生产大队。1961年3月恢复为7个区1个镇,区下设公社,共42个公社。1965年4月撤区,划为11个公社。1966年9月增设朱阳关、沙河2个公社,共13个公社。1971年增设官道口公社,共14个公社。1974年划分为22个公社。1975年增设营子、三门、张麻、火炎4个公社,共25个公社。1981年12月合并为17个公社1个镇。1982年2月"中阿公社"更名为横涧公社。

　　1984年1月5日公社改为乡;4月增设双槐树乡,共1个镇18个乡。1986年4月属三门峡市,县内建置不变,设1镇18乡,下设339个村民委员会,1个居民委员会。1987年9月村民委员会增至349个。1989年4月村民委员会增至351个。1990年增至353个村民委员会。1994年2月杜关乡撤乡建镇。1995年2月撤销城关镇居民委员会,设立东城、行政路、东北隅、西北隅、东南隅、西南隅、新建路、洛滨路、共建路和药城10个居民委员会。1995年12月五里川和官道口2个乡撤乡建镇。1996年10月朱阳关乡撤乡建镇。1997年1月官坡乡撤乡建镇。1999年5月城关镇增设北新村居民委员会。2000年6月范里乡撤乡建镇。2000年12月辖7镇12乡,下设353个村民委员会,11个居民委员会。2001年9月撤销城郊乡,改设东明镇。2005年12月辖8镇11乡,下设352个村民委员会,15个居民委员会。2010年12月撤销磨沟口乡,改设双龙湾镇。

　　行政区域划分　2014年末,辖城关、杜关、五里川、官道口、朱阳关、官坡、范里、东明、双龙湾9个镇,文峪、横涧、沙河、汤河、双槐树、瓦窑沟、狮子坪、徐家湾、潘河、木桐10个乡,共19个乡镇;下设15个居民委员会,352个村民委员会。

渑池县(Mianchi Xian)

　　地处三门峡市东北部,北濒黄河与山西省垣曲、夏县、平陆等县隔河相望,南连熊耳山与洛阳市洛宁、宜阳等县接壤,东与洛阳市新安县为邻,西与陕州区毗连。位于东经111°33′~112°01′,北纬34°36′~35°05′。辖区东西最大距离

43.8千米,南北最大距离54.6千米,总面积1368平方千米。人口密度为每平方千米262人。

政区地名沿革　因古水池—"黾池"得名。

西周为雒都(今河南洛阳市)属邑。春秋属郑、虢国。战国属韩。秦置黾池县,属三川郡。西汉属弘农郡。东汉属恒农郡。三国魏改为渑池县,属弘农郡。十六国时期先后属前赵、后赵、冉魏、前燕、前秦、后秦。北朝北魏及东魏置渑池郡。隋初属熊州,后改属河南郡、宜阳郡。唐初熊州辖渑池等3县;贞观三年(629年)渑池更名天池县,属谷州;庆显三年(657年)改属洛州。五代复名渑池县。北宋、金属河南府。元属河南府路。明、清属河南府。

1913年属豫西道。1914年属河洛道。1927年道废,直属河南省。1932年属河南省第十一行政督察区。1949年属陕州专区。1952年3月属洛阳专区,辖7个区、94个乡。1955年设13个中心乡,51个小乡。1956年撤销中心乡,分成33个乡1个区。1958年7月并为8个乡(镇)。1958年8月设13个人民公社。1961年改设30个人民公社。1962年并为15个人民公社,255个生产大队。1963年设城关镇、义马2镇,12个人民公社。1970年析置义马矿区(今义马市),共1镇12个人民公社。1975年辖1镇,15个人民公社,191个生产大队。1979年7月属洛阳地区行政公署。

1986年1月改属三门峡市。1986年12月辖16个乡(镇),下设225个村民委员会,1736个村民小组。1990年4月英豪乡撤乡建镇。1995年8月张村乡撤乡建镇。1999年9月洪阳、天池2个乡撤乡建镇。2005年10月笃忠乡并入天池镇,西阳乡并入仰韶乡,池底乡并入陈村乡,西村乡并入果园乡。2008年12月辖5个镇7个乡,下设235个村。2010年12月仰韶乡撤乡建镇。

行政区域划分　2014年末,辖城关、英豪、张村、洪阳、天池、仰韶6个镇和园、仁村、陈村、坡头、段村、南村6个乡,共12个乡级政区,下设11个居民委员会,236个村民委员会。

义马市(Yima Shi)

地处三门峡市东部,东南一角与洛阳市新安县、宜阳县为邻,南、西、北与渑池县环接。位于东经111°50′,北纬34°42′。辖区东西最大距离14千米,南北最大距离9千米,总面积126.9平方千米。人口密度为每平方千米1346人。

政区地名沿革　因市区内有义马村而得名。"义马"原为"艺麻",其村东西,旧有东麻地、西麻地的地名。20世纪50年代以后,艺麻村名被"义马村"所代替。

原为渑池县的义马镇。1970 年 1 月成立义马矿区（县级），归洛阳地区管辖，下辖千秋、常村 2 个公社和义马 1 个镇。1981 年 4 月在义马矿区设立义马市，由洛阳地区代管，下设千秋、常村 2 个乡和朝阳路、新义街、常村路、千秋路 4 个街道。

1986 年 8 月义马市划归三门峡市代管。1995 年 4 月千秋乡撤乡建镇。1996 年 6 月常村乡撤乡建镇。1998 年 8 月在西工业区设立泰山路街道。2000 年 1 月辖千秋、常村 2 个镇和千秋路、朝阳路、常村路、新义街、泰山路 5 个街道。2006 年 4 月撤销千秋、常村 2 个镇，分别成立新区、东区 2 个街道。

行政区域划分　2014 年末，辖新区、东区、千秋路、朝阳路、常村路、新义街、泰山路 7 个街道；下设 35 个居民委员会。

灵宝市（Lingbao Shi）

地处三门峡市西部，东与陕州区毗连，南依小秦岭、崤山，分别与卢氏县、洛阳市洛宁县和陕西省洛南县接壤，西与陕西省潼关县为邻，北隔黄河与山西省芮城县、平陆县相望。位于东经 110°21′18″ ~ 111°11′35″，北纬 34°07′10″ ~ 34°44′21″。辖区东西最大距离 76.4 千米，南北最大距离 68.7 千米，总面积 2835.87 平方千米。人口密度为每平方千米 249 人。

政区地名沿革　因唐天宝元年(742 年)在函谷旧关尹喜故宅掘得"灵符"得名。

夏属豫州。商为桃林。周名桃林塞。春秋初属虢。秦属三川郡。汉元鼎三年(前 114 年)置弘农县。北周于湖城北置阌乡县(治今阌乡附近)。隋开皇十六年(596 年)置桃林县(治今老城)，属陕州；大业二年(606 年)改属豫州。唐天宝元年(742 年)改桃林县为灵宝县。1949 年灵宝、阌乡 2 县属陕州专区，1952 年 4 月撤陕州专区改属洛阳专区。1954 年 6 月撤阌乡县入灵宝县。

1986 年 1 月撤洛阳地区，灵宝县属三门峡市。1993 年 5 月 12 日撤县设市(县级)。

行政区域划分　2014 年末，辖大王、阳店、尹庄、城关、函谷关、焦村、朱阳、阳平、故县、豫灵 10 个镇和川口、寺河、苏村、五亩、西闫 5 个乡，共 15 个乡级政区；下设 21 个居民委员会，428 个村民委员会。

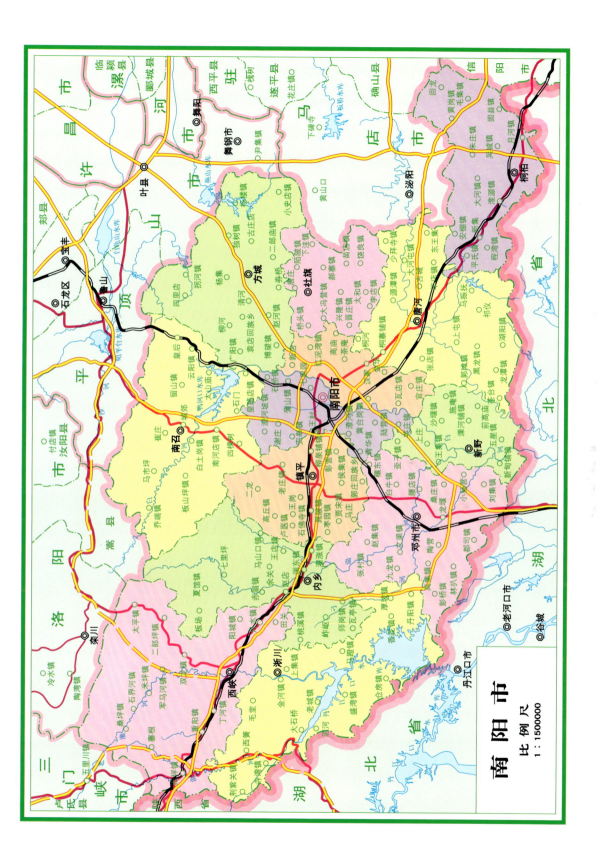

南阳市

比例尺

1 : 1500000

南阳市(Nanyang Shi)

地处河南省西南部。位于秦岭余脉以东、伏牛山脉以南、桐柏山脉以西。三面环山,中部为向南开口的南阳盆地。东和驻马店市毗连,东南与信阳市接壤;南、西南分别与湖北省襄阳市、十堰市为邻,西以陕西省商州市为邻;北与三门峡市、洛阳市搭界,东北与平顶山市接壤。位于东经110°58′~113°48′,北纬32°16′~33°47′。辖区东西最大距离262千米,南北最大距离155千米。总面积26994.82平方千米。人口密度为每平方千米435人。

政区地名沿革　秦置南阳郡,因在南山(今伏牛山)之南,汉水之北而得名。夏、商代为豫州地。西周、春秋时期境内有申(故城在今南阳市城区)、吕(在今卧龙、镇平毗邻地)、谢(在今唐河、宛城、新野毗邻地)、郦(故城在今内乡县境)、蓼(故城在今唐河县湖阳)、鄟(故城在今方城县境)、都(故城在今淅川县境内)、许(故城在今西峡县城关)等封国。后封国逐个灭亡,地尽入楚。战国周赧王十二年(前303年)韩、齐、魏3国联合攻楚取宛,北部地域曾一度属韩。秦昭襄王三十五年(前272年)初置南阳郡,治宛县(故城址在今南阳市老城东北隅)。

秦始皇二十六年(前221年)置南阳郡,辖14县,在今市境内的有8县即:宛(治今南阳市城区)、穰(治今邓州城区)、山都(治今邓州市构林镇古村)、阳城(治今方城县城东)、胡阳(治今唐河县湖阳)、析(治今西峡县城)、郦(治今内乡县郦城村)、丹水(治今淅川县大石桥乡柳家泉)。

西汉南阳郡属荆州刺史部。郡治宛城。辖36县,在今南阳市域的23县是:宛、杜衍(治今卧龙区潦河自然镇附近)、育阳(今南阳市区、新野毗邻地)、西鄂(治今卧龙区石桥镇小石桥村北)、安众(今卧龙、邓州、新野、镇平县毗邻地)、棘阳(今新野、宛城毗邻地)、新野、朝阳(今新野、邓州毗邻地)、蔡阳(今南阳市区南部或枣阳市境)、新都(治今新野县九女城)、穰、涅阳(今邓州、镇平毗邻地)、冠军(治今邓州张村乡冠军村附近)、乐成(治今邓州市陶营乡高李村附近)、博望(治今方城博望老街)、堵阳(改阳城县为堵阳)、雉(治今南召县云阳)、湖阳(治今唐河县湖阳)、平氏(治今桐柏县平氏)、复阳(治今桐柏县固庙)、山都(治今邓州构林古村)、郦、博山(今淅川县南部)。另有属弘农郡管辖而在今市域的2县是:析(治今西峡县城关)、丹水。新莽时期(9~23年)改南阳郡名前队〔音Su〕,有9个县改名:改"宛"为"南阳",改"杜衍"为"闰衍",改"涅阳"为"前亭",改"博望"为"宜乐",改"朝阳"为"厉信",改"新都"为"新林",改"穰"为"农穰",改"堵阳"为"阳城",改"平氏"为"平善",改弘农郡为右队,改"析"为"君亭"。莽新亡,悉复汉旧。东汉南阳郡疆域略有扩大,辖37县,在今市境的有宛、雉、西鄂、博望、堵阳、涅阳、育阳、棘阳、新野、湖阳、平氏、复阳、朝阳、安众、穰、山都、冠军、郦、顺阳(博山县改)22县。将原属弘农郡的析、丹水2县并入南阳郡,新置南乡县(治今淅川县滔河乡老人仓,后迁至盛湾镇兴化寺),撤销杜衍、乐成、新都县。建安十三年(208年)曹操尽得荆州地后,遂析南阳郡西部置南乡郡,郡治南乡县城。

三国魏以南阳、南乡(该两郡在今市境)等6郡置荆州,州治宛城。正始中移治新野县城。南阳郡辖26县,宛、雉、西鄂、博望、堵阳、淯阳、涅阳、安众、新野、朝阳、义阳(在今桐柏县境)、平氏、湖阳、舞阴、穰县、棘阳、冠军、郦18县在今市境。南乡郡治南乡,辖8县,析、顺阳、南乡、丹水4县在今市境。

西晋时期南阳国、顺阳郡、义阳郡和新野郡均属荆州。晋初改南阳郡为南阳国,辖14县,在今市境有宛(国治)、西鄂、雉、淯阳、博望、堵阳、舞阴、涅阳、冠军、郦10县。又改南乡郡为顺阳郡,辖8县,顺阳(郡治)、南乡、丹水、析4县在今市境。晋泰始元年(265年)改义阳郡为义阳国,太康中,义阳国除,复置义阳郡(治今新野沙堰古城),辖13个县,新野(郡治)、穰、棘阳、平氏、朝阳5县在今市境。惠帝永宁中改义阳郡为新野郡,辖6县,其中新野(郡治)、棘阳、穰、山都4县在今市境。

东晋十六国时期战乱连绵,政权多变,唯独南阳郡名未变。

南朝宋元嘉二十六年(449年)析荆州北部5郡别置雍州(治襄阳),在今市境之南阳、新野、顺阳3郡属雍州。南阳郡辖7县,宛(郡治)、舞阴、涅阳、云阳(阳淯改)、冠军、郦6县在今市境。新野郡辖5县,新野(郡治)、穰、山都、池阳(侨置)4县在今市境。顺阳郡辖顺阳(郡治)、南乡、丹水、朝阳、槐里(侨)、郑县(侨)、清水(侨)7县,均在今市境。至南朝宋大明年间,北河南郡寄治宛,辖8县(侨置)。弘农郡寄治五垄(今淅川县厚坡镇境),辖3县(侨置)。兼有河南郡、京兆郡境。

南朝齐时期,在今市境的南阳、新野、从阳、北建武郡4郡仍属雍州。南阳郡辖宛(郡治)、涅阳、冠军、郦、云阳、舞阴、许昌(侨置今淅川县西)7县,均在今市境。新野郡辖6县,新野(郡治)、山都、穰3县在今市境。从阳郡(顺阳郡改)

辖从阳(即顺阳,郡治)、南乡、槐里(侨置今淅川县南)、郑(侨置今淅川县南)、清水(侨置今邓州彭桥境)、丹水6县,均在今市境。北建武郡辖6县,其中东茈秋、西茈秋(2县在今唐河县境)2县在今市境。另于赭阳(今方城)置北襄城郡,辖6县,其中赭阳、郏城、方城县在今市境。南朝梁中大通年间,武帝乘北魏发生内乱,将疆土向北推进置宛州,辖7郡,其中南阳、左南乡、堵阳3郡在今市境。大同元年又于今桐柏县东置华州。

北魏太和二十一年(497年)占领南阳、新野、顺阳等郡后,将荆州治所从鲁阳迁到穰县,州领8郡,41县。南阳郡辖宛、新城(析冠军北境置)、冠军、舞阴、郦、云阳、涅阳、上陌(析宛县西南部置、治今卧龙区潦河镇境)、西鄂、西平(今卧龙区西部,镇平县东部)10县,均在今市境。顺阳郡辖南乡、丹水、顺阳、临洮(侨)、槐里(侨)5县,均在今市境。新野郡辖新野、穰、池阳(侨)3县,均在今市境。恒农(即弘农)郡辖4县,南郦(即郦县、郡治)、圉(侨今淅川县九重乡境)、邯郸(侨今淅川县九重乡境)3县在今市境。襄城郡辖9县,方城、郏城(治今方城小史店乡寺门村)、北平(治今方城券桥乡李岗)、舞阴、赭城(今方城)5县在今市境。汉广郡辖南棘阳(即棘阳、郡治)、西棘阳(治今新野沙堰古城)2县,均在今市境。东恒农郡辖6县,北郦(今内乡东北)、南乡、左南乡(今淅川县西南)3县在今市境。北淯郡辖武川(治今南召县小店乡关庄,郡治)、北雉(即雉县)2县,均在今市境。

北魏孝昌年间,又于今方城县境置襄州。州领6郡,襄城、舞阴、北南阳、建城4郡在今市境。襄城郡(太和中属荆州,孝昌中改属襄州)辖6县,赭城(郡治)、方城、郏城、舞阴4县在今市境。北南阳郡辖北平(郡治)、白水2县,均在今市境。舞阴郡(治今方城县梁城村)辖2县,舞阴在今市境。建城郡(治今方城县东北部)辖赭阳、北方城2县,均在今市境。

北魏时期,在今市域另有南襄州、南广州、析州。南襄州(治湖阳)领3郡,均在今市境。襄城郡辖陈阳、上马(今唐河县,郡治)2县。西淮郡辖襄城、钟离2县,均在今市境。北南阳郡辖南阳县,在今市境。南广州(治今南召县境)领6郡,至少有3郡在今市境。高昌郡辖1县高阳,在南阳市区境。襄城郡辖扶城(疑为郏城)、南阳2县。东南阳郡辖南阳1县。析州(治修阳县城)领5郡,其中2郡在今市境:修阳郡辖盖阳(在今西峡县北部)、修阳(郡治,在今西峡县桑坪镇境)2县;析阳郡辖西析阳(郡治,在今西峡县城)、东析阳(治今西峡丹水镇境)2县。

东魏永熙三年(534年)大部分归东魏所有,称治穰城之荆州为西荆州(因比阳县境有东荆州)。天平四年(537年)除建城郡地尽归西魏所有。武定八年(550年)仅东北隅之建城郡属其管辖。西魏初,在今市境有宛、涅阳、西鄂、云阳、上陌、西平县等。改南襄州为湖州,改南广州为淯州又改为蒙州(治武川),改淮州为纯州(治今桐柏县固县)。改汉广郡为百宁郡,改东恒农郡为武关郡,改左南乡郡为秀山郡。另有柘林郡。(治今唐河县上屯乡后古城)。降西淅阳郡为西淅阳县,又改为中乡县(治今西峡县城)。此外又置辅州(今桐柏县境)、东岐州(治今南召县城郊董店)、洞州(治钟离县,今唐河县东南)、淅州(辖南乡郡,治今淅川县老城南)。又置洞川郡(属洞州)、丹川郡(辖丹水、许昌、仓陵、茅城县)、襄邑郡(今方城县境)、雉阳郡(辖向城、武川、方城县,郡治向城在今南召皇路店)。

557年,宇文觉灭西魏建北周。初,在荆州设总管(地方最高军政长官),以都督诸州军事。州领5郡:新野郡辖棘阳(郡治)、穰县2县,南阳郡辖上宛(并宛县入上陌县后称)、临湍、冠军、涅阳、西鄂5县,武关郡(东恒农郡改)辖武关(郡治、今内乡县北)、郦、安山(今淅川县西北部)3县,顺阳郡辖清乡县(郑县改、郡治),南乡郡辖南乡(治今淅川县菖河乡境、郡治)、丹水2县。除荆州外,在今市境另有4州:淅州,领淅阳郡;蒙州领北淯郡、雉阳郡、襄邑郡3郡;湖州领3郡,升平郡辖湖阳(州、郡治)、柘林(治今唐河上屯乡后古城)2县,洞川郡辖钟离县(今唐河县东南,郡治),襄城郡辖上马县(今唐河县,郡治);纯州领3郡,上川郡辖淮安(治今桐柏东固县,州、郡治)、义乡(治今桐柏县东)、淮南(今桐柏县东)3县,汉广郡辖平氏县(郡治),大义郡(今桐柏县境)辖县无考。北周建德六年(577年)灭北齐。大象元年(579年)改新野郡为滕王国,未已国除,复为郡。大象元年(579年)将新野郡等相邻20郡封为隋国。

隋开皇七年(587年)将荆州治所移还江陵,改治穰城之荆州为邓州。改蒙州为淯州。大业三年(607年)又改州称郡。在今市境有南阳、淅阳、淯阳、淮安郡。南阳郡辖穰(郡治)、新野、南阳、课阳(涅阳改)、顺阳、冠军、菊潭(郦县改)、新城8县。清阳郡辖武川(郡治)、向城、方城3县。淮安郡辖7县,比阳(治今社旗县饶良,郡治)、平氏、真昌(北平改)、桐柏4县在今市境。淅阳郡辖7县,南乡(郡治)、内乡(治今西峡县城)、丹水3县在今市境。另有属春陵郡而在今市境的湖阳、上马县。属义阳郡而在今市境的淮源县(今桐柏县境)。大业末年,改郡称州。仅今唐河、桐柏、泌阳县和社旗县东南部地域就设置25州。

唐武德年间,今市境有邓州(武德二年改南阳郡置)、纯州、郦州(治今邓州罗庄)、淅州、北澧州、宛州(武德三年析置,治宛城)、淯州、湖州、新州(治今新野沙堰古城)。天宝元年(742年)改州称郡。今市境两郡属山南道(开元二十一年改属山南东道),道治襄阳。南阳郡(改邓州置)辖穰(郡治)、南阳、向城、内乡(治今西峡县城)、菊潭(治今西峡丹水石盆岗)、新野、临湍7县。淮安郡(改唐州置)辖7县,泌阳(今唐河县)、方城、湖阳、平氏、桐柏5县在今市境。乾元元年(758年)复改郡称州：改南阳郡为邓州，辖穰(州治)、南阳、向城、临湍、内乡、菊潭6县。同年省新野入穰县。改淮安郡为唐州，辖县依旧。元和十二年为讨伐蔡州(今汝南)吴元济叛唐割据集团，于唐、邓2州置唐邓节度使，蔡州平，废。天祐三年(906年)，朱温徒唐州治泌阳(今唐河县城)，更名泌州。

五代后梁开平三年(909年)置宣化军节度使于邓州。今市境邓州、泌州受宣化军节制。后唐同光元年(923年)改宣化军为威胜军，改泌州为唐州。后晋又改唐州为泌州。五代汉又改泌州为唐州。后周广顺三年(953年)为避太祖郭威讳，改威胜军为武胜军。显德七年(960年)赵匡胤陈桥兵变取代周，改国号为宋。

北宋建隆元年(960年)在今市境仍置唐、邓2州，属京西南路(治襄阳)。邓州辖穰(州治)、南阳、内乡(治今西峡县城)、淅川、顺阳5县。唐州辖5县，泌阳(今唐河县，州治)、湖阳、桐柏、方城4县在今市境。南宋绍兴十二年(1142年)，赵构与金议和，割唐、邓之地予金。唐州以淮河为界，邓州以穰城以南、以西各40里划界。绍兴三十一年(1161年)，金人败盟，地又归南宋。隆兴二年(1164年)又划归金。

金代在今市境置邓、唐2州，属南京路(治今开封)。邓州仍置武胜军节度使，州辖穰(州治)、南阳、内乡(治今西峡县城)3县。金正大三年后邓州辖穰、内乡、顺阳、淅川、新野5县。唐州辖5县，泌阳(今唐河县，州治)、湖阳、桐柏、方城4县在今市境。泰和八年(1208年)，于方城置裕州，辖3县，仅方城县在今市境。正大三年(1226年)，于南阳置申州，辖南阳、镇平(正大三年于阳管镇置镇平县)2县。天兴二年(1233年)南京(金京都)被蒙古兵攻占，南宋趁机北上收复邓州。

元至元八年(1271年)实行省、府、州、县四级政区。同年，改升申州为南阳府，领5州，在今市境3州。府直辖南阳(府治)、镇平2县。邓州辖穰(州治)、新野、内乡(今内乡县)、顺阳、淅川5县，后并顺阳、淅川人内乡县。唐州辖泌阳(今唐河县)、湖阳、桐柏3县，后为1县。至元三年(一说元末)废湖阳、桐柏县。裕州辖3县，仅方城(州治)在今市境。世祖至元十六年(1279年)灭南宋统一中国，分全国为10个行中书省。南阳府属河南江北行中书省(简称河南行省)，治汴梁(今开封)。大德五年(1301年)省泌阳县，唐州不辖县。

明洪武元年(1368年)，今市境仍置南阳府，属河南布政使司，治开封。洪武二年(1369年)降唐州为唐县(今唐河县)，省穰县入邓州(洪武十三年复置，十四年又省)，省方城县入裕州。洪武二十四年(1391年)朱元璋封其23子朱柽为唐王，以南阳为封地置唐王国(永乐六年，1408年就藩)。唐王世袭，在南阳历经八世十一王，达233年之久。成化十二年(1476年)置南召县，同年复置桐柏、淅川县,府领 2 州、11 县。邓州辖内乡、新野、淅川 3 县。裕州辖舞阳、叶县,均不在今市境。原辖方城县以州治所在地于洪武初省。南阳府直辖 6 县,南阳、镇平、唐县、南召、桐柏 5 县在今市境。

清初,因明旧制。在军事上置总兵镇南阳。改河南省布政使司为河南省(治开封),实行省、府(州)、县(州)三级政区。今市境仍置南阳府。雍正中,降邓、裕 2 州为"平头"州,与县同级(不辖县)。原州辖县均属府。南阳府辖邓州、裕州 2 州,并辖 11 县,南阳(府治)、镇平、唐县、桐柏、南召、内乡、淅川、新野 8 县在今市境。道光十二年(1832 年)升淅川县为淅川厅(与府同级仍属南阳府),宣统元年(1909 年)又改为淅川直隶厅(直属省)。

民国初,沿袭清制。今市境仍为南阳府,属河南省(治开封)。1913 年省南阳县(一年后恢复)。同年,降淅川直隶厅为淅川县(仍属南阳府);改邓州为邓县;因"裕州"与"禹州"、"汝州"首字音近,改名方城县;因"唐县"与直隶省"唐县"重名,改名沘源县。1914 年废南阳府,原府辖县改属豫南道。道废县直属省。1923 年因沘源县非沘水发源地,名实不符,又改名唐河县。1932 年全省分 11 行政区。原南阳府置河南省第 6 行政区,督察专员公署驻南阳县(今南阳市老城),辖 13 县,南阳、南召、唐河、镇平、桐柏、邓县、内乡、新野、淅川、方城 10 县在今市境。

1947 年 11 月~1948 年 11 月,今市境(除南阳市城区)先后解放,分属桐柏行政区和豫陕鄂边区(后改为豫西解放区)管辖。1947 年 12 月桐柏行政区署从湖北省应山县浆溪店迁驻桐柏平氏、唐河湖阳及邓县一带。区辖一、二、三专区和汉南区(二专区和汉南区不在今市境)。一专区(驻平氏、源潭、祁仪等地)辖 9 县,桐柏、唐南、唐西、唐河 4 县在今市境;三专区辖 6 县,邓北、邓西、邓(南)县、新野 4 县在今市境。豫陕鄂边区辖 7 个专区,六专区和七专区在今市境,六专区(驻李青店)辖西峡(1948 年 5 月建)、淅川、内乡、南召、镇平、东南阳、白河 7 县;七专区(驻方城独树)辖 8 县,鲁南、方城、东南阳、泌北(驻今社旗县酒店)4 县在今市境。1948 年 6 月撤销豫陕鄂边区,组建豫西区。原属豫陕鄂边区所辖的第六专区和第七专区(改为第二专区)改属豫西解放区。六专区(改驻马山口、赤眉一带)辖县未变。1949 年元月撤销西峡县并入内乡县,在西峡口镇设西峡市(内乡县辖)。同年底撤市。原属七专区辖县改属二专区管辖。

1949 年 3 月,将豫西区设在今市境内西、北部的第二、六区和设在今市境东、南部的桐柏行政区所辖第一、第二、第三专区合并为南阳专区。以桐柏行政区党委、桐柏行政区三地委和豫西区六地委合并组成中共南阳地委和南阳专员公署。驻南阳(今市老城),辖 11 县,南阳、南召、唐河、镇平、桐柏、邓县、内乡、新野、淅川、方城 10 县在今市境。

1949 年 11 月,析南阳县城置南阳市。1950 年元月,析内乡县西北部之西峡口、丹水、丁河、蛇尾、米坪 5 个区和淅川县西北部之西坪区,组建西峡县,驻西峡口镇(今西峡县城关)。1960 年 6 月将南阳县并入南阳市。翌年 7 月恢复南阳县建制。1965 年 11 月,析南阳县之赊旗镇、青台区、桥头区,析唐河县之太和区,析方城县之陌陂区(除二郎庙公社)和何庄区部分大队,析原属南阳专区之泌阳县饶良区,共 6 区(镇)组建社旗县,同时将驻地赊旗镇改名社旗镇。1969 年改南阳专区为南阳地区。辖南阳 1 市和南阳、南召、唐河、镇平、桐柏、邓县、内乡、新野、淅川、西峡、方城、社旗 12 县。1979 年改南阳地区革命委员会为南阳地区行政公署,辖市、县未变。

1988 年 11 月,改邓县为邓州市(县级)。地区辖 2 市、11 县。1988 年末,下辖 11 县 2 市,53 个镇 175 个乡,3 个街道。1994 年 7 月 1 日撤销南阳地区和县级南阳市、南阳县,设立地级南阳市。同时分别以白河和人民路为界将原南阳县、原南阳市一分为二,界东设宛城区,界西设卧龙区。地级南阳市辖卧龙区、宛城区和桐柏县、镇平县、方城县、新野县、内乡县、淅川县、西峡县、社旗县、唐河县及南召县,共 2 区、10 县,并代管邓州市。1995 年末,下辖 10 县 1 市 2 个市辖区,77 个镇 150 个乡,5 个街道。2000 年末,下辖 10 县 1 市 2 个市辖区,116 个镇 111 个乡,5 个街道。2011 年邓州市被河南省政府确定为省直管试点县(市)。

行政区域划分 2014 年末,辖卧龙、宛城 2 个市辖区,南召、方城、西峡、镇平、内乡、淅川、社旗、唐河、新野、桐柏 10 个县,和邓州市,共 13 个县级政区。

宛城区(Wancheng Qu)

地处南阳市区东部,东与社旗县、唐河县交界,南与新野县接壤,西邻卧龙区,北与方城县相连。位于东经 112°18′~112°49′,北纬 32°38′~33°17′。辖区东西最大距离 34.5 千米,南北最大距离 58.8 千米,总面积 985.65 平方千米。人口密度为每平方千米 1013 人。

政区地名沿革 因春秋为宛邑之地得名。

夏为吕国地。西周为申国地。春秋为楚宛邑。战国属韩。周赧王二十四年(前 291 年),属秦。秦昭襄王三十五年(前 272 年),置宛县,属南阳郡。西汉因之。新莽改为南阳县,东汉复置宛县,属南阳郡。三国魏晋仍为宛县。北周改为上宛县。隋开皇三年(583 年)改为南阳县,属邓州;大业三年(607 年),属南阳郡。唐武德三年(620 年)属宛州,八年(625 年)属邓州;天宝元年(742 年)

属南阳郡。五代后梁属宣化军，后唐属威胜军，后周属武胜军。后周显德三年（956 年）废向城入南阳县。宋庆历四年（1044 年）废方城县入南阳县；元丰元年（1078 年）方城县从南阳县析出。元明清属南阳府。

1914 年属南汝道。后道废，直属河南省。1932 年属河南省第六行政督察区。

1949 年 3 月成立南阳县人民政府，属河南省南阳地区。下辖石桥、赊镇、瓦店 3 个办事处，槐树湾、青苔、红泥湾、靳岗 4 个直属站。1949 年 4 月，设溧河、瓦店、高庙、茶庵、桥头、吴集、英庄、潦河、刘宋营、安皋、靳岗、石桥、柳河、南河店、博望、市一区、市二区、市三区、赊旗镇，共 18 区、镇。11 月 22 日南阳县、南阳市分设。1955 年 1 月南阳县政府改名为县人民委员会。1960 年 6 月 16 日取消南阳县并入南阳市。1961 年 7 月 26 日南阳县、市重新分设。1968 年 5 月成立南阳县革命委员会。

1981 年 5 月恢复南阳县人民政府。1985 年 12 月瓦店撤乡建镇。1994 年红泥湾撤乡建镇。1994 年 7 月撤南阳地区设南阳市，改南阳县为宛城区。辖新华、东关 2 个街道白河、瓦店。官庄 3 个镇和环城、新店、红泥湾、高庙、茶庵、溧河、汉冢、黄台岗、金华 9 个乡。1996 年黄台岗撤乡建镇。2005 年撤环城乡分设汉冶、仲景 2 个街道。2012 年增设赤虎街道。2013 年增设五里堡街道。2014 年撤销金华乡，设立金华镇。

行政区域划分　2014 年末，辖汉冶、新华、东关、仲景、枣林、白河、赤虎、五里堡 8 个街道，红泥湾、黄台岗、瓦店、官庄、金华 5 个镇，新店、溧河、汉冢、茶庵、高庙 5 个乡，共 18 个乡级政区；下设 76 个居民委员会，223 个村民委员会。

卧龙区（Wolong Qu）

地处南阳市中部。东隔白河与宛城区相望，南与新野县、邓州市相邻，西与镇平县接壤，北与南召县、方城县相连。位于东经 112°17′41″~112°39′17″，北纬 32°41′51″~33°16′31″。辖区东西最大距离 32 千米，南北最大距离 64 千米，总面积为 984 平方千米。人口密度为每平方千米 968 人。

政区地名沿革　因境内有著名的诸葛亮躬耕地——卧龙岗而得名。

春秋为申、邓 2 国地，战国属楚、韩。秦汉属南阳郡。三国魏属荆州。唐属邓、唐 2 州。五代、宋因之。元、明、清属南阳府。

1914 年属南汝道，后属省。1932 年属河南省第六行政督察区。1949 年属南阳专区。1969 年属南阳地区。1994 年撤销南阳地区和县级南阳市、南阳县，设立地级南阳市,析原南阳市(县级)的梅溪街道、七里园乡、靳岗乡、卧龙岗乡和南阳县的蒲山、潦河、石桥、小寨、潦河坡、谢庄、安皋、王村、青华、陆营、英庄等11个乡镇,设卧龙区。2006年初,将原卧龙岗乡、靳岗乡、梅溪街道重新划分为卧龙、梅溪、靳岗、七一、车站、光武、武侯7个街道,将原潦河坡乡和小寨乡合并新成立龙兴乡。2009年11月,南阳市政府批准设立龙王沟风景区办事处,为区政府派出机构。2013年撤销龙兴乡设立潦河坡镇。

行政区域划分　2014年末,辖梅溪、七一、卧龙岗、武侯、光武、车站、靳岗、百里奚、张衡9个街道,石桥、蒲山、安皋、潦河、陆营、英庄、青华、潦河坡8个镇,七里园、王村、谢庄3个乡,共20个乡级行政区;下设64个居民委员会,234个村民委员会。

南召县(Nanzhao Xian)

地处南阳市北部,东临方城县,南接镇平县和卧龙区,西靠内乡县,北连平顶山市鲁山县和洛阳市嵩县。位于东经111°55′~112°51′,北纬33°12′~33°43′之间。辖区东西最大距离95千米,南北最大距离62千米,总面积2975.3平方千米。人口密度为每平方千米200人。

政区地名沿革　因境内有古南召驿得名。

殷商为谢国地,周为申国地。春秋属楚,战国后期曾一度归韩,周赧王二十三年(前292年)属秦。周赧王四十三年(前272年),置雉县(治今城关镇东南),属南阳郡。两汉、三国、两晋因之。南朝宋废。西魏置向城县(治今皇路店),属雉阳郡。五代周废入南阳县。明成化十二年(1476年)置南召县(治今云阳镇),属南阳府。清顺治十六年(1659年)废入南阳县。雍正十二年(1734年)复置。

1913年属豫南道。1914年属汝阳道。1927年直属河南省。1932年属河南省第六行政区。1947年11月11日建立南召县人民民主政府,县城迁至李青店。1949年3月属南阳专区。1951年全县下设5个区。1958年撤区,成立城关、留山、皇后、云阳、小店、太山庙、皇路店、石门、四棵树、白土岗、南河店、板山坪、乔端、崔庄、马市坪15个公社。1966年增设城郊人民公社。1978年云阳公社改为云阳镇。1984年属南阳地区,城关公社改为城关镇,其余14个公社改为乡。1986年南河店乡、皇路店乡、留山乡撤乡改镇。1994年属南阳市。1995年10月板山坪乡、乔端乡撤乡改镇。1999年9月白土岗乡撤乡改镇;全县共有8乡8镇,属南阳市。

　　行政区域划分　2014 年末,辖城关、留山、云阳、皇路店、南河店、白土岗、板山坪、乔端 8 个镇,城郊、小店、皇后、太山庙、石门、四棵树、马市坪、崔庄 8 个乡,共 16 个乡级政区;下设 12 个居民委员会,324 个村民委员会。

方城县(Fangcheng Xian)

　　地处南阳市东北部,东与漯河市舞阳县、驻马店市泌阳县毗连,南与社旗县相邻,西与南召县交界,北与平顶山市鲁山县、叶县接壤。位于东经 112°38′ ~ 113°24′33″,北纬 33°04′ ~ 33°37′。辖区东西最大距离 72 千米,南北最大距离 61 千米,总面积 2625.1 平方千米。人口密度为每平方千米 403 人。

　　政区地名沿革　因县境东北有方城山而得名。

　　西周属鄫国地。秦置阳城县,治今城关镇东,属南阳郡。西汉改为堵阳县,均属南阳郡。东汉、三国魏因之。南朝宋改赭阳县。北魏置方城县,属襄城郡。隋属淯阳郡。唐、宋属唐州。金、元属裕州。明废县入州,属南阳府。清因之。

　　1913 年复置方城县,属豫南道。1927 年道废,直属河南省。1932 年属河南省第六行政督察区。1947 年 11 月,方城县民主政府成立;12 月,设立赫阳券桥、酒店、陌陂、赵河、小史店、治平、古庄店、袁店 9 个区。

　　1949 年 2 月,撤销券桥、酒店、古庄店、小史店 4 个区,新建城关区,鲁南县的拐河、独树两个区,归属方城。1949 年 3 月属南阳专区,1950 年 4 月改称方城县人民政府。1951 年 9 月 13 日,全县划分为 13 个区、234 个乡、12 个街,撤销赫阳、治平两个区,新建杨楼、小史店、博望、柳河、四里店、杨集、何庄七个区。1955 年初,城关区改为城关镇。1955 年 5 月,撤销何庄、杨集两个区,为县辖乡。小史店、杨楼两个区合并,改为治平区,拐河、四里店合并为拐河区,原来 13 个区减为 9 个区,新划乡 103 个,县辖乡 13 个,4 个街。12 月,方城县人民政府改为方城县人民委员会,设置 27 个中心乡和 79 个一般乡(街),郊区直辖乡 2 个。1958 年 8 月,建立城关、独树、小史店、广店、袁店、拐河、贺寨、杨楼、柳河、博望、四里店、赵河、陌坡 14 个人民公社。1961 年 5 月,调整为城关镇、城郊、独树、治平、赵河、陌陂、柳河、四里店、博望、拐河 9 区一镇,68 个人民公社,673 个生产大队,5634 个生产队。1968 年 5 月 29 日县人民委员会改为县革命委员会。1969 年 7 月撤销 9 区 1 镇,成立何庄、城关、柳河、杨楼、古庄店、广店、杨集、小史店、独树、博望、赵河、四里店、拐河、清河、五七等 15 个人民公社。1982 年 2 月 30 日何庄公社更改为券桥公社,五七公社改为二郎庙公社。城关人民公社改为城关镇人民政府。

1983 年人民公社改为乡。1994 年属南阳市,赵河、博望、拐河、独树、广阳、小史店撤乡建镇,袁店乡改称为袁店回族自治乡。2011 年 8 月经河南省政府批准,撤销城关镇人民政府,设立释之街道和凤瑞街道。2013 年撤销二郎庙乡和杨楼乡,设立二郎庙镇和杨楼镇。

行政区域划分　2014 年末,辖凤瑞和释之 2 个街道,博望、赵河、小史店、广阳、拐河、独树、二郎庙、杨楼 8 个镇,古庄店、券桥、杨集、柳河、清河、四里店、袁店回族 7 个乡,共 17 个乡级政区;下设 16 个居民委员会,540 个村民委员会。

西峡县 (Xixia Xian)

地处南阳市西部,豫、鄂、陕 3 省交汇处。东接内乡县,南邻淅川县,西与陕西省商南县交界,西北与三门峡市卢氏县毗连,北与洛阳市栾川县、嵩县为邻。位于东经 110°59′47″ ~ 111°50′09″,北纬 33°05′25″ ~ 33°47′42″。辖区东西最大距离 78 千米,南北最大距离 79 千米,总面积 3444. 19 平方千米。人口密度为每平方千米 156 人。

政区地名沿革　古因县治在西峡口镇(今县城)得名。

周初,西部属都国地,东部属楚。秦属郦县,西汉属析县,西魏属中乡县,隋属内乡县,唐属析阳、菊潭县,宋属内乡县。元明清置巡检司,属内乡县。

民国时期为内乡县西峡口镇,先属汝阳道,后属河南省第六行政督察区。1948 年 5 月,从内乡析出 5 个区置西峡县。1949 年 1 月撤销,复入内乡县。1949 年 12 月复置,属南阳专区。1949 年辖 6 区,1950 年辖 6 区 1 镇,1951 年辖11 区 1 镇,1956 年 1 月撤区设立 22 个中心乡,1956 年 12 月撤销 22 个中心乡恢复 7 区 1 镇,1958 年 4 月撤区设 28 乡 1 个镇,同年 8 月改为 13 个人民公社。1961 年 8 月建 8 区 1 镇,下设 47 个小公社,1963 年 2 月辖 8 区 1 镇,39 个小公社,1969 年 1 月撤区设 18 个人民公社,辖 295 个生产大队。

1983 年改人民公社为乡,辖 17 乡 1 镇、1988 年辖 15 乡 3 镇。1994 年属南阳市。1996 年辖 13 乡 5 镇,1997 年辖 11 乡 7 镇,1998 年辖 10 乡 8 镇。2006 年撤销城关镇设立 3 个街道,撤销陈阳坪乡并入丁河镇,县辖 9 乡 7 镇 3 个街道。2008 年辖 8 乡 8 镇 3 个街道,2009 年辖 6 乡 10 镇 3 个街道,2011 年辖 4 乡 12 镇 3 个街道。2013 年撤销石界河乡和军马河乡,设立石界河镇和军马河镇。

行政区域划分　2014 年末,辖白羽、莲花、紫金等 3 个街道,丹水、阳城、回车、五里桥、丁河、重阳、西坪、桑坪、米坪、双龙、二郎坪、太平、石界河、军马河 14 个镇,田关、寨根 2 个乡,共 19 个乡级政区;下设 31 个居民委员会,287 个村民委员会。

镇平县(Zhenping Xian)

地处南阳市西部,东依卧龙区,南邻邓州市,西连内乡县,北接南召县。位于东经111°58′~112°25′,北纬32°51′~33°21′。辖区东西最大距离42千米,南北最大距离54千米,总面积1592.33平方千米。人口密度为每平方千米598人。

政区地名沿革　金正大三年(1226年)取"镇压和平定抗金义军"之意得名。

夏、商、周时期,属豫州。春秋属楚。战国先属韩后属秦。秦为南阳郡地。汉、三国魏为涅阳、安众2县地,西晋为涅阳县地。隋为课阳县地,均属南阳郡。唐初为安固、深阳2县地,后分别废入南阳县和穰县。五代、北宋因之。金初置阳管镇,正大三年(1226年)置镇平县,属申州。元、明、清属南阳府。

1913年属河南省豫南道,1914年改属汝阳道,1927年直属河南省政府,1932年属河南省第六行政督察区。

1949年3月属南阳专区。1949年6月全县下设8个区。1958年5月撤销8个区成立城关、柳泉铺、老庄、二龙、石佛寺、高丘、卢医庙、贾宋、杨营、侯集、彭营11个人民公社。1963年3月增设城郊、晁陂、曲屯、张林4个人民公社,共设15个人民公社。1966年5月增设枣园人民公社,撤销曲屯人民公社,卢医庙人民公社更名为卢医人民公社。1969年3月属南阳地区,共设16个人民公社。1975年5月恢复曲屯公社,辖人民公社22个。

1984年4月改为1镇21乡。1985年12月侯集、贾宋、石佛寺、晁陂4乡撤乡建镇。1994年7月属南阳市,12月老庄、卢医2乡撤乡建镇。1996年12月枣园、遮山2乡撤乡建镇。1998年12月高丘、曲屯2乡撤乡建镇。2000年4月杨营乡撤乡建镇。2006年成立涅阳、玉都、雪枫3个街道。2011年5月安字营乡撤乡建镇。2011年6月张林乡撤乡建镇。2013年撤销彭营乡,设立彭营镇。

行政区域划分

2014年末,辖涅阳、玉都、雪枫3个街道,遮山、高丘、张林、石佛寺、曲屯、晁陂、卢医、枣园、贾宋、安字营、老庄、侯集、杨营、柳泉铺、彭营15个镇,马庄、郭庄回族、王岗、二龙4个乡,共22个乡级政区;下设21个居民委员会、410个村民委员会。

内乡县(Neixiang Xian)

地处南阳市西部,伏牛山南麓,东连镇平县,南接邓州市,西邻淅川县、西峡县,北依洛阳市嵩县、南召县。位于东经 111°33′ ~ 112°09′,北纬 32°49′ ~ 33°35′。辖区东西最大距离 54 千米,南北最大距离 85 千米,总面积 2433.72 平方千米。人口密度为每平方千米 300 人。

政区地名沿革　内乡之名源于析县(今西峡境内),西魏改析县为中乡县(因境内有南乡、北乡和中乡),隋避文帝父杨忠讳,改中乡为内乡,故名。

夏为郦国地。春秋为楚郦邑。战国属秦。秦昭襄王 35 年(前 272 年),置郦县,属南阳郡。西汉置析县,属南阳郡。三国属魏。西晋属南阳国,东晋属南阳郡。西魏改析县为中乡县,属析阳郡。隋郦县易名菊潭县,因避文帝父杨忠讳改中乡县为内乡县,属淅阳郡。唐武德元年(618 年)菊潭县废,开元二十四年(736 年)复置。五代后周显德三年(956 年),菊潭县废入内乡县。宋属邓州。金末元初迁县治于渚阳镇(今内乡县城),属河南省南阳府。明属河南布政史司南阳府。清属河南省南阳府。

1933 年,属河南省第六行政督察区,辖境包括今西峡县境(西坪镇除外)及淅川县的李官桥,共有 9 区。1949 年 3 月属南阳专区,12 月分县西北境置西峡县,同时将李官桥区划入淅川县,淅川县的西庙岗、东川 2 区划入内乡县。1953 年 3 月内乡县马山口区石庙乡的小街、架鸡窝和岳岗乡的徐营、峰子山自然村 250 户分别划入南召县、镇平县。1955 年农业合作化后,内乡县师岗区的堰子等村划入邓县,邓县的胡刘营、梁营,西峡县的张楼房、大峪、黄营以及南召县的大、小东沟等村划入内乡县。1986 年,下辖城关、夏馆、师岗、马山口 4 个镇,城郊、岞岖、庙岗、板厂、七里坪、余关、瓦亭、赤眉、赵店、灌张、王店、大桥 12 个乡,下设 289 个村民委员会。1994 年属南阳市。至 2000 年末下辖 7 个乡,9 个镇,共 288 个村民委员会。

行政区域划分　2014 年末,辖城关、夏馆、师岗、马山口、湍东、赤眉、瓦亭、王店、灌涨、桃溪 10 个镇,板场、大桥、赵店、七里坪、余关、岞岖 6 个乡,共 16 个乡级政区;下设 10 个居民委员会,288 个村民委员会。

淅川县(Xichuan Xian)

地处南阳市西南部豫、鄂、陕 3 省交界地带,东接内乡县,东南与邓州市为邻,南连湖北省老河口市、丹江口市,西与湖北省郧县接壤,西北与陕西省商南县毗邻,北与西峡县交界。位于东经 110°58′~111°53′,北纬 32°55′~33°23′。辖区东西最大距离 46 千米,南北最大距离 107.5 千米,总面积 2862.29 平方千米。人口密度为每平方千米 264 人。

政区地名沿革 古因境内淅水(今鹳河)得名。

舜帝时为尧子丹朱封地;西周为楚始祖熊绎封地。春秋地域分属楚国和下都国。战国为秦国商於地和楚国丹析地。周赧王三年(前 312 年)属秦,十二年(前 304 年)归楚,十七年(前 298 年)复属秦。秦始皇帝二十六年(前 221)置丹水县,治今寺湾乡史家料村。属南阳郡。西汉北、中部设析县,属弘农郡;东南部设顺阳县,治今香花镇西,属南阳郡。东汉置南乡县,与顺阳县、丹水县同属荆州南阳郡。三国魏属南乡郡。晋属顺阳郡。北魏置东析阳县、西析阳县,属析阳郡。南乡、丹水、顺阳 3 县属顺阳郡。西魏改东析阳县为中乡县、西析阳县为淅川县。北周淅川县并入中乡县,属淅阳郡。隋大业十三年(617 年)撤丹水县。唐复置,属邓州。唐武德元年(618 年)淅川、丹水、南乡 3 县废入内乡县。六年(623 年)顺阳县废入冠军县。五代后梁复置淅川县,属邓州。宋太平兴国六年(981 年)复置顺阳县。金初淅川县废入内乡县;正大年间复置,属邓州。元顺阳县并入内乡县,属南阳府邓州。明成化六年(1470 年)年,由内乡县析置淅川县,治马蹬,属南阳府邓州。清初属南阳府,道光十二年(1832 年)改县为厅,光绪三十一年(1905 年)升为直隶厅,宣统三年(1911 年)属南汝光淅道。

1913 年撤厅为县,属汝阳道。废道后直属省。1932 年属河南省第六行政督察区。1948 年 5 月成立淅川县人民民主政府,属豫西行署第六专员公署。1949 年 3 月改为淅川县人民政府,属南阳专区。1956 年 1 月改为淅川县人民委员会。1968 年 5 月改称淅川县革命委员会。1981 年 5 月复为淅川县人民政府,属南阳地区。1994 年 7 月属南阳市。

行政区域划分 2014 年末,辖龙城、商圣 2 个街道,荆紫关、寺湾、上集、金河、老城、盛湾、仓房、香花、丹阳、厚坡、马蹬 11 个镇,大石桥、毛堂、西簧、滔河 4 个乡,共 17 个乡级政区;下设 23 个居民委员会,477 个村民委员会。

社旗县(Sheqi Xian)

地处南阳市东北部,东与驻马店市泌阳县接壤,南与唐河县为邻,西和宛城区毗连,北与方城县交界。位于东经 112°46′~113°11′,北纬 32°47′~33°09′。辖区东西最大距离 35 千米,南北最大距离 42 千米,总面积 1109.9 平方千米。人口密度为每平方千米 717 人。

政区地名沿革 1965 年置县,县人民政府设于赊旗镇,因"赊"与"社"谐音,定名社旗县,寓"社会主义旗帜"之意。

西周为申、鄀、唐等国地。春秋战国属楚。西汉属南阳郡。三国仍之。西晋、东晋、南朝时,先属荆州南阳郡,后属雍州南阳郡和豫州。北朝西魏属南阳郡和西郢州,北朝周时属南阳郡和淮州。隋属淮安郡。唐属唐州。北宋属京西南路唐州。金属南京路唐州。元、明、清属南阳府。

1949 年至 1965 年 11 月为南阳、唐河、方城、泌阳 4 县地,属南阳专区。1965 年 11 月 13 日析南阳、唐河、方城、泌阳 4 县部分地域设立社旗县,下设 5 区 1 镇,24 个公社,即社旗镇(直属县),桥头区桥头、谭营、河南街、梁杜庄 4 个公社,青台区青台、晋庄、大冯营、何庙 4 个公社;太和区王陆庄、兴隆、李店、苗店 4 个公社;饶良区朱集、丁庄、郝岗、牛庄、薛洼 5 个公社,陌陂区陌陂、王营、下洼、何营、酒店、郝寨、老贺压 7 个公社。1966 年 10 月 31 日撤区并社,调整为城关镇(即社旗镇)、城郊、桥头、青台、永红(即太和)、郝寨、饶良、朱集、陌陂、东升(即下洼)10 个公社。1975 年 6 月 23 日又析置唐庄、大冯营、晋庄,李店,吕楼(即兴隆镇)、苗店、田庄、丁庄 8 个公社。1983 年 4 月将公社改为乡,社旗镇不变。1985 年 10 月饶良乡改为饶良镇,11 月桥头、青台 2 乡改镇,全县为 4 镇 14 乡,共 246 个村(居)委会。1994 年属南阳市,兴隆乡改镇。1998 年 12 月郝寨乡、晋庄乡、苗店乡撤乡建镇。2000 年李店乡撤乡建镇。2004 年 9 月社旗镇复名为赊店镇。2005 年 11 月原青台镇整体划入李店镇,原丁庄乡整体并入饶良镇,原田庄乡整体合并到朱集乡。2008 年 1 月朱集乡撤乡设镇。2009 年 10 月下洼乡撤乡建镇。2011 年 7 月太和乡撤乡建镇。2011 年 7 月大冯营乡撤乡建镇。2012 年撤销城郊乡,设立赵河、潘河 2 个街道。2014 年撤销陌陂乡,设立陌陂镇。

行政区域划分 2014 年末,辖赵河、潘河 2 个街道,赊店、桥头、晋庄、大冯营、李店、兴隆、太和、郝寨、苗店、饶良、朱集、下洼、陌陂 13 个镇和唐庄乡,共 16 个乡级政区;下设 8 个居民委员会,249 个村民委员会。

唐河县（Tanghe Xian）

地处南阳市东南部,东与桐柏县、驻马店市泌阳县接壤,南与湖北省枣阳市相邻,西与新野县、宛城区毗邻,北与社旗县相连。位于东经112°84′,北纬32°68′。辖区东西最大距离74.25千米,南北最大距离62.85千米,总面积2558.5平方千米。人口密度为每平方千米555人。

政区地名沿革　因境内唐河得名。

周为申国、唐国、蓼国、谢国地。秦置胡阳县,治今湖阳镇,属南阳郡。汉改为湖阳县,属南阳郡。晋省入棘阳县,属义阳郡。北魏于县境置钟离、襄城、陈阳、石马诸县,分属南襄州、西淮安郡和襄城郡。隋设上马、湖阳2县,属春陵郡。唐天宝元年(742年)改上马县为泌阳县(今唐河县)。唐、五代、宋、元均为唐州治所,明洪武二年(1369年)降唐州为唐县,属南阳府。

1913年改为沘源县,1923年改为唐河县,属汝阳道,后属河南省第六行政督察区。1947~1948年境内析置唐河(北)、唐南、唐西3县。

1949年3月,3县合并为唐河县,隶属南阳专区。1950年2月,城关镇改为城关区,源潭镇改为源潭区,全县辖13区324乡。9月,源潭区改为源潭镇,其他各区由驻地名改为序数名,县辖12区。1951年8月,增第13区(黑龙镇区)、第14区(涧岭店区),其他区、镇驻地不变,管辖范围仅做小的调整。县辖源潭镇和14区。其中张店区改为白秋区,驻地由张店迁往白秋;郭滩区改叟刘区,驻地由郭滩迁叟刘。1953年9月2日,改城关区为城关镇,县辖2镇13区366乡。1955年9月12日,撤第1区(城关区)、第2区(井楼区)、第5区(兴隆区)、第6区(桐河区)、第7区(白秋区)、第10区(龙潭区),增桐寨铺区。同时将距县城较近的21个乡划为县辖乡。县辖2镇、8区,区辖乡;10月14日,将原21个县辖乡合并为10个县辖乡。1956年2月撤区,设中心乡;县辖城关、源潭2镇31中心乡;12月恢复区,改中心乡为一般乡;将距县城较近的9个乡作为县辖乡。全县辖2镇8区256乡。1958年1月,将源潭区老贺庄、后王庄、赵岗3乡划入方城县;5月撤区、减镇、并乡,县辖1镇27乡;8月成立桐寨铺人民公社;10月,撤乡、镇,成立人民公社,人民公社下辖生产大队。全县共有10个人民公社、293个生产大队、2046个生产队。1961年8月设区、镇。全县设1镇10区70个人民公社。1962年5月调整为1镇10区59个人民公社。1963年人民公社合并为50个,下辖321个生产大队,5209个生产队。1965年11月将太和区划入社旗县,全县设1镇9区。1968年8月23日撤区、镇,全县合并为21个人民公社、325 个生产大队、5129 个生产队。1979 年 12 月改航运人民公社为航运管理局。1981 年 5 月改城关人民公社为城关镇。1982 年 2 月,改王集人民公社为东王集人民公社。同时,全县 84 个大队更名,3 个大队复名,全县共有 1 个镇、19 个人民公社、522 个生产大队、6654 个生产队。

　　1983 年 12 月人民公社改建为乡,生产大队(街道)改为村民委员会(街道),生产队改为村(居)民小组。县辖 19 个乡、518 个村民委员会(街道)、6597 个村(居)民小组。1985 年 10 月,源潭、湖阳、张店 3 个乡改镇。1994 年属南阳市,8 月、10 月、11 月,大河屯、黑龙镇、郭滩先后撤乡设镇。1996 年 10 月、12 月,桐寨铺、毕店相继撤乡设镇。1998 年 2 月龙潭撤乡设镇。1999 年 8 月苍台撤乡设镇。2000 年 1 月、10 月,上屯、少拜寺撤乡设镇。至年底,县辖城关、源潭、湖阳、张店、大河屯、黑龙镇、郭滩、桐寨铺、毕店、龙潭、苍台、上屯、少拜寺 13 镇和城郊、桐河、昝岗、祁仪、马振抚、古城、东王集 7 乡,辖 510 个村民委员会、6321 个村(居)民小组。2007 年 11 月、12 月,撤销城关镇,设立滨河、文峰 2 个街道,并将城郊乡 8 个村委分别划归为滨河、文峰 2 个街道。县辖 12 镇、7 乡、2 个街道、525 个村(居)民委员会。2011 年 10 月,南水北调淅川库区移民安置到唐河县 18 个村民委员会。2012 年增设东兴街道。2014 年增设兴唐街道。

　　行政区域划分　2014 年末,辖文峰、滨河、东兴、兴唐 4 个街道,源潭、张店、郭滩、桐寨铺、上屯、黑龙、湖阳、苍台、毕店、少拜寺、大河屯、龙潭 12 个镇,城郊、桐河、古城、昝岗、马振抚、祁仪、东王集 7 个乡,共 23 个乡级政区;下设 27 个居民委员会,509 个村民委员会。

新野县(Xinye Xian)

　　地处南阳市南部,东邻唐河县,南与湖北省襄阳市襄城区接壤,西接邓州市,北连卧龙区。位于东经 112°14′44″ ~ 112°35′42″,北纬 32°19′30″ ~ 32°49′08″。辖区东西最大距离 22 千米,南北最大距离 52 千米,总面积 1075.28 平方千米。人口密度为每平方千米 692 人。

　　政区地名沿革　西汉建县,春秋战国时此地称蒸野,在蒸野新建县取名新野。

　　秦为穰县地。西汉初置新野县。又置棘阳、淯阳、朝阳 3 县。后又置新都县,统属南阳郡。东汉初,省新都县入新野县。西晋太康中,所存 4 县改属义阳郡,郡治今沙堰镇古城村。西晋永宁二年(302 年)设新野郡,治今新野县城。新野、棘阳 2 县属之。北魏改棘阳为南棘阳,析置西棘阳,2 县属汉广郡,郡治南棘阳。西魏改曰黄冈郡,省西棘阳入南棘阳,更名为百宁。北周废黄冈郡,省百宁县入新野县。北周大象元年（579 年）以新野郡封滕王国,国除,复郡。隋开皇三年（583 年）废新野郡,移新野县治所于旧棘阳,属南阳郡。唐武德四年（621 年）升为州,名新州。开元初州废复县,属邓州。唐乾元初县治所迁今城关镇。五代、宋、金新野改为镇,属穰县。元复新野县,属邓州。明因之。清属南阳府。

1913 年属汝阳道。1933 年隶河南省第六行政督察区。1949 年属南阳专区。1969 年属南阳地区。1994 年 7 月 1 日属南阳市。

行政区域划分 2014 年末,辖汉城、汉华 2 个街道,新甸铺、王庄、沙堰、五星、溧河铺、施庵、歪子、王集 8 个镇,城郊、前高庙、樊集、上庄、上港 5 个乡,共 15 个乡级政区;下设 16 个居民委员会,257 个村民委员会。

桐柏县（Tongbai Xian）

地处南阳市东南部,东与信阳市平桥区、驻马店市确山县搭界,南与湖北省随县、枣阳市相连,西与唐河接壤,北与驻马店市泌阳县毗邻。位于东经 113°00′~113°49′,北纬 32°17′~32°43′之间。辖区东西最大距离 76.5 千米,南北最大距离 25.5 千米,总面积 2045.63 平方千米。人口密度为每平方千米 227 人。

政区地名沿革 因境内有桐柏山而得名。

春秋属楚,战国属韩,秦属南阳郡。西汉置平氏县（治今平氏镇）与复阳县（治今淮源镇）,属南阳郡。西晋复阳县废入平氏县。隋开皇十八年（598 年）置桐柏县,（治今固县镇）属淮安郡。宋开宝五年（972 年）废平氏县。六年（973 年）移桐柏县治于今城关镇。宋隆兴二年（1164 年）降为镇,入枣阳。嘉定十三年（1220 年）属随州。金属唐州。元初复置桐柏县,至元三年（1337 年）废桐柏县为镇。明成化十二年（1476 年）复置,属南阳府。清因之。

1913 年属汝阳道,1933 年属第六行政督察区。

1949 年属南阳专区。1951 年全县下设 8 个区。1958 年 5 月撤销 8 个区,成立平氏、安棚、程湾、鸿仪河、大河、城郊、月河、吴城、固县、毛集、回龙、黄岗、朱庄 13 个人民公社。1962 年增设城关人民公社。1975 年 8 月增设果园、新集、栗楼、二郎山 4 个人民公社。1983 年 12 月,城关人民公社改为城关镇,其余 17 个人民公社改为乡。1985 年 10 月栗楼乡撤乡改建埠江镇,月河、固县、毛集、平氏分别撤乡改镇。并入大河镇,撤果园乡,并入城郊乡,吴城乡。1989 年 6 月大河乡撤乡建镇;撤二郎山乡,1994 年 7 月县属南阳市。1994 年 8 月吴城撤乡建镇。1999 年 11 月鸿仪河乡撤乡建镇,并更名淮源镇。2007 年 12 月黄岗乡、安棚乡撤乡建镇。全县共 11 镇 5 乡。2013 年撤销朱庄乡和程湾乡,设立朱庄镇和程湾镇。

行政区域划分 2014 年末,辖黄岗、毛集、固县、吴城、大河、月河、城关、淮源、平氏、埠江、安棚、朱庄、程湾 13 个镇,回龙、城郊、新集 3 个乡,共 16 个乡级政区;下设 8 个居民委员会,207 个村民委员会。

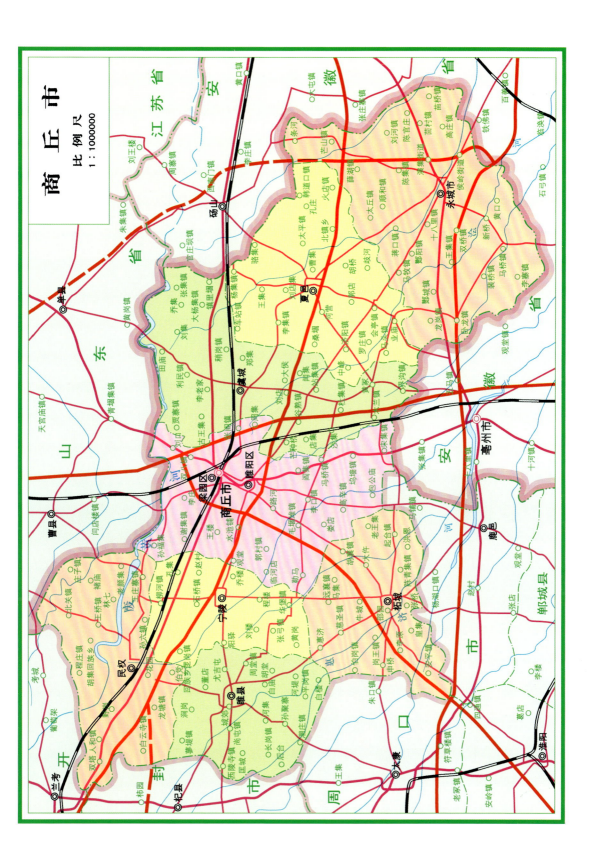

商丘市（Shangqiu Shi）

地处河南省东部,东与安徽省淮北市、宿州市接壤,东南与安徽省宿州市为邻,南与安徽省亳州市相连,西南与周口市相接,西与开封市交界,北与山东菏泽市毗邻。位于东经114°49′00″~116°39′00″,北纬33°42′53″~34°51′46″。辖区东西最大距离168千米,南北最大距离128千米,总面积10647.88平方千米。人口密度为每平方千米888人。

政区地名沿革　阏伯,子姓,封号为"商",是商族人的始祖。因阏伯生前曾在土台上居住,死后又葬在土台上,后世为了纪念他,称此处为"商丘"。

夏朝,属豫州;汤灭夏称商,商丘为其开国之都。周初封殷商后裔微子启于此,国号宋。周赧王二十九年(前286年)齐、楚、魏灭宋而三分宋地,商丘属魏。

秦始皇二十六年(前221年)分属砀郡和陈郡,砀郡辖睢阳、外黄、襄邑、甾县、蒙县、虞县、栗县、砀县、鄢县、芒县等10县;陈郡辖柘县。西汉高祖五年(前202年),改砀郡为梁国,治睢阳。汉元始二年(2年)属豫州、兖州分辖。豫州辖梁国、沛君,梁国辖睢阳、砀县、甾县、蒙县、虞县5县,沛郡辖有栗国、祁乡、建平、鄢县、敬丘、芒县、建成7县;兖州辖陈留郡、淮阳国,陈留郡辖成安、宁陵、襄邑、傿(宁陵南)3县,淮阳国辖柘城。东汉永和五年(140年)属豫州、兖州刺史部所分辖,辖有睢阳、虞县、柘城、武平、襄邑、考城等12县。三国魏黄初元年(220年),将梁国改为梁郡,属魏。南朝宋、齐为南梁郡,属南徐州。北朝北魏为梁郡,属南兖州。

隋开皇初梁郡废,十六年(596年)置宋州;大业三年(607年)复置梁郡,八年,属梁郡、谯郡分辖:梁郡领宋城、襄邑、宁陵、虞城、谷熟、下邑、考城、柘城8县;谯郡领永城县。唐武德四年(621年)废郡,又复为宋州,辖宋城等7县;天宝元年(742年)改宋州为睢阳郡,属河南道;乾元元年(758年)复为宋州。五代后梁开平三年(909年)改宋州为宣武军。五代后唐同光元年(923年)更名为归德军。五代后周复为宣武军。

北宋初复置宋州,景德三年(1006年),宋州升为应天府。大中祥符七年

（1014 年）诏升为南京，为北宋陪都。政和元年（1111 年），分属京畿路、京东西路和淮南东路所辖：京畿路开封府辖有襄邑、考城 2 县；京东西路应天府辖宋城、宁陵、谷熟、虞城、下邑、柘城 6 县；淮南东路亳州辖永城、鄠县 2 县。金天会八年（1130 年），改应天府为归德府，属南京路。元至顺元年（1330 年），属河南行省，为归德府、汴梁路、济宁路所分辖：归德府辖睢阳（府治）、下邑、永城、宁陵 4 县；汴梁路辖襄邑、考城、柘城 3 县；济宁路辖虞城县。明洪武元年（1368 年）降府为州，属开封府辖治，并废除睢阳县。嘉靖二十四年（1545 年）又升州为府，以原睢阳县地域置商丘县，属河南布政使司，辖商丘（府治）、宁陵、虞城、夏邑、永城、柘城、考城、睢州（睢州州治，睢县）8 县。清沿明制，仍为归德府（治商丘县今睢阳区），隶属河南省。1913 年废府设豫东道，改睢州为睢县，原归德府所属 8 县划归豫东道。1914 年豫东道改为开封道，原辖各县属开封道。1928 年 3 月析杞县、睢县部分地区置民权县。1932 年商丘为第二行政督察区，辖商丘、柘城、民权、永城、夏邑、虞城、宁陵、睢县、考城、兰封、陈留、杞县 12 县。

　　1948 年 11 月为豫皖苏第一行政区。1949 年 3 月改为商丘专区，辖睢县、民权、宁陵、柘城、虞城、夏邑、商丘县 7 县和商丘市。1950 年 5 月，析商丘县城关镇设为商丘市，原商丘市改为朱集市。1951 年 7 月设谷熟（县级）办事处，同年 8 月朱集、商丘二市合并为商丘市。1952 年 1 月永城县由安徽省皖北专区划归商丘专区，8 月撤谷熟办事处，设谷熟县。1953 年 3 月裁淮阳专区，淮阳、鹿邑、太康、郸城、沈丘、项城 6 县划归商丘专区。1954 年 6 月撤谷熟县。1956 年 8 月，各县撤消区级建制，全专区 1938 个乡合并为 905 个乡，并新建 252 个中心乡。1958 年 12 月撤商丘专区，其所辖县、市划归开封专区。1960 年 8 月撤销商丘县、宁陵县。1961 年 5 月恢复商丘县、宁陵县，12 月恢复商丘专区。1962 年商丘专区辖 15 个县（市），313 个人民公社。1965 年 5 月淮阳、鹿邑、郸城、沈丘、项城、太康等 6 县划归周口专区。1967 年商丘专区改商丘地区，辖 9 个县（市），157 个人民公社。1977 年 10 月开封地区兰考县划入。1980 年 8 月兰考县重归开封地区，12 月商丘地区辖商丘、虞城、民权、宁陵、夏邑、柘城、睢县、永城 8 县和商丘市，197 个人民公社。

　　1983 年商丘地区辖 9 个县（市）、197 个乡镇。1996 年 11 月永城县改永城市（县级）。1997 年 6 月，商丘地区改地级商丘市，原商丘市更名为梁园区，原商丘县更名为睢阳区，原商丘县北部区域调整到梁园区。1997 年 12 月，辖梁园、睢阳 2 区和夏邑、虞城、柘城、宁陵、睢县、民权 6 县，代管永城市；辖有 3 个街道、43 个镇、155 个乡。2000 年 12 月，经河南省人民政府批准，析梁园区平台镇、睢阳区新城街道张八庄村民委员会地域，成立商丘市经济技术开发区，属商丘市派出机构。2005 年末，辖 2 个区 6 个县，代管 1 个县级市；辖有 12 个街道，

61 个镇,116 个乡。2008 年 12 月,商丘市经济技术开发区更名为商丘经济开发区,平台镇、张八庄村民委员会改为平台、平安 2 个街道,由经济开发区代管。2010 年 6 月永城市被河南省政府确定为省直管试点县(市)。

行政区域划分　2014 年末,辖梁园、睢阳 2 个区,夏邑、虞城、柘城、宁陵、睢县、民权 6 个县和永城市,共 9 个县级政区。

梁园区(Liangyuan Qu)

地处河南省东部,商丘市中部,东与虞城县为邻,南与睢阳区毗邻,西与宁陵、民权 2 县接壤,北与山东省曹县交界。位于东经 115°24′16″ ~ 115°47′53″,北纬 34°19′56″ ~ 34°38′15″。辖区东西最大距离 36 千米,南北最大距离 35 千米,总面积 699.5 平方千米。人口密度为每平方千米 1240 人。

政区地名沿革　因境内有西汉梁孝王刘武所营建的梁园遗址而得名。

1948 年 11 月商丘解放,置商丘市,属豫皖苏第一行政区。1950 年 5 月商丘县城关区改设商丘市,原商丘市改为朱集市,仍属商丘专区。1951 年 8 月朱集市、商丘市合并,称商丘市,驻地朱集,辖 18 个乡镇,属商丘专区。1955 年 9 月将城关镇和市郊火神台、王营等 10 个乡划归商丘县。1958 年 12 月商丘专区并入开封专区,属开封专区。1960 年 8 月撤销商丘县,其所辖地域划归商丘市,属开封专区。1961 年 5 月商丘县恢复原建制;同年 12 月,开封、商丘 2 专区分置,属商丘专区。1968 年 1 月商丘专区更名为商丘地区,属商丘地区。

1997 年 6 月商丘撤地设市,原商丘市(县级)改为梁园区,属商丘市,辖向阳、八八、东风 3 个街道,张阁、双八、谢集 3 个镇,李庄、王楼、刘口、观堂、平台、周集、水池铺、孙福集 8 个乡,共 15 个乡级政区。1998 年 12 月叶庄、袁庄、周庄、黑刘庄 4 乡撤乡设街道;同时撤销向阳街道,将其所辖区域以凯旋路为界,分置前进、长征 2 街道。1999 年 7 月撤销平台乡,设平台镇。2000 年 12 月,东南部的平台镇由新建的商丘市经济开发区(后改为商丘经济开发区)代管。2007 年 12 月经河南省政府批准,撤销平台镇,将其所辖地域以北海路为界,分置平台、平安 2 街道,由商丘经济开发区代管。

行政区域划分　2014 年末,辖中州、东风、前进、平原、建设、白云、长征、八八、平安、平台 10 个街道,张阁、双八、谢集 3 个镇,李庄、王楼、周集、观堂、刘口、水池铺、孙福集 7 个乡,共 20 个乡级政区;下设 62 个居民委员会,254 个村民委员会。

睢阳区(Suiyang Qu)

地处河南省东部,商丘市中部。东南与虞城县为邻,南与周口市鹿邑县、安徽省亳州市谯城区毗邻,西南与柘城县相连,西与宁陵县交界,东北与梁园区接壤。位于东经115°19′34″~115°46′42″,北纬34°03′30″~34°25′42″。辖区东西最大距离34.1千米,南北最大距离41.7千米,总面积948.1平方千米。人口密度为每平方千米969人。

政区地名沿革　秦时置睢阳县,因在睢水河北岸,故名。

上古属高辛氏部落。秦置睢阳县,属砀郡。汉代睢阳为梁国都城,辖40余城。南朝宋大明元年(457年)改名寿春县。隋开皇十八年(598年)更名宋城县。北宋为应天府,大中祥符七年(1014年)建为南京。金承安五年(1200年)复名睢阳县。元代为归德府治。明嘉靖二十四年(1545年)置商丘县,属归德府。

1913年废府留县,属豫东道,1914年属开封道,1927年废道直属河南省,1932年改属第二行政督察区。1948年11月解放,属豫皖苏第一行政区。

1949年3月属商丘专区。1950年2月辖有16个区,278个乡镇。1950年5月商丘县城关区改设商丘市,原商丘市改为朱集市。1952年8月朱集、商丘2市合并,名商丘市。1958年12月撤商丘专区,改属开封专区。1960年5月撤商丘县入商丘市。1961年5月从商丘市析出复置商丘县,属商丘专区。1962年12月增置城郊区,共辖11个区,1个镇,153个公社。1965年7月辖16个公社,410个大队。1968年1月商丘专区改为商丘地区,属商丘地区。1991年1月,析原黑刘庄乡文化路以南地域置文化街道。1997年7月商丘撤地区设市,撤商丘县,区划调整后,设睢阳区,辖4个镇、12个乡。区政府驻城关镇。1998年10撤城关镇,设古城街道。1999年1月析文化街道部分地域置东方街道。1999年7月撤城北乡,设新城街道。2005年12月辖古城、东方、文化、新城4个街道,李口、宋集、郭村、高辛4个镇,古宋、勒马、冯桥、路河、坞墙、阎集、娄店、临河店、毛堌堆、包公庙10个乡。2011年1月撤古宋乡,置金桥街道;4月,撤销金桥街道,分置宋城、古宋2街道。2013年撤销阎集乡,设立阎集镇。2014年撤销毛堌堆乡,设立毛堌堆镇。

行政区域划分　2014年末,辖古城、新城、东方、文化、古宋、宋城6个街道;宋集、李口、郭村、高辛、坞墙、冯桥、路河、阎集、毛堌堆9个镇;勒马、包公庙、临河店、娄店4个乡,共19个乡级政区;下设65个居民委员会,330个村民委员会。

虞城县(Yucheng Xian)

地处河南省东部,商丘市中部,豫鲁皖 3 省交界处。东与夏邑县、安徽省砀山县接壤,南与安徽省亳州市毗邻,西与商丘市梁园区、睢阳区相连,北与山东省单(shàn)县隔黄河故道相望。位于东经 115°40′35″~116°11′51″,北纬 34°00′20″~34°37′10″。辖区东西最大距离 47.5 千米,南北最大距离 67.7 千米,总面积 1555.5 平方千米。人口密度为每平方千米 777 人。

政区地名沿革　秦置虞县,因为虞舜子商均封地而得名,北齐废。隋开皇十六年(596 年)复置,改名虞城县。

虞城,为虞舜子商均封地,迄今已有 4000 余年历史。《禹贡》载:禹分天下为 9 州,虞属豫州。禹受舜禅让后封舜子商均于虞,称有虞氏(后称虞国)。周封殷后微子于宋,号宋国,虞属宋国。周赧王 29 年(前 286 年)齐、楚、魏三分宋国,虞属魏国。秦置虞县,属砀郡。汉高祖五年(前 202 年)改砀郡为梁国,虞县属梁国。王莽新朝时期虞县曾称“陈定亭”。东汉初复为虞县。三国、晋时属魏地梁国。南朝宋改梁国为梁郡,虞县属梁郡。后魏置萧,属沛郡,北齐废。隋开皇十六年(596 年)置虞城县。唐武德四年(621 年)升虞城县为东虞州,五年(622 年)废州复县。五代后梁时属辉州(州治今山东省单县);后唐、后晋、后汉、后周时属归德军。宋景德三年(1006 年)宋州升应天府,虞城属应天府。大中祥符七年(1014 年)应天府改称南京,虞城属南京。金天会八年(1130 年)改应天府为归德府,虞城属归德府。金兴定元年(1217 年)城没于黄水,虞城县废入单父县(今山东省单县)。元至元三年(1266 年)复置虞城县,属济宁府。明洪武二年(1369 年)虞城县属开封府归德州,辖 18 个乡 47 个村。清属河南省归德府。

1911 年,属河南省豫东道。1914 年 6 月,豫东道改为开封道,虞城属开封道。1932 年虞城属河南省第二行政督察区。

1948 年 12 月,虞城属商丘专区,辖城关、贾寨、朱庙、赵桥、杨集、张集、陈集 7 个区。1949 年 8 月,虞城废区,分划为 84 个乡。1954 年 9 月谷熟县并入虞城县,辖 147 个乡。1958 年 12 月商丘专区并入开封专区,虞城属开封专区,辖 15 个人民公社。1961 年复置商丘专区。1969 年改称商丘地区,虞城属商丘地区。1983 年政社分开,辖 29 个乡 2 个镇。1995 年 12 月大杨集撤乡建镇;1996 年 3 月杜集撤乡建镇;1997 年 2 月商丘撤地改市,虞城属商丘市。2000 年 5 月营廓撤乡建镇。2001 年 3 月利民乡并入利民镇,八里堂乡并入贾寨镇,三庄乡并入稍岗乡,大侯乡并入营盘乡。2002 年 8 月贾寨镇分出八里堂乡,稍岗乡分出三庄乡,营盘乡分出大侯乡。2005 年 11 月小侯乡并入刘店乡,营盘乡并入大侯乡,八里堂乡并入贾寨镇,三庄乡并入稍岗乡。2009 年 11 月站集撤乡建镇。全县辖 10 个镇,16 个乡。2013 年营廓镇更名为木兰镇。2014 年撤销稍岗乡,设立稍岗镇。

行政区域划分　2014 年末,辖城关、界沟、木兰、谷熟、杜集、贾寨、利民、张集、大杨集、站集、稍岗 11 个镇,黄冢、沙集、店集、芒种桥、大侯、古王集、城郊、郑集、闻集、李老家、刘店、田庙、刘集、乔集、镇里堌 15 个乡,共 26 个乡级政区;下设 13 个居民委员会,647 个村民委员会。

夏邑县（Xiayi Xian）

地处河南省东部,商丘市东部稍偏南,东南与永城市为邻,西南与安徽省亳州市交界,西、西北与虞城县接壤,东北与安徽省砀山县相连。位于东经 115°52′01″～116°27′01″,北纬 33°59′01″～34°25′07″。辖区东西最大距离 55.5 千米,南北最大距离 48 千米,总面积 1479.8 平方千米。人口密度为每平方千米 841 人。

政区地名沿革　战国时称下邑,"因地窊(音 yu)下故名"。金代取华夏之意更名夏邑。

夏朝地属豫州。商朝地属虞国,称栗。周成王三年(前 1040 年),封微子启于宋,地属宋国栗邑。周赧王二十九年(前 286 年),齐灭宋,与楚、魏共分宋地,属楚。秦置栗县。同期,在栗邑地(今杨集镇)置祁乡县,与栗县同属砀郡。汉初,在西南部置建平县,与栗、祁乡 3 县皆为侯国,同属沛郡。三国属魏。东晋隆安元年(397 年)在西南部置马头郡,治建平城。南北朝属梁郡。隋开皇十六年(596 年)改属宋州。唐、宋属归德府。金兴定五年(1221 年)属永州(今永城);明昌三年(1192 年)下邑县改称夏邑县。元、明、清,夏邑均属归德府。1913 年属豫东道。1914 年豫东道改名开封道,属开封道。1931 年开封道废,属河南省。1934 年属河南省第二行政区(治商丘)。

1949 年 10 月属商丘专区,辖城厢、胡桥、会亭、桑堌、陇海、王集、太平、张店 8 个区。1958 年 12 月商丘与开封 2 专区合并为开封专区,属开封专区,辖城郊、胡桥、太平、骆集、会亭、济阳、马头、桑堌、车站、李集、北镇、杨集、火店、孔庄 14 个人民公社。1961 年 12 月商丘、开封分设,属商丘专区。1971 年 11 月将大公社分置小公社,辖 25 个人民公社。1983 年 12 月改公社为乡,辖 1 个镇,24 个乡。1986年10月,车站乡、杨集乡撤乡设镇,12月李集、会亭2乡撤乡设镇。1997年6月商丘撤地设市,属商丘市;马头乡撤乡设镇。1999年4月韩道口乡撤乡设镇。2000年10月济阳乡撤乡设镇。2005年5月撤郭庄乡入李集镇,12月辖8个镇16个乡。2011年3月太平、罗庄2乡撤乡设镇。2012年撤销火店乡,设立火店镇。2013年撤销北镇乡,设立北岭镇。

行政区域划分　2014年末,辖城关、车站、杨集、李集、韩道口、会亭、济阳、马头、罗庄、太平、火店、北岭12个镇和孔庄、骆集、歧河、业庙、中峰、桑堌、何营、胡桥、曹集、郭店、刘店集、王集12个乡,共24个乡级政区;下设14个居民委员会,729个村民委员会。

民权县(Minquan Xian)

地处河南省东部,商丘市西部。东与山东省曹县接壤,东南与商丘市梁园区相连,南与宁陵县、睢县为邻,西南与开封市杞县交界,西与开封市兰考县毗邻,北、东北与山东省曹县交界。位于东经114°49′55″~115°28′17″,北纬34°33′53″~34°52′09″。辖区东西最大距离57.8千米,南北最大距离36.9千米,总面积1175.3平方千米。人口密度为每平方千米846人。

政区地名沿革　1928年析睢县北三区、杞县北五区置民权县,取孙中山先生"民族、民权、民生"三民主义学说之"民权"为县名。

秦地域分属蓸县、外黄县。西汉地域分属外黄县、成安县、黄国和蓸县。东汉地域分属考城县、外黄县。晋属兖州陈留国外黄县。北魏地域分属考城、外黄县。东魏属北梁郡考阳县。隋地域分属考城县、外黄县。唐地属河南道曹州考城,后梁属开封府戴邑。后唐时属汴州考城。北宋属京畿路开封府考城县。金地属南京路睢州考城县。元地属河南行省汴梁路睢州考城县。明地属河南布政使司归德府睢州考城县。清地属河南省归德府考城县。乾隆初年(1738年)至1927年,境域为考城、睢州、杞县所分辖。1928年析睢县、杞县部分区域置民权县,县治李坝集,属河南省。1945年属十二行署管辖。

1948年10月徙县治于民权车站。1949年属商丘专区。1953年3月全县辖6个区,48个乡。1955年9月撤6个区,将原有48乡合并为35个乡。1956年6月兰考10个乡划入,设车站镇,全县共有1镇、45个乡。1956年9月原45个乡合并为27个乡。1958年9月全县改置13个人民公社。12月商丘专区并入开封专区,民权县属开封专区。1961年5月复置商丘专区,民权县属商丘专区,辖6区1镇,26个人民公社。1965年5月属商丘专区,辖27个人民公社。

1969 年置花园人民公社,辖 28 个人民公社。1975 年置顺河人民公社、老颜集人民公社、李堂人民公社。

1983 年 12 月废社改乡,辖 1 镇 16 乡。1984 年 9 月置伯党回族乡、胡集回族乡。1986 年 9 月撤北关乡、龙塘乡,置北关镇、龙塘镇。1997 年商丘地区撤地建市,属商丘市。1998 年 12 月撤消人和乡、程庄乡,置人和镇、程庄镇。2005 年 5 月,撤李堂乡入程庄镇。辖 6 个镇、12 个乡。2009 年 6 月,孙六乡撤乡建镇。2009 年 9 月王庄寨乡撤乡建镇。2010 年 10 月,撤尹店乡建白云寺镇。2012 年撤销顺河乡设立庄子镇,撤销王桥乡设立王桥镇。2014 年撤销城关镇,增设绿洲、南华 2 个街道。

行政区域划分　2014 年末,辖绿洲、南华 2 个街道,北关、程庄、龙塘、人和、白云寺、孙六、王庄寨、庄子、王桥 9 个镇,褚庙、林七、老颜集、野岗、花园、双塔、伯党回族、胡集回族 8 个乡,共 19 个乡级政区;下设 13 个居民委员会,529 个村民委员会。

柘城县(Zhecheng Xian)

地处河南省东部,商丘市西南部。东与商丘市睢阳区相邻,南与周口市鹿邑县相连,西与周口市太康县毗邻,西北与睢县接壤,北与宁陵县为邻。位于东经 115°02′18″~115°32′02″,北纬 33°55′55″~34°16′35″。辖区东西最大距离为 39 千米,南北最大距离 33 千米,总面积 1041.7 平方千米。人口密度为每平方千米 1005 人。

政区地名沿革　战国为楚之柘邑,因邑有柘沟得名。秦置柘县,县以邑名。

古为朱襄城。夏称"株野";商称"秋地"。周、春秋属陈;战国为楚之柘邑。秦属陈郡,置柘县。西汉属淮阳国,同时,于县北部置傿县(治今远襄镇),属陈留郡。东汉属陈国。三国属魏,归豫州部陈郡辖,为曹操食邑,三国魏明帝时改属谯郡。晋泰始元年(265 年)县废,南部并入武平,北部并入宁陵。隋开皇十六年(596 年)复置,改为柘城县,属梁郡。唐属河南道宋州睢阳郡(今商丘市睢阳区)。唐贞观元年(627 年)县废,并入谷熟、宁陵 2 县;永淳元年(682 年)十月复置,属宋州。五代后梁改宋州睢阳军为宣武军;后唐改宋州宣武军为归德军,仍属宋州。宋初属京东西路应天府(治今商丘市睢阳区)。崇宁四年(1105 年)改属拱州(今睢县)。金贞元元年(1153 年)迁都燕京,改汴京为南京,改汴梁路为南京路,属南京睢州。元至元二十五年(1288 年)县废,并入襄邑(今睢县),设巡检司。元大德八年(1304 年)复置,属睢州。明洪武七年(1374 年)县废入宁陵,十年(1377年)复置,属睢州。明嘉靖二十四年(1545年)归德州升府,改属归德府。清沿明制,仍属归德府。1914年属河南省开封道。1932年改属河南省第二行政督察专员公署(治商丘)。

1949年属河南省商丘行政专员公署,7月将原城关、陈集、起台、胡襄、远襄、慈圣、官庄7个区改为城关、慈圣、起台、胡襄、远襄、官庄6个区,辖毛庄、惠南、张桥、陈集、郭楼、马集等69个乡。1958年12月商丘、开封两专区合并,属开封专区。辖城关、陈集、起台、胡襄、远襄、慈圣、官庄、伯岗、牛城、大仵、张桥、李原、安平13个人民公社。1961年开封、商丘两专区分开,属商丘地区。辖1个镇,35个人民公社。1962年7月辖9个区,1个镇,111个人民公社。1964年9月辖14个人民公社。1977年8月调整为23个人民公社。1981年12月将城郊公社改为邵园公社,陈集公社改为陈青集公社。

1984年1月公社改乡,辖1个镇,22个乡。1988年9月慈圣乡撤乡建镇。1989年9月起台乡撤乡建镇。1997年商丘地区改市,属商丘市。1997年3月胡襄乡撤乡建镇。1997年10月安平乡撤乡建镇。1999年6月远襄乡撤乡建镇。2000年2月陈青集乡撤乡建镇。2005年12月铁关乡撤销,合并于安平镇。2006年1月撤销小吴乡、尚寨乡,合并成立惠济乡。全县辖城关、起台、慈圣、远襄、安平、胡襄、陈青集7个镇,梁庄、邵园、申桥、伯岗、大仵、洪恩、牛城、老王集、皇集、张桥、岗王、马集、李原、惠济乡14个乡。2011年11月岗王乡撤乡建镇。2012年撤销梁庄乡设立浦东、长江新城2个街道。2014年撤销伯岗乡设立伯岗镇。

行政区域划分　2014年末,辖浦东、长江新城2个街道,城关、慈圣、远襄、陈青集、胡襄、起台、安平、岗王、伯岗9个镇,邵园、张桥、李原、皇集、申桥、牛城、马集、惠济、洪恩、大仵、老王集11个乡,共22个乡级政区;下设22个居民委员会,484个村民委员会。

睢县(Sui Xian)

地处河南省东部,商丘市最西部。东与宁陵县接壤,南与柘城县、周口市太康县毗邻,西与开封市杞县相连,北与民权县为邻。位于东经114°50′~115°12′,北纬34°12′~34°34′。辖区东西最大距离33千米,南北最大距离41千米,总面积920.2平方千米。人口密度为每平方千米938人。

政区地名沿革　睢县由睢州改称,因境内古河流睢水得名。

公元前225年,秦国灭魏,置承匡县(治今睢县匡城乡匡城村)。秦统一中国后,置襄邑县,属砀郡。汉属陈留郡。三国魏属陈留国。隋属宋州(今商丘市)。五代改属开封府。宋崇宁四年(1105年)置拱州,号称"东辅",属京畿道。金天会四年(1126年)改拱州为睢州,属南京路。元睢州属汴梁路。明嘉靖二十四年(1545年),属归德府。清仍属归德府。1913年睢州改称睢县,属豫东道,后属开封道。1927年7月,北部七、八、九3个区析出,另置民权县。1932年属河南省第二行政督察区。1944年中国共产党辖的睢县抗日民主政府成立,属冀鲁豫行署,后改属豫皖苏一专署。1946年中国共产党在县北部建立睢宁县。1948年睢宁县并入睢县,原属睢县的伯党、龙塘、花园3乡划归民权县。1949年12月属商丘专区,辖8个区,1个镇,119个乡,6个街道。1958年10月,全县辖11个人民公社,下设68个管理区。同年12月,商丘专区并入开封专区,属开封专区。1960年5月宁陵县并入睢县,辖24个人民公社。1961年5月宁陵县划出,同年12月商丘专区恢复,复属商丘专区。1965年12月,辖12个人民公社,辖有289个生产大队。1983年公社改乡。1997年商丘撤地建市,属商丘市。2005年11月,经河南省人民政府批准,撤帝丘乡入董店乡;撤范洼乡入匡城乡;撤消榆厢乡、西陵镇,新置西陵寺镇;撤消阮楼乡、城隍乡,新置城郊乡。同年12月,辖20个乡镇。

行政区域划分　2014年末,辖城关回族、周堂、平岗、潮庄、长岗、西陵寺、尚屯、蓼堤8个镇和城郊、尤吉屯、胡堂、河堤、白庙、白楼、孙聚寨、河集、后台、匡城、涧岗、董店12个乡,共20个乡级政区;下设7个居民委员会,545个村民委员会。

宁陵县(Ningling Xian)

地处河南省东部,东与商丘市梁园区、睢阳区接壤,南同柘城县交界,西和睢县毗邻,北与民权县相连。位于东经115°8′6″~115°27′17″,北纬34°14′46″~34°37′34″。辖区东西最大距离27千米,南北最大距离41.5千米,总面积785.7平方千米。人口密度为每平方千米821人。

政区地名沿革　公元前243年,因魏公子咎封邑于此,称宁陵君,故名宁陵。

远古时期,为葛天氏部落。夏、商、周,为葛国。春秋晚期,为宁邑、沙随国。战国,为信陵君、宁陵君封邑。秦置宁陵城,属砀郡。西汉元狩元年(前122年),始称宁陵县,属陈留郡。新朝始建国元年(9年)改称康善县。东汉建武元年(25年)复宁陵县,属梁国。汉永元十一年(99年)在县南置己吾县,与宁陵县并存,属陈留郡。西晋泰始元年（265年）柘城县、己吾县并入宁陵县。唐属宋州睢阳郡。宋属应天府、拱州。明嘉靖二十四年(1545年)属归德府。明末,全县分长乐、安宁、崇义、中和、来远、迁善、向化7个乡,下辖70野。1912年属河南省开封道。1932年属河南省第二督察区。1936年与睢县合并,置葵丘县。1947年属河南省第二行政区,辖2镇2乡,下设70保。1949年10月属商丘专区,辖5区1镇,下辖89个乡。1951年设6区1镇,下辖73个乡。1955年撤区建制,全县合并为32个乡镇;1957年合并为17个乡镇。1958年12月商丘专区并入开封专区,属开封专区,辖13个人民公社。1960年5月撤销宁陵县,并入睢县。1961年10月恢复宁陵县,12月,恢复商丘专区,宁陵县属商丘专区。1968年9月,商丘专区改为商丘地区,1982年12月辖15个公社、318个生产大队、3449个生产队、5个县级农林牧场。

1983年12月公社改乡,辖15个乡镇。1989年12月辖3个镇,12个乡,辖有6个居民委员会,330个村民委员会,2949个村民小组,88个居民小组。1997年6月,商丘地区撤销,建立商丘市,属商丘市。1997年12月逻岗乡撤乡设镇;2005年7月楚庄乡撤销,并入华堡乡;2009年12月,石桥乡撤乡设镇。2012年撤销黄岗乡,设立黄岗镇。2013年撤销华堡乡,设立华堡镇。

行政区域划分　2014年末,辖城关回族、张弓、柳河、逻岗、石桥、黄岗、华堡7个镇,程楼、刘楼、阳驿、城郊、乔楼、孔集、赵村7个乡,共14个乡级政区;下设5个居民委员会,359个村民委员会。

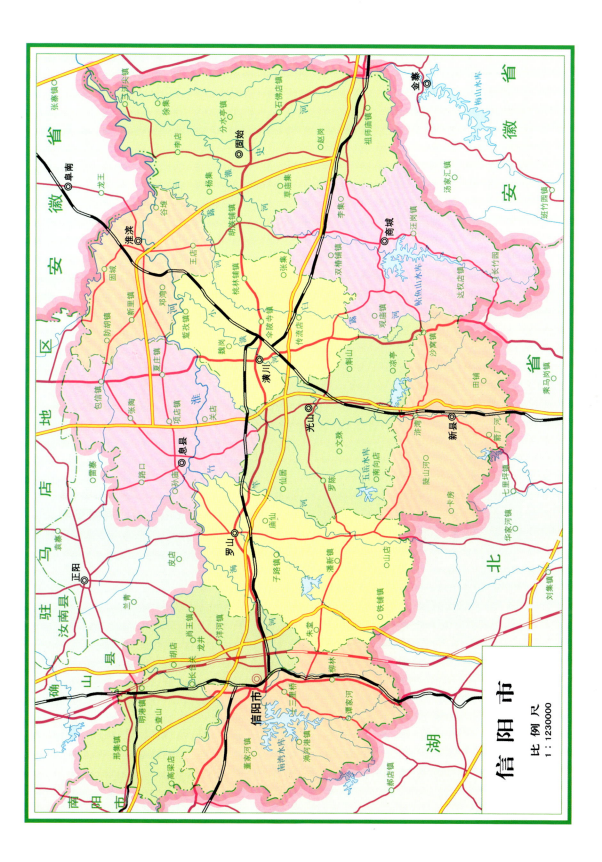

信阳市

比例尺
1:1230000

信阳市(Xinyang Shi)

　　地处河南省南部,东与安徽省六安、阜阳市接壤,南与湖北省随州、孝感、黄冈三市相连,西与南阳市毗邻,北与驻马店市为邻。位于东经113°45′~115°55′,北纬30°23′~32°27′。辖区东西最大距离205千米,南北最大距离142千米,总面积19045.52平方千米。人口密度为每平方千米328人。

　　政区地名沿革　北宋时称义阳,后因避宋太宗赵匡义讳,改"义"为"信"得名。因春秋时期属申国领地,故别称申。

　　西周至春秋时期,地域分属申、息、弦、黄、江、蒋、蓼等封国。战国属楚。秦代设蓼、安丰、雩娄、西阳、期思、息、城阳7县,分属南阳郡、衡山郡、九江郡和陈郡。汉沿秦制,增设安昌、弋阳、轪、郿(meng)县、钟武5县,分属南阳郡、汝南郡、江夏郡和庐江郡。东汉初年,新息、弋阳、雩娄、蓼、轪等县改置侯国,后相继恢复为县。三国属魏,分汝南郡置弋阳郡,治西阳(今光山县),辖弋阳、期思、黾县、西阳4县;汝南郡辖新息、褒信2县;江夏郡辖黾、平春2县;分庐江郡置安丰郡,辖蓼、安丰、雩娄3县。又分南阳郡置义阳郡,辖黾、义阳2县,治安昌(今平桥区平昌关)。西晋安丰郡、弋阳郡、汝南郡辖县不变,隶属豫州。惠帝时分汝南郡置汝阴郡,辖褒信。东晋安丰郡并入弋阳郡,隶属豫州,治所移至西阳(今光山)。汝南郡辖新息县,汝阴郡改称新蔡郡,2郡皆属豫州。晋咸和五年(330年)属后赵。永和五年(349年)属东晋。太元三年(378年),新息县、褒信属前秦,太元八年(383年)复归东晋。北魏设东豫州于新息,辖汝南郡、新蔡郡、城阳郡。梁改东豫州为西豫州。东魏置广陵郡,辖光城、乐安2县,隶豫州。北周置弋州,辖西阳、弋阳、边城3郡,于蓼州置浍州。

　　隋初废息州复置汝南郡,辖城阳、新息、褒信3县,郡治汝阳。大业元年(605年)改光州为光阳郡,后改称弋阳郡,郡治辖光山、乐安、定城、殷城、期思、固始。唐改汝南郡为蔡州隶河南道,辖新息和褒信县。唐武德三年(620年)改弋阳郡为光州,治光山。太极元年(712年)光州治所移至定城(今潢川),辖定城、殷城、固始、光山、仙居5县;改义阳郡为申州,辖义阳、钟山、罗山3县。光州、申州属淮南道。新息和襃信2县属蔡州。五代前期,蔡州和申州属后梁、后唐,光州属南吴国。后期,蔡州和申州属晋、后汉,光州属后唐。末期3州同属北周。

宋开宝九年(976年)改申州为义阳军。太平兴国元年(976年),改义阳军为信阳军。蔡州和信阳军属京西北路,光州属淮南路。神宗熙宁二年(1069年)光州属淮南西路。南宋时,蔡州属南京路,信阳郡属京湖北路,光州属淮南西路。绍兴二十八年(1158年)改光州为蒋州,改光山县为期思县。嘉宝元年(1208年)息州降为县。光州辖县不变。信阳郡先后改称信阳府、信阳州,辖县不变。明代,光州辖光山县、固始县、息县、商城县。洪武十三年(1380年)光州改属汝宁府。信阳州辖罗山县、确山县。撤定城县、信阳县。清代,光州、信阳州属汝宁府。雍正二年(1724年)光山、固始、息县、商城4县属光州,光州改为直隶河南行省。光绪末年(1908年)光州、信阳州隶属南汝光道;宣统元年(1909年)属南汝光淅道。

1913年信阳州、光州分别改为信阳县和潢川县。信阳、罗山、息县、潢川、光山、商城、固始7县属豫南道。1914年豫南道改称汝阳道。1927年改为豫南行政区。1932年潢川、光山、固始、商城、息县、信阳、罗山7县属第九行政督察专员公署,专员公署驻潢川县城。1932年10月置经扶县(今新县)。

1949年4月信阳全境解放,属确山行政区专员公署,辖信阳、驻马店2市,汝南、上蔡、西平、遂平、确山、信阳、正阳、新蔡8县,专署驻驻马店镇;7月专署迁移到信阳市,8月确山行政区专员公署改名为信阳专员公署。1949年5月成立河南省潢川行政区专员公署,专署机关驻潢川县城,辖潢川、息县、固始、光山、商城、罗山、新县7县。1950年辖区107个,乡2174个。1952年6月,撤销信阳市改为信阳镇。1952年8月撤销淮滨办事处设淮滨县。1952年12月潢川专员公署与信阳专员公署合并为信阳专员公署,辖信阳镇、驻马店镇及西平、遂平、汝南、平舆、确山、上蔡、正阳、淮滨、信阳、潢川、息县、商城、固始、光山、罗山、新县等17县,专员公署驻信阳镇。1953年10月驻马店镇改为驻马店市,1953年11月信阳镇改为信阳市。1956年辖19个县、市,77个区,889个乡。1958年辖19个县、市,94个人民公社。1958年驻马店撤市建镇,划归确山县。1960年撤销信阳县、淮滨县。1961年10月复置信阳县。1962年3月复置淮滨县。1963年辖19个县、市,135个公社。1965年5月,析驻马店镇、西平、遂平、汝南、平舆、确山、上蔡、正阳置驻马店专员公署。1965年7月信阳、驻马店分开,信阳地区辖淮滨、息县、新县、罗山、商城、固始、光山、潢川、信阳县、信阳市,136个人民公社。1969年成立信阳地区革委会,驻信阳市,辖信阳市、信阳、潢川、固始、商城、淮滨、光山、罗山、息县、新县1市9县。1978年下设6个办事处、10个镇、189个公社。1979年9月信阳地区革委会更名为信阳地区行政公署。

　　1983 年下设 6 个办事处、10 个镇、189 个公社。1988 年辖 178 个乡 26 个镇办事处。1995 年辖 5 个办事处、26 个镇、187 个乡。1998 年 6 月撤销信阳地区,改设地级信阳市;撤销原县级信阳市和信阳县,设置县级浉河区、平桥区。2000年全市辖 2 区 8 县,5 个办事处、69 个镇、143 个乡。2005 年全市辖 2 区 8 县,12个办事处、69 个镇、138 个乡。

　　1994 年 5 月以潢川县伞陂镇七里岗村、王香铺村,城关镇金星村、沙河店村、刘靛行村地域,设立潢川经济技术开发区;1998 年 12 月以平桥区非金属矿管委会及所辖上天梯和火石山村、五里店镇土城村、红光村,罗山县青山镇冯楼村地域,设立上天梯非金属矿管理区。2000 年 7 月以浉河区李家寨镇地域,成立鸡公山管理区。2003 年 6 月以南湾水库管理局、南湾实验林场、南湾乡、湖东开发区贤山村地域,成立南湾湖风景区管理委员会。2003 年 6 月以平桥区前进乡、羊山办事处、南京路办事处以及平桥镇的银钱,彭家湾乡的周湾、高庙、顾岗、石子岗、仓房村,洋河乡的二十里河地域,成立羊山新区。2004 年 9 月以平桥区刘洼村、马岗村,五里镇牌坊村、袁寨村、闵岗村、邢台村,洋河乡祠堂村地域,成立信阳工业城。

　　行政区域划分　2014 年末,辖浉河、平桥 2 个市辖区,罗山、潢川、固始、息县、淮滨、光山、商城、新县 8 个县,共 10 个县级政区。

浉河区(Shihe Qu)

　　地处信阳市西部,东与罗山县为邻,南与湖北省随州市广水市、孝感市大悟县接壤,西与湖北省随州市随县毗邻,北与平桥区相连。位于东经 113°42′ ~114°08′,北纬 31°24′ ~32°33′。辖区东西最大距离 45.6 千米,南北最大距离64.8 千米,总面积 1892 平方千米。人口密度为每平方千米 328 人。

　　政区地名沿革　因浉河穿城而过得名。

　　秦为义阳乡,属南阳郡。汉属南阳郡。三国魏置义阳郡仁顺城,后置义阳县。晋移义阳郡治于义阳县。宋元嘉二十九年(452 年)司州洛都地陷北魏,侨置司州于此。北魏永安三年(530 年)改司州为郢州。东魏武定七年(549 年),取梁司州改为南司州之义阳郡、义阳县。北周取魏之南司州,改为申州治。隋大业二年(606 年)改申州治为义州治,后为义阳郡、义阳县治。唐置申州义阳郡,隶淮南道。五代,仍为申州。宋初,为义阳军治、义阳县治,属京西北路。太平兴国元年(976 年)因避宋太宗赵匡义讳改称信阳军治(信、申,字通假)。南宋,属荆湖北路。元至元十四年(1277 年)改信阳军为信阳府,至元十五年(1278 年)改为信阳州,隶汝宁府。明置信阳州,隶汝宁府。清仍明制,称州不领县。康熙年间，置分巡南汝光兵备道于信阳州，光绪末改为南汝光浙兵备道。1913 年改信阳州为信阳县，南汝光浙道改为豫南道，次年改称汝阳道，辖 27 县，道署驻信阳城。1927 年废道，信阳县属豫南行政区。1932 年信阳县隶属河南省第九行政督察区。1948 年国民党河南省政府迁至信阳。

1949 年 4 月，分信阳县县城及近郊农村设信阳市（县级）辖 3 区，属确山专区。信阳市以原信阳范围划为 3 个行政区。第一区即原复兴镇、第二区即原胜利镇、第三区即原车站镇，鸡公山设立管理委员会。4 月信阳市、县分设治；7 月，信阳市并入信阳县；8 月确山专区改信阳专区，专员公署驻信阳市；12 月信阳市、信阳县又分设治。1952 年 6 月信阳市改为信阳镇，归信阳县辖。1953 年 7 月，信阳镇改为省辖镇，委托信阳专署辖；11 月复称信阳市。1957 年 9 月，鸡公山管理委员会改为鸡公山办事处。1958 年 8 月，成立信阳市郊区红旗人民公社。1959 年 3 月，信阳市辖红旗、东风、上游、南湾、铁路 5 个人民公社。1960 年 3 月铁路公社并入东风人民公社；4 月信阳市城市人民公社成立，下设东风、上游、南湾、平桥 4 个小公社，原市郊区红旗人民公社撤销。8 月，撤信阳县入信阳市。1961 年 8 月信阳市城市人民公社撤销，所辖 4 个分社改设为平桥、南湾、上游、东风、大同 5 个人民公社；10 月，恢复信阳县建制，鸡公山办事处移交信阳县管理。市、县分置，均属信阳专员公署。1962 年 5 月建三里店人民公社，8 月撤，改为五星公社。1963 年 7 月鸡公山办事处划归信阳市管辖，平桥公社并入五星公社。1965 年 6 月，成立信阳市平桥办事处。1971 年 1 月，鸡公山办事处划归信阳县。1975 年 4 月，郊区公社撤销，设置五星、前进、南湾、双井 4 个公社。1977 年 7 月，从向阳街道划出 9 个居民委员会设置羊山街道，从东风、向阳、上游 3 个街道划出 6 个居民委员会设置五里墩街道。1979 年 3 月，信阳县平桥镇和鸡公山办事处划归信阳市管辖。同年，信阳专员公署改称信阳地区行政公署。1980 年 11 月，平桥镇复归信阳县。1982 年 7 月，上游、东风、向阳 3 个街道更名为老城、民权、车站办事处。

1983 年 6 月，前进、五星、南湾、双井 4 个人民公社改乡。1984 年 10 月，成立金牛山风景管理区。次年 1 月 31 日改为金牛山管理区，代管前进乡金牛山茶场和十里河村。1990 年，信阳市辖车站、老城、民权、五里墩、羊山 5 个街道，前进、五星、南湾、双井 4 个乡及金牛山 1 个管理区。1992 年 1 月，成立贤山开发区，后更名为湖东管理区，代管五星乡的五星、三里店、贤山 3 个村民委员会；3 月成立楚王城管理区，代管前进乡 8 个村民组和新村居民委员会、羊山办事处的段家湾居民委员会。1992 年五星乡的飨堂村、南湾乡的和孝营村、双井乡的十八里庙村划由金牛山管理区代管。1998 年 6 月，信阳市辖前进、五星、南湾、双井 4 个乡，车站、老城、民权、五里墩、羊山 5 个街道，楚王城、湖东、金牛山 3 个管理区。1998 年 6 月,撤销信阳市(县级),设浉河区,其管辖的羊山街道、前进乡和楚王城管理区划归平桥区,原信阳县的浉河港、李家寨、谭家河、董家河、游河、东双河、十三里桥、柳林、吴家店等 9 乡(镇)划归浉河区。浉河区隶属信阳市(地级)。2000 年 10 月李家寨镇由鸡公山管理区托管。2003 年 6 月南湾乡由南湾管理区托管。2004 年 5 月五星、南湾乡,湖东、金牛山管理区改街道。2005 年 11 月双井乡改街道。

行政区域划分　2014 年末,辖车站、民权、老城、五里墩、五星、湖东、金牛山、双井、南湾 9 个街道,东双河、吴家店、浉河港、董家河、李家寨 5 个镇,谭家河、柳林、十三里桥、游河 4 个乡,共 18 个乡级政区;下设 91 个居民委员会,181 个村民委员会。

平桥区 (Pingqiao Qu)

地处信阳市西北部,东与罗山县接壤,南与浉河区毗连,西与南阳市桐柏县和湖北省随州市随县为邻,北与驻马店市确山县、正阳县相连。位于东经 113°42′~114°25′,北纬 31°43′~32°37′。辖区东西最大距离 65 千米,南北最大距离 90 千米,总面积 1889 平方千米。人口密度为每平方千米 126 人。

政区地名沿革　因辖区平西沟上石桥而得名。

秦置义阳乡,属南阳郡。东汉,境内北部属汝南郡安昌县(治所今平昌关乡),西部属南阳郡平氏县义阳乡,东南部属江夏郡,为𪩘𪩘、钟武 2 县。三国时属魏国,从南阳郡中分置义阳郡,治所设安昌城,领义阳县,后废。晋初,复置义阳郡,领厥西、平氏、义阳 3 县。晋惠帝(290 年)移治所于仁顺城(今信阳市),郡县治所同城。宋元嘉二十九年(452 年)侨置司州,泰始中,州治由汝南迁至信阳,属义阳郡义阳县。南朝宋、齐后至隋初,置郡 5,置司州 4,置州 2,置县 10 余次,沿革交错,兴废不定。隋大业二年(606 年),改申州为义州,后为义阳郡。唐属淮南道,五代仍称申州。宋开宝九年(975 年),改义阳郡为义阳军,属西北道。太平兴国元年(976 年)因避太宗赵光义之讳改称信阳军。元至元十四年(1277 年)改军称府,隶属汝宁府。明洪武元年(1368 年)置信阳州,属河南行中书省。洪武四年(1371 年)属中都临濠府。洪武七年(1374 年)复改属汝宁府。洪武十年(1377 年)降为县。明成化十一年(1475 年)复升为州,属汝宁府。清朝仍沿明朝体制。

1913 年废州置县,属豫南道;1933 年属河南省第九督察区;1937 年~1944 年,中国共产党在抗日根据地先后成立信南县、信罗边县、淮南县、信确县、信应随县、信随县人民政府,属豫鄂边行政公署辖。

1949 年 4 月信阳解放,信阳县人民民主政府成立,属确山专区;6 月改称信阳县人民政府,属信阳专区。1950 年 1 月,信阳县、市分治。1960 年 8 月,撤销信阳县,归并为县级信阳市属;1961 年 10 月恢复信阳县,隶属信阳地区行署。1971 年 1 月,鸡公山办事处划归信阳县管辖。1980 年 4 月,撤销"县革委"恢复信阳县人民政府。1983 年 1 月,改全县 27 个人民公社、镇为乡镇。1992 年 7 月,成立甘岸开发管理区。1994 年 12 月,李家寨撤乡建镇。1995 年 11 月,五里店、东双河撤乡建镇。1996 年 5 月,吴家店、邢集撤乡建镇。1998 年 12 月五里镇上天梯、火石山、土城、红光由非金属矿管理区托管。

1998 年 6 月,撤销信阳县设立平桥区,原信阳县所辖的游河乡、吴家店镇、董家河乡、浉河港乡、谭家河乡、十三里桥乡、柳林乡、东双河镇、李家寨镇等 9 个乡镇划归浉河区;原县级信阳市所辖的前进乡、羊山街道、楚王城管理区划归平桥区。8 月,为理顺上天梯非金属矿区管理体制,将上天梯非金属矿管理区上划由市委、市政府直接管理;9 月,平昌关乡撤乡建镇。1999 年 11 月,撤销甘岸开发管理区,设立甘岸镇。2004 年 1 月羊山街道、楚王城管理区、前进乡由羊山新区托管。2004 年 2 月,平桥镇改设平桥街道。2004 年 9 月,平桥街道刘洼、马岗村,五里店镇闵岗、邢台、牌坊、袁寨,洋河乡的祠堂 7 个村民委员会移交信阳工业城托管。2004 年 12 月,以长台关乡王厂、邱庄、马营、苏楼村地域成立城阳城址保护区。2005 年 12 月,甘岸镇改设甘岸街道。2007 年 5 月,洋河乡撤乡建镇。2007 年 7 月,以平桥街道雷山、辛店、黑马石、老虎洞 4 个村成立震雷山风景管理区。2008 年 5 月,浉河区东双河镇双桥村划归平桥区震雷山风景管理区管辖。2010 年 4 月,设立平西街道。2009 年 5 月,析洋河镇陆庙、金牛店、苏庙 3 个村成立平桥区农村改革发展综合实验核心区。2013 年增设平东街道和震雷山街道。2014 年撤销肖王乡,设立肖王镇。

行政区域划分 2014 年末,辖羊山、南京路、前进、平桥、平西、五里店、甘岸、平东、震雷山 9 个街道,明港、邢集、平昌关、洋河、五里、肖王 6 个镇,龙井、胡店、彭家湾、高梁店、查山、长台关、肖店、王岗 8 个乡,共 23 个乡级政区;下设 113 个居民委员会,212 个村民委员会。

罗山县 (Luoshan Xian)

地处信阳市西部,大别山北麓,淮河南岸。东隔竹竿河与光山县相望,南与新县、湖北省孝感市大悟县接壤,西与浉河区、平桥区毗连,北隔淮河与息县、驻马店市正阳县相望。位于东经 114°10′~114°42′,北纬 31°44′~32°19′。辖区东西最大距离 30.9 千米,南北最大距离 67.2 千米,总面积 2076.6 平方千米。人口密度为每平方千米 331 人。

政区地名沿革　隋时置罗山县,因县治西南有小罗山,故名。

秦属衡山郡。汉置鄳县,属江夏郡。三国、晋因之。宋孝建三年(456 年)析鄳县置宝城县,属义阳郡。南齐改保城县,与鄳县同属北义阳郡。梁武帝(512 年)合保城县、鄳县置汝南郡。北魏置保城县、鄳县、东随县,保城县、鄳县属齐安郡。北齐合三县置高安县,属齐安郡。

隋开皇三年(583 年)高安县并入钟山县;九年(589 年)将北魏的东随县从钟山县析出置礼山县,属义阳郡;十六年(596 年)析钟山县置罗山县,属义阳郡。大业末年(618 年)礼山县废。唐武德四年(621 年)置南罗州,领罗山县。武德八年(625 年)属申州。五代同唐制。宋开宝九年(976 年)罗山县废。雍熙三年(986 年)复置,属信阳军。元至元二十年(1283 年)徙信阳州治于罗山县城,称罗山新县,属汝宁府信阳州。明洪武元年(1368 年)复县治,属信阳州;七年(1374 年)改属汝宁府。成化十年(1475 年)复属信阳州。清属汝宁府。

1913 年废府、州,属豫南道;1927 年废道属河南省;1928 年属河南省第七行政督察区;1932 年属河南省第九行政督察区;1933 年境内宣化店、姚家畈、丰家店、唐店、王家店、彭新店、新府、毛家集划归湖北省礼山县;1936 年全县划分为 3 个区,下辖 136 个保。1942 年撤区联保,改为城关镇、潘新、灵城、明月、吉光、定远、费公、竹河、流湖、子路、浉淮、金楠 12 个乡(镇)。

1949 年 5 月属潢川专署。1949 年 8 月设城关、楠杆、竹河、莽张、涩港、彭新、周党 7 个区,辖 67 个乡。1950 年 8 月城关区改称城关镇。1951 年 10 月设 10 个区 196 个乡(街)。1952 年 3 月辖 186 个乡(街)。1952 年 11 月属信阳专署。1953 年 3 月辖 175 个乡(街)。1955 年 5 月撤销庙仙区,恢复竹竿区,析置城郊区。1953 年 12 月撤河口、子路 2 区设莽张、楠杆、城郊 3 区。1956 年 2 月辖中心乡(镇)35 个、77 个小乡。1957 年 3 月辖乡 68 个。1958 年 3 月辖城关镇、城郊、东铺、河口、竹铺、莽张、子路、仙桥、南李店、周党、潘新、龙镇、定远、春秋、鸡笼、彭新、倒座、九里、铁铺、涩港、朱堂、青山、双桥、楠杆、北李店、高店等共 26 个乡镇。1959 年 8 月设城郊、莽张、周党、定远、彭新、涩港、楠杆 7 个公社。1959 年 3 月析城郊公社置竹竿公社。1960 年 2 月析城郊公社置城关公社。1961 年 8 月全县设 9 个区、37 个公社(镇)。1961 年 10 月撤竹竿区、城关区,十里塘公社与竹竿区合并设城郊区。1962 年 5 月撤销区,全县辖 16 个公社、1 个镇。1963 年 3 月铁铺公社并入彭新公社,鸡笼公社并入定远公社,全县辖 14 个公社、1 个镇。1975 年 3 月析彭新公社 6 个大队置铁铺公社;析定远公社 12 个大队置山店公社;析莽张公社 6 个大队、城郊公社 7 个大队置庙仙公社;析东铺公社 6 个大队、楠杆公社 2 个大队置尤店公社。

　　1983 年 7 月公社改乡。1985 年,全县辖城关镇和周党、竹竿、潘新、彭新、涩港、青山、子路、楠杆、龙山、东铺、庙仙、莽张、定远、山店、铁铺、高店、尤店 17 个乡。1987 年 2 月周党乡撤乡建镇。1991 年 11 月,析涩港乡 10 个村置朱堂乡。1994 年 4 月竹竿乡撤乡建镇。1995 年 2 月楠杆乡撤乡建镇。1996 年 5 月涩港乡撤乡建镇,9 月子路乡撤乡建镇,12 月青山乡撤乡建镇。1998 年 6 月,属信阳市。2000 年 1 月潘新乡撤乡建镇;8 月彭新乡撤乡建镇;2005 年 10 月辖 10 个乡、9 个镇。2006 年 9 月,涩港镇更名为灵山镇。2009 年 6 月莽张乡撤乡建镇。2011 年 5 月东铺乡撤乡建镇。2013 年撤销铁铺乡,设立铁铺镇。

　　行政区域划分　2014 年末,辖城关、周党、楠杆、竹竿、青山、子路、灵山、彭新、潘新、东铺、莽张、铁铺 12 个镇,龙山、高店、尤店、庙仙、朱堂、山店、定远 7 个乡,共 19 个乡级政区;下设 39 个居民委员会,265 个村民委员会。

光山县（Guangshan Xian）

　　地处信阳市中部,东与潢川县接壤,东南与商城县毗连,南与新县为邻,西与罗山县相连,北与息县毗邻。位于东经 114°31′～115°10′,北纬 31°37′～32°11′。辖区东西最大距离 60 千米,南北最大距离 55 千米,总面积 1834 平方千米。人口密度为每平方千米 330 人。

　　政区地名沿革　周为弦子的封国,称弦国,有“弦山”之称。《太平寰宇记》记载,浮光山“俯映长淮,每有光耀”,县以山得名。

　　周时,弦子受封于此建弦国(光山)。春秋楚灭弦。秦属九江郡。汉初设立江夏郡,境内置西阳县、轪县。元延二年(前 11 年)封东平恩王子为西阳侯,建西阳侯国。王莽时,国除改县。三国属魏弋阳郡。西晋太康初(280 年),属豫州弋阳郡;太康末(289 年)为西阳公国。惠帝元康元年(291 年)为西阳王国。咸和初(326 年),西阳王降爵为弋阳县王,改西阳郡。南北朝时期,南朝宋元嘉二十五年(448 年)于西阳县和轪县境增立茹由、乐安、光城 3 县,隶弋阳郡。大明二年(458 年),析弋阳郡乐安(今仙居)、茹由、光城(今寨河)3 县,立光城左郡,治光城。南朝梁天监初(502 年)始置光州,以光城为治所;天监中,又于白沙关置沙州,领建宁、宋安 2 郡。东魏兴和中(541 年)析置广陵郡,隶豫州。梁武帝萧衍在光山泼陂河置南朔州,历梁、东魏、北齐、陈 4 朝 81 年,辖今河南信阳市 2 区 8 县、南阳市桐柏县东部、驻马店新蔡、安徽临泉和湖北麻城、红安、大悟、应山北部边地。

隋开皇十八年(598年)更光城为光山,州治如故。光山县之名自此始。唐太极元年(712年)徙光州治于定城(今潢川)。天宝元年(742年)更乐安县为仙居县;唐末,光山、仙居2县隶光州。五代因之。宋至道三年(997年),分天下为十五路,光山、仙居2县随光州隶淮南路。南宋建炎元年(1127年),撤仙居县入光山县。自此,光山全境治属归一。南宋绍兴二十八年(1158年)因避金太子光瑛讳,改光山县为期思县。南宋嘉熙元年(1237年)光山县移治南境天台山。入元,立光山旧治。明代光州及所领光山等县,归属汝宁府,由河南布政使司管辖。清因之。清雍正二年(1724年)升光州直属河南布政使司,领光山、固始、息县、商城、潢川等县属南汝光道分辖。

1913年废直隶州,改光州为潢川县,光山县直隶于道。1932年1月,国民政府于潢川设豫南特别行政区,光山属之;10月,国民政府又在潢川设河南省第九区行政督察专员公署,光山属之;11月,析光山南部的八水里、五马里、沙城里、长潭里、青山里等5个里17个保共1500平方千米地域及合黄安、麻城各一部分设立经扶县(今新县)。

第二次国内革命战争时期,光山县属鄂豫皖革命根据地。1929年8月成立工农民主政府,10月改称为苏维埃政府。1931年至1932年初,鄂豫皖中央分局和鄂豫皖省委先后在光山新集(今属河南新县)成立。光山苏区全境设17个区、4个市、202个乡,同时于光山县东南部设立县级政区光商边特区。1935年2月以光山为中心,建立光麻中心县(翌年改光麻特别区),在光山西南建立红罗光中心县。抗日战争时期,光山属豫鄂边抗日民主区,在光山西南的苏河、殷棚、河棚等地建立了区、乡抗日民主政府。1946年,中国共产党在光山县建立光山中心县民主政府,辖光商、光西2个民主自治区,下设11区2镇。在光山西南部,设经光县民主政府。1947年8至9月,中原解放区重建时,光山县境及周边建立的县级政区有:光山县爱国民主政府,辖5个区;光西县爱国民主政府,辖3个区;光商县(后潢光县、新光县并入,改称白雀县)爱国民主政府,下辖7个区。1949年1月,光山县城解放,光山爱国民主政府迁驻县城,属潢川专区,辖余集、寨河、仁爱、孙铺、吴寨、罗陈、马畈、南向店、文殊、晏河10个区。1949年5月白雀县并入光山县,增设砖桥、泼河、槐店、白雀、斛山5个区;7月全县15个区合并为城关、高陌、白雀、泼河、五岳、文殊、孙铺、曹黄寨河8个区,辖157个乡。

1949年10月光山县隶属潢川行政专员公署。1951年8月,划县北34个乡150平方千米地域归属息县。同时,全县划为12个区、1个镇,即十里庙区、寨河区、孙铁铺区、北向店区、马畈区、南向店区、晏河区、泼陂河区、白雀园区、斛山区、槐店区、文殊区、城关镇。1952年11月10日,潢川专区与信阳专区合并,光山县隶属信阳行政专员公署。1955 年 12 月,全县划为城关区、孙铺区、马畈区、晏河区、南向店区、泼河区、白雀区、斛山区、文殊区 9 个区,辖 41 个中心乡、155 个小乡。1957 年 7 月撤销城关区、孙铺区、晏河区、泼河区、斛山区、文殊区,将 6 区所辖的 109 个小乡合并为 26 个大乡。1958 年 4 月,撤销 3 个区、26 个大乡,全县设 20 个大乡、1 个镇;8 月,全县实现人民公社化,成立 22 个人民公社。随后,划县北 2 个高级农业生产合作社另 12 个生产队归属息县、划县西南 1 个农业生产合作社归属新县、划县东油坊店以东归属潢川县。1959 年 6 月全县辖城郊、孙铺、南向店、泼河、白雀、寨河、北向店、马畈、晏河、斛山、槐店、文殊 12 个公社。1961 年 8 月,公社改为区,辖 55 个公社、3 个镇。1962 年 6 月撤区建社,全县设城郊、寨河、孙铺、仙居、马畈、北向店、文殊、南向店、晏河、泼河、槐店、砖桥、白雀 13 个公社和城关镇。1970 年 5 月,光山隶属信阳地区。1975 年 8 月增设红旗台、杨墩、凉亭、牢山、罗陈、十里庙、斛山 7 个人民公社。

　　1983 年 2 月公社改乡,全县设上官岗乡、十里庙乡、寨河乡、孙铁铺乡、卧龙台乡、仙居乡、北向店乡、罗陈乡、马畈乡、殷棚乡、南向店乡、晏河乡、泼陂河乡、凉亭乡、白雀园乡、斛山乡、砖桥乡、槐店乡、文殊乡、杨墩乡 20 个乡和城关镇,辖 324 个村民委员会、3 个居民委员会。1985 年 3 月,划白雀乡 9 个村地域设雷堂管理区,划槐店乡 10 个村地域设蔡桥(胡店)管理区,划晏河乡 7 个村地域设河棚管理区。1985 年 1 月孙铁铺、泼陂河 2 乡撤乡建镇。1986 年 7 月白雀乡撤乡建镇,雷堂管理区、蔡桥管理区、河棚管理区建乡;上官岗乡撤销,将张楼、吕围孜、上官岗、姚围孜、三里桥、五里墩、徐店 7 个村划入城关镇,将柳店、余集、前楼 3 个村划入十里庙乡,将椿树岗、胡围孜、方楼、闸上店、神埂 5 村划入杨墩乡。11 月增设南王岗、长兴镇 2 个管理区。1988 年 5 月,将原由上官岗乡划入十里庙乡的前楼、余集、柳店 3 个村,原上官岗乡划入杨墩乡的椿树岗、胡围孜、方楼、闸上店、神埂 5 个村,划入城关镇;将斛山乡付李岗村划分为付岗、张老湾两个村,仍隶于斛山乡。1988 年 3 月南王岗管理区、长兴镇管理区撤销,成立南王岗乡、长兴镇乡。1994 年 12 月,砖桥乡、十里庙乡撤乡建十里镇。1995 年 11 月马畈乡撤乡建镇。1996 年 9 月寨河乡撤乡建镇。1998 年 6 月信阳撤地区设市,光山县隶属信阳市。

　　2005 年 11 月,蔡桥乡、卧龙台乡、雷堂乡、杨墩乡、长兴镇乡、南王岗乡、河棚乡撤销,分别并入斛山乡、孙铁铺镇、白雀园镇、城关镇、仙居乡、文殊乡、晏河乡。2006 年 6 月撤销城关镇,设立弦山、紫水两个街道。2011 年 6 月固始被河南省政府确定为省直管试点县(市)。

　　行政区域划分　2014 年末,辖弦山、紫水 2 个街道,孙铁铺、泼陂河、马畈、白雀园、砖桥、寨河、十里 7 个镇,南向店、晏河、槐店、殷棚、凉亭、文殊、罗陈、斛山、仙居、北向店 10 个乡,共 19 个乡级政区;下设 36 个居民委员会,322 个村民委员会。

新县(Xin Xian)

地处信阳市东南部,大别山腹地,豫鄂两省交界地带。东与商城县接壤,南与湖北省黄冈市、麻城市相邻,西南、西分别与湖北省黄冈市红安县、孝感市大悟县毗邻,西北、北分别与光山县、罗山县相连。位于东经 114°32′~115°12′,北纬 31°27′~31°49′。辖区东西最大距离 61.6 千米,南北最大距离 40.7 千米,总面积 1600.4 平方千米。人口密度为每平方千米 202 人。

政区地名沿革　因中共建立新政权和县政府驻新集镇而得名。

夏、商时,北部属扬州,南部属荆州。西周至春秋时,先属弦国,后属黄国。战国先属秦弦地,后属楚国。秦朝北部属九江郡,南部属南郡、衡山郡。两汉时,北部属汝南郡、江夏郡,南部属江夏郡。三国先属魏国弋阳郡,南部后改属吴国蕲春郡。两晋时,北部属豫州弋阳郡,南部属弋阳郡、西阳郡。南北朝时,北部属豫州弋阳郡、光城郡、广陵郡,南部先属豫州西阳郡、建宁郡、定州、衡州、亭州,后属沙州。

隋朝北部属光州光山县,南部先后分属黄州麻城县、永安郡麻城县。唐朝北部属淮南道光州弋阳郡光山县,南部先后分属亭州麻城县、黄州都督府麻城县。宋朝北部属淮南路光州光山县,南部属淮南西路黄州麻城县。元朝北部属汝宁府光州光山县,南部先后分属湖广行省黄州路麻城县、淮西道黄州路麻城县、河南江北行省黄州路麻城县。明朝北部属河南布政使司汝宁府光山县,东南部属湖广布政使司黄州府麻城县,西南部属黄州府黄安县。清朝北部属河南布政使司光州府光山县,东南部属湖北布政使司黄州府麻城县,西南部属黄州府黄安县。

民国初,北部属河南布政使司光州府光山县,东南部先后分属湖北省武汉黄德道麻城县、鄂东道麻城县、江汉道麻城县,西南部属湖北省江汉道黄安县。1928 年 5 月北部属河南省十三行政区光山县,东南部属湖北省麻城县,西南部属湖北省黄安县。

1929 年 9 月~1932 年 9 月,境内有多个红色政权驻地,新集是中共中央鄂豫皖分局、鄂豫皖省工农民主政府驻地,杨家畈(今箭厂河乡境内)是鄂豫皖边区工农民主政府驻地,大朱家(今陈店乡境内)是光山县工农民主政府驻地。1932 年 8 月,北部改属河南省第九行政督察专员公署光山县。

1932 年 10 月，国民政府析光山县南部 5 个里、17 个保，湖北省麻城县 3 个区、黄安县 2 个会建经扶县，以新集为县治所，隶属潢川专署，设新集、浒湾、白居、沙城、箭河、泗店、沙窝 7 个区。1941 年，改区为乡（镇）。1947 年 10 月，复置 7 个区。

1947 年 12 月，经扶县更名为新县，辖新集、浒湾、白居、沙城、箭河、泗店、沙窝 7 个区。1948 年 7 月，增设新八区。1949 年 1 月，改属河南省人民政府鄂豫区二专署；5 月复属潢川专署。1950 年 9 月撤销箭河区、新八区，全县设新集、浒湾、白居、沙城、泗店、沙窝 6 个区，建有 74 个乡政权。1951 年 9 月恢复箭河区，增设八里区。1952 年 10 月属信阳专署。1953 年 2 月，白居区改为沙石区。1953 年 4 月，新集、浒湾、沙石、沙城、箭河、泗店、沙窝、八里 8 个区分别更名为一区、二区、三区、四区、五区、六区、七区、八区。1955 年 8 月，五区并入六区，八区并入二区、七区；10 月设新集、浒湾、沙石、沙城、泗店、沙窝 6 个区。1958 年 5 月撤区并乡，设沙石、千斤、观音堂、苏河、陈祖德、郭家河、陡山河、油榨河、卡房、周河、沙窝、熊河、八里、神桥、吴陈河、阳土墩、柯棚、箭河、田铺、泗店、余河、浒湾、彭大湾、城关 24 个中心乡（镇）；8 月成立人民公社，设红旗、兴无、山水、友谊、胜天、五马、苏区、超美、钢铁、英雄、紫云、上游、东风 13 个人民公社。1960 年 6 月，红旗、兴无、山水、友谊、胜天、五马、苏区、超美、钢铁、英雄、紫云、上游、东风等人民公社的专名依次改为城关、彭大湾、沙窝、吴陈河、八里、周河、陡山河、浒湾、千斤、卡房、箭河、泗店、田铺。1961 年 8 月设城关、浒湾、千斤、陡山河、箭河、泗店、沙窝、八里 8 个区，同时将 13 个公社改划为城关镇和 36 个人民公社。1962 年 6 月撤区并社，36 个人民公社并成城郊、戴咀、沙窝、吴陈河、苏河、八里、周河、陡山河、浒湾、千斤、卡房、郭家河、陈店、箭河、泗店、田铺 16 个人民公社。

1983 年 5 月改公社为乡，箭河更名为箭厂河，八里更名为八里畈，城郊公社更名为新集乡，全县设城关镇和新集、戴咀、沙窝、吴陈河、苏河、八里畈、周河、陡山河、浒湾、千斤、卡房、郭家河、陈店、箭厂河、泗店、田铺 16 个乡。1986 年 8 月，新集乡和城关镇并为新集镇。1987 年 7 月，沙窝撤乡建镇。1988 年 11 月，析出千斤乡的 6 个村民委员会设沙石镇。1999 年 12 月，吴陈河乡、苏河乡撤乡建镇，全县设新集、沙窝、吴陈河、苏河、沙石 5 个镇和戴咀、八里畈、周河、陡山河、浒湾、千斤、卡房、郭家河、陈店、箭厂河、泗店、田铺 12 个乡。2001 年 3 月，八里畈撤乡建镇。2005 年 11 月，沙石镇并入千斤乡，戴咀乡并入新集镇，全县设新集、沙窝、吴陈河、苏河、八里畈 5 个镇和周河、陡山河、浒湾、千斤、卡房、郭家河、陈店、箭厂河、泗店、田铺 10 个乡。2014 年新县增设金兰山街道。

行政区域划分 2014 年末，辖金兰山街道，新集、沙窝、吴陈河、苏河、八里畈 5 个镇,周河、陡山河、浒湾、千斤、卡房、郭家河、陈店、箭厂河、泗店、田铺 10 个乡,共 16 个乡级政区;下设 41 个居民委员会,165 个村民委员会。

商城县(Shangcheng Xian)

地处信阳市东部,豫鄂皖 3 省交界处,大别山北麓。东与安徽省六安市金寨县为邻,南与湖北省黄冈市、麻城市相连,西与光山县、新县接壤,北与潢川县、固始县毗连。位于东经 115°06′~115°37′,北纬 31°23′~32°05′。辖区东西最大距离 50 千米,南北最大距离 79 千米,总面积 2117 平方千米。人口密度为每平方千米 282 人。

政区地名沿革　宋建隆元年(960 年)因避宣祖赵弘殷名讳,殷商相通改殷城县为商城县。

西周为属黄国地;春秋属吴、战国属楚、秦属九江郡;西汉置雩娄县,属庐江郡;三国属豫州安丰郡;西晋仍之,东晋改属豫州戈阳郡;南朝宋侨置苞信县,属边城左郡;南朝梁置义州义城郡,领苞信县;北朝属北齐东光城郡;北周废雩娄县,隋改苞信县为殷城县,属戈阳郡;唐武德元年(618 年)改置义州,贞观元年(627 年)属淮南道光州;宋建隆元年(960 年)因避赵匡胤父弘殷之讳,改殷城县为商城县。至道三年(997 年)省入固始县。元属汝宁府。明洪武初改属凤阳府,十四年(1381 年)复属汝宁府。成化十一年(1475 年)析固始县地,复置商城县,属河南布政使司汝宁府光州。清初沿明制,雍正二年(1724 年)属光州直隶府,清末废州为道,属豫南道。

1913 年改属汝阳道。1927 道废,直属河南省。1932 年中国工农红军第三次解放商城,更名赤城县,属皖西北特委。1937 年 10 月复名商城县,属河南省第九行政督察区。1948 年 12 月 1 日,为鄂豫行署所在地。1949 年 2 月,属潢川专区。1952 年 11 月,信阳、潢川 2 专区合并为信阳专区,属信阳专区。1998 年6 月,撤销信阳地区,设信阳市,属信阳市。

1948 年 11 月设立 8 个区;1950 年 1 月增至 9 个区;1951 年增至 12 个区;1955 年划为 1 镇、11 个区;1956 年合区并乡,划为 1 个镇、7 个区;1958 年撤区为乡,下设 32 个乡和 1 个乡级镇;1958 年 8 月设 8 个人民公社;1958 年 10 月,实行县社合一,改县为"商城县超英人民公社",下设 8 个管理区;1959 年撤销"商城县超英人民公社",恢复原名,改为 8 个人民公社。1961 年 3 月划为 12 个公社,10 月改为 1 个镇、9 个区,下设 45 个人民公社。1963 年合并为 13 个人民公社。1974 年增设冯店、吴河、汪岗、李集、观庙 5 个人民公社,翟畈公社驻地迁至美人岗,更名为鲇鱼山人民公社。1977 年增设苏仙石、白塔集、武桥、三里坪 4 个人民公社,并改城关人民公社为城关镇,共设置 1 个镇、21 个人民公社。

1983 年 7 月公社改乡。1986 年 4 月上石桥乡撤乡建镇;1994 年 11 月双椿铺、余集 2 乡撤乡建镇;1996 年 12 月汪桥乡撤乡建镇;1998 年 4 月鄢岗乡撤乡建镇;2005 年 11 月三里坪乡并入双椿铺镇,武桥乡、白塔集乡并入上石桥镇;全县辖 6 个镇,13 个乡。2010 年 1 月,达权店乡撤乡建镇,12 月丰集撤乡建镇。2012 年撤销城关镇、鲇鱼山乡设立赤城、鲇鱼山 2 个街道。2013 年撤销汪岗乡和观庙乡,设立汪岗镇和观庙镇。2014 年撤销金刚台乡,设立金刚台镇。

行政区域划分　2014 年末,辖赤城、鲇鱼山 2 个街道,上石桥、鄢岗、双椿铺、汪桥、余集、丰集、达权店、汪岗、观庙、金刚台 10 个镇,河凤桥、李集、苏仙石、伏山、吴河、冯店、长竹园 7 个乡,共 19 个乡级政区;下设 12 个居民委员会、358 个村民委员会。

潢川县（Huangchuan Xian）

地处信阳市中部,东与固始县为邻,南与商城县接壤,西与光山县毗连,北隔淮河与息县、淮滨县相望。位于东经 114°53′～115°21′,北纬 31°52′～32°22′。辖区东西最大距离 44.5 千米,南北最大距离 53 千米,总面积 1650.4 平方千米。人口密度为每平方千米 386 人。

政区地名沿革　因潢河纵穿县境而得名。

春秋为黄国,战国属楚。西汉文帝元年(前 206 年)置弋阳县,治今县西南,属汝南郡。东汉初,改为弋阳侯国,三国魏黄初元年(220 年)置弋阳郡,辖弋阳县。北朝梁大宝元年(550 年)以潢河为界,分置南弋阳、北弋阳,属弋阳郡。北齐武平元年(570 年)省北弋阳入南弋阳,更名为定城(治今县西),属弋阳郡。唐武德三年(620 年)属光州。宋绍兴二十八年(1158 年),改属蒋州,咸淳四年(1268 年)复属光州,元初废宝城县入光州。清雍正二年(1724 年),光州为直隶州,治今县城,辖 4 县。

1913 年 3 月,改光州为直隶州置潢川县。1928 年 5 月,属河南省第十三行政督察区,治今县城,1932 年 8 月改属河南省第 9 行政督察专员公署。

1949 年 1 月,属鄂豫区 2 专署、潢川专署,辖区内废除保甲制设乡,初设 8 区,1951 年秋增至 11 个区。1952 年 10 月,信阳、潢川两专署合并后,属信阳专署。1956 年 2 月撤区成立 24 个中心乡,1958 年 8 月成立 10 个人民公社,至 1976 年 7 月增至 19 个公社。

　　1983 年 6 月,公社改乡和城关镇。1985 年 12 月双柳树撤乡建镇,1988 年析来龙乡置趄孜镇。1994 年 11 月傅店乡撤乡建镇,12 月仁和乡撤乡建镇;1995 年 9 月伞陂寺、卜塔集乡建镇;1997 年 12 月牛岗、桃林铺乡改镇;6 月属信阳市(省辖市)。1999 年 12 月江家集乡、黄寺岗乡改镇。2004 年 9 月 29 日撤销城关镇,设立春申、定城、弋阳、老城 4 个街道,将伞陂镇七里岗、王香铺、罗新楼 3 村,卜塔集镇邹湾、奶庙、林场 3 村,傅店镇何店、余湖、庙岗 3 村,隆古乡方店村,谈店乡八里村,魏岗乡九里村划入城区。2005 年 11 月,小吕店乡并入谈店乡,彭家店乡并入白店乡,牛岗镇并入魏岗乡。

　　行政区域划分　2014 年末,辖春申、定城、弋阳、老城 4 个街道,卜塔集、黄寺岗、傅店、趄孜、伞陂寺、江家集、仁和、双柳树、桃林铺 9 个镇和来龙、隆古、魏岗、张集、传流店、上油岗、谈店、白店 8 个乡,共 21 个乡级政区;下设 27 居民委员会,258 个村民委员会。

淮滨县(Huaibin Xian)

　　地处信阳市东部,东隔洪河与安徽省阜阳市阜南县相望,东南滨白露河与固始县相望,南濒淮河与潢川县相望,西临间河与息县相望,西北与驻马店市新蔡县接壤,北隔洪河与安徽省阜阳市临泉县毗邻。位于东经 115°10′~115°35′,北纬 32°15′~32°38′。辖区东西最大距离 53 千米,南北最大距离 43 千米,总面积 1209.4 平方千米。人口密度为每平方千米 479 人。

　　政区地名沿革　因居淮河之滨而得名。

　　夏商时期,分属豫州和扬州;西周分属蒋、息、赖国;春秋战国属楚国;秦分属颍川郡、九江郡;汉分属汝南郡期思县、褒信县、新息县;三国分属魏国豫州、扬州;晋属汝南郡、汝阴郡、弋阳郡;南北朝属豫州汝南郡、弋阳郡;隋时分属汝南郡新息县、苞信县,弋阳郡期思县;唐时分属蔡州汝南郡、淮南道光州弋阳郡;宋至中华人民共和国建国初期皆分属息县和固始县。

　　1951 年 7 月,设立淮滨办事处(县级),辖 5 个区、218 个乡,属潢川行政区专员公署。1952 年 8 月,建立淮滨县,属信阳专员公署。1955 年 10 月,淮滨县三河、栏杆、赵集 3 个区的 100 个自然村划归阜南县;阜南县地里城区的王湾、两河集等 7 个自然村划归淮滨县。1958 年 8 月,辖 11 个公社。1960 年 8 月,撤销淮滨县制,分属固始县、息县。1962 年 10 月,恢复县建制,往流、桥沟公社留归固始县,新成立芦集和谷堆 2 个公社,全县有 11 个公社。1964 年 3 月,栏杆公社分为栏杆和固城 2 个公社。1974 年 4 月,设置涂营公社。1982 年 7 月,辖 18 个公社。

1983 年 12 月公社改乡镇,辖 18 个乡镇。1986 年 1 月,马集撤乡建镇。1988 年 11 月,成立北庙、吉庙、麻里 3 个管理区（乡级）,1991 年 4 月改建为乡,辖 21 个乡镇。1995 年 2 月,期思、防胡 2 乡撤乡建镇。1996 年 8 月,栏杆、新里撤乡建镇。1999 年 3 月,赵集撤乡建镇。2005 年 11 月,撤销涂营、北庙、吉庙、麻里 4 乡,辖 7 个镇、10 个乡。2012 年撤销城关镇和栏杆镇,设立顺河、滨湖、栏杆、桂花 4 个街道。

行政区域划分　2014 年末,辖顺河、滨湖、栏杆、桂花 4 个街道,防胡、新里、马集、期思、赵集 5 个镇和台头、张里、王家岗、固城、三空桥、芦集、邓湾、张庄、王店、谷堆 10 个乡,共 19 个乡级政区;下设 24 个居民委员会,271 个村民委员会。

息县(Xi Xian)

地处信阳市东北部,黄淮海平原南缘,大别山北麓,东与淮滨县相连,南与潢川、光山、罗山县毗邻,西与驻马店市正阳县相临,北与驻马店市正阳、新蔡县接壤。位于东经 114°34′ ~ 115°07′,北纬 32°08′ ~ 32°40′。辖区东西最大距离 53 千米,南北最大距离 58 千米,总面积 1878.8 平方千米。人口密度为每平方千米 596 人。

政区地名沿革　因西周为息国封地得名。

周为息国地,春秋为楚邑。秦属颍川郡。西汉置新息县,属汝南郡。东汉为新息侯国,又分地置褒信县,后为褒信侯国。三国魏属豫州汝南郡,郡治新息。晋褒信县属汝阴郡,新息县属汝南郡。南朝宋分为南新息县、北新息县。北魏置东豫州,北朝新息属汝南郡,褒信县属东新蔡郡,后属新蔡郡及长陵郡。南朝梁大通元年(527 年)改为西豫州。太清元年(547 年)改为淮州。东魏武定七年(549 年)复置东豫州。北齐因之。北周大象元年(579 年)改为息州。隋大业初废息州,新息、褒信 2 县属汝南郡。唐武德四年(621 年)复置息州,贞观元年(627 年)废州。北宋新息县和褒信县均属蔡州。绍兴十一年(1141 年)属金。金泰和八年(1208 年)复置息州。元中统三年(1262 年)废息州,十二月复置;至元三十年(1293 年)属河南省汝宁府。明洪武四年(1371 年)息州属中都临濠府,后改州为县,属颍州;七年(1374 年)属汝宁府,十三年(1380 年)属光州。弘治十七年(1504 年)全县编户为 13 里;嘉靖五年(1527 年)为 15 里,四十年(1562 年)增至 28 里。清初属南汝光道分辖;雍正二年(1724 年)息县属光州(直隶州),设 28 里,领 47 保。

中华民国初,有中区、东区、南区、西区、北区 5 个区,辖 28 里。1930 年设城关、张陶、临河、包信、长陵、赵集、乌龙集 7 个区,领 24 镇,171 乡。1935 年全县 7 个区,辖 57 联保,367 保,4196 甲。1936 年原 7 个区合并为 3 个区,区公所改称区公署,辖 52 个联保。1939 年,改为路口、包信、乌龙集、长陵 4 个区。1941 年撤区设 20 个乡、镇,辖 391 保 4584 甲。

1949 年 2 月息县解放,息县爱国民主政府由东岳廖庄迁至县城,属潢川专区;6 月息县爱国民主政府改称息县人民政府。全县设城关、路口、项店、夏庄、乌龙店、包信、张陶、防胡、谷堆、马集 10 个区。1951 年全县划 11 个区,辖 220 个乡。1952 年 11 月,潢川、信阳两专区合并,属信阳专区。

1953 年 2 月,合并为 176 个乡。1955 年 4 月,撤销东岳、乌龙店两个区,其所辖的乡分别划归包信、张陶、夏庄 3 个区;年底,全县共有 8 个区,辖 170 个乡。1956 年 1 月撤区建立 24 个中心乡,辖 56 个乡。1957 年 3 月,撤销中心乡,合并为 31 个乡。1958 年 2 月将 31 个乡合并为 22 个乡和 1 个镇,7 月又合并为 12 个乡,1 个镇,8 月全县建立城乡、杨店、张陶、东岳、小茴店、夏庄、项店、临河、关店、曹黄林、路口、包信 12 个人民公社;9 月全县建立 1 个“息县红旗人民公社”,原 12 个人民公社为其分社。1959 年 4 月撤销“息县红旗人民公社”,恢复 12 个人民公社,将原 109 个生产大队调整为 264 个大队,970 个生产队调整为 1392 个生产队。1961 年 10 月全县建立 10 个区,2 个镇,辖 58 个公社。1962 年 5 月撤销区,设 22 个公社和城关镇;8 月改为 14 个公社和 1 个镇,辖 272 个生产大队。1964 年 ~ 1975 年,又分别增设岗李店、彭店、白店、许店、李塘、长陵、陈棚 7 个公社。1970 年,属信阳地区,

1983 年 12 月,全县 22 个公社(镇),改建为 22 个乡(镇),329 个生产大队改建为 329 个村民委员会。1985 年,全县辖 1 个镇,2 个办事处,21 个乡,辖有 333 个村民委员会,下设 5015 个村民小组。

1987 年 9 月包信、夏庄 2 乡撤乡设镇。1996 年 7 月李塘乡更名李堂乡。1998 年 4 月东岳乡撤乡设镇。1998 年 6 月属信阳市;12 月项店乡撤乡设镇。1999 年 4 月小茴店乡撤乡设镇。2000 年末,全县辖 6 个镇,16 个乡。

2005 年 12 月,撤销许店、李堂 2 乡,分别划入曹黄林、八里岔乡。2011 年 7 月,城郊乡五一、三里井、大何庄、关庄村民委员会改居民委员会,五一村民委员会更名为龙湖居民委员会。2012 年撤销城关镇和城郊乡,设立谯楼、龙湖、淮河 3 个街道。2013 年撤销曹黄林乡设立曹黄林镇。

行政区域划分　2014 年末,辖谯楼、龙湖、淮河 3 个街道,包信、夏庄、东岳、项店、小茴店、曹黄林 6 个镇,孙庙、路口、张陶、彭店、杨店、白土店、岗李店、长陵、陈棚、临河、关店、八里岔 12 个乡,共 21 个乡级政区;下设 41 个居民委员会,320 个村民委员会。

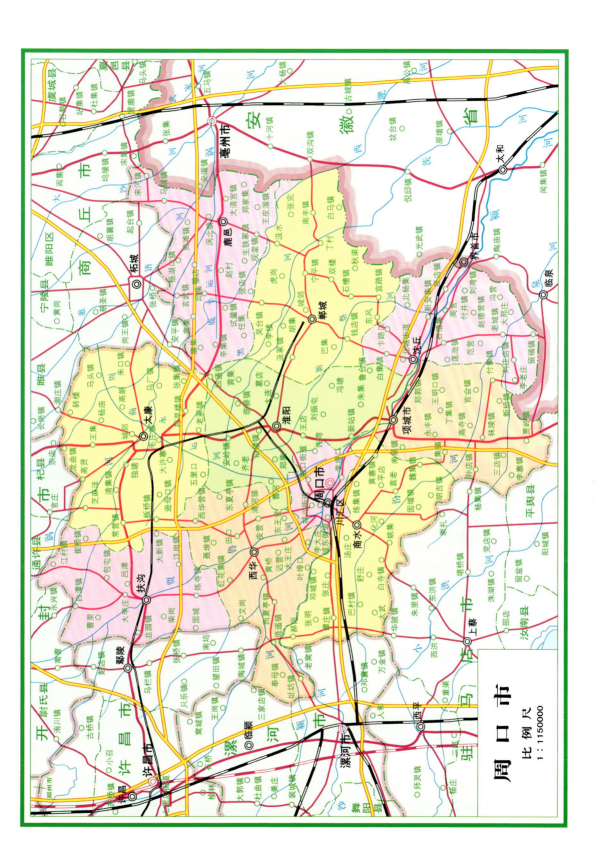

周口市

比例尺
1:1150000

周口市（Zhoukou shi）

地处河南省东南部，东临安徽省阜阳市，南靠驻马店市，西依漯河、许昌市，北接开封、商丘市。位于东经114°05′18″～115°39′25″，北纬33°03′08″～34°20′19″。辖区东西最大距离140千米，南北最大距离135千米，总面积11984.83平方千米。人口密度为每平方千米752人。

政区地名沿革 位于沙河、颍河、贾鲁河三川交汇之处，明永乐年间一周姓船户在此往返摆渡而得名周家渡口。万历年间，由周家渡口简称周家口，后简称周口。

夏为豫州之域，殷为虞遂封地，厉（今鹿邑东）系活动中心。西周初为陈国（都宛丘、今淮阳）、项国（今沈丘槐店）。春秋灭于楚，战国为楚地。公元前278年楚顷襄王徙都于此，为"郢陈"，称"西楚"。秦置陈郡，治陈县（今淮阳）。秦二世元年（前209年）陈胜、吴广在陈定都，国号"张楚"。西汉高帝十一年（前196年）为淮阳国，东汉复为陈国，属豫州刺史部。三国魏或为国，或为郡，属豫州。西晋并置南顿郡，于今项城西。南朝宋郡治项县（今沈丘槐店）。南齐仍置陈、南顿二郡，南顿郡移治南顿。东魏属北扬州，州、郡均治项县（今沈丘槐店）。北齐置信州，治所自项县移于陈，北周改信州为陈州。隋置淮阳郡，属豫州。隋开皇十六年（596年）置陈州和沈州，属豫州。大业八年（612年）复置淮阳郡，治宛丘（今淮阳），统宛丘、太康、扶乐、西华等10县。唐武德元年（618年）复置陈州，四年（621年）置北陈州，治扶沟，复置沈州，统项城、颍东2县。宋宣和元年（1119年）置淮宁府，属京西北路，统宛丘、西华、商水、南顿、项城5县。南宋置陈州，属南京路。元属河南江北行省汴梁路。明万历十年（1582年），属开封府，领陈州、商水、项城、沈丘、西华、扶沟、太康1州6县，鹿邑县（包括今郸城县东北的一部分）属归德府。清雍正二年（1724年）升陈州为直隶州，属河南布政使司，统4县；十二年（1734年）升为陈州府，府治淮宁县（今淮阳），属河南布政使司，统淮宁、太康、扶沟、西华、商水、项城、沈丘7县；鹿邑属归德府，两府同属河南省监察区开归陈许郑道。

1912 年 5 月撤淮宁县。1913 年 3 月 1 日废陈州府,置淮阳县,原府辖县和鹿邑同属河南豫东道;11 月北平政府弃省设州,各县同属汴州(州治开封)。1914 年 5 月 23 日改属河南开封道。1932 年 8 月,为第三行政督察区,原 8 县属之。10 月改为第七行政督察区,属河南省。

1948 年 1 月置周口市,属淮阳专区。1949 年淮阳专区辖淮阳、鹿邑、项城、沈丘、商水、西华、扶沟、太康 8 县和周口市。1952 年 8 月增置郸城县。1953 年 1 月撤淮阳专区,西华、扶沟、商水(周口市改周口镇归商水县)3 县划归许昌专区,余 6 县划归商丘专区。1958 年 12 月商丘专区撤,东 6 县归开封专区。1961 年 12 月商丘专区复设,东 6 县复归商丘专区。1965 年 6 月 29 日析许昌、商丘 2 专区部分县设周口专区,辖淮阳、鹿邑、郸城、项城、沈丘、商水、西华、扶沟、太康 9 县和周口镇,共 141 个公社,3696 个生产大队。1969 年 12 月 31 日改为周口地区,归属、治所及统辖未变。1980 年 10 月增辖黄泛区、五二 2 农场。1980 年 10 月周口镇改为周口市。1984 年公社改乡(镇),全区辖 9 县 1 市 182 个乡镇(其中有镇 11 个)。1990 年全区共有 115 个乡、67 个镇、5 个镇级办事处。2000 年 6 月 8 日撤销周口地区和县级周口市,设立地级周口市,原县级周口市改为川汇区。2011 年 6 月鹿邑被河南省政府确定为省直管试点县(市)。

行政区域划分　2014 年末,辖川汇区、扶沟县、西华县、商水县、沈丘县、郸城县、淮阳县、太康县、鹿邑县、项城市,共 10 个县级政区。

川汇区(Chuanhui Qu)

地处周口市中心,沙河、颍河、贾鲁河汇流处,素有"小武汉"之称。东、北与淮阳县接壤,南部与商水县相连,西、北与西华县毗邻。位于东经 114°35′~115°20′,北纬 33°34′~33°43′。辖区东西最大距离 33.3 千米,南北最大距离 27.8 千米,总面积 324.56 平方千米。人口密度为每平方千米 1709 人。

政区地名沿革　因地处淮河支流沙河、颍河、贾鲁河汇流处,三岸夹河,自然分成河南、河北、河西 3 个区域,故称川汇区。

春秋地域分属顿国和陈国。明洪武元年(1368 年),置永宁集(今西老寨)地方,设乡里。永乐年间沙河南岸子午街(今老街)一带,置周家口地方,亦设乡里。分别属商水县和淮宁县(今淮阳县)管辖。清地域分属陈州府淮宁县、商水县。康熙九年(1670 年)陈州(今淮阳)管粮州判移设周家口,雍正十二年(1734 年)直隶陈州升陈州府,粮捕水利厅设周家口,粮捕盐务水利通判统管全镇。1932 年地域分属河南省第七区行政督察专员公署的淮阳县和商水县管辖。

1948 年 1 月 17 日建立周口市人民政府,属淮阳专员公署管辖。1952 年 8 月 28 日,撤销周口市改为周口镇,属商水县(商水县治所移设周口镇)。1953 年 3 月周口镇随商水县隶属许昌专员公署。1954 年复置周口市,与商水县分治。1958 年 4 月 7 日周口市与商水县再次合并,周口市改为周口镇隶属商水县。1965 年 7 月 1 日周口地区行政公署成立,治所设周口镇。1965 年 11 月 25 日周口镇改为专辖镇,再次与商水分署办公。1980 年 9 月 26 日恢复周口市(商水县治所迁回原商水县城)。2000 年 6 月 8 日周口地区撤地设市,同年 8 月 2 日周口地区更名为周口市,原周口市更名为川汇区。2014 年增设华耀城街道。

行政区域划分 2014 年末,辖七一路、荷花路、陈州街、人和路、小桥街、城南、城北、文昌、搬口、华耀城 10 个街道,李埠口、许湾 2 个乡,共 12 个乡级政区;下设 80 个居民委员会,137 个村民委员会。

扶沟县(Fugou Xian)

地处河南省中部,周口市西北部。东与太康县相邻,南与西华县接壤,西与许昌市鄢陵县相连,西北和北部与开封市尉氏县、通许县毗邻。位于东经 114° 15′~114°37′,北纬 33°51′~34°20′。辖区东西最大距离 35 千米,南北最大距离 54 千米,总面积 1155.7 平方千米。人口平均密度为每平方千米 535 人。

政区地名沿革 上古时期名阪泉,春秋时期称桐丘。西汉高帝十一年(前 196 年)置县,因境内东有扶亭,西有洧水沟故名。

夏商时期属豫州。春秋时期北部属郑国,南部属陈国。战国时期北部属魏国,南部属楚国。秦属三川郡。西汉高帝十一年(前 196 年)置扶沟县,治所在谷平乡小扶城(今崔桥镇古城村),属兖州淮阳国。辖谷平、帛、纯孝、安乐、汲、太平、匡城 7 乡和扶亭、召陵亭、平周亭、关亭、帛亭、洧阳亭、支亭、匡亭、太平亭、孟亭、桐门亭、雕亭 12 亭。西汉神爵三年(前 59 年)在境内汲乡设新汲县(治所在今柴岗乡汲下村东),属颍川郡。东汉建武元年(25 年)属淮阳国,章和二年(88 年)属陈国,永元十二年(100 年)属陈留郡。三国属魏国陈留郡。西晋属兖州陈留郡。东晋属豫州颍川郡,晋建武元年(317 年)废扶沟入新汲。北魏登国元年(386 年)复置扶沟县,属郑州颍川郡;太平真君七年(446 年),废阳夏县(今太康县)入扶沟,太和十二年(488 年)复置阳夏县。东魏属许昌郡。北齐属北扬州颍川郡,齐高帝年间(550~559 年)县治由小扶城移至桐丘城(今县城)。北周属北扬州颍川郡。隋代属豫州颍川郡。

隋大业十三年(617 年),废新汲入扶沟。唐武德元年(618 年)属许州;武德四年(621年)在县北置北陈州,同年即废,属洧州;贞观元年属许州;天宝元年属河南道颍川郡。后梁属东都开封府。后唐属汴州宣武军。后晋、后汉、后周属东京开封府。宋属京畿开封府,咸平五年(1002年)从县境析通许镇为咸平县(今通许县)。金属南京路开封府。元属汴梁路总管府。明属河南省开封府。清顺治元年(1644年)属开封府,顺治十六年(1659年)属陈州府,雍正二年(1724年)属直隶州。乾隆二十七年(1762年),全县辖52地方,943个村庄。宣统二年(1910年)全县设5区:东区吕潭、南区练寺、西区晋岗寺、北区白亭,中区县城关帝庙,仍下辖52地方。

1913年属豫东道,1914年属河南省开封道;1927年属豫东行政区;1931年属河南省第七行政督察区。1938年设三个区:中区城关、南区练寺、北区白亭,下设联保44处;1941年分设四乡四镇:城关镇、练寺镇、吕潭镇、白潭镇、秦陵乡、桐丘乡、轩辕乡、孙岳乡,仍下设联保44处。

1949年6月,扶沟县人民政府成立,属淮阳专员公署。1949年10月全县下辖7个区人民政府;1951年7月,调整为9个区和一个县辖镇;1953年1月改属许昌专区;1955年9月,撤销一、八、九区,将名称改为白潭区、吕潭区、汴岗区、崔桥区、韭园区、练寺、城关镇。1956年1月撤区,设立12个中心乡和城关镇;9月撤中心乡建制,划分为1个镇和24个乡:城关镇、白亭、白潭、吕潭、汴岗、崔桥、韭园、练寺、大新、曹里、曹台、包屯、轩辕、支亭、固城、罗沟、聂老、斗仓、韩家、五里店、榆林、强岭岗、陈楼、杨村岗、张坞岗;1958年5月,调整为1镇16乡;1958年8月改为人民公社;1959年4月,合并为城关镇和白潭、吕潭、汴岗、崔桥、韭园、练寺、固城、包屯、江村10个人民公社。1961年8月改划为1镇7区:城关镇和白潭、江村、包屯、韭园、练寺、汴岗、城关;1962年12月,增设吕潭、崔桥、柴岗区。1965年5月扶沟县改属周口专区。同年5月,白潭、江村、包屯、韭园、练寺、汴岗、城关、吕潭、崔桥、柴岗区改称人民公社,6月,增设曹里、固城、大新人民公社。1969年12月扶沟县属周口地区。1975年12月,增设大李庄人民公社。

1983年12月共辖1镇14乡:城关镇和城郊、崔桥、江村、白潭、曹里、韭园、柴岗、固城、练寺、汴岗、大新、吕潭、包屯、大李庄。1990年4月江村乡改镇,1990年4月崔桥、韭园、包屯乡改镇,1996年6月白潭、练寺乡改镇,同年11月大新乡改镇,1997年12月汴岗乡改镇。2000年7月扶沟县属周口市。2010年12月,撤销城关镇,增设桐丘、扶亭2个街道。

行政区域划分 2014年末,辖桐丘、扶亭2个街道,崔桥、江村、白潭、韭园、练寺、汴岗、大新、包屯8个镇,城郊、曹里、柴岗、固城、吕潭、大李庄6个乡,共16个乡级政区;下设6个居民委员会,402个村民委员会。

西华县(Xihua Xian)

地处周口市西中部,东与淮阳县接壤,东南与周口市毗连,南与商水县隔沙河相望,西南与漯河市郾城区相接,西与漯河市临颍县搭界,西北与许昌市鄢陵县毗邻,北与扶沟县相邻,东北与太康县交界。位于东经 114°05′~114°43′,北纬 33°36′~33°59′。辖区东西最大距离 57 千米,南北最大距离 21 千米,总面积 1194 平方千米。人口密度为每平方千米 662 人。

政区地名沿革 春秋为宋华氏地,因其族较大,且居住宽广,乃分东西,东称东华,西称西华。西汉时置县,因位于华氏地西部,故名。

秦置长平属颍川郡,汉高帝时分置西华、长平二县,属汝南郡。王莽(新)更西华为华望县,更长平为长正县。东汉复改为西华、长平。三国魏时西华属汝南郡,长平属陈郡。晋永康元年(300 年)西华、长平均属颍川郡。东晋改属陈郡,北魏太武帝时,并长平入扶沟,属北扬州陈郡。后复置。北齐省长平入西华,属信州。隋开皇元年(581 年)改西华为柳城县,属陈郡。未几废,复为西华。十八年(598 年)改西华为鸿沟县。大业元年(605 年)复改为西华县,属淮阳郡。唐武德元年(618 年)改西华为箕城县,武德八年(625 年)又改箕城为基城县。贞观元年(627 年)省基城入宛丘。长寿元年(692 年)复置武城县。神龙元年(705 年)改武城为箕城县。景云元年(710 年)复改箕城为西华县,属陈州。宋宣和年间,西华属淮宁府。元至元二年(1265 年)废清水县,并入西华,属陈州郡。明朝,西华属开封府。清雍正二年(1724 年)改陈州为直隶州,西华从属。1914 年属豫东道。1933 年属河南省第七行政督察区。

1947 年 1 月建西华县民主政府。1949 年属淮阳专区。逍遥、东夏亭两个区,划归西华。计 7 个区,76 个乡。1950 年四区孙咀乡的孙咀、彭埠口、柳园划归周口市。1951 年增八区(李方口)九区(奉母城)两个区,计 9 个区,130 个乡。1952 年划为 103 个乡。1953 年西华县划入许昌地区。1956 年 3 月将 103 个合并为 13 个中心乡,36 个一般乡。8 月撤销 13 个中心乡,合并为 29 个乡。1957 年建立陆城回族乡,改逍遥为回族乡,增白十乡,共 31 个乡。1958 年 5 月将 31 个乡合并为 15 个乡;8 月又将 15 个乡建成 9 个人民公社。1961 年将全县 9 个人民公社划为 41 个,原西夏亭人民公社划归黄泛区农场,分设 8 个区,1 个镇,40 个人民公社。1962 年西夏亭人民公社从黄泛区农场又划归西华。将 41 个人民公社划为公社、生产队两级所有的 160 个小公社。全县计 9 区,1 镇,160 个人民公社。1965 年西华划归周口专区,又新建了艾岗、西华营、叶埠口、址坊

4 个公社,改城关区为迟营人民公社。1973 年 5 月,李大庄人民公社及皮营人民公社所辖的徐营、冯庄、李营、高庄、小王庄、下炉、周庄、郭庄、康楼、尤庄、西井、苏湾、王窑、上口、下口、新上口等 17 个村庄划归周口市。1975 年又建立了田口、清河驿、东王营、大王庄、黄土桥 5 个公社。

1983 年全县有 1 镇,18 个人民公社。1985 年,逍遥由乡改为镇。1987 年,西夏亭、奉母城、红花集、聂堆、东夏亭由乡改为镇。1990 年,西华营由乡改为镇。1996 年,址坊由乡改为镇。2000 年,全县为 9 镇 10 乡,434 个村民委员会,3112 个村民小组。2006 年,撤销城关镇,设立昆山、娲城、箕子台三个街道。全县为 3 个街道、8 镇,10 乡,425 个村民委员会,25 个居民委员会,3113 个村民小组。

行政区域划分　2014 年末,辖娲城、箕子台、昆山 3 个街道,奉母、址坊、逍遥、西夏亭、红花集、聂堆、东夏亭、西华营 8 个镇,黄桥、艾岗、田口、皮营、东王营、大王庄、李大庄、叶埠口、迟营、清河驿 10 个乡,共 21 个乡级政区;下设 45 个居民委员会,429 个村民委员会。

商水县（Shangshui Xian）

地处河南省东南部。东与项城市接壤,南与驻马店市上蔡县交界,西与漯河市召陵区毗邻,北与周口市川汇区相连。东北、西北分别与淮阳县、西华县隔沙河相望。位于东经 114°15′～114°53′,北纬 33°18′～33°45′。辖区东西最大距离 60 千米,南北最大距离 25 千米,总面积 1275.27 平方千米。人口密度为每平方千米 733 人。

政区地名沿革　汉置汝阳县。隋改为溵水县。宋建隆元年(960 年),宋太祖赵匡胤为避其父赵弘殷之讳,改溵水县为商水县。

夏、商地属豫州。西周地属沈国,豫州部。春秋时西部属蔡国、东部属顿国。楚昭王二十年(前 496 年)二月楚灭顿,后又灭蔡,归属楚国。战国楚在今县境内筑阳城(今舒庄乡扶苏寺村)、安陵(又称鄢郢、鄢陵,今大武乡程刘村)、南利(今固墙镇三合寨村)。秦在阳城置阳城县。张楚时设阳城为扶苏,属陈郡。西汉县境内分设阳城(治所由扶苏村迁至大武乡程刘村)、汝阳(治今张庄乡城上村)、博阳(王莽时称乐家,治所在今平店乡李岗村)3 县,属豫州汝南郡。东汉建武十一年(35 年)改阳城为征羌县,汝阳县名未变。三国废征羌、乐家 2 县入汝阳县,属魏国陈郡。晋属豫州汝南郡。南朝宋置汝阳郡,领汝阳、武津(治今上蔡县岗郭村)2 县;北魏汝阳郡领汝阳、武津、征羌(治今大武乡程刘村)3 县。北齐废郡,汝阳县隶属豫州。

隋开皇十六年(596年)置溵水县(治所在商水老城,另说在邓城镇潘堂)。大业初(605年)废汝阳县入溵水县,属淮阳郡。皇泰元年(618年)复置扶苏县,属豫州淮阳郡。唐武德四年(621年)属沈州;武德五年(622年)废扶苏县入溵水县,隶属河南道;贞观元年(627年)沈州废,改属陈州;建中二年(781年)属溵州;兴元元年(784年)属陈州淮阳郡。五代溵水县属河南道陈州。宋建隆元年(960年),改溵水县为商水县,属京西北路淮宁府。熙宁六年(1073年)改南顿县为镇,分入商水、项城2县,后复置南顿县。元至元二年(1336年)废项城、南顿2县入商水县,属河南行中书省汴梁路上陈州;后3县复分置。明洪武初(1368年)废商水县,四年(1371年)七月复置,属河南承宣布政使司开封府陈州。清属河南开封府陈州。

1913年属豫东道。1914年属开封道,1927年道废,属河南省豫东行政区。1931年属河南省第七区行政督察区。

1947年11月成立商水县民主政府(治今平店乡平店村);12月成立郾商西县民主政府(治今邓城镇邓东村),辖商水县雷坡以西,郾城县漯河市区以东,上蔡县华陂以北,西华县沙河以南地域。1948年底由项城县先后划归商水县100个自然村。

1949年2月26日郾商西县大部分并入新成立的商水县人民政府(治今商水老城),属河南淮阳专区。1949年4月白寺区的魏楼、小庄、坡董、杨庄等4个自然村划入上蔡县,项城县营子、喻营、小王庄、大王庄、陈庄、蒋庄、大石营、太平集、西张营、吕庄、小石营、高庄等12个自然村划入商水县。1952年8月周口市改为商水县辖镇,县人民政府由商水老城迁至周口,属淮阳专员公署。1953年3月商水县划归许昌专员公署。1954年11月,将第八区(砖桥)、第十五区(老窝)及十四区(谭庄)所辖的青年、井庄2乡及冷饭店村交由郾城县管辖。1965年6月15日建立周口专员公署,商水县属周口专员公署。1972年3月商水县邻近周口的11个大队划归周口市。1975年8月县政府迁回商水县城。1975年11月增设郝岗、舒庄、化河、袁老、焦寨、韩屯六个人民公社。1979年10月31日,周口专员公署更名为周口地区行政公署,商水县仍属其管辖。1983年公社改乡。2000年6月8日周口地区改为周口市,商水县属周口市。2006年1月商水县李埠口乡划入周口市川汇区,撤销商水县城关镇。商水新设置老城、新城、东城3个街道。2009年7月商水县产业集聚区成立。

行政区域划分 2014年末,辖新城、老城、东城3个街道,魏集、黄寨、练集、固墙、胡吉、巴村、邓城、谭庄、白寺9个镇,城关、化河、汤庄、平店、袁老、张庄、张明、郝岗、舒庄、大武、姚集11个乡,共23个乡级政区;下设17个居民委员会,573个村民委员会。

沈丘县(Shenqiu Xian)

地处河南省东南边缘,颍水中游。东、南与安徽省界首市、临泉县毗邻,西邻项城市,西北及北部接淮阳县、郸城县。位于东经114°57′43″~115°21′31″,北纬33°5′6″~33°31′45″。辖区东西最大距离30千米,南北最大距离51千米,总面积1080.39平方千米。人口密度为每平方千米886人。

政区地名沿革　因旧沈丘县地春秋时为楚之寝("寝"一作"沈")丘邑地,故名。

西周为项子国属地。春秋楚置寝丘邑(治今安徽省临泉西侧古城)。战国时寝仍属楚国。秦于战国楚古寝地南部置寝县(治今安徽省临泉古城),北部置项县(治今槐店回族镇),同属陈郡。南朝宋、北魏俱因晋制。东魏武定八年(549年)在古寝置财州,北齐文宣帝废州改置褒信县。隋开皇初,改褒信县始置沈丘县,属沈州。唐初地属颍州。贞观元年(627年)省舒城(在今新蔡县北)入沈丘,后省沈丘入汝阴县。神龙二年(706年)析汝阴县复置沈丘县。五代属颍州,隶河南道。宋属顺昌府汝阴郡,隶京西北路。金时沈丘属颍州,隶南京路。元属河南行省汝宁府颍州。明初省沈丘入颍州,属南直隶凤阳府。弘治十年(1497年),割陈、项、颍三地边隅复置沈丘县,治乳香台(今沈丘县老城)。清属河南省陈州府。

1913年属河南省豫东道。1914年属开封道。1927年12月属豫东行政区。后省改划豫南、豫北、豫东、豫西4个行政区为14个区,沈丘县属淮阳区。旋区制又废,直属河南省政府。1931年属河南省第七行政督察区。

1947年春,中国共产党在沈丘县,沙河南、北分别建立人民政权:沙河以北,2月建沈鹿淮县,11月改为沈太鹿县,12月改为界首县;沙河以南,5月建沈项临县,9月建沈丘县。1949年3月恢复原制,合沙河南北原沈丘政区为沈丘县(治今老城镇),属淮阳专区。1950年10月,县人民政府由老城迁至槐店。1953年1月废淮阳专区入商丘专区,属商丘专区。1958年12月随商丘专区并入开封专区。1961年12月复置商丘专区,沈丘县仍属商丘专区。1965年5月析商丘、许昌地区部分县设周口地区,沈丘县改属周口地区。1983年改老城人民公社为老城镇。1984年赵德营乡撤乡设镇。1987年留福集乡、新集乡、刘庄店乡、纸店乡撤乡设镇。1988年白集乡撤乡设镇。1996年月12月原陈寨乡更名为流湾镇。2000年10月,周口撤地建市,沈丘县属周口市管辖。2006年4月析北郊乡全部及槐店镇部分地域设北城、东城2个街道。2014年撤销洪山乡和莲池乡,设立洪山镇和莲池镇。

行政区域划分   2014 年末,辖北城、东城 2 个街道,槐店、老城、刘庄店、留福、付井、赵德营、纸店、新安集、白集、刘湾、洪山、莲池 12 个镇和石槽集、周营、范营、大邢庄、冯营、李老庄、北杨集、卞路口 8 个乡,共 22 个乡级政区;下设 21 个居民委员会,555 个村民委员会。

郸城县(Dancheng Xian)

地处河南省东部边缘,周口市东部,东与安徽省亳州市谯城区和太和县为邻,东南与安徽省界首市接壤,南与沈丘县毗连,西与淮阳县交界,北与鹿邑县毗邻。位于东经 115°00′~115°38′,北纬 33°25′~33°49′。辖区东西最大距离 58.9 千米,南北最大距离 43.5 千米,总面积 1481.8 平方千米。人口密度为每平方千米 669 人。

政区地名沿革   相传古有"王子去求仙,丹成入九天。洞中方七日,世上几千年。"歌谣,"郸城"即由"仙城"演化而来。另传,春秋时老子李耳在此将"丹"炼成,遂取名"丹成",后演为郸城。

西周,东有"厉"(音 Lài,今鹿邑县城东太清宫),西有"陈"(今淮阳县城东),县境处其间。春秋、战国,县境西属陈县,中属鸣鹿(今鹿邑县辛集),东属苦县(苦音 hù,今鹿邑县城东)。陈县、鸣鹿、苦县先属陈国,楚国灭陈国后,属楚。秦时县境大部属陈郡苦县,小部属陈郡项县(今沈丘县境)。西汉置宁平、宜禄 2 县,宁平县属淮阳国(治今郸城县宁平镇);宜禄县属汝南郡(治今郸城县宜路镇)。新莽改宜禄县为赏都亭。东汉宁平县属豫州陈国;宜禄县东汉初废,永元七年(95 年)复置,属豫州汝南郡,永元十二年(100 年)废。三国魏县境西部地域属陈郡武平县(治今鹿邑县武平城);东部属陈郡苦县,均隶于豫州。西晋撤宁平县。地域分属豫州梁国苦县、武平县、陈县、项县。东晋咸康三年(337年)改苦县为父阳县。地域分属豫州陈郡武平县、父阳县。南朝宋初属父阳县,隶于豫州陈郡;北魏、北齐、北周分属武平县、谷阳县,隶于陈留郡。

隋开皇六年(586 年)置郸县,治今郸城县城,均属淮阳郡。唐乾封元年(666 年),废郸县,改谷阳为真源。载初元年(689 年),改真源为仙源。神龙元年(705 年),仙源复名真源。地域分属鹿邑县(治今鹿邑县鹿邑城村)、真源县(治今鹿邑县城)、宛丘县(治今淮阳县城)、项城县(治今沈丘县城)。五代同唐制。北宋大中祥符七年(1014 年)改真源为卫真。县境分属鹿邑县、卫真县、宛丘县。郸城设镇。金同宋制,属南京路。郸城仍设镇。元至元二年(1265 年)

并卫真县入鹿邑县,治所迁至今鹿邑县城。地域分属鹿邑县、宛丘县。明代地域大部属鹿邑县,一部分属陈州,归河南承宣布政使司管辖。清代地域大部分属河南省归德府鹿邑县,余属陈州府淮宁县、沈丘县。

1913年2月,开归陈许道改为豫东道,淮宁县改称淮阳县,属豫东道。1914年6月属开封道,8月鹿邑县在郸城镇设置县佐。1930年废除道一级建制及县佐。1932年8月,地域分属鹿邑县、淮阳县、沈丘县,3县均隶属河南省第七行政督察区(署治淮阳)。1938年河南省第二行政督察专员公署(原署治商丘)、鹿邑县政府先后分别迁至秋渠集(今郸城县秋渠乡)、石槽集(今郸城县石槽镇)。1941年地域分属河南省第二行政督察区鹿邑县和第七行政督察区淮阳县、沈丘县。1945年8月第二行政督察专员公署、鹿邑县政府均迁回原治所。

1946年10月中共在任集(今鹿邑县任集乡)建立鹿淮太县民主政府,12月底鹿淮太县分为鹿邑、淮阳、太康3县。1946年11月在白马驿(今郸城县白马镇)组建鹿亳太县民主政府,12月撤离;1947年1月在丁村(今郸城县丁村乡)重建。同年5月,鹿(邑)、亳(县)、太(和)县分置,1947年2月在郸城建立沈鹿淮县民主政府,7月改称沈鹿淮太县(包括今安徽省太和县一部分),11月又称沈太鹿县,12月定名界首县,以上边区县原隶属于豫皖苏边区第二分区。1949年3月,豫皖苏边区撤销,鹿邑、淮阳、沈丘3县均隶属于河南省淮阳专区。

1951年5月,成立河南省郸城办事处(县级),属淮阳专区。划鹿邑县的郸城、丁村、石槽区和吴台、汲水区的大部分,淮阳县汲冢区和冯塘区的一部分,以及沈丘县宜路区的大部分归其管辖。11月改划为13个区,207个乡。1952年8月置郸城县,县人民政府驻郸城集,仍属淮阳专区。1958年12月随商丘专区并入开封专区。1961年12月,恢复商丘专区,郸城复归其领辖。1965年6月河南省增设周口专区,郸城县改属周口专区。

1983年9月全县公社(镇)改为19个乡、1个镇,下辖484个村民委员会。1984年6月9日、城郊乡的晋岗村民委员会划归胡集乡管辖;胡集乡的大宋庄村民委员会划归李楼乡管辖。1987年11月,吴台、南丰、白马、钱店、宁平、宜路、汲冢7个乡撤乡建镇。2000年周口撤地设市,郸城县属周口市。2000年6月石槽乡撤乡设镇。县辖9镇、11个乡,489个村民委员会,3个村级街道。2006年1月,撤销城关镇设置洺南、洺北、新城3个办事处。2008年5月,将城郊乡的丁老家、孔桥、丁寨、响盘庄、罗堂和杨庄6个村民委员会,整体建制划归新城办事处,将城郊乡的新村、郑小楼、王老家3个村民委员会,整体建制划归洺北办事处,将新城办事处闫庄居民委员会的坟后庄自然村,划归洺南办事处。

行政区域划分　2014年末,辖洺南、洺北、新城3个街道,吴台、南丰、白马、宁平、宜路、钱店、汲冢、石槽8个镇,城郊、虎头岗、汲水、张完、丁村、双楼、秋渠、东风、巴集、李楼、胡集 11 个乡,共 22 个乡级政区;下设 35 个居民委员会、488 个村民委员会。

淮阳县(Huaiyang Xian)

地处河南省的东部,沙颖河之北,东南与郸城县相邻,西南与项城市相邻,西北与西华县相邻,东北与鹿邑县相邻。位于东经 114°53′～114°38′,北纬 33°44′～34°00′。辖区东西最大距离 40 千米,南北最大距离 55 千米,总面积为 1397.83 平方千米。人口密度为每平方千米 751 人。

政区地名沿革 汉置淮阳国,以地在淮水之北,故名淮阳。

淮阳古称宛丘。炎帝神农氏都此,改宛丘为陈。禹属豫州之地,商属陈地。西周武王封舜后妫满于此,为陈国。春秋楚置陈县。战国楚迁都于此。秦置陈县。前 209 年陈胜、吴广在陈建立"张楚"政权。汉高帝十一年(前 196 年)置淮阳国。魏太和六年(232 年)明帝封其叔曹植以陈四县为陈王。西晋改陈郡为梁国治陈县。北魏废陈县入项县。北齐属信州,移项县为陈。北周改信州为陈州,隋开皇十六年(596 年)改陈县为宛丘县,属陈州,大业初州废,置淮阳郡。唐及五代置陈州领宛丘县。宋宣和元年(1119 年)改属淮宁府。元属汴梁路陈州。明废宛丘县,置陈州卫指挥。清雍正十二年(1734 年)宛丘县改为淮宁县,为陈州府治。1913 年淮宁县改为淮阳县,属豫东道。1914 年属开封道。1927 年道废,直属河南省,1932 年属河南省第七区行政督察区。

1949 年设淮阳专员公署。1953 年属商丘专区,1959 年属开封专区,1961 年复属商丘专区。1965 年划归周口专区,1969 年属周口地区,2000 年 6 月属周口市。建国初,全县划分 12 个区,1957 年改为 24 个乡,1958 年建 12 个公社、1965 年析置 4 个公社,1975 年再析置 3 个公社。

1984 年改公社为乡。1987 年全县有 20 个乡镇,6 个办事处,25 个居民委员会、504 个村民委员会、2339 个自然村、村民小组 4665 个。1997 年辖 6 个镇、14 个乡。2009 月 26 日淮阳县搬口乡整建制划归周口市川汇区管辖。2005 年原属太康县的 4 个村民委员会(张集乡的陈老家村、陈小庄、太康寺村、中营子村)和原属于鹿邑县的 2 个村民委员会(辛集乡孔集村和唐集乡张老一村)归属淮阳四通镇所管辖。2011 年 2 月 28 日将川汇区文昌、搬口两个办事处和淮阳许湾乡整建制交由周口市东新区管委会代管。2011 年 6 月将淮阳县许湾乡整建制划周口市川汇区管辖。

行政区域划分 2014 年末,辖城关回族、安岭、新站、鲁台、四通、白楼、临蔡

7 个镇，朱集、豆门、冯塘、刘振屯、王店、葛店、大连、黄集、齐老、郑集、曹河 11 个乡，共 18 个乡级政区；下设 7 个居民委员会，461 个村民委员会。

太康县（Taikang Xian）

地处豫东平原、涡河上游。东邻柘城、鹿邑县，南接淮阳、西华县，西连扶沟县，北靠通许、杞县、睢县。位于东经 114°32′~115°08′，北纬 33°54′~34°17′。辖区东西最大距离 55.28 千米，南北最大距离 41.96 千米，总面积 1749.07 平方千米。人口密度为每平方千米 884 人。

政区地名沿革　夏王太康曾迁都于此，称阳夏。秦嬴政二十二年（前 224 年）始置阳夏县，隋开皇七年（587 年）改阳夏县为太康县，沿袭至今。

秦嬴政二十二年（前 224 年）始置阳夏县，属颍川郡。东汉初，属豫州淮阳国。南北朝属豫州陈郡。隋开皇七年（587 年）改阳夏县为太康县，属陈州。十八年（598 年）改太康县为匡城县。大业十三年（617 年）李密举兵于此，废匡城，复置太康县，属淮阳郡。

唐代县地属河南道淮阳郡。五代地属东京开封府。北宋直属开封府。元初属河南行省南京路，至元二十五年（1288 年）改为汴梁路。明朝县属河南开封府。清初袭明制仍属开封府。雍正十二年（1734 年）升陈州为府，太康改属陈州府。1913 年属豫东道。1914 年，属河南省开封道。1927 年裁道分区，县属豫东行政区。1948 年建立太北、太康两县，分属豫皖苏区一、二专署，次年 2 月合并为太康县，归属河南省淮阳专区。

1953 年属商丘专区。1958 年改属开封专区，1961 年复归商丘专区。1965 年归属周口专区，后为周口地区行政公署，太康县归属周口地区。2000 年 8 月周口撤地设市，属周口市管辖。

行政区域划分　2014 年末，辖城关回族、毛庄、龙曲、常营、清集、逊母口、板桥、老冢、符草楼、张集、马厂、朱口、马头 13 个镇，城郊、杨庙、转楼、王集、高贤、芝麻洼、独塘、大许寨、五里口、高朗 10 个乡，共 23 个乡级政区；下设 22 个居民委员会，723 个村民委员会。

项城市（Xiangcheng Shi）

地处周口市东南部，东邻沈丘县。南邻安徽省临泉县和河南省的平舆县，西邻上蔡县、商水县,北邻淮阳县。位于东经 114°40′ ~ 115°03′,北纬 33°03′ ~ 33°30′。辖区东西最大距离 35.25 千米,南北最大距离 49.5 千米,总面积 1083 平方千米。人口密度每平方千米 390 人。

政区地名沿革　因东周春秋时期境内有"项"地而得名。

西周初,周公在项地封姬姓国。周襄王九年(前 643 年),楚侵陈;十七年(前 635 年),纳顿子于顿(今商水县平店乡李冈村),立顿子国。

秦置项县,先属颍川郡(今安徽阜阳),后属陈郡(今淮阳)。汉高祖五年(前 202 年)析置南顿县(今项城市南顿),与项县同属汝南郡。南朝宋永初元年(420 年)设置项城县,南朝齐改称项县。北魏(386 ~ 534 年),置扬州,项县属陈郡,治项县,隶扬州。置南顿郡,领南顿、平乡、和城等县。东魏(534 ~ 550 年)置项县、南顿县,属陈郡。天平年间改项县为秣陵县。北齐(550 ~ 577 年)改北扬州为信州,置项县属信州,后移治陈城。南顿县改称和城县。北周(550 ~ 581 年)改信州为陈州。置项县,属陈州。隋开皇三年(583 年)改秣陵县为项城县。大业元年(605 年)废陈州置淮阳郡,理项城县、南顿县。唐武德六年(623 年)撤南顿县入项城县。贞观元年(627 年),废颍东县并入项城县。证圣元年(695 年)项城西部地区割入光武县(后改名为南顿县)。五代、宋、金时期归属未变。元至元二年(1336 年),项城县废,不久复置。明洪武元年(1368 年)撤南顿县,其东部边域归入项城县。宣德三年(1428 年)县城由今沈丘县槐店迁至殄寇镇(今秣陵镇)。崇祯十七年(1644 年),李自成攻克北京,明亡。李自成建国号大顺,遂改项城为州。清仍名项城县,属陈州府。

1947 年 4 月,中共建立沈项临县委和县民主政府。9 月改为沈项淮县。10 月成立项城县民主政府,属中共豫皖苏边区第四专署,12 月归豫皖苏边区西北工委。1948 年元月,国民党项城县政权结束。

1949 年 3 月,成立淮阳专员公署。7 月县民主政府改称县人民政府,地址设在老城。1953 年 12 月人民政府迁至水寨镇,1953 年淮阳专区撤销,项城归属商丘专区。1958 ~ 1960 年,项城先后归属商丘、开封专区。1961 年 12 月至 1965 年 6 月属商丘专区。1965 年 6 月至 1985 年底归属周口专区。1993 年 12 月项城撤县设市,仍属周口地区。2000 年 6 月周口撤地设市,项城市属周口市。

行政区域划分　2014 年末,辖光武、花园、千佛阁、水寨、莲花、东方 6 个街道,秣陵、南顿、孙店、李寨、贾岭、新桥、傅集、官会、丁集、郑郭、王明口、范集、高寺、永丰、三张店 15 个镇,共 21 个乡级政区;下设 86 个居民委员会,413 个村民委员会。

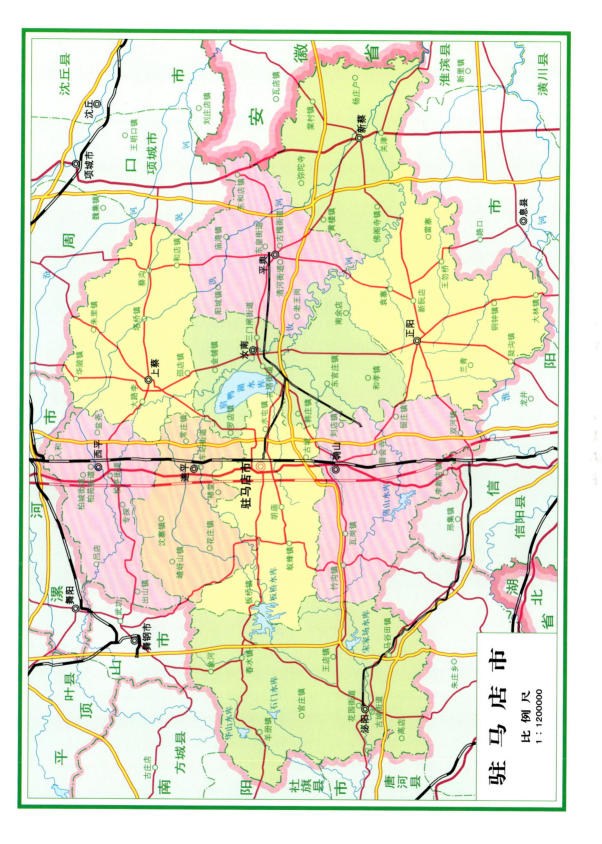

驻马店市

比例尺

1：1200000

驻马店市(Zhumadian Shi)

地处河南省中南部,淮河上游的丘陵平原地区,素有"豫州之腹地,天下之最中"之称。东与安徽省阜阳市接壤,南与信阳市隔淮河相望,西与南阳市毗邻,西北与平顶山、北与漯河市相连,东北接周口市。位于东经 113°10′~115°12′之间,北纬 32°18′~33°35′。辖区东西最大距离 191.5 千米,南北最大距离137.5 千米,总面积 15064.46 平方千米。人口密度为每平方千米 540 人。

政区地名沿革　古为南北交通驿站,来往官差、客商、信使在此驻马歇店,故名驻马店。

夏禹时期有蔡地(今上蔡县)、古吕国地(今新蔡县)、挚地(今平舆县)和柏皇氏活动地(今西平县)。后夏禹分天下为九州,地属豫州。西周地域分属蔡国(今上蔡县、新蔡县,治今上蔡城西南)、沈国(今平舆县及汝南县东部、正阳县北部,治今平舆射桥)、江国(今正阳及确山南部,治今正阳县大林镇涂店村)、道国(今息县西南安城一带,治今驿城区古城)、房国(今遂平县,治今遂平文城)、柏子国(今西平县,治今西平西)、申国(今泌阳县,治南阳)。

春秋地域分属楚、江、沈、蔡、道、房、柏子等国所辖。东周时(前 506 年)蔡灭沈,后蔡、道、江、房等国均为楚所灭并,柏子国也在春秋末期归楚。战国大部分地域属楚,今西平县和泌阳县的地域属韩。秦大部分先属颍川(治今禹州)、南阳(治今南阳)、楚(治今江陵)3 郡,后属陈(治今淮阳)、南阳(治今南阳,今泌阳县属南阳郡)2 郡。境内置上蔡、新蔡、平舆 3 县。

西汉置汝南郡(治今上蔡,后迁平舆射桥)和南阳郡(治南阳)。汝南郡属豫州刺史部,领 37 县,境内有平舆(今平舆县北)、阳城(今平舆县西北)、新蔡、安阳(今正阳县)、慎阳(今正阳县)、阳安(今驻马店市区附近)、安昌(今确山县西)、郎陵(今确山县西南)、安成(今汝南县东南)、宜春(今汝南县西南)、灈阳(今遂平县东)、吴房(今遂平县)、上蔡(今上蔡县)、西平(今西平县吕店附近)14 县。南阳郡属荆州,领 36 县,境内有舞阴(今泌阳县西北)、比阳(今泌阳县泌水街道)2 县。

东汉为汝南郡(治今平舆)和南阳郡(治今南阳)所辖。汝南郡属豫州刺史部,领37县,境内有平舆、新蔡、安阳(今正阳县南)、慎阳(今正阳县)、安成(今汝南县东南)、北宜春(今汝南西南)、阳安(今驻马店市区附近)、朗陵(今确山县)、灈阳(今遂平县东)、吴房(今遂平县)、上蔡、征羌(今上蔡县北)、定颍(今西平县)、西平(今西平县吕店附近)14县。南阳属荆州,领37县,境内有舞阴(今泌阳县西北)、比阳(今泌阳县泌水街道)2县。

三国时属魏国,置汝南郡(治所今息县)、南阳郡(治所今南阳)。汝南郡属豫州(治今汝南县东南),领27县,境内有西平、上蔡、平舆、慎阳(今正阳县)、安阳(今正阳县南)、宜春(今汝南县西南)、安成(今汝南县东南)、朗陵(今确山县)、阳安(今驻马店附近)、吴房(今遂平县)、灈阳(今遂平县东)11县。南阳郡属荆州,领27县,境内有舞阴(今泌阳县西北)、比阳(今泌阳县泌水街道)2县。魏明帝景初二年(238年)置汝阴郡(治今安徽阜阳),新蔡县属之。

西晋境内为汝南郡和南阳郡。汝南郡属豫州,领15县,境内有南安阳(今正阳南)、慎阳(今正阳县)、朗陵(今确山县)、北宜春(今汝南县西南)、安成(今汝南县东南)、阳安(今驻马店市附近)、平舆、上蔡、灈阳(今遂平县东)、吴房(今遂平县)、西平(今西平县吕店)、定颍(今西平县)12县。南阳郡属荆州,领14县,境内有舞阴(今泌阳县西北)、比阳(今泌阳县泌水街道)2县。晋永兴元年(304年)析汝阴置新蔡郡,治鲖阳,领4县,境内有鲖阳(在今新蔡境)、新蔡2县。

东晋十六国境内先后属后赵、前燕、前秦、后秦,后复为东晋所属,归豫州汝南郡所辖(治今息县)。东晋大兴二年(319年),后赵分立,隶属豫州的新蔡郡,次年被东晋收复,废新蔡郡,属东豫州汝南郡。咸和四年(329年)复归后赵,重置新蔡郡(治今新蔡县城),新蔡县属之。义熙十四年(418年),汝南郡治所由息县迁至悬瓠城(今汝南县城)。

南北朝建置演变频繁。南朝宋于境内置隶属于豫州的汝南郡、新蔡郡、初安郡和绥城郡,隶属于雍州的南阳郡和广平郡。汝南郡(治悬瓠今汝南县)领11县,境内有:武津(今上蔡县)、上蔡(今汝南县)、真阳(今正阳县)、安成(今汝南县东南)、朗陵(今确山县)、阳安(今驻马店市附近)、西平(今西平县吕店附近)、灈阳(今遂平县)8县。新蔡郡(郡治鲖阳,后贴治汝南)领4县,境内有新蔡县。初安郡,境内有新怀县(今确山县西北);绥城郡,境内有安昌县(今确山县南)。南阳郡领7县,境内有舞阴县(今泌阳县西北)。广平郡,境内居有比阳县(今泌阳县泌水街道)。

北魏绥城郡并入初安郡,增置襄城郡(治今西平县师灵)、东荆州郡、城阳郡(治今泌阳县高店乡)、江夏郡(治今泌阳县付庄乡)、西汝南郡、北义阳郡(治今泌阳县西北)等。其中,属豫州(治悬瓠,今汝南县)的有汝南郡(治悬瓠,今汝南县)、新蔡郡、襄城郡、初安郡、东荆州郡、城阳郡和江夏郡。汝南郡领 7 县,境内有上蔡(今汝南县)、临汝(今上蔡县)、平舆(今平舆县)、安成(今汝南县东南)、阳安(今驻马店附近)、真阳(今正阳县)6 县;襄城郡,境内有:西平(今西平县吕店)、武阳(今西平县西南)、义绥(今遂平县北)、遂宁(今遂平县)4 县;初安郡,境内有:新怀(今确山县西北)、安昌(今确山县南)2 县;东荆州郡,境内有阳平县(今泌阳县泌水街道);城阳郡,境内有城阳县(今泌阳县高店乡);江夏郡,境内有江夏县(今泌阳县付庄乡)。东魏太平元年(534 年),置引台(中央代表机关)治悬瓠(今汝南县),改东荆州为鸿州。

北齐废初安郡,侨置荆州,襄城郡改置文城郡。北周鸿州并入淮州,改荆州为威州,将设在悬瓠城的总管所改为舒州。

隋开皇元年(581 年)废威州、文城郡、舞阴郡,改舒州为豫州、淮州为显州,由州直辖县。隋大业三年(607 年)州改为郡,实行郡辖县。隋置汝南郡(治汝阳,今汝南县)和淮安郡(治比阳,今泌阳县泌水街道)。汝南郡领 11 县,境内有汝阳(今汝南县)、西平(今西平县吕店乡)、上蔡、吴房(今遂平县)、朗山(今确山县)、真阳(今正阳县)、新蔡和平舆 8 县。淮安郡领 6 县,境内有比阳(今泌阳县泌水街道)、显冈(今泌阳县西北)、慈丘(今泌阳县付庄乡)3 县。

唐初改汝南郡为豫州、改淮安郡为显州。贞观九年(635 年)改显州为唐周(治比阳,今泌阳)隶山南东道。宝应元年(762 年)改豫州为蔡州(治汝阴,今汝南县)隶河南道。蔡州领 11 县,境内有:汝阴(今汝南县)、西平、上蔡、吴房(今遂平县)、真阳(今正阳县)、朗山(今确山县)、新蔡、平舆 8 县。唐州领 7 县,境内有:比阳(今泌阳县泌水街道)、慈丘(今泌阳县付庄乡)2 县。

五代后汉蔡州改为防御州。

北宋境内置蔡州和唐州(治泌阳)。蔡州领 10 县,境内有:汝阳(今汝南县)、真阳(今正阳县)、平舆、上蔡、西平、确山、新蔡、遂平 8 县。唐州领 7 县,境内有:比阳(今泌阳县泌水街道)、慈丘(今泌阳县付庄乡)2 县。

南宋建炎三年(1129 年)金兵攻陷蔡州,改蔡州属南京路。绍兴十一年(1141 年)唐州归金,隶南京路。泰和八年(1208 年)升蔡州为镇南节度,镇南军治蔡州汝阳县,新蔡县改属息州。

元初至元三十年(1293 年)升蔡州为汝宁府(治汝阴、今汝南县)。境内分属汝宁府、南阳府(治今南阳),隶河南行中书省。汝宁府领 14 州县,境内有息州(治今息县),真阳(今正阳县)、新蔡(今新蔡县)、汝阳、上蔡、西平、遂平、确山 7 县。南阳府领 5 州 13 县,境内有唐州(治今唐河县)泌阳县(今泌阳县)。

明朝境内分属汝宁府、南阳府,隶河南布政使司。汝宁府(治汝阳,今汝南县）领 2 州 12 县,境内有汝阳（今汝南县）、真阳（今正阳县）、上蔡、新蔡、西平、遂平、确山 7 县。南阳府领 2 州 11 县,境内有泌阳 1 县。

清境内分属汝宁府、南阳府管辖,隶属河南道,领 2 州 12 县。雍正年间,因避帝讳改真阳为正阳;二年（1724 年）升光州为直隶州,割光山、固始、商城、息县属之。汝宁府领 1 州 8 县,境内有汝阳、正阳、上蔡、西平、遂平、确山、新蔡 7 县及信阳州。南阳府,境内居 1 县,泌阳 7 县。

1912 年起属豫南道。1913 年改属汝阳道。1927 年废道属豫南行政区。1932 年境内为河南第八行政督察区和第六行政督察区所辖。第八行政督察区辖汝南、上蔡、新蔡、正阳、西平、遂平和确山 7 县。第六行政督察区辖 13 县,境内有泌阳县。1947 年境内为 8 县 1 区 34 镇 87 乡。

1949 年 3 月,建确山专区,辖汝南、信阳、上蔡、新蔡、正阳、西平、遂平、确山 8 县和信阳、驻马店 2 市。8 月,专属迁驻信阳市,改称信阳专区。1950 年 5 月,将汝南县改为汝南市。1951 年 4 月,撤销汝南市,划出汝南东部 8 个区置平舆县。1958 年 4 月,撤销驻马店市,改为县（确山）辖镇。1958 年 4 月至 11 月,区、乡改为人民公社。

1965 年 7 月,设驻马店专区,将原属信阳专员公署的驻马店镇、遂平、西平、上蔡、新蔡、正阳、平舆、汝南、确山和原属南阳专员公署的泌阳县划入驻马店专区。全区辖汝南、上蔡、新蔡、平舆、正阳、西平、遂平、确山、泌阳 9 县和驻马店镇。1980 年 9 月,驻马店镇改称驻马店市（地辖市）。1983 年,撤销人民公社建制,将公社改为乡（镇）。1985 年,全区 9 县 1 市,191 个乡（镇）,4 个街道,2877 个村（居）民委员会。1988 年末驻马店地区辖 9 县 1 市,30 个镇 162 个乡,4 个街道。1995 年末驻马店地区辖 9 县 1 市,40 个镇,152 个乡,4 个街道。

2000 年 6 月,撤驻马店地区（地级）,设驻马店市（地级）;撤驻马店市（县级）,设立驿城区（县级）;全市辖驿城区、确山县、泌阳县、遂平县、西平县、上蔡县、汝南县、平舆县、新蔡县、正阳县 9 县 1 区,196 个乡（镇、街道）,其中有 135 个乡,57 个建制镇,4 个街道,1 个国营农场,102 个居民委员会,2874 个村民委员会。2005 年 11 月,全市辖驿城区、确山县、泌阳县、遂平县、西平县、上蔡县、汝南县、平舆县、新蔡县、正阳县 9 县 1 区,185 个乡（镇、街道）,其中 117 个乡,56 建制镇,12 街道。

行政区域划分　2014 年末,辖驿城区 1 个市辖区;遂平、西平、上蔡、汝南、平舆、新蔡、正阳、确山、泌阳 9 个县,共 10 个县级政区。

驿城区(Yicheng Qu)

地处驻马店市中心地带,黄淮平原南隅,东邻汝南县,南连确山县,西接沁阳县、确山县,北与遂平县相连。位于东经113°51′10″～114°05′12″,北纬32°55′06″～33°01′11″。辖区东西最大距离59千米,南北最大距离30千米,总面积1330.53平方千米。人口密度每平方千米719人。

政区地名沿革 因明代曾在此地设有驿站而得名。

明朝成化年间,隶属汝宁府确山县。1912年被划为确山县特别区,下辖6个保,后改为确山县辖市。抗日战争胜利后,驻马店市改为驻马店镇,仍属确山县辖。

1949年3月驻马店解放,属确山专区,其下设4个镇公所,17个街道委员会;6月确山专区并入信阳专区。1951年春,下辖4区、17个街道。1953年2月改为确山县辖镇。1954年4月改为省辖镇;11月改为省辖市,信阳专区受托管辖。1958年4月降为县辖镇;11月划为确山县红色人民公社第七管理区,下辖3个分社29个大队。1959年3月驻马店管理区改为驻马店人民公社,10月改为驻马店镇。1962年12月驻马店改为专辖镇,隶属信阳专署。

1965年5月,设立驻马店专区,驻地为驻马店镇。1980年9月复设驻马店市(县级),属驻马店地区,下辖4个街道、1个人民公社。

2000年6月因撤地设市,驻马店镇改设驿城区,隶属新设驻马店市。2001年12月汝南县的水屯镇、确山县的朱古洞乡、胡庙乡、古城乡、遂平县的关王庙乡、诸市乡6个乡镇划入。2009年12月将确山县的蚁蜂镇划入。2010年5月、12月泌阳县的老河乡、沙河店镇划入。2011年1月泌阳县板桥镇划入。

行政区域划分 2014年末,辖西园、人民、新华、东风、老街、橡林、南海、雪松、顺河、刘阁、香山11个街道,水屯、沙河店、板桥、诸市、蚁蜂5个镇,古城、胡庙、老河、朱古洞、关王庙5个乡,共21个乡级政区;下设65个居民委员会,158个村民委员会。

确山县(Queshan Xian)

地处驻马店市南部,东与汝南县、正阳县毗连,南与信阳市平桥区、南阳市桐柏县接壤,西与泌阳县交界,北与驿城区相邻。位于东经113°37′～144°14′,

北纬 32°27′~33°04′。辖区东西最大距离 56 千米,南北最大距离 55.1 千米,总面积 1661 平方千米。人口密度为每平方千米 322 人。

政区地名沿革　因县城南 4.5 千米处有确山,县以山得名。

西周县境北部地属道国,东南一隅地属江国。春秋属楚。秦属颍川郡。西汉为朗陵县(治今任店镇)、安昌县、阳安县 3 县地,属汝南郡。东汉省安昌入朗陵。东魏改朗陵为安昌,属初安郡。隋开皇十八年(598 年)改称朗山县(治今盘龙镇),属汝南郡。唐初属北朗州,贞观元年(627 年)属蔡州。宋大中祥符五年(1012 年),改朗山县为确山县,属蔡州。五代因之。元、明、清属汝宁府,治所不变。1913 年属豫南道。1914 年属汝阳道。1927 年直属河南省。1932 年属河南省省第八行政督察区。

1949 年,属信阳专区,1949 年建有一区城关、二区瓦岗、三区胡庙、四区韩庄、五区李楼、六区狮子桥、七区新安店,下设 77 个乡。1951 年县城改为城关区,析四区南部及二区秀山乡为一区,六区西部置八区,下辖 138 个乡、12 个镇、14 个街道。

1953 年 6 月将汝南县西部的张教庄乡和王楼乡 2 个乡的 4 个村划入确山县。1956 年,撤区并乡,全县设 1 个镇,20 个中心乡,兼管 47 个一般乡,下辖 223 个高级农业生产合作社(时称集体农庄),即:城关镇;杨庄中心乡兼管 3 个一般乡;盘龙中心乡兼管 1 个乡;竹沟中心乡兼管 3 个乡;石滚河中心乡兼管 4 个乡;蚁蜂中心乡兼管 2 个乡;胡庙中心乡兼管 2 个乡;臧集中心乡兼管 2 个乡;高庄中心乡兼管 3 个乡;顺河中心乡兼管 1 个乡;古城中心乡兼管 3 个乡;李楼中心乡兼管 2 个乡;刘店中心乡兼管 2 个乡;关公庙中心乡兼管 2 个乡;李新店中心乡兼管 2 个乡;任店中心乡兼管 3 个乡;双河中心乡兼管 2 个乡;芦庄中心乡兼管 4 个乡。1957 年泌阳县前城乡杜河乡划入确山县。1958 年 4 月国务院决定将驻马店镇改为县辖镇并划归确山县。1958 年 8 月撤销乡(镇)建制,将全县 262 个高级农业生产合作社合并为 2 个镇,13 个人民公社,即:城关镇、驻马店镇、红旗(老街)、跃进(杨店)、和平(李新店)、钢铁(新安店)、火箭(普会寺)、东风(刘店)、英雄(古城)、粮源(蚁蜂)、幸福(胡庙)、超英(任店)、超美(城郊)、红星(留庄)、红色(竹沟)人民公社。

1958 年 11 月,撤销 15 个人民公社(镇)建制,建立确山红色人民公社,下辖 8 个管理区,即城关、新安店、邢河、任店、竹沟、吴桂桥、胡庙、驻马店。1959 年 4 月,确山红色人民公社改为确山县人民公社联合社,8 个管理区改为 8 个公社。

1961 年 9 月,撤销确山县人民公社联合社,恢复确山县人民委员会,8 个人民公社改为 2 个镇和 8 个管理区,即驻马店镇、城关镇和高庄、胡庙、瓦岗、任店、李新店、留庄、吴桂桥、城郊等 8 个管理区,下辖八里、朱古洞、三里店、贯山、赵庄、独山、刘店、古城、吴桂桥、留庄、黑留庄、普会寺、邢河、顺山店、杨店、双河、新安店、李新店、木寨、候庙、黄山坡、任店、石滚河、王楼、瓦岗、邢店、唐庄、竹沟、蚁蜂、臧集、胡庙、王庄、顺河、三关庙、刘阁、高庄等 36 个人民公社。

1962 年 6 月,撤销管理区,36 个人民公社调整为 21 个人民公社;12 月,驻马店镇划为专辖镇,划归信阳专署直辖。1963 年 3 月又将 21 个人民公社 1 个镇,调整合并为 1 镇、13 个人民公社。即城关镇和高庄、杨店、新安店、留庄、任店、普会寺、竹沟、瓦岗、三里店、刘店、古城、蚁蜂、胡庙。1970 年 3 月三里店改为城郊人民公社。1971 年 1 月,高庄及胡庙公社的 4 个大队划归驻马店镇。1975 年 2 月增设顺山店、双河 2 个人民公社;6 月增设朱古洞人民公社。

1980 年 7 月,驻马店市的顺河、刘阁、韩庄人民公社划归为确山县辖;11 月地名普查,将韩庄人民公社改为香山人民公社。至此,全县共有 21 个人民公社(镇),即:杨店、双河、李新店、顺山店、新安店、留庄、任店、普会寺、刘店、城郊、古城、朱古洞、顺河、刘阁、香山、胡庙、蚁蜂、竹沟、瓦岗、石滚河、城关镇。下辖街道 3 个、生产大队 261 个、生产队 3653 个。1983 年底,公社改乡,生产大队改称村民委员会,生产队改为村民小组,全县有 21 个乡镇、261 个村民委员会、3653 个村民小组。

1986 年 5 月,顺河、刘阁、香山 3 个乡划归驻马店市(县级)管辖,确山县辖 1 个镇和 17 个乡。1987 年 10 月,城关镇改名盘龙镇,城郊乡改为三里河乡。1988 年 10 月,竹沟、任店、新安店、留庄乡撤乡建镇。1997 年 12 月刘店乡撤乡建镇,2000 年 6 月蚁蜂乡撤乡建镇,12 月,全县有盘龙、蚁蜂、刘店、竹沟、任店、新安店、留庄 7 个镇和胡庙、朱古洞、古城、三里河、瓦岗、石滚河、普会寺、李新店、顺山店、双河、杨店 11 个乡。

2001 年 9 月,朱古洞、古城、胡庙 3 个乡划归驻马店市驿城区,2005 年 11 月撤杨店乡,并入双河乡,撤顺山店乡,并入新安店镇。2009 年 4 月双河、瓦岗 2 个乡撤乡建镇,7 月石滚河乡撤乡建镇,12 月李新店乡撤乡建镇。2009 年 12 月,经河南省政府批准,将蚁蜂镇整建制划归驻马店市驿城区管辖,调整后的蚁蜂镇所辖行政区域和政府驻地不变。2011 年 6 月新蔡被河南省政府确定为省直管试点县(市)。2014 年撤销盘龙镇和三里河乡,增设盘龙、三里河、朗陵 3 个街道。

行政区域划分 2014 年末,辖盘龙、三里河、朗陵 3 个街道,竹沟、任店、刘店、留庄、新安店、双河、瓦岗、石滚河、李新店 9 个镇,普会寺 1 个乡,共有 13 个乡级政区;下设 8 个居民委员会,192 个村民委员会。

西平县(Xiping Xian)

地处驻马店市北部,东邻上蔡县,南与遂平县毗邻,西接平顶山舞钢市,北和漯河市源汇区、召陵区交界。位于东经113°35′23″~114°10′43″,北纬33°18′49″~33°32′24″。辖区东西最大距离60千米,南北最大距离32千米,总面积1089.77平方千米。人口密度为每平方千米625人。

政区地名沿革　据郦道元《水经注》载:"西平县故柏国也。汉曰西平,其西吕墟,即西陵亭也。西陵平夷,故曰西平。"

西周为柏皇氏后裔封地柏子国,后归楚国。战国属韩。秦属颍川郡。西汉高帝四年(前203年)置西平县,治今县境西部与舞钢市交接地带,属豫州汝南郡。东汉属豫州刺史部汝南郡。建初七年(82年)置西平侯国。章和二年(88年)仍为西平县。三国属魏豫州汝南郡。东晋大兴二年(319年)归属后赵。永和七年(351年)属前燕,太和五年(370年)属前秦,前秦亡后归东晋。南北朝时,初属南朝宋,后属北魏,改置为襄城郡,郡治在今县城西师灵。北魏天安年间(466~467年)分西平县置武阳县。北齐改置文成郡,属豫州汝南郡。

隋属汝南郡,开皇初废文成郡,大业末县废。唐属河南道豫州;武德四年(621年)复置西平县,属道州;贞观元年(627年)并入郾城县,属豫州;天授二年(691年)分郾城县复置西平县,不久又废;四年(716年)再置西平县,治所移今址,属仙州;二十六年(738年),改属豫州;天宝元年(742年)属汝南郡,乾元元年(758年)复属豫州。宝应元年(762年)属蔡州;元和十二年(817年)属殷州;长庆元年(821年)殷州废,仍属蔡州。五代时属河南彰义军蔡州。宋属京西北路蔡州汝南郡淮康军。金属南京路蔡州防御使,泰和八年(1208年)属蔡州镇安军。元属汴京路蔡州,至元三十年(1293年)属汝宁府。明属河南布政司汝宁府。清属汝宁府。1914年属汝阳道。1928年直属河南省政府。1932年11月属河南省第八行政督察区。

1948年8月,中共西平县委和县民主政府成立。1949年3月属确山专区,5月改确山行政公署为信阳专区。1965年6月属驻马店专区。1967年属驻马店地区。2000年属驻马店市。2013年撤销环城乡,设立柏苑街道。

行政区域划分　2014年末,辖柏城、柏亭、柏苑3个街道,师灵、权寨、出山、五沟营、盆尧5个镇,宋集、谭店、吕店、芦庙、杨庄、专探、二郎、蔡寨回族、焦庄、重渠、人和11个乡,共19个乡级行政区;下设27个居民委员会,248个村民委员会。

遂平县（Suiping Xian）

　　地处驻马店市中北部，东与上蔡县、汝南县相邻，南与驿城区接壤，西与平顶山舞钢市交界，北与西平县毗连。位于东经 113°37′21″～114°10′02″，北纬 33°01′31″～33°18′24″。辖区东西最大距离 51 千米，南北最大距离 33 千米，总面积 1072.9 平方千米。人口密度为每平方千米 522 人。

　　政区地名沿革　唐元和十二年（817 年）四月李愬从吴房县文城栅出发，夜袭蔡州，平定吴元济叛乱。后取从此出兵，遂平蔡州之意，唐宪宗下诏"敕改蔡州吴房县为遂平县"。

　　尧舜禹时代，此地上应房星而称房。舜封尧子丹朱于此，为房邑。相传大禹创九州，房地属豫州。夏、商相沿。西周分封诸侯，房为子爵封地，称房子国，也叫房国（治今文城乡小文城村）。春秋时期，周景王十四年（前 531 年）楚灭蔡，房子国归楚。周敬王十五年（前 505 年）吴王阖闾攻楚，其弟夫概趁机回吴，自立为王，事败奔楚，楚昭王封之于房，始名吴房。战国相沿。秦始皇帝二十六年（前 221 年）吴房属颍川郡；三十三年（前 214 年）改属陈郡。西汉高帝四年（前 203 年），始置吴房（治今文城乡小文城村）、灈阳（治今莲花湖街道）2 县。属豫州刺史部汝南郡。东汉、三国、西晋属豫州部汝南郡。东晋十六国时，先后归后赵、前燕、前秦、后秦。南北朝时，南朝宋废吴房县，灈阳县属司州部汝南郡。北魏皇兴二年（468 年）省灈阳县，置遂宁（治今文城乡小文城村）、义绥（治今沈寨镇小寨村西南）2 县，属豫州部襄城郡。北齐天宝四年（553 年）罢义绥县入遂宁县，改属文城郡。

　　隋大业二年（606 年）改遂宁县为吴房县（治今莲花湖街道），属豫州部汝南郡。唐贞观元年（627 年）裁吴房县，八年（634 年）复置，属河南道蔡州；元和十二年（817 年）四月，宪宗下诏"敕改蔡州吴房县为遂平县"（治文城栅南新城），先属溵州（治郾城），后属唐州；长庆元年（821 年），复隶蔡州。五代十国相沿。北宋属京西北路蔡州淮康军。南宋建炎三年（1129 年）改为吴房镇并入西平县。金皇统元年（1141 年）复置遂平县，属南京路蔡州；泰和八年（1208 年），属南京路蔡州镇南军。元至元七年（1270 年）省遂平县，入汝阳县，属蔡州；三十年（1293 年）复置遂平县，属河南江北行省汝宁府。明、清俱属河南布政使司汝宁府。1914 年，遂平县先后属河南省豫南道、汝阳道。1928 年直隶河南省。1932 年隶属河南省第八行政督察区。

　　1948 年 9 月成立遂平县爱国民主政府，驻玉山区（今玉山镇玉山村）。1949

年1月遂平县爱国民主政府由玉山村迁驻遂平县城（治今莲花湖街道），属信阳专区；3月，全县设城关、沈寨、玉山、文城、诸市、界牌、任桥7个区，62个乡。1951年全县设王悦、沈寨、土山、文城、诸市、刘虎庄、常庄、和兴8个区和城关镇，143个乡。1955年11月撤区并乡，全县设阳丰、王悦、玉山、杨店、土山、文城、张台、诸市、褚堂、关王庙、石寨铺、刘虎庄、常庄、张店、和兴、沈寨、恒兴17个中心乡和39个乡及城关镇。1957年3月，改56乡和城关镇为26乡、镇。12月将26乡、镇合并为17乡。1958年4月，17乡合并为10乡，每乡为一集体农庄；8月，遂平县卫星人民公社建立，10个集体农庄均改称基层合作社，后改基层合作社为管理区。1959年改管理区为人民公社。即：车站、玉山、嵖岈山、沈寨、关王庙、常庄、石寨铺、诸市、和兴、文城。1962年设15个人民公社和1个镇。新增：张店、槐树、阳丰、张台、褚堂5公社和城关镇。1965年，遂平县由信阳专区析出，改属驻马店专区。1968年复将槐树公社并入嵖岈山公社。1977年增设花庄公社。1980年分析嵖岈山公社为嵖岈山、槐树2个公社，全县共有16公社1镇。

　　1983年12月，改公社为乡，全县有16乡1镇。即：车站、玉山、嵖岈山、沈寨、关王庙、常庄、石寨铺、诸市、和兴、文城、张店、花庄、槐树、阳丰、张台、褚堂和城关镇。1987年10月城关镇更名为灈阳镇。1994年10月车站乡改为车站镇。全县有15乡2镇。1997年12月玉山乡改为玉山镇。全县有14乡3镇。2000年6月，遂平县属驻马店市。2001年12月关王庙、诸市2乡划归驻马店市驿城区。全县有12乡3镇。2005年11月，张台、张店2乡分别并入花庄、和兴2乡。全县有10乡3镇。2008年7月，嵖岈山、石寨铺2乡分别改为嵖岈山镇、石寨铺镇。撤销灈阳镇、车站镇，2009年设立灈阳街道、车站街道、莲花湖3个街道。全县有3街道3镇8乡。2011年，和兴、阳丰、沈寨3乡分别撤乡改镇，全县有3街道6镇5乡。2013年撤销花庄乡和常庄乡，设立花庄镇和常庄镇。

　　行政区域划分　2014年末，辖灈阳、车站、莲花湖3个街道，玉山、嵖岈山、石寨铺、和兴、沈寨、阳丰、花庄、常庄8个镇，槐树、文城、褚堂3个乡，共14个乡级政区；下设37个居民委员会、170个村民委员会。

平舆县（Pingyu Xian）

　　地处驻马店市东部。东与新蔡县、安徽省阜阳市临泉县相连，南与正阳县交界，西与汝南县毗邻，北与上蔡县、周口项城市接壤。位于东经114°24′～114°55′，北纬32°44′～33°10′。辖区东西最大距离46.8千米，南北最大距离45

千米,总面积 1285.45 平方千米。人口密度为每平方千米 582 人。

政区地名沿革　古因此处为太平车(称舆又称平舆)的发源地,县以此得名。

夏、商为挚地。西周为沈国地。战国属楚,秦置平舆县(治今射桥镇古城村),属颍川郡。汉至晋均属汝南郡。南朝宋废平舆县。北魏太和二十一年(497 年)复置,属豫州汝南郡。北齐废。隋大业二年(606 年),复置平舆县,属蔡州。三年(607 年)属汝南郡;十三年(616 年)置舆州,辖平舆 1 县。唐贞观元年(627 年)废平舆县;天授二年(691 年)复置(治今平舆县城),属河南道豫州。五代属蔡州。北宋至元初均属蔡州。元至元七年(1270 年)废平舆县,入汝阳县。

1951 年 4 月从汝南县析出一区(杨埠)、二区(史寨)、三区(后刘)、四区(李屯)、十一区(和店)、十二区(郭楼)、十三区(庙湾)、十四区(高楼)等 8 个区,164 个乡,复置平舆县。10 月,增设万冢区、射桥区。杨埠为一区,史寨为二区,后刘为三区,李屯为四区,和店为五区,庙湾为六区,平舆为七区,西洋店为八区,万冢为九区,射桥为十区。

1955 年 8 月合区并乡,将全县 10 个区、145 个乡、11 个区辖镇合并为杨埠、庙湾、万金店、李屯、平舆、万冢、西洋店、后刘 8 个区,辖 70 个乡。1956 年 3 月撤销区,建立万金店、射桥、和店、李屯、杨埠、郭楼、万冢、四门戴、玉皇庙、后岗、西洋店、三桥、邢寨、庙湾、蔡营、王岗、大麻、高杨店、梁桥、平舆、樊寨、洪山庙、刘寨 23 个中心乡,辖 47 个一般乡。1957 年 3 月撤销中心乡和一般乡,全县划分为 24 个乡,即:和店、史寨、万冢、三桥、万金店、郭楼、张营、后岗、十字路、后刘、邢寨、梁桥、射桥、西洋店、王岗、龙王庙、四门戴、庙湾、杨埠、李屯、高杨店、平舆、玉皇庙、辛店。1958 年 5 月将 24 个乡合并为姬庄、平舆、万冢、张营、射桥、庙湾、十字路、两路口、高平寺、王岗、西洋店、史寨、梁桥、龙王庙 14 个乡;7 月又把 14 个乡并为平舆、万金店、西洋店、李屯、万冢、射桥、杨埠、庙湾 8 个乡;8 月将全县 360 个高级农业生产合作社合并成立平舆、万金店、西洋店、李屯、万冢、射桥、杨埠、庙湾 8 个人民公社,辖 288 个大队、2190 个生产队。1962 年 3 月,增设后刘、和店两个人民公社。7 月撤销平舆人民公社,增设城关、大王寨、辛店、郭楼、高杨店等 5 个人民公社。全县共辖有 14 个人民公社,364 个大队、3258 个生产队。1963 年 2 月,将大王寨人民公社改为平舆人民公社,城关人民公社改为城关镇。1977 年 6 月,增设十字路、双庙、王岗、红旗 4 个人民公社,全县共有 17 个人民公社,1 个镇,231 个大队。1981 年 11 月,和店人民公社更名为东和店人民公社,红旗人民公社更名为玉皇庙人民公社,王岗人民公社更名为老王岗人民公社。1984 年 1 月,18 个人民公社管委会改为 18 个乡(镇)人民政府。1987 年 10 月,城关镇更名为古槐镇,平舆乡更名为东皇庙乡。1988 年全县共有 17 个乡、1 个镇、254 个村民委员会。1993 年 11 月东和店乡和杨埠乡撤乡建镇,1995 年 11 月庙湾乡撤乡建镇,1997 年 12 月射桥乡撤乡建镇,1999 年 12 月西洋店乡撤乡建镇。至 2000 年底,全县共有 12 个乡、6 个镇、253 个村民委员会、23 个居民委员会。

2004 年,将全县 268 个村民委员会调整为 220 个村民委员会。2007 年 4 月撤销古槐镇,成立古槐、清河 2 个街道;10 月,后刘乡、郭楼乡分别撤乡建镇.后刘乡更名阳城镇;10 月撤销东皇庙乡,建东皇街道。2008 年 7 月万金店乡、李屯乡撤乡建镇。

行政区域划分　2014 年末,辖古槐、清河、东皇 3 个街道,杨埠、东和店、庙湾、射桥、西洋店、郭楼、阳城、李屯、万金店、高杨店、万冢 11 个镇,十字路、辛店、老王岗、双庙、玉皇庙 5 个乡,共 19 个乡级政区;下设 46 个居民委员会,178 个村民委员会。

正阳县（Zhengyang Xian）

地处驻马店市东南部,淮河北岸。东邻新蔡县、信阳市息县,南依信阳市罗山县、平桥区,西接确山县,北靠汝南县、平舆县。位于东经 114°12′～114°53′,北纬 32°16′～32°47′之间。辖区东西最大距离 64.5 千米,南北最大距离 57 千米,总面积为 1920.33 平方千米。人口密度为每平方千米 381 人。

政区地名沿革　清雍正元年(1723 年)为避雍正皇帝胤禛名讳,改"真阳"为"正阳"。

夏代为慎国地,属豫州。商为挚国地。周初,南部属江国,北部属沈国,中部为慎国。春秋属蔡国。后复为慎国。战国属楚。秦王政二十四年(前 223 年),属秦国。秦始皇帝,二十六年(前 221 年)属颍川郡。西汉初,置慎阳国。汉元狩五年(前 118 年)废慎阳国,置慎阳县,因在慎水之北得名。治今真阳镇。魏、晋仍之。南朝宋改名真阳县。北朝东魏真阳县改属宜阳郡。北朝北齐并入保城县。隋开皇元年(581 年)撤保城县。十六年(596 年)设真邱县。唐延载元年(694 年)改为淮阳县。神龙元年(705 年),复名真阳县,属蔡州。宋、金因之。元朝真阳县又改属息州,后属汝宁府。明洪武四年(1371 年)撤真阳县入汝阳县;景泰四年(1453 年)置真阳镇,设巡检司。正德元年(1506 年)真阳镇升为真阳县,属汝宁府。清雍正元年(1723 年)为避雍正皇帝胤禛讳,改县名为正阳县,属汝宁府。

1914 年 8 月属河南汝阳道。1921 年县境划分为 5 个区。第一区,简称中区,治所设在县城;第二区,简称东区,治所设在王勿桥;第三区,简称南区,治所设在铜钟;第四区,简称西区,治所设在增益店今(熊寨镇)。第五区,简称北区,治所设在寒冻。分别辖 154 个街村。后又改街村为乡镇。1927 年直属河南省人民政府。1932 年属河南省第八行政督察区。1949 年改属信阳专区。全县划分为城关镇和寒冻、汝南埠、铜钟、陡沟、熊寨、王牌寺 6 个区,下辖 174 个乡。1956 年调整合并为 23 个中心乡(镇),即:城关镇、山头铺、王牌寺、陈寨、油坊店、间河店、岳城、寺王店、王勿桥、西严店、新丰集、永兴铺、漫塘铺、姚楼、老店、康店、孟庄、胡冲店、王店、徐庄、袁寨、梁庙、熊寨。1958 年中心乡(镇)又合并为 9 个乡,即:城关乡、铜钟乡、熊寨乡、陡沟乡、汝南埠乡、王勿桥乡、间河乡、寒冻乡、袁寨乡;8 月,全县 9 个乡改为 9 个人民公社,即:红旗(城郊)、上游(汝南埠)、五星(袁寨)、东风(铜钟)、先进(寒冻)、红星(王勿桥)、团结(间河)、钢铁(陡沟)、工农(熊寨)。1961 年 9 个人民公社改为 9 个区(镇),辖 40 个小公社,372 个生产大队。1962 年撤销区和小公社,并为城郊、袁寨、寒冻、汝南埠、王勿桥、间河、铜钟、陡沟、熊寨 9 个公社和 1 个城关镇。1965 年属驻马店专区。1966 年增设大林、皮店、兰青、雷寨、油坊店 5 个公社。1975 年增设西严店、永兴、岳城、新阮店、付寨 5 个公社。1977 年增设彭桥、梁庙 2 个公社,全县共有 22 个公社(镇)。

1983 年全县 22 个公社(镇)改建为 22 个乡(镇)。1987 年 10 月,城关镇改名真阳镇,城郊乡改名慎水乡。1988 年 10 月汝南埠、铜钟、寒冻、陡沟 4 乡撤乡建镇。1996 年 4 月熊寨乡撤乡建镇。2005 年 11 月撤岳城乡入汝南埠镇,撤梁庙乡入真阳镇;撤西严店乡入雷寨乡。2007 年 9 月大林乡撤乡建镇,2009 年 11 月永兴乡撤乡建镇。

行政区域划分 2014 年末辖真阳、寒冻、汝南埠、陡沟、铜钟、熊寨、大林、永兴 8 个镇和慎水、傅寨、新阮店、油坊店、王勿桥、雷寨、间河、兰青、皮店、彭桥、袁寨 11 个乡,共 19 个乡级政区;下设 14 个居民委员会,280 个村民委员会。

汝南县(Runan Xian)

地处驻马店市中部。东与平舆县毗邻,南隔文殊河与正阳县相连,西南接确山县,西靠驿城区,西北连遂平县,北与上蔡县接壤。位于东经 114°06′03″~114°35′16″,北纬 32°38′03″~33°11′06″。辖区东西最大距离 40 千米,南北最大距离 57 千米,总面积 1341.88 平方千米。人口密度为每平方千米 645 人。

政区地名沿革　因其大部分地域在汝河南岸而得名。

夏禹时为豫州地域。西周为挚国地。春秋为沈、蔡 2 国地,战国属楚。秦初属颍川郡,后属陈郡。西汉为汝南郡之上蔡、宜春、安城等县地。东汉、三国因之。东晋汝南郡治迁悬瓠城(即今汝南县城)。南朝宋元嘉二十九年(452年)"刘义隆置司州治悬瓠城,领郡九,县三十九"(《魏书》),奠定了悬瓠在豫东南的中心地位。北魏皇兴二年(468 年)改司州为豫州,置上蔡县(原上蔡县改曰临汝县),悬瓠城为豫州、汝南郡、上蔡县治所。北周大象二年(580 年)改豫州为舒州,隋仁寿四年(604 年)豫州改溱州;大业三年(607 年)复汝南郡,改县名为汝阳,并将保城并入,属未变。唐武德四年(621 年)复豫州;宝应元年(762年)为避代宗李豫讳,改豫州为蔡州;贞元七年(791 年)析汝阳县西北部置汝南县;元和十三年(818 年)又废汝南县入汝阳。宋属依旧,又为淮康军治,汝阳县仍属蔡州,隶京西北路;建炎三年(1129 年)金兵攻陷蔡州,改蔡州属南京路,置镇南军。金天兴二年(1233 年)金朝皇帝完颜守绪在悬瓠立行宫,遂废。元至元三十年(1293 年)元世祖忽必烈命截断汝河,下游水患缓解,人民生活得以安宁,又改蔡州为汝宁府,汝阳县治仍故。明属汝宁府。辖今汝南、平舆 2 县和正阳县的一部分。

1913 年改汝阳县为汝南县,属豫南道。1914 年属汝阳道,1927 年道废,直属河南省政府。1932 年在县城设河南省第八行政督察区,辖汝南、西平、遂平、上蔡、新蔡、正阳、确山 7 县。1933 年,设区、联保和保,辖 10 个区、90 个联保、1095 保、11215 甲。民国 24 年(1935 年),将 10 个区缩编为 5 个区,辖 81 个联保,901 保。1940 年,撤区、联保,恢复乡镇。设 24 个乡,5 个镇。

1949 年,汝南县解放,改属信阳专区。设 10 个区,辖 38 个乡。1950 年 2月,河南省政府批准建立汝南市,县置如故;11 月,将原 10 个区调整为 15 个区。1951 年 4 月撤销汝南市,辖地归属汝南县。析汝南县东部 8 个区置平舆县,上蔡县的陈庄、唐桥、李庄、大冀、朱楼、大张 6 个乡划入汝南县,全县共有 10 个区,辖 144 个乡,1 个城关镇。1953 年 6 月,将张教庄乡的 16 个村和王楼乡的 4个村划入确山县。1956 年 2 月撤销区级建制,设 24 个中心乡,辖 75 个乡。1958 年 8 月实行公社建制,设城关、王岗、水屯、三桥、红光、金铺、留盆、大王桥、官庄、光明、马乡、和孝 12 个人民公社。1961 年 9 月实行区、公社制,将 12 个人民公社调整为 8 个区,下辖 36 个公社,1 个城关镇。1962 年 7 月撤销区建制,设刘屯、留盆、金铺、王桥、水屯、老君庙、官庄、常兴、和孝、红光、三桥、王岗、马乡、城关镇 14 个公社(镇)。1969 年属驻马店地区。1975 年 2 月将红光公社的板店、许屯、魏岭、东升、刘营、前进、杨洼、柴庄、仲庄、王庄 10 个大队划出,新建板店公社。将光明公社的韩庄、徐寨、翁屯、王竹园、和庄、王楼、陶庄桥、六里庄、林庄 9 个大队和水屯公社的肖屯大队划出,新建韩庄公社。1975 年 4 月将王岗公社的余店、大刘庄、徐庙、红旗、薛庄 5 个大队及马乡公社的李楼、潘庄、秧湖 3 个大队划出,新建余店公社。将和孝公社的大王庄、邓店、李楼、姜寨、东风 5 个大队和常兴公社的四新、前进、冯楼 3 个大队划出,新建大王庄公社。1977 年 2 月,将金铺公社的河北、方桥、杨沟、邢桥、姚湾、庙东、守法李、王沟、张楼 9 个大队划出,增设张楼公社。留盆公社的小邱、金赵、老金、耿庄 4 个大队划归金铺公社。1977 年 7 月又将王岗公社的张岗、卢岗、夏湾、尹庄寨、孔寨、何岗、大胡 7 个大队划出,建张岗公社。将官庄公社的辛屯、王屯、余店、王庄、赖楼、焦庄、滕冢 8 个大队划出,建舍屯公社。至此,全县辖 21 个公社(镇),252 个生产大队,3358 个生产队。

1983 年 12 月公社改乡,设有 20 个乡和 1 个镇。原大队更名为村民委员会,生产队更名为村民小组。1987 年始,先后有老君庙等 10 个乡撤乡建镇。2000 年 6 月属驻马店市。2011 年 12 月,水屯镇划归驻马店驿城区管辖。辖 20 个乡(镇),281 个村(居)民委员会。2005 年 11 月,撤张岗乡入王岗镇;撤舍屯乡入官庄乡;撤王庄乡入常兴乡。2009 年 6 月撤销汝宁镇、三门闸乡、三里店乡,设立汝宁、三门闸、古塔 3 个街道。2012 年撤销三桥乡和张楼乡,设立三桥镇和张楼镇。2014 年增设宿鸭湖街道。

行政区域划分　2014 年末辖汝宁、古塔、三门闸、宿鸭湖 4 个街道,王岗、老君庙、和孝、梁祝、留盆、罗店、常兴、金铺、东官庄、韩庄、三桥、张楼 12 个镇,板店、南余店 2 个乡,共 18 个乡级政区;下设 40 个居民委员会,252 个村民委员会。

上蔡县(Shangcai Xian)

地处驻马店市东北部。东与周口市项城市接壤,南与汝南、平舆县交界,西与西平、遂平县相连,北与漯河市召陵区、周口市商水县毗邻。位于东经 114°6′ ~114°42′,北纬 33°4′~33°25′。辖区东西最大距离 57.5 千米,南北最大距离 37 千米,总面积 1529 平方千米。人口密度为每平方千米 743 人。

政区地名沿革　因周为蔡国,公元前 493 年蔡昭侯迁都于州来,改州来为下蔡,蔡国故地称之为上蔡。

周武王元年(前 1046 年),周武王封其同母弟叔度于蔡地,建立蔡国,定都今上蔡。周景王十四年(前 531 年),楚灭蔡国,设立蔡县。周贞定王二十二年(前 447 年),楚师灭蔡,蔡侯齐出亡,蔡地尽归于楚。周显王二十三年(前 346

年),魏、韩联合伐楚,上蔡归韩,韩釐王时置上蔡县。秦王政十七年(前 230 年),秦灭韩,属颍川郡,西汉高祖四年(前 203 年),属豫州刺史部之汝南郡,三国属魏国豫州汝南郡。晋泰始四年(268 年),改上蔡县为武津县。东晋及十六国时期,先后属后赵、前燕、前秦、后秦,后复为东晋所属。南北朝初属南朝宋,后属北朝。南朝宋移上蔡县治于悬瓠城(今汝南县汝宁街道),属汝南郡。北魏神龟二年(519 年),于县境北部置临汝县,又曰武津县(治今朱里镇岗郭村),属汝阳郡,北齐省入上蔡县。隋开皇六年(586 年)复置武津县;大业六年(607 年),复改武津县为上蔡县,治所在今上蔡县城。唐属河南道蔡州。元和十一年(816 年)省入遂平,长庆元年(821 年)复置上蔡县。宋属京西北路蔡州汝南郡淮康军节度。金属京南路蔡州镇南军节度。元属河南行省汝宁府。明洪武初,废上蔡县,四年(1371 年)复置。属河南布政使司汝宁府辖。明代全县共划分为 36 里,清初,仍因之,后来改里为图,每图之下划为二里,全县有 36 图 72 里。中华民国初,属汝宁府。

1913 年属豫南道,1914 年属汝阳道。1927 年直属河南省。1931 年,上蔡县试行自治,取消旧里名称,全县共划为 9 个自治区,区下辖乡(镇),共为 223 个乡(镇)。1932 年,属河南省第八行政督察区。1933 年全县改自治,实行保甲,全县仍划为 9 个区,区下设联保,全县共有联保 126 个。1935 年合并为 76 个联保,改原来的 9 个区为 3 个区,取消区公所,改设区署。1940 年全县合并为 31 联保。1941 年取消区署和联保,县下直接设乡(镇)和保甲,全县共分 17 乡(镇)337 保,3841 甲。

1948 年 10 月,上蔡县西部建立洪河县,属豫皖苏解放区第七专区。1949 年 3 月,洪河县并入上蔡县,属确山专区,上蔡县人民政府成立,共划为 10 个区:蔡沟、东岸、洙湖、塔桥、华陂、百尺、黄埠、邵店、东洪、城关。同年 6 月,撤销邵店区,增设五龙区,撤销塔桥区并入洙湖区,8 月,属信阳专区,至 9 月,共辖 9 个区。区下划乡,共为 170 个乡。1950 年 11 月,恢复邵店、塔桥两个区,增设和店、朱里两个区,五龙区更名为申庄区,1951 年 7 月又改为展庄区,共为 13 区,213 乡(镇)。1952 年 10 月,增设高岳区和周庄区,乡数增加为 206 个,镇数增加为 13 个。1954 年 10 月,城关区更名为城关镇,全县共为 15 个区 219 乡(镇)。1956 年 1 月,撤销周庄、和店、展庄 3 个区,邵店区更名为周集区,华陂区更为湖岗区,全县共为 12 个区;4 月,撤销 12 个区,改设为大王、杨集、蔡沟、林堂、东岸、张寨、大姬、白圭庙、朱里、史彭、百尺、石桥、黄埠、邵店、东洪、东里、五龙、贾庄、党店、崇礼、无量寺、赵集、杨丘、张集、孟尧 25 个中心乡,中心乡下又设 100 个小乡和 1 个城关镇。1957 年 3 月,撤销 25 个中心乡和 100 个小乡,设立和店、芦村、杨集、高岳、蔡沟、林堂、东岸、洙湖、张寨、塔桥、白圭庙、朱里、蒋集、华陂、史彭、百尺、鸳店、石桥、黄埠、邵店、东洪、五龙、大吴、西洪、党店、崇礼、无量寺、齐海、赵集、杨丘、张集、孟尧32个乡和1个城关镇。1958年7月，全县33个乡(镇)改建为14个乡(镇)，乡镇下辖438个高级农业生产合作社。同年11月，全县14个乡(镇)改为14个人民公社，人民公社下设生产大队和生产队。1961年10月，分为50个人民公社，同时新划为9个区。1962年7月，撤销9个区，新设立和店、杨集、蔡沟、林堂、东岸、浍湖、塔桥、白圭庙、朱里、华陂、百尺、石桥、黄埠、邵店、东洪、五龙、周庄、湖岗、党店、崇礼、无量寺、申庄、张集、杨丘、孟尧、城关26个人民公社。

1965年7月，属驻马店专区。1966年5月，撤销白圭庙、林堂、石桥、杨坻、张集、湖岗、孟尧、周庄8个公社，新设城郊、西洪2个公社，申庄公社更名为齐海公社，变动后全县为20个公社。1976年2月，划出百尺、城郊2个公社中的大路李、谢堂、大胡、肖里侯、肖里王、涧沟王、聂坡、栗庄、姜庄、朱里桥、陈桥、湾李、孟尧、马堂、唐楼、郝坡16个大队设立大路李公社；划出朱里公社的张集大队，蔡沟公社的康湖、赵庄、徐楼、邱路口4个大队，东岸公社的石桥、何庄、前陈、耿陈、郭庄、张市店、义公、任集、贾寨、庄湖10个大队，东洪公社的大骆、坡李2个大队，共17个大队设立韩寨公社；划出华陂、朱里、西洪3个公社中的小岳寺、大明、西伍张、业王、望东湖、双河、边张、时庄、大岳寺、赵集、郭七、朱寨、陈集、坡吴、杨炉、大屯16个大队设立小岳寺公社。1977年7月，划出齐海公社中的石桥、王庄、宋庄、穆庄4个大队和东洪公社中的后楼、万庄、龚庄、别庄4个大队设立石桥公社；划出浍湖公社的邱庄、韩王2个大队，五龙公社的张宇、李宣、田庄、张俭、杨屯、陈法寨、魏楼7个大队设立杨屯公社。至此，全县共有25个公社。1981年8月，城关公社更名为城关镇。

1983年公社改乡，辖和店乡、杨集乡、蔡沟乡、东岸乡、浍湖乡、塔桥乡、朱里乡、华陂乡、百尺乡、石桥乡、黄埠乡、邵店乡、东洪乡、五龙乡、西洪乡、党店乡、崇礼乡、无量寺乡、齐海乡、小岳寺乡、韩寨乡、大路李乡、杨屯乡、城郊乡、城关镇。1987年10月城关镇更名为蔡都镇，城郊乡更名为芦岗乡。1987年12月杨集、黄埠撤乡建镇。1994年10月浍湖撤乡建镇。1995年11月朱里撤乡建镇。1996年1月党店撤乡建镇。1997年12月华陂撤乡建镇。2000年6月属驻马店市。2005年11月撤销石桥乡，并入东洪乡。2009年6月撤销蔡都镇、芦岗乡，将东洪乡的石桥村、王庄村，齐海乡的丁赵村、申赵村、朱庄村5个村并入县城区，分别设立蔡都、芦岗、卧龙、重阳4个街道。2010年5月塔桥、东洪撤乡建镇。2012年撤销邵店乡，设立邵店镇。2014年撤销和店乡，设立和店镇。

行政区域划分 2014年末，辖蔡都、芦岗、卧龙、重阳4个街道，杨集、黄埠、浍湖、朱里、党店、华陂、塔桥、东洪、邵店、和店10个镇和大路李、无量寺、五龙、杨屯、崇礼、蔡沟、韩寨、齐海、小岳寺、东岸、西洪、百尺 12 个乡,共 26 个乡级政区;下设 38 个居民委员会,422 个村民居民委员会。

泌阳县（Beiyang Xian）

南阳市地处驻马店市西南部,南阳盆地东缘。东接确山县、遂平县,南邻南阳市桐柏县,西连南阳市唐河县、社旗县,北邻南阳市方城县、平顶山市舞钢市。位于东经 113°19′28″~113°48′22″,北纬 32°34′25″~33°34′29″。辖区东西最大距离 36 千米,南北最大距离 65 千米,总面积 2336.6 千米。人口密度为每平方千米 333 人。

政区地名沿革 因位于泌水河北岸得名。

春秋属楚,战国属韩。秦属南阳郡。西汉置比阳、舞阴 2 县,属南阳郡;东汉、三国因之。东晋十六国时先后属前燕、前秦、后秦、东晋。南北朝时期,南朝宋永初元年（420 年）置昭越县（治今铜山乡古城岗村）。北魏延兴二年（472年）置东荆州（治今泌水镇）,改比阳县为阳平县;翌年,置江夏郡江夏县（郡、县同治今高店乡丁道村）。南朝齐建元元年（479 年）,于舞阴设西汝南、北义阳 2郡,同年侨置高邑县（治今高邑街）。建武四年（497 年）属北魏。北魏景明初（500 − −503 年）置西郢州（治今赊湾乡张湾村）。永熙三年（534 年）,今县境东部属东魏,西部属西魏。东荆、西郢 2 州属西魏。西魏恭帝元年（554 年）改东荆州为淮州、西郢州为鸿州。北周天和二年（567 年）省鸿州入淮州。

隋开皇三年（583 年）废舞阴、城阳、江夏 3 郡。五年（585 年）改淮州为显州。七年（587 年）改阳平县为饶良县。十八年（598 年）改江夏县为慈邱县。大业元年（605 年）改昭越县为同光县,不久废。二年（606 年）改饶良县为比阳县,三年（607 年）改舞阴县为显冈县,改显州为淮安郡,隶豫州。唐武德四年（621 年）,复改淮安郡为显州。贞观二年（629 年）,废显冈入比阳,九年（688年）改显州为唐州。天宝元年（742 年）改唐州为淮安郡。乾元元年（758 年）复为唐州,隶山南东道。天佑三年（906 年）移唐州于泌阳（今唐河）。比阳、慈邱 2县仍隶唐州。五代后周显德三年（956 年）三月,废慈邱入比阳,仍隶唐州。宋、金沿袭不变。元至元三年（1266 年）,废比阳为毗阳镇,隶泌阳县。明洪武十四年（1381 年）于毗阳镇置泌阳县,隶南阳府,清因之。1913 年属汝南道。1927年直属河南省政府。1933 年属河南第六行政督察专员公署。

1947 年底,县境内分设中共泌北、泌西、泌东 3 县。泌北县（治今方城县酒店村）,辖泌阳县的郭集、羊册、象河、春水等北部边缘地区与舞阳县南部的宋集

(今属舞钢市)和方城县的小史店、唐河县的下洼(今属社旗县)等地。泌西县
(治今羊册镇古城寨),辖大磨、双庙、官庄、饶良4个区。泌东县(治今贾楼乡曾
沟),辖邓庄、王店、马谷田、石头河、牛蹄5个区。泌阳城关为桐柏区二专署直
辖。1948年4月,撤销泌北县,所属羊册、郭集划归泌西县;象河、春水划归泌
东县。

1949年1月,泌东、泌西2县合并为泌阳县。10月全县设9区、2镇,即大
磨、马谷田、王店、牛蹄、春水、羊册、官庄、饶良、双庙和城关、沙河店镇。区下辖
197个乡。1953年7月,增设梅林区。城关镇改为城关区。1954年4月,撤销
沙河店镇,归牛蹄区管辖。1955年底撤销梅林区。1956年撤销牛蹄区,改设板
桥区。5月改区建乡;1957年调整为8区、1镇,另置8个县直辖乡。

1958年3月撤销县直8个乡,合并为赊湾乡、陈岗乡。8月,区改为乡,设
10乡1镇。10月,改称"泌阳人民公社",辖11个管理区。年底,撤销陈岗管理
区,分别并入城郊、赊湾两管理区。1959年3月,撤销"泌阳人民公社",复为
县。管理区改为人民公社。1961年8月,改社为区,全县设10区、1镇,下辖74
个人民公社。1962年3月,74个人民公社调整合并为54个,下辖433个生产大
队。1965年7月,饶良区划归社旗县。1969年1月,撤销原公社,改9个区
(镇)为人民公社,新增郭集、太山、杨集、立新、沙河店、大路庄6个人民公社。
1976年初,又增设高店、董岗、双庙、象河4个人民公社。1977年春,增设黄山
口、高邑、下碑寺、贾楼、城郊5个人民公社。

1983年11月公社改乡,全县辖23个乡、1个镇,有394个村民委员会。
1987年6月,羊册、沙河店2乡撤乡建镇。10月城关镇更名为泌水镇,城郊乡
更名为花园乡。全县设泌水、羊册、沙河店3镇和象河、春水、黄山口、郭集、泰
山庙、官庄、付庄、下碑寺、板桥、老河、大路庄、王店、贾楼、杨家集、双庙街、赊
湾、花园、高邑、马谷田、陈庄、高店21个乡。2010年,老河乡、沙河店镇划归驻
马店市驿城区,2011年元月,板桥镇划归驻马店市驿城区,年末撤销花园乡、泌
水镇,设立花园街道、泌水街道、古城街道。2012年撤销郭集乡设立郭集镇。
2013年撤销泰山庙乡和王店乡,设立泰山庙镇和王店镇。

行政区域划分 2014年末,辖泌水、花园、古城3个街道;羊册、春水、马谷
田、官庄、赊湾、郭集、泰山庙、王店8个镇;盘古、付庄、下碑寺、铜山、高邑、杨家
集、高店、贾楼、黄山口、象河、双庙街11个乡,共22个乡级政区;下设59个居民
委员会,295个村民委员会。

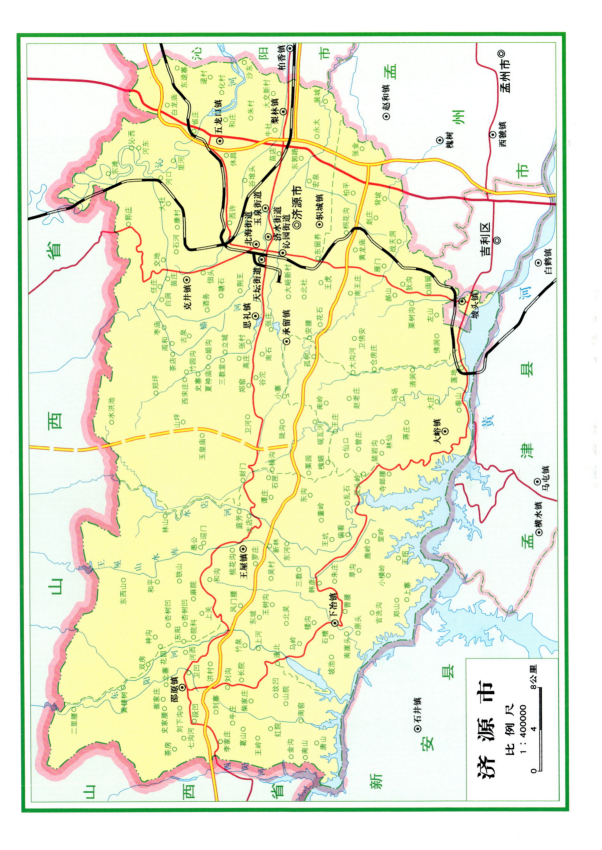

济 源 市

比 例 尺

1 : 400000

0   4   8公里

济源市(Jiyuan Shi)

地处河南省西北部,黄河中下游北岸,东接焦作市沁阳市,东南与焦作市孟州市、洛阳市吉利区相邻,南与洛阳市孟津县、新安县毗邻,西与山西省运城市垣曲县相连,北与山西省晋城市阳城县、泽州县交界。位于东经112°01′40″~112°45′39″,北纬34°53′50″~35°16′50″。辖区东西最大距离64.9千米,南北最大距离36.4千米,总面积1931.28平方千米。人口密度为每平方千米363人。

政区地名沿革　因位于古"四渎"之一的济水源头而得名。

夏属冀州。商、周为畿内地。春秋先属郑,后属晋。战国先属韩,后分属韩、魏。秦置轵县,属三川郡。汉置沁水、波县,属司隶河内郡。晋废波县,轵县、沁水县属司州河内郡。隋开皇十六年(596年)析轵县北部置济源县,属河内郡;大业二年(606年)省轵县入河内县。唐武德元年(618年)复置轵县;二年(619年)于济源城置西济州,并析置溴阳(治今苗店)、燕川(治今大社一带)2县属之,又析置邵原县(治今邵原镇)隶邵州,析置长泉县(治今长泉)、大基县(治今蓼坞)隶怀州;四年(621年)废西济州,溴阳、燕川2县并入济源县,长泉县并入,隶怀州,邵原县并入邵伯县,隶邵州;八年(625年)省大基县;贞观元年(627年)省轵县入济源县,废邵州,邵伯县入隶怀州;显庆二年(657年)济源县改隶洛州,邵伯县复名王屋县,改隶河南府;咸亨四年(673年)复置大基县,隶河南府;先天元年(712年)大基县更名河清县;会昌三年(843年)济源、河清2县改隶孟州,后河清县又改隶河南府。五代济源县属孟州,王屋、河清2县属河南府。宋开宝元年(968年)河清县移置白坡镇,仍隶河南府;熙宁五年(1072年)王屋县改隶孟州;政和二年(1112年)改孟州为济源郡,辖济源、王屋2县。金天会六年(1128年)废河清县为白坡镇,济源郡复名孟州,辖济源、王屋2县。元太宗六年(1234年)改济源县为原州,翌年,废州复为县,仍属孟州;至元三年(1266年)王屋县并入济源县。明洪武十年(1377年)济源县改属河南布政使司怀庆府。清属河南省怀庆府。

1912年济源县直属河南省。1913年属河南省豫北道。1914年改属河北道。1927 年直属河南省。1932 年 8 月隶属河南省第十四行政督察区；10 月改属第四行政督察区。1942 年在中共辖下成立济源县抗日民主政府，隶属太岳区第四专区。1943 年 2 月析济源县西部置王屋县，隶属太岳区第四专区。1947 年 7 月王屋县并入济源县。

1949 年 8 月改属平原省新乡专员公署。1952 年 11 月撤平原省，济源县改属河南省新乡专员公署。1975 年 5 月成立济源工区办事处（地市级），并析济源县一部分置虎岭区，与济源县同属工区办事处。1977 年 5 月撤销济源工区办事处，虎岭区并入济源县，改属新乡地区。1986 年 11 月，济源县改属焦作市。1988 年 6 月济源撤县建市，由焦作代管。1997 年 1 月改由河南省政府直管县级市。

行政区域划分　2014 年末，辖济水、沁园、北海、天坛、玉泉 5 个街道，五龙口、梨林、轵城、思礼、承留、克井、坡头、下冶、王屋、大峪、邵原 11 个镇，共 16 个乡级政区；下设 72 个居民委员会，453 个村民委员会。

省直管县

(Sheng Zhiguan Xian)

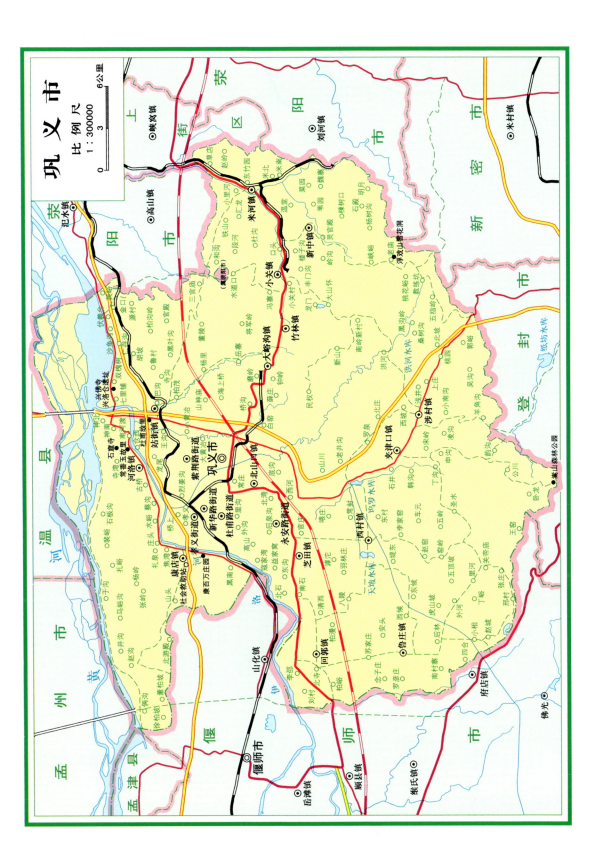

巩义市(Gongyi Shi)

　　地处河南省中部,郑州市西部,东邻荥阳市,东南与新密市相接,南以嵩山为界与登封市相邻,西南与洛阳偃师市接壤,西北与洛阳孟津县相连,北与焦作孟州市、温县隔黄河相望,东北与上街区为邻。位于东经112°48′07″~113°16′16″,北纬34°31′09″~34°52′23″。辖区东西最大距离43千米,南北最大距离39.5千米,总面积1041平方千米。人口密度为每平方千米796人。

　　政区地名沿革　因南依嵩山,北临黄河,东有虎牢关,西有黑石关,"山河四塞、巩固不拔"而得名巩县,政府驻地孝义镇,1991年撤县设市,取县名加驻地名称"巩义市"。

　　尧、舜时属豫州,夏代称夏伯国,商代改称"阙巩"。西周、春秋、战国时期称"巩伯国"。秦庄襄王元年(前249年)始置巩县,属三川郡。西汉高帝时改三川郡为河南郡。东汉建武十五年(39年)改河南郡为河南尹。三国时,属魏国司州河南尹。隋开皇十九年(599年)复置巩县,属河南郡。唐初属洛州;开元元年(713年)洛州改为河南府。五代属于河南府。北宋景德四年(1007年)析巩县、偃师2县部分地区置永安县,另有行庆关(汜水县改设)半部归属巩县内。金代,巩县境内属金昌府。金贞元元年(1153年)永安军更名为芝田县。元初废芝田县并入巩县;至正二十年(1361年)巩县为军州万户府,属河南布政使司、河南府。明、清时期属河南布政使司、河南府。1913年隶属豫西道河南府。1916年属河洛道。1923年受河南第十行政督察专员公署(治所在洛阳)督导。1927年废道设省辖县。1944年至1945年属嵩山区专员公署,后改豫西行政专员公署。

　　1948年4月7日巩县解放。1949年属郑州专区。1955年属开封专区。1956年1月5日,全县改为81个乡和孝义、回郭2个镇。1958年8月属郑州市,下设13个人民公社。1961年10月属开封地区。1963年2月17日调整为12个公社。1964年6月将上街区米河、小里河、新中、小关、大峪沟5个公社划归巩县。1983年起属郑州市。1991年6月12日撤销巩县,设立巩义市。1998年所辖乡全部改为建制镇。2011年6月被河南省政府确定为省直管试点县(市)。

　　行政区域划分　2014年末,辖孝义、新华路、杜甫路、紫荆路、永安路5个街道,米河、新中、小关、竹林、大峪沟、站街、河洛、康店、北山口、西村、芝田、回郭、鲁庄、夹津口、涉村15个镇;下设26个居民委员会,288个村民委员会。

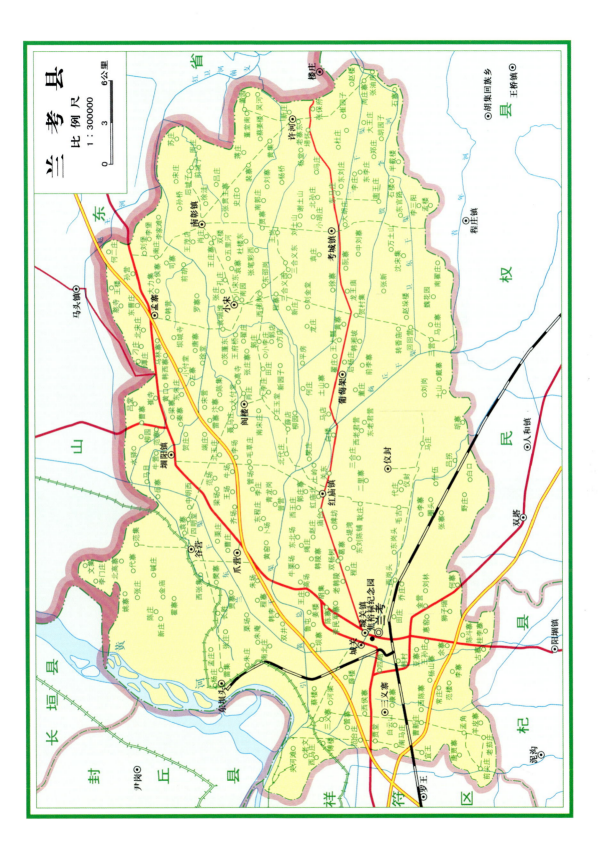

兰考县(Lankao Xian)

地处河南省东部,开封市东北部,东与商丘市民权县相邻,南与杞县毗连,西依祥符区,西北隔黄河与新乡市封丘、长垣两县相望,北和东北与山东省东明县、曹县接壤。位于东经114°42′~115°15′,北纬34°44′~35°01′。辖区东西最大距离55.5千米,南北最大距离26.5千米,总面积1116平方千米。人口密度为每平方千米800人。

政区地名沿革　由兰封、考城两县合并而得名。

春秋时西部属卫国,东部为戴国地。战国属魏。秦置甾县,属砀郡。西汉武帝始置东昏县(治今兰考县城北),属陈留郡。东汉改甾县为考城县,属陈留郡。三国魏为陈留国。西晋东昏县废。

宋建隆四年(963年)置东明县(治今县城东北),属开封府。金兴定二年(1218年)东明县城迁至东明集(今山东省东明县),同时分置兰阳(治今仪封)、仪封(治今城关镇)2县。元属汴梁路。明属开封府。清嘉庆二十四年(1819年)兰阳、仪封合并为兰仪县(治今城关镇);宣统元年(1909)年为避宣统皇帝溥仪讳,改名兰封县。1938年8月改属河南省第十二行政督察区。

1949年属陈留专区。1954兰封、考城2县再次合并,称兰考县(治今城关镇),属郑州专区。1955年属开封专区。1969年属开封地区。1983年属开封市。至1986年底,下辖16个乡镇,347个村民委员会。2011年被河南省政府确定为省直管试点县,张君墓镇更名为考城镇。

行政区域划分　2014年末,辖城关、堌阳、南彰、考城、红庙5个镇,城关、三义寨、东坝头、谷营、爪营、孟寨、许河、葡萄架、小宋、阎楼、仪封11个乡,共16个乡级政区;下设22个居民委员会,437个村民委员会。

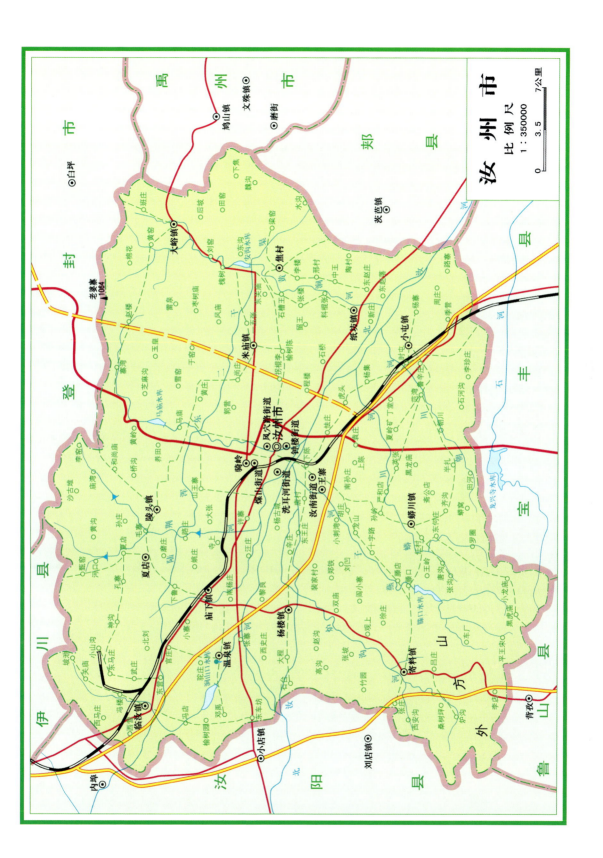

汝 州 市

比 例 尺

1：350000

0   3.5   7公里

汝州市(Ruzhou Shi)

地处河南省中西部,平顶山市北部,东临许昌市禹州市、郏县,南依伏牛山余脉外方山脉与宝丰县、鲁山县接壤,西与洛阳市汝阳县、伊川县接壤,北靠嵩山箕山与郑州市登封市交界。位于东经112°31′49.6″~113°07′00″,北纬33°56′00″~34°20′46.2″。辖区东西最大距离52千米,南北最大距离57千米,总面积1606平方千米。人口密度为每平方千米659人。

政区地名沿革　因临汝河而得名。

夏后期,市域西部建立霍国。商朝,"霍"成为侯国。西周为王畿之地。前770年,周平王迁都洛阳后,改霍为梁。战国时,梁地先后属楚、郑、韩国管辖,韩改梁为南梁。秦置梁县,属三川郡。汉改三川郡为河南郡,汝州西部仍为梁县,归河南郡管辖,在梁县东部置承休县,在东南部置成安县。隋开皇四年(584年)迁伊州治于梁县。大业二年(606年)改伊州为汝州,自此始有"汝州"之名。后改为襄城郡,治承休县城(今汝州市区东)。唐武德四年(621年)废郡设州,改襄城郡为伊州,领梁、承休、郏3县。贞观八年(634年),复改伊州为汝州。天宝元年(742年)改汝州为临汝郡。宋汝州隶京西北路河南府。靖康元年(1126年),汝州领梁(今汝州)、鲁山、襄城、叶县、宝丰5县。金隶南京路,领梁(今汝州)、郏(今郏县)、鲁山、宝丰、叶县、襄城6县。元隶属河南江北省南阳府管辖,领梁(今汝州)、郏(今郏县)、鲁山3县。明洪武九年(1376年)隶河南布政使司南阳府。成化十二年(1476年)汝州从南阳府析出,直属河南布政司管辖,领鲁山、宝丰、郏县、伊阳(今伊川、汝阳部分)4县。清代仍为河南省直隶州。

1928年撤汝州,设临汝县,隶河南省。1932年属河南省第五行政督查专员公署。1949年10月至1954年9月属许昌专区。1954年10月改属洛阳专区。1986年2月临汝县改属平顶山市。1988年8月撤销临汝县,设立汝州市(县级),由省直辖,委托平顶山市代管。2011年6月1日,汝州市被河南省政府确定为省直管试点县(市)。2013年撤销纸坊乡和大峪乡,设立纸坊镇和大峪镇。

行政区域划分　2014年末,辖风穴路、煤山、洗耳河、钟楼、汝南5个街道,小屯、临汝、寄料、温泉、蟒川、杨楼、庙下、陵头、米庙、纸坊、大峪11个镇,骑岭、王寨、夏店、焦村4个乡,共20个乡级政区;下设20个居民委员会,462个村民委员会。

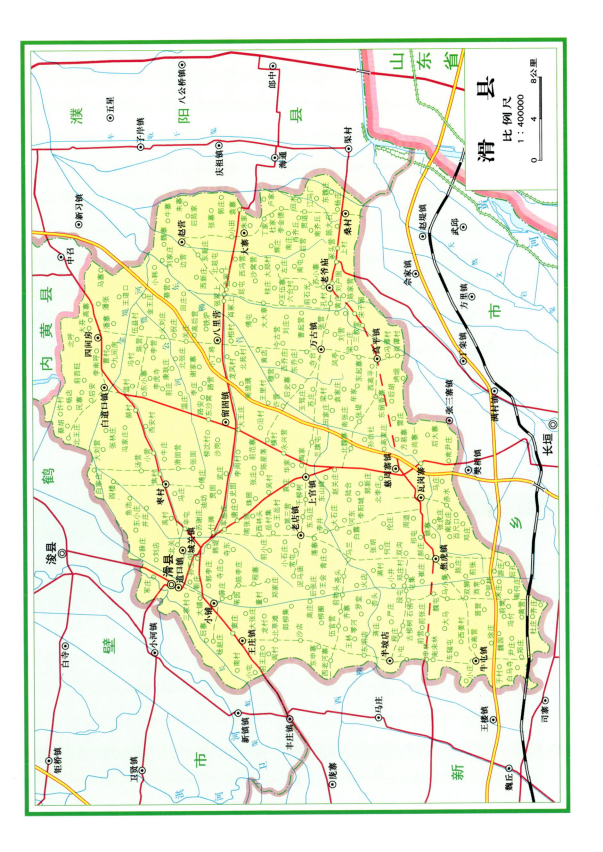

滑县(Hua Xian)

地处河南省东北部,安阳市东南部。东与濮阳相邻,南与新乡市封丘县、长垣县接壤,西与新乡市延津县相连,北与内黄县、鹤壁市浚县交界。位于东经114°25′37″~114°57′33″,北纬35°13′54″~35°39′38″。辖区东西最大距离51.5千米,南北最大距离39.5千米,总面积1814平方千米。人口密度为每平方千米732人。

政区地名沿革 古称滑台城,隋置滑州,明改滑州为滑县。

夏商时为豕韦国。春秋时属卫国。秦汉设白马县,隶属东郡。隋开皇十六年(596年)置滑州。明洪武七年(1374年)改滑州为县,始称滑县。明至清初隶属直隶大名府。清雍正三年(1725年)改属河南卫辉府。1914年隶属豫北道。1932年属河南省第三行政区。1940年3月,中共成立滑县抗日民主政府,先后隶属冀鲁豫第二、六、四、九专员公署。解放战争时期,改称滑县民主政府,隶属冀鲁豫第四专员公署。

1949年后,隶属平原省濮阳专区。1952年11月平原省撤销,属河南省濮阳专区。1954年9月归安阳专区。1958年3月滑县归新乡专区。1961年12月复属安阳专区。1983年9月濮阳市建立,滑县为濮阳市管辖。1986年1月归属河南省安阳市管辖。2011年被河南省政府确定为省直管试点县(市)。2014年撤销慈周寨乡和焦虎乡,设立慈周寨镇和焦虎镇。

行政区域划分 2014年末,辖道口、城关、白道口、留固、万古、高平、上官、牛屯、王庄、老店、慈周寨、焦虎12个镇,枣村、四间房、八里营、赵营、大寨、老爷庙、桑村、瓦岗寨、半坡店、小铺10个乡,共22个乡级政区;下设1019个村民委员会。

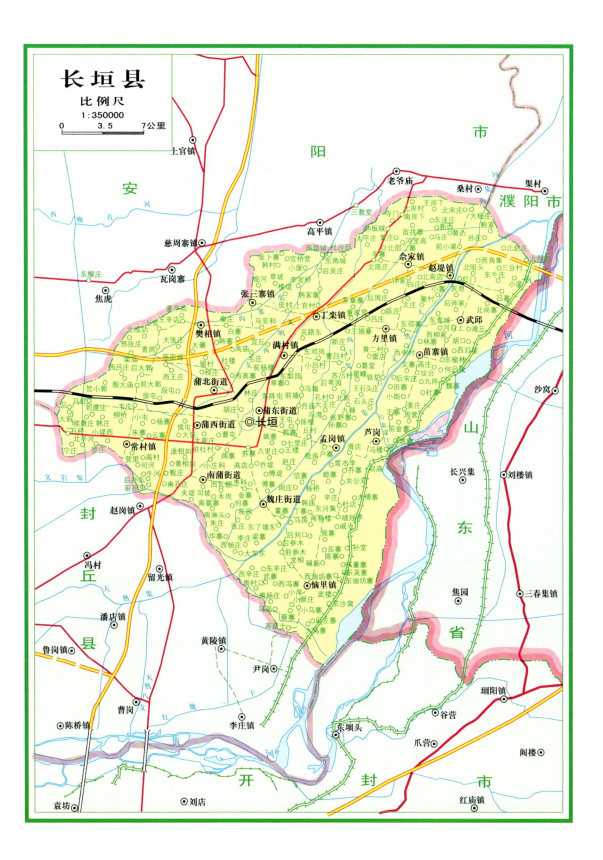

长垣县 (Changyuan Xian)

地处河南省东北部,新乡市东部,黄河西岸。东、东南隔黄河与山东省东明县、开封市兰考县相望,南、西南和封丘县相连,西、西北、北同安阳市滑县毗邻,东北接濮阳市濮阳县。位于东经 114°29′20″ ~ 114°59′50″,北纬 34°59′58″ ~ 35°23′30″。辖区东西最大距离 35 千米,南北最大距离 45 千米,总面积 1051 平方千米。人口密度为每平方千米 721 人。

政区地名沿革　战国置邑时,因邑址所在地有一道挡风沙长墙,命名首垣邑。秦设县时,认为"首"字犯嫌,更名长垣。

西周属卫国,春秋置蒲邑(今长垣县城)、匡邑(今恼里)。战国时属魏国,并匡、蒲置首垣邑(遗址在今满村镇陈墙一带)。

秦始皇二十六年(前 221 年),改首垣邑为长垣县,属三川郡。

西汉天汉三年(前 98 年)至初始元年(8 年),境内置有长罗侯国(今樊相一带)。新莽始建国元年(9 年)至地皇四年(23 年),更长垣县名为长固县,属兖州陈留郡。更始元年(23 年)复名长垣县。东汉建武元年(25 年),分置长垣侯国。

三国属魏。西晋泰始元年(265 年)属陈留国。隋开皇十六年(596 年),移县治于妇姑城(今南蒲街道司坡一带),以治南有古匡城,改名匡城县,属东郡。

五代后梁开平元年(907 年),匡城县的城字犯太祖朱温父名讳,被废弃,复长垣县原名,属汴州。后唐同兴元年(924 年),仍名匡城县。

宋建隆元年(960 年)避太祖匡字讳,改匡城县为鹤丘县,属京畿路开封府;大中祥符元年(1008 年)废鹤丘,仍名长垣。

金泰和四年(1204 年),县治迁鲍固村(今苗寨镇旧城一带),改属大名路开州。

元太祖二十二年(1227 年),改县名为保垣州,地域东扩,数年后,仍名长垣县,东扩地域归县。

明洪武二年(1369 年),为避水患,县治移古蒲城,即今址。

清天命元年(1616 年)属直隶省大名府;咸丰五年(1855 年),境内有了黄河,县域被分作东、西两部分。

1912 年属直隶省大名道,1927 年属河北省第十一行政督察区。

1943 年 1 月,共产党在县北部连同滑县、濮阳、东明 3 县边界地带组建滨河县民主抗日政府（驻地东赵堤）。在黄河以东地域与原东明县南部组建东垣县民主抗日政府。抗日战争胜利后，撤东垣县并入东明县；撤滨河县，其大部分划归长垣县，属冀鲁豫行署第四专区。1947年，共产党在县南部恼里一带，封丘县东北部黄陵一带连同兰考县黄河以北村庄，组建了曲河县；将县西部常村、樊相一带，划归渭南县。

1949年10月，渭南、曲河2县撤销，曲河县的恼里连同今封丘县赵岗2乡镇和渭南县的常村、樊相、张三寨3乡镇划归长垣县，属平原省濮阳专区。全县分置10个区。

1952年9月归河南省濮阳专区。1954年6月改属新乡专区，1955年2月属安阳专区。

1958年8月改属新乡专区，所辖10区改建为城关、恼里、孟岗、张寨、常村、樊相、丁栾、方里、佘家、新店10个人民公社。

1961年12月又属安阳专区，人民公社改称区，下设37个小公社。1963年6月撤区，将37个小公社并成了城关、恼里、魏庄、孟岗、芦岗、张寨、赵岗、常村、樊相、丁栾、满村、佘家、武丘、方里、苗寨15个人民公社。1964年11月，太行堤以南赵岗公社划归封丘县，辖14个人民公社。1969年9月改属安阳地区。

1974年11月佘家公社分置赵堤稻改工作队，1976年6月成立赵堤人民公社，辖15个人民公社。

1982年2月城关改称镇，辖1镇14个人民公社。

1983年9月归濮阳市，公社改称乡，辖1镇14乡。1986年3月，划归新乡市。1989年5月恼里分置总管乡、丁栾分置张三寨乡，辖1镇16乡。

1994年8月樊相、丁栾乡改镇，辖3镇14乡。1996年12月，恼里、魏庄乡改镇，辖5镇12乡。

2001年8月，常村、赵堤乡改镇，辖7镇10乡。2003年8月，撤总管乡建起重工业园区，辖7镇9乡1工业园区。2004年6月，撤城关镇建蒲东、蒲西2街道，辖2街道6镇9乡1工业园区。

2006年2月，撤张寨乡建南蒲、蒲北2街道，辖4街道6镇8乡1工业园区。

2010年3月，孟岗、满村、苗寨、张三寨4乡改镇，工业园区改称工业集聚区，辖4街道10镇4乡1工业集聚区。

2011年5月，被河南省政府确定为省直管试点县（市）。2012年撤销魏庄镇，设立魏庄街道。2013年撤销方里乡，设立方里镇。2014年撤销佘家乡，设立佘家镇。

行政区域划分　2014年末，辖蒲东、南蒲、蒲西、蒲北、魏庄5个街道，恼里、孟岗、常村、樊相、张三寨、丁栾、满村、赵堤、苗寨、方里、佘家 11 个镇,芦岗、武邱 2 个乡,共 18 个乡级政区;下设 9 个居民委员会,600 个村民委员会。

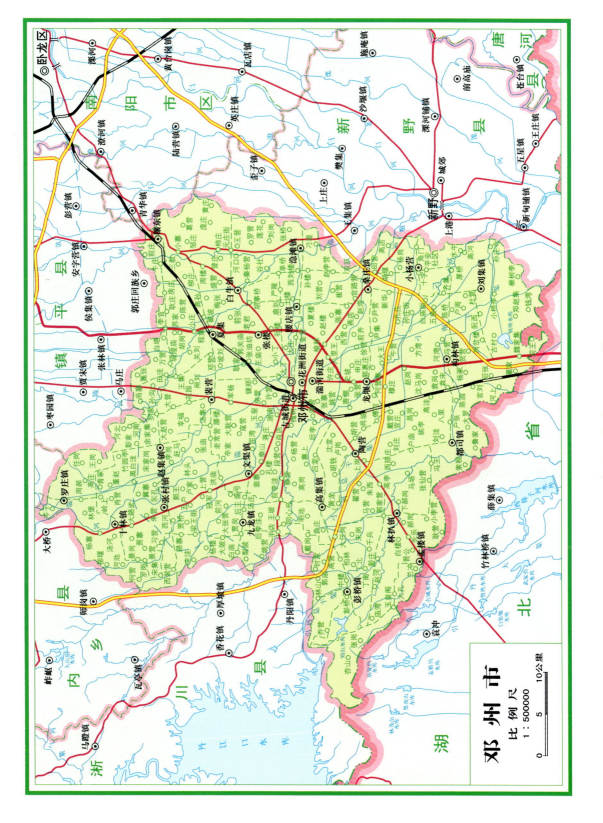

邓州市

比例尺
1:500000

0   5   10公里

邓州市(Dengzhou shi)

地处河南省西南部,南阳市西南部。东与宛城区、新野县相邻,南与湖北省老河口市接壤,西与淅川县、内乡县交界,北与镇平县毗连。位于东经110°37′~112°20′,北纬32°22′~32°59′。辖区东西最大距离67千米,南北最大距离68.6千米,总面积2302.96平方千米。人口密度为每平方千米762人。

政区地名沿革　因古邓州治此而得名。

夏、商、周为邓国地。春秋属楚,战国后期为秦穰邑。秦置穰县(治今邓州内城东南隅)、山都县(治今构林镇古村)、邓县(治今构林镇以南),属南阳郡。西汉以霍去病功冠诸军,封冠军侯国于今张村镇冠军村。元朔六年(前123年)析穰、宛2县置冠军县,并析置乐成县,治今市西南高李,东汉废。三国属魏。西晋先后属义阳郡和新野郡。太康三年(282年)山都县属襄阳郡。北魏太和二十一年(497年)荆州治所迁至穰县。北周废山都县。隋开皇七年(587年)改荆州为邓州。唐贞观元年(627年)废冠军县。北宋穰县设武胜军,金设武胜军节度,属南京路。元至元十年(1273年)属襄阳府,十六年(1279年)属南阳府。明洪武二年(1369年)废穰县,十三年(1380年)复置,十四年(1381年)省入邓州。清属河南布政使司南阳府。雍正后,为散州不领县。1913年改邓州为邓县,属豫南道。1914年改属汝阳道。1927年直属河南省政府。1933年属河南省第六行政督察区。

1949年1月属南阳专区。1972年12月,九重、厚坡2个公社的56个大队、573个生产队划给淅川县。1988年11月17日,撤销邓县,设立邓州市(县级),由南阳市代管。1989年被国务院确定为对外开放城市,1993年被国务院确定为改革开放特别试点市。2004年省政府批准邓州市享有全部省辖市经济及社会管理权限,为经济单列市。2011年被河南省政府确定为省直管试点县(市)。2013年撤销九龙、白牛、腰店、文渠、高集5个乡,设立九龙、白牛、腰店、文渠、高集5个镇。

行政区域划分　2014年末,辖花洲、古城、湍河3个街道,穰东、赵集、罗庄、十林、张村、林扒、孟楼、都司、构林、刘集、桑庄、淶滩、彭桥、九龙、白牛、腰店、文渠、高集18个镇,龙堰、张楼、夏集、裴营、陶营、小杨营6个乡,共27个乡级政区;下设83个居民委员会,523个村民委员会。

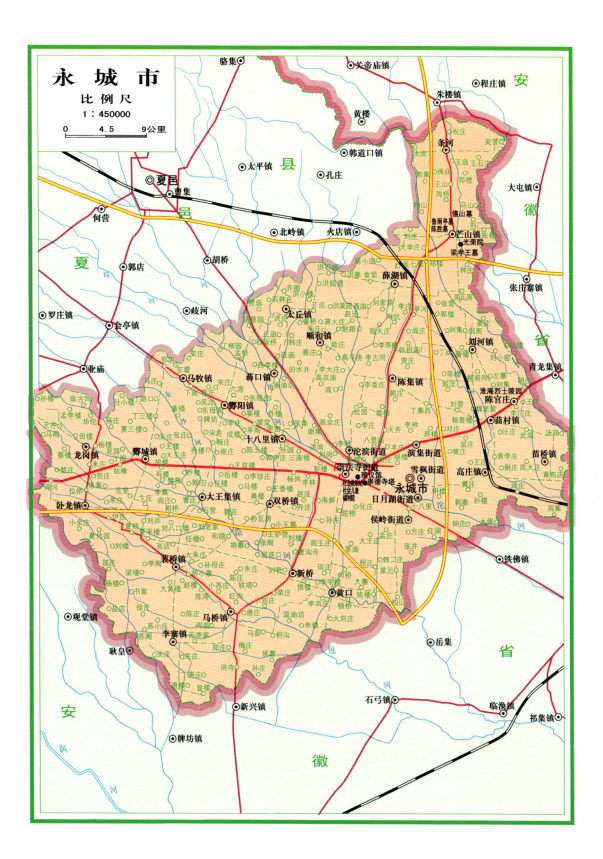

永 城 市

比 例 尺

1：450000

0   4.5   9公里

永城市(Yongcheng Shi)

地处河南省东部,商丘市东南部。东与安徽省濉溪县毗邻,南与安徽省涡阳县交界,西南与安徽省亳州市为邻,西、西北与夏邑县接壤,北与安徽省砀山县、萧县毗邻。位于东经115°58′12″~116°39′00″,北纬33°42′50″~34°17′47″。辖区东西最大距离62.3千米,南北最大距离72千米,总面积2042.08平方千米。人口密度为每平方千米817人。

政区地名沿革   永城原名马甫城。隋大业四、五年间,淮河、汴河流域连遭大水。六年(610年)三月,隋炀帝乘舟顺汴河南下,一路上只看见马甫城安然无损,便说到:"五年水灾毁多城,唯有马甫是永城。"因此改称现名。

周为犬丘。秦置芒、郎、犬丘3县。晋为酂县。隋大业六年(610年)割彭城、濉阳2郡之部分地域建永城县。金兴定五年(1221年)升永城县为永州。元至元二年(1265年)复降为县。1945年更名雪枫县。1949年3月复名永城县,属皖北专区。1950年10月陈集区并入刘河区,新置马桥区。1952年1月永城县由皖北专区划归河南省商丘专区,恢复陈集区和龙岗区,新置双桥区和城东区,雨亭区、新兴区从砀山县划归原建制。1954年9月新兴、马头区划归夏邑县。1955年9月全县由16个区合并为8个区。1956年1月全县撤销区。1957年1月恢复雨亭、茴村、马桥、酂城4个区,辖30个乡,保留城关镇。1958年9月撤销区建制,全县成立9个人民公社。1961年8月恢复建立12个区。1964年6月永城县洪河以东的何寨、王集、土山3个公社和李口、鱼山公社的部分村庄划入安徽省萧县;王引河以西的萧县的窦庄等5个自然村划归永城。1968年1月属商丘地区。1977年9月新置陈官庄、十八里公社。1983年12月取消人民公社,全县设1个镇、29个乡。1996年10月撤县设市,属商丘地区。2005年11月撤销滦湖乡,其所辖地域划归薛湖镇管辖。2010年6月被河南省政府确定为省直管试点县(市)。2013年撤销大王集乡和刘河乡,设立大王集镇和刘河镇。2014年撤销双桥乡、卧龙乡,设立双桥镇和卧龙镇。同年撤销城关镇、演集镇、侯岭乡、城厢乡,增设沱滨、崇法寺、日月湖、侯岭、雪枫、演集6个街道。

行政区域划分   2014年末,辖沱滨、崇法寺、日月湖、侯岭、雪枫、演集6个街道,芒山、高庄、酂城、陈集、薛湖、十八里、苗桥、茴村、顺河、李寨、太丘、龙岗、蒋口、裴桥、马桥、酂阳、马牧、王集、刘河、双桥、卧龙21个镇,陈官庄、黄口、新桥、条河4个乡,共31个乡级政区;下设35个居民委员会,732个村民委员会。

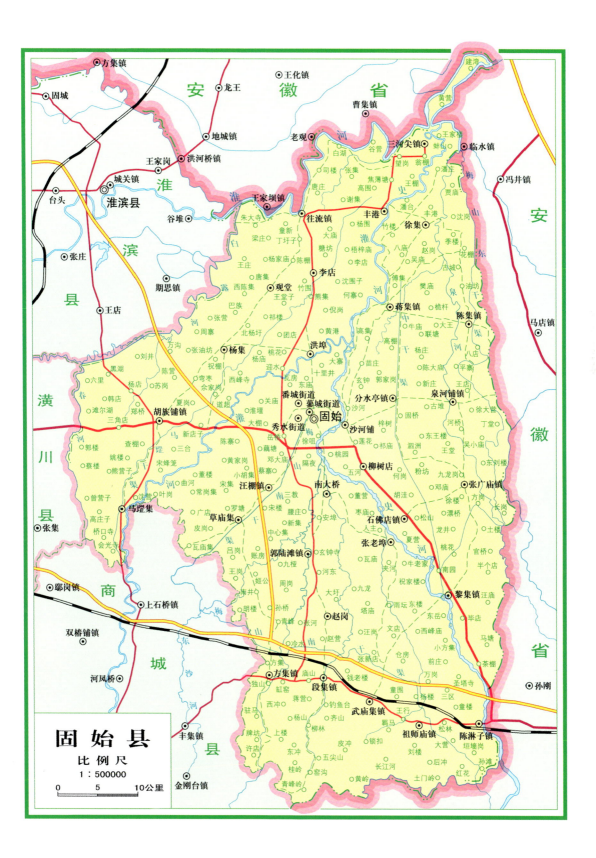

固始县

比例尺

1：500000

0   5   10公里

固始县（Gushi Xian）

地处信阳市东部，东和东南与安徽省六安市霍邱县接壤，南与安徽省六安市金寨县相邻，西南与商城县毗连，西邻潢川县，西北隔白露河与淮滨县相望，北与安徽省阜阳市阜南县隔淮河相望。位于东经 115°20′~115°56′，北纬 31°41′~32°34′。辖区东西最大距离 56.2 千米，南北最大距离 94.6 千米，总面积 2897.92 平方千米。人口密度为每平方千米 369 人。

政区地名沿革 取"坚固初始"之意而得名。

夏、商为蓼国地，周为蓼、蒋、黄、番等国地，战国为楚之潘乡。秦置安丰县，属九江郡。西汉置蓼县人，治今蓼城岗，属九江郡。东汉建武三年（26 年）为固始侯国，县改为固始。三国魏属汝阴郡。晋先后属汝阴、弋阳、安丰、庐江 4 郡。晋末安丰县废。南朝宋侨置固始县。梁复蓼县属光州，陈属边城郡，北朝北齐置北建州，东魏复固始县属北新蔡郡。隋属弋阳郡。唐、宋属光州。元、明属汝宁府。清属光州。1913 年属豫南道；1914 年属汝阳道；1927 年直属河南省；1933 年属第九行政督察区。1948 年 11 月置区 9 个。

1949 年属潢川专区。1949 年底建乡近 500 个，乡级镇 13 个。1951 年 9 月调为 15 个区。1952 年潢川专区并入信阳专区，属信阳专区。1956 年 8 月改 1 镇 53 个乡。1958 年 9 月撤乡建 9 个人民公社，11 月建固始人民公社，乡级人民公社改为管理区。1959 年 3 月撤固始人民公社，各管理区复名人民公社。同年 6 月增划 3 个人民公社，时共 12 个人民公社。1961 年 9 月改建 12 个管理区，区辖 65 个人民公社。1962 年撤区，改置 1 镇、27 个人民公社。1975 年增建 3 个人民公社。1983 年改公社为乡、镇。1984 年 5 月船民公社改航运公司，属县交通局。1987 年析置 1 个乡。1988 年又析置两个乡。1998 年 6 月属信阳市；2004 年 5 月改省扩权县；2005 年 11 月撤并 1 个乡。2011 年 6 月被河南省政府确定为省直管试点县（市）。2011 年 8 月撤 1 镇 1 乡，同时调整汪棚镇 3 个村民委员会，设置 3 个街道。2013 年撤销泉河铺乡和祖师庙乡，设立泉河铺镇和祖师庙镇。

行政区域划分 2014 年末，辖蓼城、番城、秀水 3 个街道，段集、三河尖、陈淋子、黎集、往流、蒋集、胡族铺、方集、郭陆滩、汪棚、张广庙、陈集、分水亭、石佛店、武庙集、泉河铺、祖师庙 17 个镇，沙河铺、南大桥、洪埠、柳树店、徐集、丰港、马堽集、草庙集、杨集、观堂、李店、赵岗、张老埠 13 个乡，共 33 个乡级政区；下设 100 个居民委员会，545 个村民委员会。

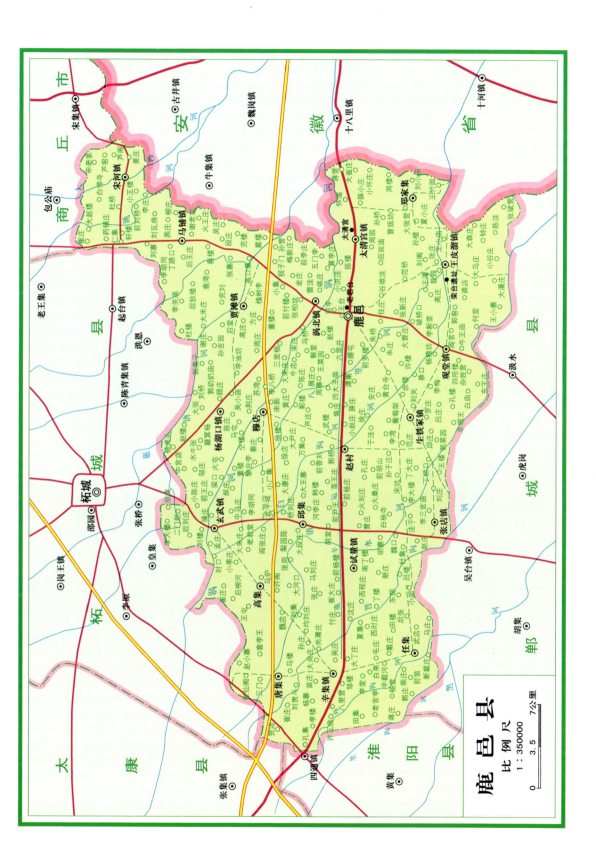

鹿邑县

比例尺
1:350000

0   3.5   7公里

鹿邑县(Luyi Xian)

地处河南省东部,周口市东北部。东、东南与安徽省亳州市谯城区相邻,南与郸城县接壤,西南与淮阳县毗邻,西与太康县相连,西北与商丘市柘城县为邻,北、东北与商丘市睢阳区接壤。位于东经115°02′55″~115°37′50″,北纬33°43′03″~34°05′32″。辖区东西最大距离50.5千米,南北最大距离40.6千米,总面积1243.21平方千米。人口密度为每平方千米922人。

政区地名沿革　鹿邑古称苦、鸣鹿、真源、仙源等,隋开皇十八年(598年)置县,以境内有春秋时陈之鸣鹿城,取名鹿邑县。

夏商时期,境内有少昊后裔于此建苦(Hù)国,东夷建长国,商王朝置诸侯厉(音Lài)国,属豫州。西周分置苦(今太清宫镇)、相(今太清宫镇东北)、訾母(今马铺镇一带)、鸣鹿(今辛集镇一带)等县,分属陈国、宋国。

秦属豫州陈国。西汉置苦、宁平、武平等县,同属兖州淮阳国。新莽时期改苦县为赖陵。东汉建武元年(25年)改赖陵复名为苦县。三国时分属魏豫州陈郡和谯郡。西晋属豫州梁国;东晋咸康三年(337年)改苦县为父阳县(今太清宫镇),属陈留郡。北魏正光年间改父阳为谷阳,属陈留郡。

隋属豫州谯郡;开皇六年(586年)析谷阳西南置郸,十八年(596年)改武平县名为鹿邑县(移治今试量镇鹿邑村)。唐乾封元年(666年)废郸,改谷阳为真源县;载初元年(690年)改真源为仙源;神龙元年(705年)仙源复名为真源,属河南道亳州。

宋大中祥符七年(1014年)改真源为卫真,和鹿邑同属淮南东路亳州。金属南京路亳州。元至元二年(1265年)并卫真入鹿邑,治所设在今县城,属河南江北行省归德府亳州。

明属河南承宣布政使司归德府。清沿明制,属河南省归德府。

1919年属豫东道。1927年废道,直属河南省。1932年属河南省第三行政督察区。1945年9月全县共辖3个镇,30个乡。1948年全县共辖试量、生铁、宁平、胡冈店、丁村、吴台、汲水、虎头岗、郸城、城关10个区,174个乡。

1949年10月,分为城关、太清宫、汲水、丁村、石槽、郸城、吴台庙、菩提、辛集、安平、玄武、杨湖口、高口13区219乡。

1950年6月,更城关区为城关镇。1951年6月,汲水、丁村、石槽、郸城、吴台庙5区87乡划归郸城县。1954年9月,安平、玄武、杨湖口3区23乡划归柘城县。1954年9月,辖城关镇和太清、王皮溜、生铁冢、赵村、试量、辛集、马铺、贾滩、玄武、穆店、杨湖口11区143乡,2个区辖镇(辛集镇、玄武镇),有初级农业合作社3242个。1956年4月,撤区,置太清、张寨、王皮溜、黄台、菩提、谢楼、赵村、试量、半截河、辛集、唐集、柳河、玄武、穆店、杨湖口、贾滩、马铺、枣集、段楼、梁口、高口、邱集22个中心乡67个乡。1957年,设64乡1镇,辖高级农业合作社632个。1958年8月,撤乡、镇;10月,置太清、王皮溜、生铁冢、赵村、试量、辛集、任集、玄武、杨湖口、贾滩、马铺、城关12个人民公社。曾一度改作12个管理区,合并为鹿邑县人民公社,辖95个大队728个生产队。

1964年8月,辖城关镇和太清、王皮溜、生铁冢、赵村、试量、辛集、玄武、贾滩、马铺、城关10区141个公社371个大队4643个生产队。1965年4月,撤区、公社,组建太清、王皮溜、观堂、生铁冢、赵村、试量、任集、辛集、玄武、高集、穆店、杨湖口、贾滩、马铺、城郊15个人民公社,辖353个大队4626个生产队。1975年9月,析原15个人民公社部分大队,组建郑家集、张店、丘集、唐集、枣集、老庄6个人民公社。

1983年4月,人民公社改为乡,辖城关镇和城郊、太清宫、郑家集、王皮溜、观堂、生铁冢、张店、赵村、试量、任集、辛集、唐集、高集、丘集、玄武、穆店、杨湖口、贾滩、马铺、枣集、老庄21乡3个办事处447个村民委员会。1984年调整为487个村民委员会。

1986年12月,撤销玄武乡,设立玄武镇。1987年2月,撤销枣集乡,设立枣集镇;2009年4月,更名为宋河镇。1990年,撤销太清宫乡、王皮溜乡、试量乡、辛集乡、马铺乡,分别设立太清宫镇、王皮溜镇、试量镇、辛集镇、马铺镇。1993年8月,撤销老庄乡,设立涡北镇。

2006年1月,撤销城郊乡、城关镇,设东关、南关、西关、北关4个办事处;2008年10月更名为鸣鹿、卫真、谷阳、真源4个街道。2009年1月,撤销杨湖口、贾滩2个乡,设立杨湖口镇、贾滩镇。2010年1月,撤销张店乡,设立张店镇;10月,撤销观堂乡,设立观堂镇。2011年2月,撤销生铁冢乡,设立生铁冢镇。

1949年10月至1953年2月属淮阳专区;1953年2月至1958年12月属商丘专区;1958年12月至1961年12月属开封专区;1961年12月至1965年7月属商丘专区;1965年7月至1968年7月属周口专区;1968年6月至2000年6月属周口地区;2000年6月,国务院批准周口撤地设市,鹿邑属周口市。2011年6月,被河南省政府确定为省直管试点县。

行政区域划分　2014年末,辖真源、卫真、谷阳、鸣鹿4个街道,太清宫、王皮溜、观堂、生铁冢、张店、试量、辛集、玄武、杨湖口、贾滩、马铺、涡北、宋河13

镇,郑家集、赵村、任集、邱集、高集、唐集、穆店 7 乡,共 24 个乡级政区;下设 114
个居民委员会,446 个村民委员会。

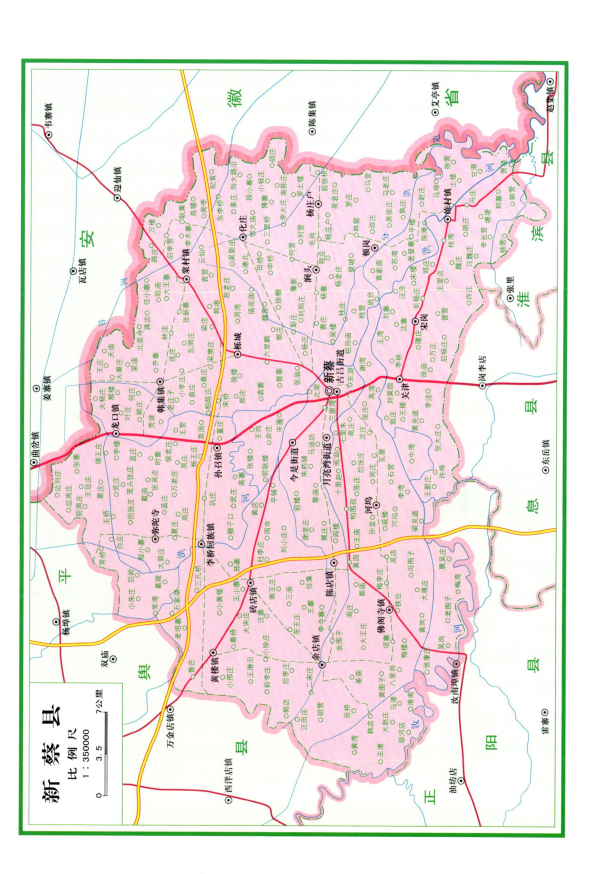

新蔡县

比例尺

1 : 350000

0   3.5   7公里

新蔡县(Xincai Xian)

地处驻马店市东部,东与安徽省阜阳市临泉县相邻,东南与信阳市淮滨县接壤,南与信阳市息县相连,西南与正阳县毗邻,西、西北与平舆县为邻。位于东经114°38′~115°13′,北纬32°34′~32°58′。辖区东西最大距离44千米,南北最大距离35千米,总面积1497平方千米。人口密度为每平方千米763人。

政区地名沿革　因蔡平侯迁都于此(前529年),为区别旧都(上蔡)称之新蔡。

前21世纪,炎帝裔孙伯夷佐禹治水有功,封为吕侯,在此建立吕侯国,属夏,历夏、商、西周。春秋初属宋,继归陈。前529年,蔡平侯迁都于此,史称新蔡。战国属楚。秦置新蔡县(前226年),初属颍川郡(今禹州),后属陈郡(今淮阳)。

西汉属汝南郡。初始元年(8年),王莽篡汉易名新迁县。东汉建武元年(25年)复名新蔡县,仍属汝南郡。曹魏因之。西晋元康元年(291年)立新蔡郡(治所新蔡县城),新蔡县属之。建兴四年(316年),属前赵。东晋大兴二年(319年)属后赵。次年,东晋复之,废新蔡郡,新蔡县改属东豫州汝南郡。咸和四年(329年)复归后赵,重置新蔡郡,新蔡县属之。永和八年(352年),属前燕豫州新蔡郡。太和五年(370年),属前秦东豫州新蔡郡。太元八年(383年)复归东晋,省新蔡郡属豫州汝南郡。义熙十一年,属后秦,复置新蔡郡,新蔡县属之。后秦亡,仍为东晋属地。

南北朝时,初属南宋豫州新蔡郡。泰始二年(466年),归属北朝魏。四年复归南宋。五年再归北魏,废新蔡郡,新蔡县属豫州汝南郡。末几,复为南宋所有。南宋亡,南齐高帝建元元年(479年),新蔡县属南齐豫州北新蔡郡(治所铜阳,今安徽省临泉县鮦城镇)。齐武帝永明十一年(493年),新蔡县复归北魏,复置新蔡郡,属豫州。孝文帝太和十九年(495年),北魏置东豫州,新蔡郡县隶属之。宣武帝景明四年(503年)新蔡地归南梁,属定州。此后,梁、魏拉锯,县无定属。梁大通元年(527年)废东豫州及新蔡郡,新蔡县属淮州淮川郡(今息县白土店)。后东魏取梁淮北地,复置新蔡郡,新蔡郡初属梁州,天平二年(535年)改属北州。武定七年(549年)置蔡州兼置新蔡郡(皆治所新蔡县城),新蔡县属之。北齐初因之。天保六年(555年)废蔡州及新蔡郡,改置广宁郡(治所新蔡县城),新蔡县属之;废鮦阳县,改置永康县(治所今新蔡县老沈岗),后改为澺水县,属豫州广宁郡。武平六年,新蔡地处北周。

隋开皇元年(581年),废广宁郡,新蔡改属豫州汝南郡。十六年(596年),改新蔡县为广宁县;于县北析置舒城县(治所今新蔡县韩集镇),兼置舒州;舒城、广宁二县属舒州。仁寿元年(601年),改广宁县为汝北县。大业二年(606年),废舒州,改汝北县为新蔡县,省澺水,舒城二县入新蔡,隶属蔡州汝南郡。唐武德四年(621年),复置舒城县(仍治所今韩集镇),并置舒州(治所新蔡县城),新蔡、舒城、褒信(治所今息县包信镇)三县属之。贞观元年(627年)废舒州,省舒城入沈丘(治所今安徽省临泉县),隶颍州(治所今安徽省阜阳市);省平舆(治所今平舆县西洋店南)入新蔡,隶豫州;俱属河南道。宝应元年(762年)改豫州为蔡州,新蔡县属之。五代因之。

宋代属京西北路蔡州汝南郡淮康军。金初属南京路蔡州。泰和八年(1208年)改属息州。天兴三年(1234年)金亡,地入元。元至元三年(1266年),省新蔡入息州,仍属南京路。大德八年(1304年),重置新蔡县,属河南行中书省汝宁府息州,至正中(1350年前后)新蔡县废入息州。

明洪武四年(1371年)复置新蔡县,属河南布政司汝宁府。清初因之。乾隆六年(1741年),新蔡县属分巡南汝光兵备道汝宁府。光绪时,改南汝光兵备道为南汝光淅兵备道,新蔡县属之。

1912年新蔡县属汝宁府。1913年改属豫南道。1914年,改豫南道为汝阳道,新蔡县属之。1928年属河南省豫南行政区。后直属河南省。1933年属第八行政区(专员公署驻汝南)。1938年10月中共中央中原局豫皖苏分局在县境东建立新蔡县爱国民主政府,属豫皖苏边区第四专员公署;继以县境西建立新蔡县民主县政府,属豫皖苏边区第八专员公署;1939年8月,县境内2个县级政权合为新蔡县民主县政府,12月进驻新蔡县城办公,属豫皖苏边区第八专员公署。1940年2月,豫皖苏边区撤销,第七、第八专署合并为河南省汝南行政公署,新蔡县属之;4月,汝南行署与桐柏一、二专署合并,改称确山行政公署;8月,确山行署迁驻信阳改称信阳专区,新蔡县俱属之。

1949年10月新蔡县设7个区。1951年9月,增设4个区人民政府,共11个区。1953年4月,全县设8个区,1个镇。1956年3月,撤区设中心乡,全县设21个中心乡和1个城关镇。1957年3月撤中心乡,全县改建27个乡和1个城关镇。1958年5月合并为10个乡,8月撤乡建立人民公社,全县设卫星、火箭、红旗、灯塔等11个人民公社,1个蛟停湖农场。1960年各人民公社改为以地名命名,全县增设8个人民公社,共20个人民公社。1965年分信阳专区,置驻马店行政公署,新蔡县属驻马店专区。

1977年8月增设3个人民公社,全县共23个人民公社。1981年6月改称人民公社。1983年12月撤销人民公社,恢复乡镇建制,全县设22个乡和1个城关镇。1988 年 10 月至 2011 年末,先后有 11 个乡撤乡建镇。2000 年 6 月属驻马店市。2005 年 11 月,撤销蛟停湖乡,其辖区划归余店乡。2011 年 1 月,撤销古吕镇、十里铺乡,分别设立古吕街道、今是街道。2012 年增设月亮湾街道。2011 年 6 月被河南省政府确定为省直管试点县(市)。

行政区域划分 2014 年末,辖古吕、今是、月亮湾 3 个街道,练村、棠村、韩集、龙口、李桥回族、砖店、佛阁寺、陈店、孙召、黄楼、余店 11 个镇;关津、宋岗、顿岗、涧头、杨庄户、化庄、栎城、弥陀寺、河坞 9 个乡,共 23 个乡级政区;下设 11 个居民委员会,348 个村民委员会。